Neue Entwicklungen und alte Probleme in der Berufsunfähigkeitsversicherung nach der VVG-Reform

Haftungs- und Versicherungsrecht

Rechtliche Probleme der vertraglichen und außervertraglichen Haftung sowie des Versicherungsrechts

Herausgegeben von Christoph Brömmelmeyer, Erwin Deutsch, Hans-Peter Schwintowski und Jochen Taupitz

Band 13

PL ACADEMIC RESEARCH

Jörg Büchner

Neue Entwicklungen und alte Probleme in der Berufsunfähigkeitsversicherung nach der VVG-Reform

Unter besonderer Berücksichtigung des aktuellen Bedingungsmarktes

PL ACADEMIC RESEARCH

Bibliografische Information der Deutschen Nationalbibliothek
Die Deutsche Nationalbibliothek verzeichnet diese Publikation in der Deutschen Nationalbibliografie; detaillierte bibliografische Daten sind im Internet über http://dnb.d-nb.de abrufbar.

Zugl.: Berlin, Humboldt-Univ., Diss., 2014

11
ISSN 0945-3628
ISBN 978-3-631-65455-2 (Print)
E-ISBN 978-3-653-04651-9 (E-Book)
DOI 10.3726/978-3-653-04651-9

PL Academic Research ist ein Imprint der Peter Lang GmbH.

Peter Lang – Frankfurt am Main · Bern · Bruxelles · New York · Oxford · Warszawa · Wien

Diese Publikation wurde begutachtet.

www.peterlang.com

Vorwort

Die vorliegende Arbeit wurde im Jahre 2014 von der Juristischen Fakultät der Humboldt-Universität zu Berlin als Dissertation angenommen. Das Thema entstand aus meiner langjährigen praktischen Arbeit als Rechtsanwalt im Bereich der privaten Berufsunfähigkeitsversicherung.

Zuallererst danke ich meinem Doktorvater, Herrn Prof. Dr. Hans-Peter Schwintowski, für seine kompetente und kritische Betreuung, welche mir wertvolle Anstöße gegeben hat sowie für seine Geduld, die mir den notwendigen Freiraum für die Erstellung der Arbeit ließ. Ebenfalls danken möchte ich Herrn Prof. Dr. Axel Wandtke für die zügige Erstellung der Zweitkorrektur.

Den Herausgebern, Herrn Prof. Dr. Christoph Brömmelmeyer, Herrn Prof. Dr. Erwin Deutsch, Herrn Prof. Dr. Hans-Peter Schwintowski und Herrn Prof. Dr. Jochen Taupitz, danke ich für die freundliche Aufnahme in die Reihe „Haftungs- und Versicherungsrecht".

Besonderer Dank gilt meiner Frau Sabine, ohne deren fortwährende Unterstützung die Arbeit nicht möglich gewesen wäre sowie meinen Eltern, die mich auf meinem Werdegang begleitet und gefördert haben.

Berlin, im Dezember 2014 | Jörg Büchner

Inhaltsverzeichnis

1. Kapitel: Einleitung

§ 1: Anlass und Ziel der Untersuchung

Die private Berufsunfähigkeitsversicherung war seit der Deregulierung des Versicherungsmarktes im Jahre 1994 einem stetigen Wandel unterworfen. Während sich zuvor wegen der Vorabgenehmigungspflicht des BAV keine Produktvielfalt auf dem Markt herausbilden konnte und Wettbewerb deshalb nur bedingt über den Preis stattfand, entwickelte sich seit der Einführung des Europäischen Binnenmarktes für Versicherungen im Jahr 1994 ein reger Bedingungswettbewerb um die Ausgestaltung des Versicherungsschutzes in der Berufsunfähigkeitsversicherung.[1]

Eine weitere Zäsur stellte die Reform des Versicherungsvertragsgesetzes mit der erstmaligen gesetzlichen Regelung der Berufsunfähigkeitsversicherung dar, womit der gewachsenen gesamtgesellschaftlichen Bedeutung dieser Sparte Rechnung getragen werden sollte.[2] Das am 01.01.2008 in Kraft getretene neue VVG folgt der Intention, die Möglichkeiten der Produktgestaltung möglichst wenig einzuengen und beschränkt sich letztlich auf die Vorgabe des Begriffs der Berufsunfähigkeit in § 172 Abs. 2 VVG als gesetzliches Leitbild, welcher noch nicht einmal halbzwingend ausgestaltet und insofern frei abänderbar ist. Der gesetzlichen Fixierung des Berufsunfähigkeitsbegriffs kommt somit lediglich eine Auffangfunktion zu, sodass die Marktteilnehmer größtmögliche Freiheit bei der Ausgestaltung ihrer Produkte behalten.[3]

Aktuell wird davon gesprochen, dass der Bedingungswettbewerb, welcher den Markt der privaten Berufsunfähigkeitsversicherung über zwei Jahrzehnte bestimmt hat, fünf Jahre nach der Einführung des neuen Versicherungsvertragsgesetzes zur Ruhe gekommen sei und sich erneut in einen Preiswettbewerb gewandelt habe, ähnlich der Situation vor der Deregulierung des Versicherungsmarktes im Jahr 1994.[4] Allerdings soll der Preiskampf auf Berufsgruppen mit geringen gesundheitlichen Risiken beschränkt bleiben, während Interessenten

1 Kirsch, Berufsunfähigkeitsversicherung im Wandel, S. 100.

2 Ebenda; Rosensträter-Krumbach, VersR 2004, 170.

3 Regierungsentwurf VVG, BT-Drucks. 16/3945, S. 105.

4 Pohl, D., Versicherungsmagazin 5/2009, 16; Surminski, ZfV 2010, 241; Pasdika, GenRe Netletter 2/2011, 1; Malik, Risikomanagement in der Berufsunfähigkeitsversicherung, S. 30.

mit höherem Risiko von dem Produkt zunehmend ausgeschlossen werden bzw. überhaupt keine Versicherung mehr bekommen.[5]

In Bezug auf die Bedingungsqualität geht man davon aus, dass bereits seit Jahren kein Qualitätsdefizit in der BU-Versicherung mehr besteht, da die Marktmechanismen, befördert durch Tests und Produktratings, gut funktionierten; insofern seien bereits die Bemühungen des Gesetzgebers, durch das neue VVG Mindestanforderungen an die Berufsunfähigkeitsversicherung gesetzlich zu regeln, obsolet gewesen.[6]

Der BGH hingegen hat noch in einer Entscheidung aus dem Jahre 2007 klargestellt, dass in der Berufsunfähigkeitsversicherung die geläufigen Regelungen zur Erklärung eines Leistungsanerkenntnisses, dessen Reichweite und das Nachprüfungsverfahren für den durchschnittlichen Versicherungsnehmer nur schwer und mitunter überhaupt nicht mehr durchschaubar sind.[7]

An diese gegenläufigen Thesen anknüpfend, will vorliegende Arbeit analysieren, inwieweit bestehende Transparenzprobleme in den Bedingungen der Berufsunfähigkeitsversicherung seit der VVG-Reform tatsächlich abgebaut werden konnten und mit den gesetzlichen Regelungen in §§ 172 ff. VVG ein „ausgewogener Standard" geschaffen worden ist, welcher die gravierenden Mängel an Transparenz beseitigt, gleichzeitig aber – aufgrund der dispositiven Ausgestaltung – Wettbewerb ermöglicht.[8]

Der Wettbewerb hat die Versicherer laufend dazu veranlasst, Veränderungen an ihren Bedingungswerken vorzunehmen, um Marktanteile behaupten bzw. ausweiten zu können.[9] Dies führte zu der aktuellen Situation, in der der Großteil der Marktteilnehmer scheinbar optimale, am Beststandard orientierte Bedingungswerke anbietet.[10] Wegen dieses Annährungsprozesses in den Bedingungswerken gehen die Ratingunternehmen unterdessen sogar vermehrt dazu über, neue Kriterien – wie z. B. Unternehmensdaten – in ihre Analysen einzubeziehen, sodass die bloße Bewertung der AVB in den Hintergrund tritt.[11]

Auf der anderen Seite sind die Ergebnisse der Ratingunternehmen wegen der Intransparenz ihrer Vergleichsmethoden, welche zumindest gegenüber dem Verbraucher nicht offengelegt werden, kritisch zu hinterfragen. Versicherungsnehmer

---

5 Franke, Schafft die BU sich ab?, S. 6; Römer, VersWissStud. Bd. 45, S. 103.

6 Ebenda.

7 BGH, r+s 2007, 204.

8 Müller, VersR 2003, 933.

9 Kirsch, Berufsunfähigkeitsversicherung im Wandel, S. 100.

10 Surminski, ZfV 2010, 241; Franke, Schafft sich die BU ab?, S. 7.

11 Bocquel, Versicherungsmagazin, 5/2010, 19.

können in der Regel nur das Endergebnis eines Produktvergleichs in Form von Gütesiegeln und Sternen wahrnehmen. Jedoch wird wegen der Zusammenfassung mehrerer Kriterien zu einem Gesamtergebnis letztlich eine Vielzahl von Anbietern mit dem Bestergebnis bedacht, obwohl sich diese in den einzelnen Leistungsmerkmalen z. T. gravierend voneinander unterscheiden.

Durch die Analyse der zurzeit auf dem deutschen Versicherungsmarkt verwendeten Bedingungswerke in der privaten Berufsunfähigkeitsversicherung soll untersucht werden, wie weit sich die konkurrierenden Unternehmen mit ihren Bedingungen in Bezug auf ausgewählte, für die Hauptleistungspflichten wesentliche Bereiche tatsächlich unterscheiden und welche konkreten Auswirkungen dies im Rahmen der Leistungsregulierung haben kann.

Darüber hinaus sollen typische, auf der Anbieterseite verwendete Varianten von AVB-Inhalten herausgearbeitet und jeweils auf ihre Vereinbarkeit mit dem Recht der Allgemeinen Geschäftsbedingungen, insbesondere mit dem Transparenzgebot überprüft werden. Dabei sind v. a. auch die GDV-Verbandsempfehlungen kritisch in die Betrachtung einzubeziehen.

Schließlich sind typische Probleme zu benennen, die sich aus Sicht des Autors v. a. aufgrund der, von Versicherungsnehmern einseitig interpretierten Bedingungsklauseln in der Praxis ergeben und in vielen Fällen dazu führen, dass die Assekuranz mit ihrer Auslegung der AVB einseitige und unbillige Vorteile erlangt.

Bekanntermaßen sind Gerichtsverfahren im Bereich der privaten Berufsunfähigkeitsversicherung kostenintensiv und für nicht rechtsschutzversicherte Versicherungsnehmer häufig nicht finanzierbar, sodass bereits aus diesem Grund viele – durchaus praxisrelevante – Regulierungsprobleme nicht justiziabel werden.

Darüber hinaus wurden die für Versicherungsunternehmen nicht interessengerechten Grundsatzentscheidungen des Bundesgerichtshofes durch die Abgabe von prozessualen Anerkenntnissen systematisch verhindert.[12] Diese Situation hat sich mit Einführung des § 555 Abs. 3 ZPO am 01.01.2014 und Wiederherstellung der Rechtslage von vor der ZPO-Reform im Jahre 2002 geändert.[13]

Trotz der Veränderung der prozessualen Rahmenbedingungen wird sich an der grundlegenden Verschiebung der Kräfte zum Nachteil des Versicherungsnehmers in absehbarer Zukunft vermutlich wenig ändern. Auch nach der VVG-Neukodifikation bleibt das faktische Auslegungs- bzw. Rechtsanwendungsmonopol

12 So in der Tendenz Seiffert, r+s 2010, 178.

13 Heßler, in: Zöller, ZPO, § 555 Rn. 8.

bei der Assekuranz, die im Rahmen der Regulierung festlegt, wie die AVB anzuwenden bzw. auszulegen sind. Das Gewicht zugunsten des Versicherungsnehmers zu verschieben, kann langfristig nur über transparentere Bedingungswerke geschehen, die es dem Verbraucher letztlich ermöglichen, seine rechtliche Situation bereits durch die ihm vorliegenden vertraglichen Grundlagen klar zu bestimmen.

Aus diesem Grund ist es das Hauptanliegen der Arbeit, eine Analyse von wesentlichen, die Leistungspflicht bestimmenden Versicherungsbedingungen zu einer besseren Wahrnehmung der tatsächlichen Bedingungswirklichkeit in Rechtsprechung und Literatur beizutragen und somit eine belastbare Grundlage für die Diskussion bzgl. der Weiterentwicklungen in der Berufsunfähigkeitsversicherung zu liefern.

Naturgemäß werden in der Literatur regelmäßig nur die vom Gesamtverband der Deutschen Versicherungswirtschaft vorgeschlagenen Musterbedingungen (MB-BUV/BUZ) für die Berufsunfähigkeitsversicherung behandelt und kommentiert, welche im günstigsten Fall dem aktuellen Verbandsvorschlag, nicht jedoch der vielfach abweichenden Bedingungswirklichkeit entsprechen. Es gilt zu zeigen, dass sich die aktuell am Markt angebotenen Produkte ganz erheblich von den MB-BUZ/BUV unterscheiden.

Erst die konkrete Wahrnehmung von neuen Entwicklungen auf dem Bedingungsmarkt wird dazu führen, dass sich Rechtsprechung und Literatur damit auseinandersetzen und Rückschlüsse daraus ziehen können. Diese Rezeption ein wenig voranzutreiben und Denkanstöße für notwendige Korrekturen bei der Betrachtung von Problemen der täglichen Regulierungspraxis zu liefern, will die vorliegende Arbeit einen Beitrag leisten.

§ 2: Gang der Untersuchung

Nachdem im 2. Kapitel die Verwendung des Begriffs der Berufsunfähigkeit in den verschiedenen Zweigen der gesetzlichen und privaten Versicherungswirtschaft gegenüberzustellen ist, werden im Folgenden die zentralen, für die Regulierungspraxis in der Berufsunfähigkeitsversicherung wesentlichen Themenkomplexe in den Blick genommen.

In diesem Zusammenhang sind zunächst der Begriff des Berufs (3. Kapitel) und die bedingungsgemäßen Ursachen der Berufsunfähigkeit (4. Kapitel) als Anknüpfungspunkt jeder Leistungsprüfung zu untersuchen. Daran anschließend werden die marktüblichen Regelungen zu Leistungsbeginn und Dauer vorgestellt (5. Kapitel), während es in den beiden folgenden Kapiteln um die wichtigsten Einwendungsmöglichkeiten des Versicherers im Rahmen der Leistungsprüfung geht; die Verweisung (6. Kapitel) und die Umorganisation

(7. Kapitel). Das 8. Kapitel beschäftigt sich mit dem Komplex der Mitwirkungspflichten des Versicherungsnehmers und abschließend wird das Nachprüfungsverfahren behandelt (9. Kapitel). Am Schluss der Arbeit erfolgt im 10. Kapitel eine Zusammenfassung der wesentlichen Ergebnisse zu den einzelnen Kapiteln, und es wird in kurzen Thesen der Standpunkt des Verfassers zum aktuellen Entwicklungsstand der Berufsunfähigkeitsversicherung dargelegt.

Grundlage der Arbeit ist eine in 15 tabellarischen Aufstellungen vorgenommene Analyse aktuell marktüblicher Bedingungswerke zu den in den einzelnen Kapiteln behandelten Untersuchungsschwerpunkten. In die Erhebung wurden die aus Sicht des Autors wesentlichen, aktuell am BU-Markt auftretenden Anbieter einbezogen. Die Auswahl der jeweils untersuchten Tarife orientiert sich an den im Jahr 2013 durchgeführten Erhebungen der drei führenden BU-Ratingunternehmen (Morgen & Morgen, Franke & Bornberg sowie Finanztest).

Wenn Versicherungsunternehmen sowohl Berufsunfähigkeitszusatzversicherungen (BUZ) als auch selbstständige Berufsunfähigkeitsversicherungen (BUV) anbieten, wird im Zweifel ein Tarif aus der selbstständigen Berufsunfähigkeitsversicherung einbezogen. Sollten mehrere Tarifvarianten angeboten werden, welche sich qualitativ voneinander unterscheiden (z. B. „Basis“ und „Comfort“), werden beide Produkte berücksichtigt.

2. Kapitel: Der Begriff der Berufsunfähigkeit in anderen Versicherungszweigen

Der Begriff der Berufsunfähigkeit ist nicht homogen, da er in verschiedenen Sparten der privaten Personenversicherung und darüber hinaus in der gesetzlichen Rentenversicherung sowie in der berufsständischen Versorgung in einem jeweils spezifischen Regelungskontext gebraucht wird. Das Besondere an dieser zunächst nicht ungewöhnlich erscheinenden Situation ist, dass der Versicherungsnehmer, welcher sich in der Situation befindet, Leistungen wegen Berufsunfähigkeit anzumelden, nicht selten mit mehreren dieser Regelungsmaterien gleichzeitig in Berührung kommt, weil er z. B. nicht nur privat, sondern auch (noch) in der gesetzlichen Rentenversicherung gegen Berufsunfähigkeit abgesichert ist. Ebenso könnte er einem berufsständischen Versorgungssystem angehören. Es besteht darüber hinaus die Möglichkeit, dass seine private Krankentagegeldversicherung ihn als berufsunfähig ansieht, seine private Berufsunfähigkeitsversicherung dies jedoch gegenteilig beurteilt.

Die vorstehend beschriebene, für den Versicherungsnehmer ggf. schwierig zu handhabende Situation hat der VVG-Reformgesetzgeber erkannt und mit § 2 Abs. 4 S. 2 der Verordnung über die Informationspflichten bei Versicherungsverträgen (VVG-InfoV) aufgegriffen. Dort wird ausdrücklich vorgeschrieben, dass der Versicherungsnehmer bereits bei Abschluss einer Berufsunfähigkeitsversicherung im Rahmen der Informationspflicht gem. § 7 Abs. 1 S. 1 VVG darauf hinzuweisen ist, dass der in den AVB der Berufsunfähigkeitsversicherung verwendete Begriff der Berufsunfähigkeit nicht mit dem der Berufsunfähigkeit oder Erwerbsminderung im sozialrechtlichen Sinne oder dem Begriff der Berufsunfähigkeit im Sinne der Versicherungsbedingungen in der privaten Krankentagegeldversicherung übereinstimmt. Ob der Gesetzgeber mit diesem Hinweis das Ziel, den Versicherungsnehmer über die Gefahren einer eventuellen Gleichsetzung der Begriffe aus den verschiedenen Systemen aufzuklären, erreichen kann, wird an anderer Stelle zu klären sein (siehe unter § 3 III). Zunächst sollen die Begrifflichkeiten der Berufsunfähigkeit in den verschiedenen Versorgungssystemen betrachtet und dargelegt werden.

§ 1: Der Begriff der Berufsunfähigkeit in der berufsständischen Versorgung

Berufsständische Versorgungswerke sichern als Körperschaften des Öffentlichen Rechts einen erheblichen Teil der selbstständig Berufstätigen in der Bundesrepublik Deutschland in Hinblick auf Alterssicherung, Berufsunfähigkeits- und Hinterbliebenenleistungen ab. Bei dem hier in Rede stehenden Personenkreis handelt es sich i. d. R. um die sog. freien Berufe, wie Ärzte, Zahn- bzw. Tierärzte, Apotheker, Rechtsanwälte, Steuerberater, Wirtschaftsprüfer und Architekten. Im Jahre 2012 gab es bundesweit insgesamt 89 Versorgungswerke mit mehr als 830.000 Mitgliedern.[14] Zwar dürfte die Tendenz[15] zur Errichtung neuer berufsständischer Versorgungswerke unterdessen beendet sein[16], jedoch ist der zahlenmäßige Zuwachs der freien Berufe prozentual im Vergleich zur gesamten arbeitenden Bevölkerung weiterhin stark[17], sodass sich die absolute Zahl der in den Versorgungswerken Versicherten nach wie vor erhöht. Die berufsständischen Versorgungswerke stellen für ihre Mitglieder nicht nur die Altersrentenversicherung dar, da die Mitgliedschaft im Versorgungswerk – zumindest bei den sog. „verkammerten" Berufen – von der Versicherungspflicht in der gesetzlichen Rentenversicherung befreit.[18] Vielmehr sichern die jeweiligen Satzungen ihre Mitglieder gleichzeitig gegen das Risiko der Berufsunfähigkeit ab, wobei eine vorherige Risikoprüfung durch den Versicherungsträger nicht stattfindet.

Die eigentliche Definition der Berufsunfähigkeit wird durch die Satzung der jeweiligen Versorgungswerke bestimmt und kann inhaltlich unterschiedlich ausgestaltet sein. Im Regelfall wollen die Satzungsgeber jedoch erreichen, dass das Mitglied nur dann Anspruch auf die Versorgungsleistung Berufsunfähigkeitsrente hat, wenn es seinen Beruf zu 100 % nicht mehr ausüben kann und gleichzeitig die formalen Zugangsvoraussetzungen zum Beruf weggefallen sind. Ein gewisser Trend zeichnet sich überdies im Versuch ab, auch die Möglichkeit der Ausübung von anderen, berufsverwandten Tätigkeiten auszuschließen.

---

14 Arbeitsgemeinschaft Berufsständiger Versorgungseinrichtungen e. V., http://www.abv.de/daten-und-fakten.html (15.02.2014).

15 Boecken, in: Sozialrechtshandbuch, C 18 Rn. 10.

16 Im Jahr 1998 wurde im Rahmen der Rechtsanwaltsversorgung in Berlin (Gesetz v. 07.02.1998, Berl. GuVoBl. 1998 Nr. 3) das letzte Versorgungswerk für Rechtsanwälte errichtet, sodass seither eine bundesweite Abdeckung besteht.

17 Nach einer Statistik des Institutes der freien Berufe (IFB) ist die Zahl der Selbstständigen in Freien Berufen von 1992 von 514.000 auf 1.143.000 im Jahre 2011 erhöht, http://www.ifb.uni-erlangen.de/fileadmin/ifb/pic/statistiken/2009/Selbst_FB_BRD_50-11_18_7_2011.pdf (15.02.2014).

18 Durch die Neuregelung der Befreiungsvorschrift des § 6 Abs. 1 S. 1 Nr. 1 SGB VI a. F. v. 01.01.1996 wird als Voraussetzung für den Befreiungstatbestand neben der Mitgliedschaft in einem berufsständischen Versorgungswerk auch die Mitgliedschaft kraft Gesetzes in einer berufsständischen Kammer gefordert.

Berufsunfähigkeitsrente
(1) Jedes Mitglied der Versorgungseinrichtung, [...]
c) dessen Fähigkeit zur Ausübung einer jeden Erwerbstätigkeit, zu der ärztliche Ausbildung berechtigt und bei der Inhalte der ärztlichen Ausbildung ***überwiegend verwendet*** *werden können, aus gesundheitlichen Gründen nicht nur vorübergehend, sondern auf nicht absehbare Zeit umfassend entfallen ist (Berufsunfähigkeit) und*
d) das aus diesem Grund seine gesamte ärztliche Tätigkeit eingestellt hat und
e) das noch nicht in die vorgezogene Altersrente eingewiesen ist hat Anspruch auf Berufsunfähigkeitsrente.[19]

Die hier vorgestellte Definition will erreichen, dass der im Versorgungswerk versicherte Arzt nur dann Berufsunfähigkeitsleistungen erhält, wenn seine Erwerbsfähigkeit nicht nur für den Beruf des Arztes umfassend wegfällt, sondern auch für jede andere Tätigkeit, bei der Inhalte seiner Ausbildung überwiegend verwendet werden können. Es soll so vermieden werden, dass Ärzte ggf. ihre Praxis und Zulassung aufgeben, sich jedoch weiter, z. B. als medizinische Gutachter, verdingen. Diese Möglichkeiten, welche frühere Satzungen einzelner Versorgungswerke bewusst oder unbewusst durchaus offen gelassen haben, werden in den neueren Satzungen zunehmend ausgeschlossen. Die Versorgungswerke sind bemüht, den Begriff der Berufsunfähigkeit im möglichst umfassenden Sinne auszugestalten. Dabei sollen qualitativ alle Spielarten des jeweiligen Berufsbildes erfasst und quantitativ die Nutzung jeglicher Restleistungsfähigkeit ausgeschlossen werden.

Diese umfassende Zielsetzung verfolgt der Begriff der Berufsunfähigkeit in der privaten Berufsunfähigkeitsversicherung hingegen nicht. Macht ein Chirurg, welcher nach einem Unfall ein versteiftes Handgelenk hat, aber noch Gutachten schreibt, einen Anspruch gegen sein ärztliches Versorgungswerk geltend, scheidet dieser nach der o. g. Vorschrift aus, weil das Anfertigen von Gutachten eine Tätigkeit darstellt, bei der überwiegend Inhalte der ärztlichen Ausbildung verwendet werden können und weil die Fähigkeit zur Ausübung einer Erwerbstätigkeit auch nicht umfassend entfallen ist. In der privaten Berufsunfähigkeitsversicherung hingegen würde der beschriebene Versicherungsnehmer – alle denkbaren auf dem Markt befindlichen Bedingungsvarianten in Betracht gezogen – die Rentenleistung erhalten, da er seine letzte, in gesunden Tagen ausgeübte Tätigkeit des Chefarztes nicht mehr ausüben kann und weder abstrakt noch konkret verweisbar ist.

---

19 § 10 der Satzung der Berliner Ärzteversorgung v. 16.06.2012, http://www.vw-baev.de/pdf/Satzung.pdf (15.02.2014).

Wenn in der Literatur – trotz einzelner Abweichungen im Detail – von einer Übereinstimmung der Versorgungswerksatzungen in den Grundstrukturen gesprochen wird[20], kann dem nicht ohne Weiteres zugestimmt werden. So wird der Begriff der Berufsunfähigkeit in Bezug auf eine eventuell durch die versicherte Person nutzbare Restleistungsfähigkeit durchaus unterschiedlich umfassend geregelt.

Wie folgendes Beispiel zeigt, werden z. T. offenbar durchaus Tätigkeiten, die mit dem eigentlichen versicherten Beruf nicht unmittelbar zusammenhängen, zugelassen:

> *Ein Mitglied, das mindestens für drei Monate vor Eintritt der Berufsunfähigkeit Beiträge geleistet hat, und das*
> 1. *wegen Krankheit oder eines körperlichen Gebrechens oder wegen Schwäche seiner körperlichen oder geistigen Kräfte oder Sucht voraussichtlich auf Dauer nicht mehr in der Lage ist, aus anwaltlicher Tätigkeit mehr als nur unwesentliche Einkünfte zu erzielen, und*
> 2. *seine berufliche Tätigkeit als Rechtsanwalt durch Rückgabe seiner Zulassung einstellt oder eingestellt hat, erhält Berufsunfähigkeitsrente auf Dauer.*[21]

Ein aufgrund eines „Burn-out-Syndroms“ erkrankter Anwalt, der seinen – mit erhöhten psychischen Belastungen verbundenen – Anwaltsberuf nicht mehr ausüben kann, dürfte nach dieser Regelung ggf. noch als juristischer Mitarbeiter in einem Unternehmen tätig sein. Hier würde der berufsunfähige Rechtsanwalt ggf. Leistungen vom Versorgungswerk und gleichzeitig von einer möglicherweise parallel bestehenden privaten Berufsunfähigkeitsversicherung erhalten.

Die Vielzahl der praktischen Situationen, in denen Versicherungsnehmer mit den unterschiedlichen Ausformungen des Begriffs der Berufsunfähigkeit in der berufsständischen Versorgung und in der privaten Berufsunfähigkeitsversicherung in Berührung kommen können, liegt auf der Hand. Zwar existieren keine Zahlen, wie viele Mitglieder in berufsständischen Versorgungssystemen über eine zusätzliche private Berufsunfähigkeitsabsicherung verfügen, die Anzahl derjenigen, die sich über die Versorgungswerke hinaus zusätzlich privat absichern, dürfte jedoch beträchtlich sein. Im Fall einer eintretenden Berufsunfähigkeit müssen sich diese Versicherungsnehmer in jedem Fall Gedanken darüber machen, ob der Begriff der Berufsunfähigkeit in beiden Systemen inhaltlich gleich ausgestaltet ist; dabei ist es durchaus denkbar, dass es bei dem „durchschnittlichen Versicherungs-

---

20 Hirschberg, Berufsunfähigkeit, S. 166.

21 § 18 Abs. 1 der Satzung des Versorgungswerks der Rechtsanwälte in Berlin, Stand 20.09.2013, http://www.b-rav.de/13-0-Satzung.html (15.02.2014).

nehmer" zu Fehlinterpretationen kommt, welche im Ergebnis zu nachteiligen Konsequenzen führen können.

Es bleibt insofern offen, warum der Begriff der Berufsunfähigkeit in der Berufsständischen Versorgung neben dem Begriff der Berufsunfähigkeit im Sozialversicherungsrecht im Hinweiskatalog des § 2 Abs. 4 S. 2 VVG-InfoV keine Erwähnung gefunden hat. Aus der intendierten Sicht des Verordnungsgebers[22] wäre die Erwähnung an dieser Stelle sicherlich sinnvoll und auch notwendig gewesen. Obwohl der prozentuale Anteil derer, die sich neben der Pflichtmitgliedschaft im Versorgungswerk auch noch privat gegen das Risiko der Berufsunfähigkeit absichern, nur gemutmaßt werden kann, handelt es sich bundesweit bereits um mehr als 350.000 Personen, wenn man unterstellt, dass zumindest jeder Zweite eine zusätzliche Absicherung in der privaten Berufsunfähigkeitsversicherung wählt.

§ 2: Der Begriff der Berufsunfähigkeit in der gesetzlichen Rentenversicherung

Mit dem Gesetz zur Reform der Renten wegen verminderter Erwerbsfähigkeit vom 20.12.2000[23], welches am 01.01.2001 in Kraft getreten ist, ist die bis dahin durch die gesetzliche Rentenversicherung gewährte sog. Berufsunfähigkeitsrente weggefallen. Staatlicherseits wurde damit die Entscheidung getroffen, die gesetzliche Rentenversicherung vom Risiko der Vorsorge für den Fall der Berufsunfähigkeit zu entlasten, welches offenbar von den Rentenkassen nicht mehr zu tragen war.[24]

In dem durch das Rentenreformgesetz eingeführten neuen Tatbestand des § 240 SGB VI lebt der Begriff der Berufsunfähigkeitsrente jetzt zwar als „Rente wegen teilweiser Erwerbsminderung bei Berufsunfähigkeit" fort, jedoch ist der Berechtigtenkreis für diese Rentenart nach § 240 Abs. 1 Nr. 1 SGB VI nur noch auf Personen beschränkt, die vor dem 02.01.1961 geboren wurden, sodass hier

22 Begründung der VVG-InfoV, B. Besonderer Teil, Zu § 2 Abs. 4, VersR 2008, 183, 189: Mit § 2 Abs. 4 S. 2 VVG-InfoV soll der Versicherungsnehmer in der Berufsunfähigkeitsversicherung auf den vom Sozialversicherungsrecht abweichenden Umfang der Versicherung hingewiesen werden.

23 BGBl. I S. 1827.

24 Surminski, ZfV 2006, 246, welcher einen von Richter gehaltenen Vortrag in Bezug auf die Situation nach der Rentenreform 2001 zitiert: „Die privaten Versicherer haben es schließlich mit einem Bestand zu tun, an dem die gesetzlichen Versicherer fast pleite gegangen wären."

lediglich noch von einer Übergangs- und Besitzstandsregelung[25] für ältere Versicherte gesprochen werden kann, deren Bedeutung von Jahr zur Jahr geringer wird.

In der privaten Berufsunfähigkeitsversicherung führt dies zu der praktischen Konsequenz, dass mit dem in § 43 Abs. 2 SGB VI (alt) geregelten gesetzlichen Versicherungsfall der Berufsunfähigkeit ein überaus reichhaltiges rechtliches Gegenstück zum privatversicherungsrechtlichen Versicherungsfall der Berufsunfähigkeit schrittweise entfällt.[26] Richter weist in diesem Zusammenhang zu Recht darauf hin, dass mit dem Merkmal „bisheriger Beruf" in der Berufsunfähigkeitsversicherung das gesetzliche Pendant zum Merkmal „sein Beruf" entfällt und mit der „Zumutbarkeit" einer anderen Tätigkeit das Gegenstück zum Merkmal „seiner bisherigen Lebensstellung entspricht".[27]

Angesichts der Tatsache, dass ein streitbefangener Versicherungsfall in der privaten Berufsunfähigkeitsversicherung bei angestellten Versicherungsnehmern nicht selten ein parallel laufendes Verfahren gegen die gesetzliche Rentenversicherung (vorzugsweise zur Erlangung einer sog. Teilerwerbsminderungsrente bei Berufsunfähigkeit) mit sich bringt, wurden die Zivilgerichte in der Vergangenheit relativ häufig mit Erkenntnissen aus gleichzeitig anhängigen Verfahren gegen die gesetzliche Rentenversicherung befasst und gezwungen, sich mit dieser Materie auseinanderzusetzen.[28]

Eine typische Situation ist durch die Verweisungssystematik in der Prüfungsabfolge der Berufsunfähigkeit der gesetzlichen Rentenversicherung vorgegeben. Im Gegensatz zur privaten Berufsunfähigkeitsversicherung erfordert die Zumutbarkeitsregelung des § 240 Abs. 2 S. 2 SGB VI in der gesetzlichen Rentenversicherung zwingend eine Verweisungsprüfung.[29] Diese beinhaltet notwendigerweise auch die Benennung eines sog. Verweisungsberufes[30], was in der Praxis nicht selten dazu führt, dass in den Fällen, in denen der gesetzliche Rentenversicherer seine Eintrittspflicht bereits geprüft und schließlich mit der Benennung eines Verweisungsberufes abgelehnt hat, der private Berufsunfähigkeitsversicherer sich exakt denselben schon benannten Verweisungsberuf auch für seine Leistungsablehnung zu eigen macht. Zivilgerichte haben sich dann mit der Rechtmäßigkeit

25 Niesel, in: Kasseler Kommentar, § 240 Rn. 4 SGB VI.

26 Richter, VersR 1998, 921.

27 Ebenda.

28 Beispielhaft KG, VersR 95, 1473; OLG Karlsruhe, VersR 1995, 86.

29 BSGE, NJW 1959, 1391.

30 Niesel, in: Kasseler Kommentar, § 240 Rn. 112 SGB VI.

der durch die Berufsunfähigkeitsversicherung vom Rentenversicherer übernommenen Verweisung auseinanderzusetzen.

Richter betont zu Recht, dass durch den systematischen Wegfall der gesetzlichen „Berufsunfähigkeitsrente“ (Teilerwerbsminderungsrente bei Berufsunfähigkeit) für die Anspruchsprüfung in der privaten Berufsunfähigkeitsversicherung parallele Entscheidungen und Entscheidungsgrundlagen der gesetzlichen Rentenversicherungsträger für gleichzeitig gesetzlich versicherte Anspruchsteller nicht mehr im gleichen Maße wie früher Aufschlüsse für die eigene Anspruchsprüfung des privaten Versicherers geben werden.[31] Insofern sind Versicherer heute umso mehr gezwungen, im Rahmen der Leistungsprüfung und im Speziellen der Verweisungsprüfung auf eigene berufskundliche Ermittlungen zurückzugreifen, anstatt die Erkenntnisse des Rentenversicherers zu übernehmen.

I. Die Definition des Begriffs der Berufsunfähigkeit

Die Legaldefinition des Begriffs der Berufsunfähigkeit in der gesetzlichen Rentenversicherung gem. § 240 Abs. 2 SGB VI, welche durch das Gesetz zur Reform der Renten wegen verminderter Erwerbsfähigkeit vom 20.12.2000[32] eingeführt wurde, entspricht im Wesentlichen der Regelung des bis dahin geltenden § 43 Abs. 1 SGB VI.

> *Berufsunfähig sind Versicherte, deren Erwerbsfähigkeit wegen Krankheit oder Behinderung im Vergleich zur Erwerbsfähigkeit von körperlich, geistig und seelisch gesunden Versicherten mit ähnlicher Ausbildung und gleichwertigen Kenntnissen und Fähigkeiten auf weniger als sechs Stunden gesunken ist. Der Kreis der Tätigkeiten, nach denen die Erwerbsfähigkeit von Versicherten zu beurteilen ist, umfasst alle Tätigkeiten, die ihren Kräften und Fähigkeiten entsprechen und ihnen unter Berücksichtigung der Dauer und des Umfangs ihrer Ausbildung sowie ihres bisherigen Berufs und der besonderen Anforderungen ihrer bisherigen Berufstätigkeit zugemutet werden können. Zumutbar ist stets eine Tätigkeit, für die die Versicherten durch Leistungen zur Teilhabe am Arbeitsleben mit Erfolg ausgebildet oder umgeschult worden sind. Berufsunfähig ist nicht, wer eine zumutbare Tätigkeit mindestens sechs Stunden täglich ausüben kann; dabei ist die jeweilige Arbeitsmarktlage nicht zu berücksichtigen.*

Die Prüfung der Berufsunfähigkeit im sozialrechtlichen Sinne stellt somit zunächst im zeitlichen Maßstab darauf ab, ob die Fähigkeit zur Ausübung des Berufes auf weniger als sechs Stunden gesunken ist. Dagegen muss in der privaten Berufsunfähigkeitsversicherung die Leistungsfähigkeit in der zuletzt ausgeübten

31 Richter, VersR 1998, 921.

32 BGBl. I S. 1827.

Tätigkeit auf weniger als die Hälfte der zuletzt ausgeübten Tätigkeit gesunken sein und wird insofern allein durch den zeitlichen Umfang der Berufsausübung durch den Versicherungsnehmer in gesunden Tagen bestimmt. Darüber hinaus wird der Prüfungsmaßstab des bisherigen Berufes, anders als in der privaten Berufsunfähigkeitsversicherung, nicht allein in der zuletzt ausgeübten Tätigkeit gesehen, sondern muss nach der Rechtsprechung des Bundessozialgerichts eine gewisse Prägung erfahren haben.[33]

Schließlich geht die Verweisungsprüfung, welche wesentlich von der Rechtsprechung des Bundessozialgerichts determiniert ist, gänzlich andere Wege als in der privaten Berufsunfähigkeitsversicherung. Zur Feststellung des qualitativen Wertes des bisherigen Berufes und damit zur Bestimmung der zumutbaren Verweisungstätigkeiten werden die Berufe hierarchisch in nach der Leistungsqualität geordnete Gruppen aufgegliedert und – unterteilt nach Arbeiter- und Angestelltenrentenversicherung – in sogenannte Mehrstufenschemata eingeteilt.[34]

Eine Vergleichbarkeit mit dem Berufsunfähigkeitsbegriff in der privaten Berufsunfähigkeitsversicherung ist nach all dem nicht gegeben[35], sodass der Hinweis von § 2 Abs. 4 S. 2 VVG-InfoV in Bezug auf die Verschiedenheit der Begrifflichkeiten in beiden Systemen grundsätzlich zutrifft. Allerdings stellt der Erhalt der sog. gesetzlichen Berufsunfähigkeitsrente für einen Personenkreis, der vor dem 02.01.1961 geboren ist, letztlich lediglich eine Vertrauensschutzregelung für ältere Versicherte dar, die bis zur Rentenreform keine private Berufsunfähigkeitsversicherung abgeschlossen hatten und denen der Zugang zu dieser Versicherungsart nunmehr nicht mehr möglich ist.[36]

Bereits jetzt dürfte deshalb die Praxisrelevanz des Hinweises von § 2 Abs. 4 S. 2 VVG-InfoV zumindest in Bezug auf den Begriff der Berufsunfähigkeit im sozialrechtlichen Sinne durch die faktische Entwicklung nicht mehr gegeben sein, stellt er doch bereits mit Inkrafttreten des VVG am 01.01.2008 nur noch auf einen Personenkreis ab, der bereits zu diesem Zeitpunkt mindestens 47 Jahre alt gewesen ist. Der prozentuale Anteil von Neukunden der privaten Berufsunfähigkeitsversicherung in diesem Alterssegment kann jedoch vernachlässigt werden, sodass die Intention des Verordnungsgebers in diesem Bereich von vornherein ins Leere geht.

---

33 BSG v. 27.04.1989, SozR 2200 § 1246 Nr. 164: Das Bundessozialgericht gewährt einem Versicherten ohne Ausbildung einen entsprechenden Berufsschutz nach „Facharbeiterstatus" erst nach einer dreijährigen Berufstätigkeit.

34 Niesel, in: Kasseler Kommentar, § 240 Rn. 24 SGB VI m. w. N.

35 Herold, VersR 1991, 376.

36 BT-Drucks. 14/2430, S. 24.

II. Der Begriff der Erwerbsminderung

Wenn § 2 Abs. 4 S. 2 VVG-InfoV darüber hinaus den Hinweis fordert, dass der in den Versicherungsbedingungen verwendete Begriff der Berufsunfähigkeit nicht mit dem Begriff der Erwerbsminderung im sozialrechtlichen Sinne übereinstimmt, so erschließt es sich nicht, welche Absicht damit im Ergebnis verfolgt wird. Die Gefahr, dass der durchschnittliche Versicherungsnehmer beide Begriffe für synonym hält, erscheint bereits beim ersten Hinsehen eher gering. Es ist offensichtlich, dass der Begriff der Erwerbsminderung auf die allgemeine Fähigkeit des Versicherten, irgendeinem Erwerb nachzugehen abstellt, anstatt sich an seinem Beruf bzw. seiner letzten ausgeübten Tätigkeit zu orientieren.

Die gesetzliche Rentenversicherung kennt den Begriff der Erwerbsminderung im Zusammenhang mit der sog. vollen Erwerbsminderungsrente nach § 43 Abs. 2 SGB VI, welche bei einem unter den üblichen Bedingungen des allgemeinen Arbeitsmarktes auf unter drei Stunden gesunkenen Leistungsvermögen gewährt wird, und im Rahmen der sog. Teilerwerbsminderungsrente nach § 43 Abs. 1 S. 1 SGB VII, welche bei einem zwischen drei und sechs Stunden liegenden Leistungsvermögen des Versicherten auf dem allgemeinen Arbeitsmarkt zu gewähren ist.

Unter dem sog. allgemeinen Arbeitsmarkt wird dabei jede denkbare Tätigkeit verstanden; einen dem in der privaten Berufsunfähigkeitsversicherung auch nur annährend vergleichbaren Berufsschutz sieht § 43 SGB VI nicht vor.[37] Wenn § 2 Abs. 4 S. 2 VVG-InfoV gleichwohl neben dem Begriff der Berufsunfähigkeit der gesetzlichen Rentenversicherung auch den Begriff der Erwerbsminderung der gesetzlichen Rentenversicherung erwähnt, hätte mit der gleichen Berechtigung auf etwaige Verwechslungsgefahren mit den Begriffen der Krankheit in der gesetzlichen Krankenversicherung nach § 48 SGB V oder der Schwerbehinderung nach § 2 Abs. 2 SGB IX hingewiesen werden können.

Zumindest für den Bereich der Schwerbehinderung hätte die Erwähnung der Begrifflichkeit durch die VVG-InfoV durchaus ihre Berechtigung gehabt. Nicht selten meinen Versicherungsnehmer der privaten Berufsunfähigkeitsversicherung, bereits deshalb einen Anspruch auf die versicherte Rentenleistung zu haben, weil eine mindestens 50-prozentige Schwerbehinderung vom Versorgungsamt anerkannt worden ist. Zuweilen warten Versicherungsnehmer zunächst sogar ein u. U. lange Zeit andauerndes Verfahren vor den Versorgungsämtern ab, weil sie die Anerkennung eines sog. „GdB“ (Grad der Behinderung) von mindestens 50 als

---

37 Gürtner, in: Kasseler Kommentar, § 43 Rn. 54 SGB VI.

Eintrittsvoraussetzung für die Gewährung einer privaten Berufsunfähigkeitsrente ansehen.

Das erklärte Ziel des Gesetzgebers, mit der Erwähnung der Verschiedenheit der Begriffspaare Berufsunfähigkeit bzw. zusätzlich der Erwerbsunfähigkeit in der gesetzlichen Rentenversicherung in § 2 Abs. 4 S. 2 VVG-InfoV auf den vom Sozialversicherungsrecht abweichenden Umfang der Deckung in der privaten Berufsunfähigkeitsversicherung hinzuweisen[38] und den durchschnittlichen Versicherungsnehmer insofern vor Fehlentscheidungen zu schützen, wird jedenfalls durch einen derartigen Hinweis nicht erreicht. Vielmehr birgt der Hinweis auf die Verschiedenheit der Begrifflichkeiten letztlich eher eine Gefahr, wenn man beachtet, dass diejenigen Versicherten, welche Anspruch auf eine Erwerbsminderungsrente nach § 43 SGB VI haben, im Regelfall tatsächlich auch über die Anspruchsvoraussetzungen in der privaten Berufsunfähigkeitsrente verfügen dürften. Ausnahmen sind in diesem Zusammenhang zwar theoretisch denkbar, aber praktisch sicher eher zu vernachlässigen. Wenn ein Versicherungsnehmer, bei dem die tatbestandlichen Voraussetzungen für die Gewährung einer Erwerbsminderungsrente nach § 43 SGB VI vorliegen, mit an Sicherheit grenzender Wahrscheinlichkeit auch als berufsunfähig i. S. der Bedingungen in der privaten Berufsunfähigkeitsversicherung angesehen werden kann, bedarf es keines Warnhinweises durch den Gesetzgeber in Bezug auf einen abweichenden Umfang der Versicherung mehr. Der Hinweis führt – wenn überhaupt – nur dazu, dass der durchschnittliche Versicherungsnehmer eher davon abgehalten wird, Leistungen in der privaten Berufsunfähigkeitsversicherung anzumelden.

§ 3: Der Begriff der Berufsunfähigkeit in der privaten Krankenversicherung

Die für die Praxis wohl relevanteste Parallelverwendung des Begriffs der Berufsunfähigkeit, auf die § 2 Abs. 4 S. 2 VVG-InfoV hinweist, existiert in der privaten Krankentagegeldversicherung. Diese ist als Summenversicherung ausgestaltet und kennt im Krankheitsfall keine Limitierung der Zahlung auf einen bestimmten Leistungszeitraum. Jedoch ist sie ihrer Natur nach ein Produkt, welches von vornherein nur Leistung für einen endlichen Zeitraum versprechen will, nämlich für den der Arbeitsunfähigkeit des Versicherungsnehmers, der sich selbstverständlich als vorübergehender Zustand versteht und in den Bedingungen auch so definiert ist.[39] Der Zustand der Arbeitsunfähigkeit endet entweder mit

38 Begründung der VVG-InfoV, B. Besonderer Teil, Zu § 2 Abs. 4, VersR 2008, 183, 189.

39 § 1 Abs. 3 MB/KT 2009.

der Gesundung des Versicherungsnehmers, welche mit der vollständigen oder teilweisen Wiedererlangung der Arbeitsfähigkeit des Versicherungsnehmers das Ende der Leistungspflicht des Versicherers markiert, oder mit dem Eintritt von Berufsunfähigkeit.

Der Eintritt der Berufsunfähigkeit beim Versicherten bildet in der privaten Krankentagegeldversicherung die Zäsur, welche den Vorgang der Beendigung des Vertrages nach § 15 MB/KT einleitet, da ein berufsunfähiger Versicherter in der Krankentagegeldversicherung grundsätzlich nicht mehr versicherungsfähig sein soll.[40] Vorübergehende Arbeitsunfähigkeit und dauernde Berufsunfähigkeit stellen zwei unterschiedlich geartete gesundheitliche Beeinträchtigungen dar, sodass sich die Zahlungen von Leistungen aus der Krankentagegeld- und aus der Berufsunfähigkeitsversicherung wegen des Grundsatzes der Spezialität ausschließen sollen.[41]

Die Beendigung des Versicherungsverhältnisses in der Krankentagegeldversicherung aufgrund von Berufsunfähigkeit des Versicherungsnehmers kann sich auf zwei Arten realisieren.

I. Passive Vertragsbeendigung bei Rentenbezug

Durch § 15 Abs. 1 a) der MB/KT 2009 wird bestimmt, dass das Versicherungsverhältnis zum Ende des Monats beendet wird, in dem es zum Wegfall einer im Tarif bestimmten Voraussetzung gekommen ist.[42] In einer Vielzahl von Tarifbestimmungen der Krankentagegeldversicherer ist bereits der Bezug einer Berufs- bzw. Erwerbsunfähigkeitsrente durch den Versicherungsnehmer als Tatbestandsmerkmal für den Wegfall seiner Versicherungsfähigkeit vorgesehen, sodass der Versicherer nach BGH-Rechtsprechung auch ohne eine zusätzliche Beendigungserklärung leistungsfrei wird und gem. § 11 S. 2 MB/KT die Krankentagegeldleistungen, welche er innerhalb des Zeitraums erbracht hat, in dem der Versicherungsnehmer auch eine Berufs- bzw. Erwerbsunfähigkeitsrente bezogen hat, zurückfordern darf.[43]

---

40 Wilmes, in: Bach/Moser, Private Krankenversicherung § 15 Rn. 19 MB/KT.

41 Sauer, Krankentagegeldversicherung, S. 91, mit Rechtsprechungshinweisen.

42 Für diesen Fall hat der Versicherer gem. § 11 S. 2 MB/KT 2009 u. U. sogar einen Rückzahlungsanspruch gegen den Versicherungsnehmer für erbrachte Krankentagegeldleistungen, sofern die Tarifbestimmungen vorsehen, dass bei Bezug einer Berufs- oder Erwerbsminderungsrente keine Versicherungsfähigkeit besteht (BGH, VersR 1992, 477).

43 BGH, VersR 2012, 981; BGH VersR 1992, 477.

II. Aktive Beendigung bei Berufsunfähigkeit

Die in der Praxis weitaus bedeutsamere Variante der Beendigung der Leistung in der privaten Krankentagegeldversicherung ist diejenige durch den Versicherer selbst. Dies geschieht entweder durch den Nachweis, dass eine vollständige Arbeitsunfähigkeit beim Versicherungsnehmer nicht mehr vorliegt, oder es wird durch den Versicherer Berufsunfähigkeit i. S. v. § 15 Abs. 1 b) MB/KT festgestellt, die dann nicht nur die Leistungspflicht des Versicherers, sondern auch den gesamten Versicherungsvertrag beendet. In dieser zweiten Alternative liegt die häufigste Schnittstelle zwischen privater Krankentagegeld- und Berufsunfähigkeitsversicherung, welche an folgendem Beispiel dargestellt werden soll:

Beispiel 1
Ein Versicherungsnehmer, der sowohl eine private Krankentagegeldversicherung als auch eine private Berufsunfähigkeitszusatzversicherung besitzt, leidet unter Wirbelsäulenbeschwerden und erkrankt dauerhaft. Zunächst erhält er das vereinbarte Krankentagegeld von seiner privaten Krankentagegeldversicherung, welche dessen Gesundheitszustand regelmäßig durch beauftragte Ärzte überprüfen lässt. Nachdem sich keine Besserung einstellen will, befindet der beauftragte „Vertrauensarzt" der privaten Krankentagegeldversicherung, dass der Versicherte berufsunfähig sei. Daraufhin erklärt der Versicherer den Vertrag nach § 15 Abs. 1 b) MB/KT innerhalb der vereinbarten Dreimonatsfrist für beendet. Der Versicherte hinterfragt diese Entscheidung nicht, sondern beantragt – aus seiner Sicht zwingend – Leistungen bei seiner Berufsunfähigkeitsversicherung, die sich aber an die Entscheidung der Krankentagegelversicherung nicht binden lassen will, sondern eigene Ermittlungen aufnimmt. Im Ergebnis stellt die Berufsunfähigkeitsversicherung dann fest, dass eine Berufsunfähigkeit im Sinne ihrer Bedingungen nicht vorliegt, da er in seiner letzten ausgeübten Tätigkeit die 50-%-Grenze noch nicht erreicht hätte.

Für einen Versicherten, welcher seine Absicherung lückenlos gestalten wollte, wird dieses Ergebnis nicht nachvollziehbar erscheinen. Es offenbart sich eine Deckungslücke zwischen privater Krankentagegeld- und Berufsunfähigkeitsversicherung. Das Problem wurde in der Literatur bereits angesprochen[44], jedoch bisher weder von der Rechtsprechung hinreichend aufgegriffen, noch vom Gesetzgeber im Zuge der VVG-Reform zufriedenstellend gelöst.

III. Die Konzeption des § 2 Abs. 4 S. 2 VVG-InfoV

Grundsätzlich hätte dabei durchaus die Möglichkeit bestanden, den Begriff der Berufsunfähigkeit, welcher in § 172 Abs. 2 VVG als gesetzliches Leitbild formuliert wurde, mit dem Recht der privaten Krankenversicherung in Übereinstimmung

44 Deville, VersR 1992, 423.

zu bringen. Wie im Folgenden zu zeigen sein wird, sind die Begrifflichkeiten in beiden Personenversicherungssparten im juristischen Sinngehalt weitgehend deckungsgleich.

Der VVG-Gesetzgeber geht hingegen weiter von einer Konzeption unterschiedlicher juristischer Bedeutungen aus und versucht gleichzeitig, verbraucherschädliche Konsequenzen mit einer in der VVG-Informationspflichtenverordnung statuierten Hinweispflicht zu lösen. Dort schreibt § 2 Abs. 4 S. 2 VVG-InfoV vor, den Versicherungsnehmer bei Vertragsabschluss der Berufsunfähigkeitsversicherung ausdrücklich darauf hinzuweisen, dass der in den Versicherungsbedingungen verwendete Begriff der Berufsunfähigkeit nicht mit dem Begriff der Berufsunfähigkeit im Sinne der Versicherungsbedingungen in der Krankentagegeldversicherung übereinstimmt. Hintergrund der Regelung soll die Vermeidung von Missverständnissen sein, die sich einstellen können, wenn sich etwa aufgrund unterschiedlicher Ausgestaltungen zwischen einer Berufsunfähigkeits- und einer Krankentagegeldversicherung Versicherungslücken ergeben.[45]

Eine analoge Hinweispflicht des Versicherers bei Abschluss einer privaten Krankentagegeldversicherung sieht der entsprechende § 3 VVG-InfoV nicht vor. Die Begründung für dieses abweichende Vorgehen bleibt der Gesetzgeber schuldig, zumal keine grundsätzliche Regel dafür erkennbar ist, in welchem Bereich sich ein Versicherungsnehmer zuerst absichert und insofern mit dem Begriff der Berufsunfähigkeit erstmals in Berührung kommt.

Angesichts der mit oben genanntem Beispiel dargestellten praktischen Relevanz des Problems eines unterschiedlichen Bedeutungsgehaltes der Begriffe, lohnt es sich, die Definition der Berufsunfähigkeit in § 15 b) MB/KT im Vergleich mit dem Begriff der Berufsunfähigkeit des § 172 Abs. 2 VVG näher zu betrachten.

> *„Berufsunfähigkeit liegt vor, wenn die versicherte Person nach medizinischem Befund im bisher ausgeübten Beruf auf nicht absehbare Zeit mehr als 50 % erwerbsunfähig ist."*

IV. Die einzelnen Tatbestandsmerkmale

„im bisher ausgeübten Beruf"

Insoweit die Definition des Begriffs der Berufsunfähigkeit in § 172 Abs. 2 VVG vom „zuletzt ausgeübten Beruf" spricht, geht § 15 Abs. 1 b) MB/KT vom „bisher

45 Begründung der VVG-InfoV, B. Besonderer Teil, Zu § 2 Abs. 4, VersR 2008, 183, 189.

ausgeübten Beruf" aus. Über die Wortwahl hinausgehende juristische Unterschiede in der Begrifflichkeit sind jedoch nicht festzustellen. Wie § 172 Abs. 2 VVG stellt auch die Formulierung des § 15 Abs. 1 b) der MB/KT allein auf den bei Eintritt des Versicherungsfalls im zuletzt ausgeübten Beruf in seiner ganz konkreten Ausgestaltung ab[46], was insbesondere für die Krankentagegeldversicherung immer wieder ausdrücklich betont wird.[47]

„nach medizinischem Befund"

Dieses Tatbestandsmerkmal ist weder in der Legaldefinition des § 172 Abs. 2 VVG noch in den marktüblichen MB-BUV/BUZ enthalten, was aber bzgl. des materiellen Rechtsgehaltes des Berufsunfähigkeitsbegriffs keine Auswirkungen hat, da hier lediglich die Art und Weise der Feststellung bedingungsgemäßer Berufsunfähigkeit in der Krankentagegeldversicherung definiert wird, welche nicht ausdrücklich, sondern ggf. auch durch anderweitigen medizinischen Befund nachgewiesen werden kann, dem zu entnehmen ist, dass die versicherte Person berufsunfähig im Sinne der Bedingungen ist.[48] Letztlich muss auch in der Berufsunfähigkeitsversicherung die Feststellung einer bedingungsgemäßen Berufsunfähigkeit durch „ärztlichen Nachweis" erbracht werden, was in der Mehrheit der marktüblichen ebenso wie in den MB-BUV/BUZ[49] ausdrücklich so geregelt ist.[50] Für beide Versicherungszweige kann es somit als gesichert gelten, dass die Berufsunfähigkeit nicht notwendigerweise ärztlich festgestellt werden muss, sondern auch durch ärztliche Berichte, Untersuchungsergebnisse bzw. Gutachten dritter Institutionen geltend gemacht werden kann und ggf. erst im Prozess durch gerichtliches Sachverständigengutachten unter Beweis gestellt werden muss.[51]

---

46 Rogler, in: Rüffer/Halbach/Schimikowski, HK-VVG, § 15 Rn. 6.

47 Tschersich, in: Beckmann/Matusche-Beckmann, Versicherungsrechts-Handbuch, § 45 Rn. 37; Wilmes, in: Bach/Moser, § 15 Rn. 23 m. w. N.; Langheid/Wandt/Hütt, § 192 Rn. 191.

48 Hirschberg, Berufsunfähigkeit, S. 68, unter Hinweis auf Prölss/Martin, VVG § 15 Rn. 27 MB/KT 2009.

49 § 2 Abs. 2 MB-BUV 13.

50 Dazu näher unter 5. Kapitel § 1 I.

51 Für die Krankentagegeldversicherung BGH, VersR 2010, 1171 mit Anmerkung Kural; für die Berufsunfähigkeitsversicherung BGH, VersR 2010, 1206.

„mehr als 50 % erwerbsunfähig“

Mangels eigener Definition soll nach einer Auffassung für den Bereich der privaten Krankenversicherung der frühere Begriff der Erwerbsunfähigkeit in der gesetzlichen Rentenversicherung maßgebend sein.[52] Dies überzeugt nicht. Zum einen existiert dieser Begriff formal seit Inkrafttreten des Gesetzes zur Reform der Renten wegen verminderter Erwerbsfähigkeit vom 20.12.2000[53] ohnehin nicht mehr. Zum anderen macht ein Abstellen auf den sozialversicherungsrechtlichen Begriff mit seinem unterschiedlichen juristischen Bedeutungsgehalt auch keinen Sinn, da sich die Verwendung des Wortes Erwerbsunfähigkeit in der Definition des § 15 Abs. 1 b) MB/KT unmittelbar auf den Begriff des „bisher ausgeübten Berufes“ bezieht und damit mit Erwerbsunfähigkeit lediglich das „nicht in der Lage sein“ zur Ausübung des bisherigen Berufes gemeint sein kann.[54] Insofern dürfte auch hier kein inhaltlich greifbarer Unterschied zur Definition der Berufsunfähigkeit bestehen, wie er in § 172 Abs. 2 VVG verwandt wird. Die unterschiedlichen Formulierungen meinen i. E. das Gleiche: die Berufsunfähigkeit. Die Verwendung des Begriffes „erwerbsunfähig“ durch § 15 Abs. 1 b) MB/KT führt somit zu einer überflüssigen Verunsicherung des Versicherungsnehmers, wenn er die Begriffe einander gegenüberstellt.

„auf nicht absehbare Zeit“

Die Verwendung dieses Merkmals heißt zunächst – wie in der Berufsunfähigkeitsversicherung – lediglich, dass die Feststellung der Berufsunfähigkeit auf einer Prognoseentscheidung beruht. Es muss sich um einen nicht nur vorübergehenden – keineswegs endgültigen – Zustand handeln.[55] In der obergerichtlichen Rechtsprechung zur privaten Krankentagegeldversicherung wurde, ebenso wie in der Berufsunfähigkeitsversicherung, z. T. unter ausdrücklicher Bezugnahme auf den jeweils anderen Versicherungszweig zunächst ein Prognosezeitraum von

52 So wohl Wilmes, in: Bach/Moser, § 15 Rn. 22 m. w. N.

53 BGBl. S. 1827.

54 So i. E. auch Wilmes, in: Bach/Moser, § 15 Rn. 22 m. w. N., mit dem ausdrücklichen Argument, dass § 15 b MB/KT auch den Sinn hätte, das versicherte Risiko der Krankentagegeldversicherung von dem der Berufsunfähigkeitsversicherung abzugrenzen; Hirschberg, Berufsunfähigkeit, S. 70.

55 Wilmes, in: Bach/Moser, § 15 Rn. 22.

drei Jahren angenommen[56], ohne dass dafür im Ergebnis eine schlüssige Begründung gegeben wurde.[57]

Für beide Versicherungszweige hat der BGH diese starre Dreijahresprognose unterdessen abgelehnt und fordert vielmehr eine auf den Einzelfall bezogene individuelle Prognoseentscheidung, da sich ein bestimmter Zeitraum im Sinn einer festen zeitlichen Grenze dem klaren und eindeutigen Wortlaut der Versicherungsbedingungen nicht entnehmen ließe.[58]

Während von den Musterbedingungen abweichende Regelungen im Bereich des § 15 MB/KT über viele Bedingungsgenerationen nicht feststellbar sind, beinhalten die aktuell auf dem Markt befindlichen Berufsunfähigkeitsversicherungen durchaus verschiedene Prognoseklauseln, welche den Zeitraum, für den eine Berufsunfähigkeit mindestens bestehen muss, auf sechs, achtzehn, vierundzwanzig oder sechsunddreißig Monate verkürzen (siehe Anhang 4).[59] Wenn Bedingungen in der Berufsunfähigkeitsversicherung beispielsweise bereits ab dem sechsten Monat der Arbeitsunfähigkeit eine fiktive Berufsunfähigkeit begründen, so bedeutet das i. E. allein einen zum Vorteil des Versicherungsnehmers vorgezogenen Leistungsbeginn.

Neuhaus schlägt hingegen für den Bereich der privaten Krankentagegeldversicherung eine Art Staffelregelung vor, welche sich am Lebensalter des Versicherten orientiert. Dabei soll der Prognosezeitraum für jüngere Versicherte bis 30 Jahre fünf Jahre und bei über 65-jährigen Versicherten nur noch ein Jahr umfassen.[60]

In Bezug auf die in Rede stehende Abgrenzungsproblematik bleibt festzuhalten, dass die Rechtsprechung sich zunächst einheitlich auf eine Dreijahresprognose festgelegt hatte, von der man inzwischen ebenso konsequent zugunsten einer individuellen Prognoseentscheidung wieder abgerückt ist. Es sind jedoch keine Stimmen erkennbar, welche im Bereich der Krankentagegeldversicherung grundsätzlich einen von der Berufsunfähigkeitsversicherung abweichenden Beobachtungszeitraum fordern würden.

---

56 So zuletzt für die PKV Hamm, VersR 1997, 1087; OLG Köln, VersR 1995, 284; OLG Koblenz, r+s 1993, 473; a. A. Wilmes, in: Bach/Moser, § 15 Rn. 27 m. w. N.; für die BUV OLG Hamm, VersR 1995, 1039.

57 Neuhaus, r+s 2012, 162.

58 Für die BUV BGH, VersR 2007, 383; für die KTGV BGH, VersR 2010, 1171, unter Berufung auf Wilmes, in: Bach/Moser, Private Krankenversicherung 4. Aufl., § 15 Rn. 27 f. MB/KT; Prölss, in: Prölss/Martin, VVG 27. Aufl. § 15 Rn. 25 MB/KT 94; Ahlburg, in: Halm/Engelbrecht/Krahe, Handbuch FA VersR, S. 1188 Rn. 225.

59 Dazu mehr unter 5. Kapitel § 1 II.

60 Neuhaus, r+s 2012, 162; ders., Berufsunfähigkeitsversicherung, G Rn. 224.

Verweisung
Obwohl bei den Tatbestandsmerkmalen der beiden BU-Definitionen bisher keine inhaltlichen Unterschiede erkennbar waren, wird das unterschiedliche Verständnis von Berufsunfähigkeit in der Berufsunfähigkeits- und in der Krankentagegeldversicherung in Rechtsprechung und Literatur zwar als feststehend betont[61], im Ergebnis jedoch nur an dem einzigen Kriterium der sog. abstrakten Verweisungsmöglichkeit festgemacht. Diese kann zwar nach § 172 Abs. 3 VVG fakultativ als weitere Voraussetzung einer Leistungspflicht des Versicherers in der Berufsunfähigkeitsversicherung vereinbart werden, gehört jedoch keineswegs zum festen Tatbestandskern der Legaldefinition. Vielmehr sehen, wie in der Tabelle, Anhang 8 zu erkennen ist, lediglich noch 17 von insgesamt 66 Anbietern in einem ihrer Tarifangebote (Basistarif) die abstrakte Verweisung überhaupt als Tatbestandsmerkmal vor.

Die ebenfalls in Betracht kommende sog. konkrete Verweisungsmöglichkeit, welche in der Berufsunfähigkeitsversicherung nach nahezu allen auf dem Markt befindlichen Bedingungswerken ebenfalls geprüft werden kann, muss im Rahmen des Vergleichs mit dem BU-Begriff der privaten Krankentagegeldversicherung ohnehin außen vor bleiben, da sich die erwähnte Deckungslückenproblematik nicht stellt, wenn der Versicherungsnehmer weiterhin einer Tätigkeit nachgeht und damit zeigt, dass er ohnehin nicht vollständig arbeitsunfähig ist.

Davon abgesehen, dass die Vereinbarung einer sog. abstrakten Verweisungsmöglichkeit in der Bedingungswirklichkeit die Ausnahme darstellt[62], kann auch dieses Kriterium zur Begründung eines angeblich unterschiedlichen juristischen Bedeutungsgehaltes der Begrifflichkeiten nicht dienen. Sofern der von seiner Krankentagegeldversicherung für berufsunfähig erklärte Versicherungsnehmer unter Hinweis auf diese Sachlage Leistungen von seiner Berufsunfähigkeitsversicherung einfordert, bleibt es dieser unbenommen, sich die Prüfung der abstrakten Verweisbarkeit vorzubehalten, sofern das vereinbarte Bedingungswerk diese Möglichkeit vorsieht. Nicht zulässig, aber gleichwohl immer wieder zu finden, ist der pauschale Hinweis auf einen angeblich unterschiedlichen Bedeutungsgehalt der Begrifflichkeiten. Mit diesem Argument versuchen Berufsunfähigkeitsversicherer regelmäßig, sich eine Auseinandersetzung mit den Erkenntnissen des Krankentagegeldversicherers gänzlich zu ersparen. Man

61 Tschersich, in: Beckmann/Matusche-Beckmann, Versicherungsrechtshandbuch, § 45 Rn. 37; OLG Düsseldorf, VersR 1999, 356; OLG Hamm, VersR 1997, 1087.
62 Siehe Tabelle, Anhang 8.

ignoriert in diesem Zusammenhang sogar gutachterliche Feststellungen, welche meist vom Krankentagegeldversicherer in Auftrag gegeben worden sind.

V. Ergebnis und Konsequenzen

Im Ergebnis kann es als nachgewiesen angesehen werden, dass der Begriff der Berufsunfähigkeit in der privaten Krankentagegeldversicherung mit dem der Berufsunfähigkeitsversicherung deckungsgleich ist. Auch aus Sicht des durchschnittlichen Versicherungsnehmers sind die in den jeweiligen Bedingungen verwendeten Definitionen nicht unterschiedlich, sodass dieser – wie am eingangs aufgezeigten Beispiel illustriert – davon ausgehen darf, bei einer vom Krankentagegeldversicherer aufgrund von Berufsunfähigkeit geltend gemachten Vertragsbeendigung im gleichen Zeitpunkt gegenüber seinem Berufsunfähigkeitsversicherer Leistungen anmelden zu können. Dabei wird er es hinzunehmen haben, dass ein Berufsunfähigkeitsversicherer u. U. die medizinischen Ermittlungen eines konzernverschiedenen Krankentagegeldversicherers nicht übernimmt und eigene Ermittlungen anstellt. Unverständlich wird es für den Versicherungsnehmer jedoch dann, wenn eine derartige Leistungsentscheidung überdies mit dem Argument vertreten wird, die Begriffe der Berufsunfähigkeit in der Krankentagegeld- und in der Berufsunfähigkeitsversicherung wären grundverschieden. Unglücklicherweise können sich Versicherer bei dieser Argumentation unterdessen auf die misslungene Regelung des § 2 Abs. 4 S. 2 VVG-InfoV berufen, was noch zu diskutieren sein wird.

Die im o. g. Beispiel aufgezeigte Deckungslücke kann einen Versicherungsnehmer, welcher – wie bei selbstständig tätigen Personen nicht unüblich – seine gesamte Risikovorsorge für den Bereich Krankheit und Berufsunfähigkeit mit privaten Versicherungen abgedeckt hat, in eine existenzbedrohende Lage bringen. Der Begriff der Berufsunfähigkeit, der in beiden Bedingungswerken synonym verwendet wird, muss dem durchschnittlichen und gutgläubigen Versicherungsnehmer zwangsläufig als der Schlüsselbegriff erscheinen, welcher zum einen das Ende der Krankentagegeldversicherung und zum anderen die Voraussetzung für den Beginn der Leistungspflicht in der Berufsunfähigkeit markiert.

Bekanntlich machen Versicherer in der privaten Krankentagegeldversicherung nach einer gewissen Dauer der Erkrankung des Versicherten und mithin ihrer Leistungspflicht regelmäßig von ihrem bedingungsgemäßen Recht nach § 9 Abs. 3 MB/KT Gebrauch, den Versicherten durch einen Arzt ihres Vertrauens untersuchen zu lassen. Für den Krankentagegeldversicherer bestehen grundsätzlich nur zwei Möglichkeiten, seine Leistungspflicht zu beenden: die

Feststellung einer nicht mehr 100%igen Arbeitsunfähigkeit, welche Voraussetzung der Leistungspflicht nach § 1 Abs. 1 MB/KT ist, oder die Feststellung der Berufsunfähigkeit nach § 15 b) MB/KT. Deshalb wird der untersuchende „Vertrauensarzt" bei der Begutachtung bereits länger erkrankter Versicherter eher dazu geneigt sein, Berufsunfähigkeit festzustellen als Teilarbeitsfähigkeit. Dieses Ergebnis hat bekanntlich für den Versicherer den zusätzlichen Vorteil, dass der Vertrag dann vorerst beendet ist und dem Versicherten lediglich die Möglichkeit eingeräumt werden muss, diesen in eine Anwartschaftsversicherung zu wandeln.[63] Für den Fall, dass der Versicherte dieses Recht ggf. nicht wahrnimmt, erlischt der Vertrag sogar für immer.

Unzweifelhaft wird sich der vom Versicherten in der Folge der Entscheidung der Krankentagegeldversicherung in Anspruch genommene Berufsunfähigkeitsversicherer zur Frage, ob ebenfalls Berufsunfähigkeit im Sinne seiner Bedingungen vorliegt, eine eigene Meinung bilden. Dabei verfolgt dieser natürlich allein seine eigenen (gegenläufigen) Interessen und das Prüfungsergebnis wird sich häufig nicht mit der Einschätzung des Krankentagegeldversicherers decken.

Dem Versicherungsnehmer wird dadurch ganz selbstverständlich zugemutet, sich auf eine derartige nicht kongruente Entscheidungslage durch die beiden unterschiedlichen Versicherer einzustellen. Die Praxis zeigt jedoch, dass Versicherte diese Vorüberlegungen meist nicht in ihre Risikoabwägung einstellen. In der Regel bekommt der Versicherte von seiner Krankentagegeldversicherung die Entscheidungsgrundlage für die Erklärung der Vertragsbeendigung wegen Berufsunfähigkeit nach § 15 b) MB/KT ausgehändigt. Diese besteht in den meisten Fällen aus einer gutachterlichen Stellungnahme oder einem mehr oder weniger ausführlich gehaltenen Gutachten, in dem durch den vom Versicherer beauftragten Arzt zur Frage der Berufsunfähigkeit des Versicherten Stellung genommen wird.

Dieses Gutachten veranlasst den Versicherungsnehmer dann, über seine weitere vertragliche Situation nachzudenken. Wenn die Argumente, welche der Gutachter für das Vorliegen einer Berufsunfähigkeit findet, sich mit seiner subjektiven Einschätzung decken, wird er die Entscheidung des Krankentagegeldversicherers nicht nur nicht angreifen, sondern sich diese zu eigen machen und deshalb Berufsunfähigkeitsleistungen beantragen, in dem festen Glauben, dem Berufsunfähigkeitsversicherer die Entscheidungsgrundlage in Form des Gutachtens der Krankenversicherung bereits liefern zu können.

63 OLG Karlsruhe, VersR 2007, 51; LG Dortmund, VersR 1996, 963.

Der Versicherungsnehmer gibt in dieser Situation die Möglichkeit, die eventuell falsche Entscheidung des Krankentagegeldversicherers zu hinterfragen, endgültig auf. Denn sobald er nun gegenüber dem Berufsunfähigkeitsversicherer Leistungen geltend macht, legt er sich unumkehrbar fest und wird zu einem späteren Zeitpunkt, zu dem er ggf. erkennt, dass eine Berufsunfähigkeit vielleicht gar nicht vorlag und er doch nur weiter krank war oder noch ist, kaum mehr glaubhaft behaupten können, lediglich „nur" krank gewesen zu sein. Mit einem derartigen Verhalten würde sich der Versicherungsnehmer im Prozess dem Vorwurf des widersprüchlichen Verhaltens aussetzen, was seine prozessuale Situation dann ggf. fast aussichtslos erscheinen ließe.

Kaum ein Versicherungsnehmer erkennt in dieser Situation, in welcher „Gefahr" er sich befindet und dass er sich sehr genau überlegen sollte, ob er zunächst zur Sicherheit gegen die Entscheidung des Krankenversicherers – der ihn für berufsunfähig erachtet – vorgehen sollte, um zunächst ggf. weiter Krankentagegeld zu beziehen.

Da es jedoch sowohl den Berufsunfähigkeits- als auch den Krankentagegeldversicherern frei steht, den Begriff der Berufsunfähigkeit getrennt feststellen zu lassen, wird man über eine unangemessene Benachteiligung des Versicherungsnehmers zumindest dann nicht sprechen können, wenn er die beiden Risiken bei verschiedenen Versicherungsgesellschaften abgesichert hat. Gleichwohl bleibt die Situation für den Versicherungsnehmer, der ohne Verschulden in eine Deckungslücke fällt, unbefriedigend.

Noch eklatanter wird der Missstand freilich, wenn der Versicherungsnehmer bei demselben Versicherungskonzern sowohl eine Krankentagegeld- als auch eine Berufsunfähigkeitsversicherung hält. In diesem Fall gehen Versicherungsnehmer bei Feststellung von Berufsunfähigkeit durch den Krankentagegeldversicherer davon aus, automatisch Leistungen vom „hauseigenen" Berufsunfähigkeitsversicherer zu erhalten, und wundern sich nicht selten bereits darüber, dass sie diese Leistung überhaupt noch separat beantragen müssen. Der Hinweis des Berufsunfähigkeitsversicherers, er werde jetzt eine eigene Leistungsentscheidung zu treffen haben, welche – aufgrund der unterschiedlichen Begrifflichkeiten und Bedingungen – nicht mit der des Krankenversicherers übereinstimmen muss, ist einem durchschnittlichen Versicherungsnehmer dann nicht mehr zu vermitteln.

Es wird in der Literatur darauf hingewiesen, dass einzelne Kompositversicherer dieses Problem erkannt hätten und ihrerseits zwischen den beiden Sparten Lebens- und Krankenversicherung bzw. zwischen den im Konzernverbund stehenden Versicherungsgesellschaften vereinbaren, dass das Krankentagegeld auch im Fall der – durch den Versicherer festgestellten – Berufsunfähigkeit bis zur Entscheidung über den Anspruch auf Berufsunfähigkeitsrente weitergezahlt wird.[64] Derartige spartenübergreifende Gesamtlösungen, welche am Markt jedoch nur selten zu finden sind, stellen sicherlich einen Schritt in die richtige Richtung dar, helfen dem Versicherungsnehmer allerdings nur bedingt weiter, da im Falle der Ablehnung des Leistungsanspruchs durch die Berufsunfähigkeitsversicherung die Krankentagegeldversicherung ihre Leistungen gleichwohl nicht wieder aufnehmen wird.

In der Rechtsprechung bestand bisher kaum Gelegenheit, die beschriebene Problematik zu durchdringen. In einer in diesem Bereich ergangenen Entscheidung konnte sich das Gericht letztlich auf das Scheinargument der grundsätzlichen Verschiedenheit des Begriffs der Berufsunfähigkeit in beiden Sparten zurückziehen, welche – wie dargestellt – damit begründet wird, dass im Unterschied zur Krankentagegeldversicherung in der Berufsunfähigkeitsversicherung die Verweisungsmöglichkeit zu prüfen ist.[65]

Die Begründung für die Existenzberechtigung unterschiedlicher Begrifflichkeiten in beiden Versicherungszweigen wird nach wie vor allein aus der Zweistufigkeit des Berufsunfähigkeitsbegriffs in der Berufsunfähigkeitsversicherung hergeleitet. Dabei gibt das OLG Düsseldorf durchaus zu, dass ohne diese Unterscheidung eine für den Versicherungsnehmer unzumutbare Deckungslücke existieren könnte, da ein Versicherungsnehmer in diesem Fall ohne erzielbare Einkünfte dastünde.[66] Diese Erkenntnis trifft tatsächlich den Kern des Problems, welches vom OLG Düsseldorf zum Zeitpunkt der Entscheidung womöglich in seinem vollen Ausmaß noch nicht überblickt worden ist, da die Feststellung in einem obiter dictum erfolgte und die Tendenz zum Verzicht auf die abstrakte Verweisung auf dem Markt der Berufsunfähigkeitsversicherung auch noch nicht ausgeprägt gewesen sein dürfte.

1. Einheitlicher Begriff der Berufsunfähigkeit in beiden Sparten

Die Schaffung eines einheitlichen, spartenübergreifenden Begriffs der Berufsunfähigkeit ist erstmals von Deville eingehender diskutiert worden[67], welcher im Ergebnis eine einheitliche Definition in den Bedingungen der Krankentagegeld- und der Berufsunfähigkeitsversicherung sowie der zum damaligen Zeitpunkt noch unumschränkt existierenden gesetzlichen Berufsunfähigkeitsversicherung vorschlägt.

---

64 Kirsch, Berufsunfähigkeit im Wandel, S. 102; Neuhaus, Berufsunfähigkeitsversicherung, Kap. V Rn. 44.

65 OLG Düsseldorf, VersR 1999, 356.

66 OLG Düsseldorf, VersR 1999, 356.

67 Deville, VersR 1992, 423.

Dieser Ansatz erscheint allerdings damals wie heute wenig realistisch, zumindest was die synonyme Verwendung der Begrifflichkeiten in der Privat- wie auch der Sozialversicherung anbetrifft. Zu unterschiedlich sind die Grundkonzepte der Leistungsgewährung in beiden Bereichen, als dass es überhaupt denkbar wäre, hier eine Angleichung ins Auge zu fassen. Darüber hinaus will § 240 SGB VI heute ohnehin nur noch den vor 1961 geborenen Personen das Privileg einer Teilerwerbsminderungsrente bei Berufsunfähigkeit zuteilwerden lassen, sodass diese Rentenart in der gesetzlichen Rentenversicherung bis spätestens im Jahre 2028 vollständig verschwunden sein wird.

Davon unabhängig spricht jedoch einiges für die „Vereinheitlichung" des Begriffs der Berufsunfähigkeit zumindest in den Privatversicherungssparten Kranken- und Berufsunfähigkeitsversicherung. Zwar wird man in diesem Fall weiterhin mit dem Problem leben müssen, dass unterschiedliche Versicherer in der Leistungsprüfung die Frage der medizinischen und sachlichen Voraussetzungen einer bedingungsgemäßen Berufsunfähigkeit unterschiedlich beurteilen, jedoch würden sich Versicherer nicht mehr auf das Argument der grundsätzlich unterschiedlichen Begrifflichkeiten zurückziehen können, was die sachliche Auseinandersetzung wesentlich erleichtern könnte.

Die Chance, zumindest in dem wichtigen Teilbereich zwischen privater Berufsunfähigkeits- und Krankentagegeldversicherung qua Gesetz einen einheitlichen Berufsunfähigkeitsbegriff zu schaffen, hätte der Gesetzgeber mit Einführung des neuen Versicherungsvertragsgesetzes wahrnehmen können. Diese Möglichkeit, Kongruenz zwischen den in beiden Sparten verwendeten Begriffen herzustellen, ist jedoch leider versäumt worden.

2. *Der Ansatz des neuen VVG bzw. der VVG-InfoV*

Im Rahmen der Novellierung des VVG und seiner Nebengesetze ist das Problem der synonymen Verwendung des Begriffs Berufsunfähigkeit in den verschiedenen Versicherungssparten erkannt worden. Die Konzeption des Gesetzgebers geht in der VVG-InfoV jedoch nicht den Weg der Vereinheitlichung der Begriffe, sondern gibt (nur) den Berufsunfähigkeitsversicherern vor, ihre potenziellen Versicherungsnehmer bei Vertragsabschluss explizit auf eine angebliche Inkongruenz zwischen den Begriffen hinzuweisen; er meint, diese damit vor Fehlentscheidungen schützen zu können, da so auf eventuelle Deckungslücken im Verhältnis zur Krankentagegeldversicherung ausdrücklich hingewiesen worden sei.[68]

---

68 Begründung der VVG-InfoV, B. Besonderer Teil, Zu § 2 Abs. 4, VersR 2008, 183, 189.

Dieser Ansatz ist aus mehreren – nachfolgend genannten – Gründen falsch:

Der bloße Hinweis auf angeblich bestehende unterschiedliche Begrifflichkeiten ist nicht ausreichend, weil eine den Versicherungsnehmer schützende Wirkung damit nicht erreicht werden kann. Im Gegenteil: Um eine sich für den durchschnittlichen Versicherungsnehmer erschließende Warnfunktion entfalten zu können, wäre es erforderlich, über den notwendigen Hinweis gem. § 2 Abs. 4 S. 2 VVG-InfoV hinaus weitere Hinweise zu geben.[69] Dieser Hinweis müsste zum einen darstellen, in welchem (einen) Punkt sich die Begriffe tatsächlich unterscheiden, nämlich letztlich allein in der Einbeziehungsmöglichkeit der abstrakten Verweisung in der Berufsunfähigkeitsversicherung. Darüber hinaus müsste dem Versicherungsnehmer die Gefahr der Deckungslücke im Einzelnen auseinandergesetzt werden. Auf der anderen Seite wird wohl überwiegend die Auffassung vertreten, dass eine solche vertiefte Aufklärung dem Konzept des Produktinformationsblatts widerspricht.[70] In diesem Zusammenhang wird sogar der Grundsatz des Verbots der Überfrachtung von Produktinformationsblättern statuiert.[71] Schwintowski meint, dem Versicherungsnehmer stünde für den Fall, dass er aufgrund eines ausufernden Produktinformationsblattes für ihn bei Vertragsschluss wesentliche Informationen übersieht, sogar ein Schadensersatzanspruch nach §§ 311 Abs. 2, 280 BGB zu.[72] Vielmehr soll der Vermittler dazu angehalten werden, im Rahmen des Beratungsgesprächs gemeinsam mit seinem Kunden einen Blick in die AVB zu werfen. Dies würde allerdings voraussetzen, dass sich der angebliche Unterschied der Begrifflichkeiten dann zumindest aus den AVB ergibt, was bekanntlich nicht der Fall ist.

Die Praxis zeigt, dass die Marktteilnehmer in den jeweiligen Produktinformationsblättern ihrer Verpflichtung aus § 2 Abs. 4 S. 2 VVG-InfoV durch einen schlichten wortlautgleichen Abdruck des vom Verordnungsgesetzgeber geforderten Hinweises durchaus nachkommen. Dem von Schwintowski geforderten Knappheitsgebot dürften die Versicherer insofern mehrheitlich entsprechen; ein greifbarer Mehrwert für den Versicherungsnehmer wird durch diese Praxis aber aus den genannten Gründen nicht erkennbar.

---

69 Baroch-Castellvi, in: Rüffer/Halbach/Schimikowski, HK-VVG, VVG-InfoV, § 2 Rn. 68; Neuhaus, r+s 2009, 309: der Autor hält aus Gründen des Verbraucherschutzes das Ziel einer „vertieften Aufklärung" für naheliegend.

70 Neuhaus, r+s 2009, 309; ders. in: Neuhaus, Berufsunfähigkeitsversicherung, Kap. V Rn. 62.

71 Schwintowski/Ortmann, VersR 2009, 728.

72 Schwintowski, VUR 2008, 250, 256.

Die VVG-InfoV geht wie selbstverständlich von einer Divergenz der beiden Begriffe aus und beachtet dabei nicht, dass der Begriff der Berufsunfähigkeit allein für die Berufsunfähigkeitsversicherung in § 172 Abs. 2 VVG ein abdingbares gesetzliches Leitbild erfahren hat, während es im Bereich der privaten Krankentagegeldversicherung dem jeweiligen Anbieter frei steht, den Begriff der Berufsunfähigkeit auszufüllen oder ihn überhaupt im Bedingungswerk als Beendigungstatbestand aufzuführen. In den beschriebenen Kombinationsprodukten, welche bewusst Deckungslücken vermeiden wollen und insofern auf einen gleichlautenden Berufsunfähigkeitsbegriff abstellen, müssten die entsprechenden Anbieter direkt gegen den Wortlaut von § 2 Abs. 4 S. 2 VVG-InfoV verstoßen, um ihr Produkt nicht ad absurdum zu führen.

Das Konzept der VVG-InfoV ist darüber hinaus auch nach seiner eigenen Logik nicht stringent, da die Hinweispflicht des § 2 Abs. 4 S. 2 VVG-InfoV nur für die Berufsunfähigkeitsversicherung, nicht aber – als Pendant – in § 3 VVG-InfoV auch für die Krankentagegeldversicherung statuiert wird. Wie zuvor bereits ausgeführt, ist kein Grund dafür erkennbar, nicht auch den Krankentagegeldversicherer zu verpflichten, den potenziellen Versicherungsnehmer bei Vertragsabschluss auf die unterschiedlichen Begrifflichkeiten hinzuweisen, da es rein zufällig sein dürfte, in welchem Bereich sich ein Versicherungsnehmer zuerst absichert.

Schließlich soll nicht unerwähnt bleiben, dass die rechtliche Gültigkeit des § 2 Abs. 4 VVG-InfoV grundsätzlich infrage gestellt werden muss, da sie zumindest nicht vom Wortlaut der Ermächtigungsgrundlage in § 7 Abs. 2 S. 1 Nr. 2 VVG gedeckt sein dürfte.[73]

3. *Konzernbezogene Betrachtungsweise*

Für den Versicherungsnehmer und seine juristische Argumentation kommt es zunächst darauf an festzustellen, ob seine Krankentagegeld- und Berufsunfähigkeitsversicherung zum Zeitpunkt des Abschlusses zu demselben Kompositversicherer bzw. Versicherungskonzern gehört haben. Ist dies der Fall, liegt ein Verstoß gegen Treu und Glauben vor, wenn sich ein konzernverbundener Berufsunfähigkeitsversicherer mit dem Hinweis auf die Divergenz der Begrifflichkeiten nicht an die Entscheidung des Krankentagegeldversicherers binden lassen will, sondern stattdessen eine losgelöste, divergente Entscheidung treffen bzw. ein erneutes Gutachten einholen darf.

73 Baroch-Castellvi, in: Rüffer/Halbach/Schimikowski, HK-VVG, VVG-InfoV, § 2 Rn. 55 f.

Bekanntermaßen binden sich viele Versicherungsnehmer mit der Masse ihrer Versicherungsverträge an einen einzigen Versicherer, da sie ggf. die Vorteile, welche die Bindung an ein Unternehmen bieten kann, in Anspruch nehmen wollen. Diese Vorteile können in verschiedenen Bereichen liegen; sei es in der Gewährung von Rabatten, sei es in der Vereinfachung der Antragstellung, wenn der Versicherungsnehmer durch den gleichen Agenten betreut wird bzw. bei der Beantwortung von Gesundheitsfragen auf einen gemeinsamen Datenpool zurückgegriffen werden kann. Versicherungsnehmern gelingt es im Regelfall nicht, bei der Betrachtung eines Versicherungsunternehmens dahin gehend zu differenzieren, dass es sich beim Anbieter der Krankenversicherung und der Berufsunfähigkeits- bzw. Lebensversicherung um verschiedene, juristisch selbstständige Gesellschaften handelt. Es ist darüber hinaus von Versichererseite auch nicht gewollt, diese Erkenntnis beim Versicherungsnehmer zu fördern; vielmehr geht ein Versicherungsunternehmen bzw. dessen Versicherungsagent in der Regel mit dem Ansatz der ganzheitlichen Beratung im Sinne eines „Versorgungskonzepts" auf seinen Kunden zu, das eben die Absicherung der beiden Risiken Krankheit und Berufsunfähigkeit vorsieht. Sofern dann der Krankentagegeldversicherer einen Beendigungstatbestand für den Fall der Berufsunfähigkeit vorsieht, ist es aus Sicht des Versicherungsnehmers nicht nachvollziehbar, wenn sich der Berufsunfähigkeitsversicherer an diese Entscheidung nicht binden lassen müsste.

Im Ergebnis muss also bei der Betrachtung, ob der Berufsunfähigkeitsversicherer an die vom Krankentagegeldversicherer ausgesprochene Berufsunfähigkeit gebunden ist, auf den Versicherungsverbund des jeweiligen Konzerns abgestellt werden. Haben bei Abschluss der Versicherungsverträge beide Gesellschaften dem gleichen Versicherungskonzern angehört, muss sich der Berufsunfähigkeitsversicherer nach § 242 BGB an die Entscheidung des Krankentagegeldversicherers binden lassen, es sei denn, er kann sich – soweit vereinbart – auf abstrakte Verweisung berufen.

Anderes gilt, wenn Krankentagegeld- und Berufsunfähigkeitsversicherung bei Abschluss nicht zum gleichen Konzernunternehmen gehört haben. In dieser Konstellation muss mit der misslungenen Vorschrift des § 2 Abs. 4 VVG-InfoV umgegangen und darauf hingewiesen werden, dass der Unterschied zwischen den Begrifflichkeiten der Berufsunfähigkeit allein in der Möglichkeit der Vereinbarung der abstrakten Verweisung besteht. Eine pauschale Weigerung des Versicherers, die Erkenntnisse der Krankentagegeldversicherung in Bezug auf die Feststellung von Berufsunfähigkeit auch nur heranzuziehen, sollte aus diesem Grund auch dann nicht hingenommen werden.

Ob es darüber hinaus anzustreben ist, dass die Begrifflichkeiten durch den Gesetzgeber spartenübergreifend zu vereinheitlichen sind, bleibt angesichts der jüngst geschaffenen gegenteiligen Rechtslage müßig zu diskutieren.[74] Darüber hinaus dürfte der praktische Nutzen einer solchen Vereinheitlichung auch begrenzt bleiben, da verschiedene Gesellschaften zur Frage des Bestehens bedingungsgemäßer Berufsunfähigkeit ggf. verschiedene Ansichten vertreten können, insbesondere bei gegensätzlicher Interessenlage.

74 So aber Hirschberg, Berufsunfähigkeit, S. 238, in Anlehnung an die bereits vorgestellte These von Deville, a. a. O.

3. Kapitel: Der „Beruf" als Anknüpfungspunkt für die Leistungsprüfung

§ 1: Der Begriff des „Berufs"

Der Maßstab und Anknüpfungspunkt für die Prüfung, ob bedingungsgemäße Berufsunfähigkeit besteht, war und ist in der privaten Berufsunfähigkeitsversicherung die zuletzt ausgeübte Tätigkeit des Versicherten, was jedoch weder in den Bedingungswerken noch in § 172 Abs. 2 VVG eindeutig zur Sprache kommt, da durchgehend allein vom „Beruf", vom „zuletzt ausgeübten Beruf" bzw. von der „zuletzt ausgeübten beruflichen Tätigkeit" die Rede ist.

Wie selbstverständlich wird unter Berufung auf die ständige BGH-Rechtsprechung darauf hingewiesen, dass Gegenstand des Berufes die konkret zuletzt in gesunden Tagen ausgeübte Tätigkeit des Versicherten sei und es auf die im Versicherungsantrag gemachten Angaben ebenso wenig ankomme wie auf den erlernten Beruf oder das allgemeine Berufsbild.[75] Darüber hinaus wird zur Begründung der vom BVerfG definierte Schutzbereich des Berufsbegriffs aus Art. 12 Abs. 1 GG herangezogen, nachdem als Beruf jede auf Dauer angelegte Tätigkeit einzustufen ist, die der Schaffung oder Erhaltung einer Lebensgrundlage dient.[76]

Beide Erklärungsversuche – auf die nachfolgend noch einmal einzugehen sein wird – führen jedoch nicht weiter, da es bei der Ausfüllung des Begriffs allein auf das Verständnis des durchschnittlichen Versicherungsnehmers ankommen kann, welcher seinen Beruf eben nicht per se als letzte, in gesunden Tagen ausgeübte Tätigkeit ansehen wird.

Dabei wurde bisher durchaus schon zur Kenntnis genommen, dass der Beruf in seiner ursprünglichen Bedeutung allein auf die sog. „Berufung" abstellte[77] und erst im Laufe der Zeit zweifach besetzt wurde.[78] Bereits 1994 hatte Voit darauf

75 Klenk, in: Looschelders/Pohlmann, § 172 Rn. 6 VVG, unter Hinweis auf BGH, VersR 1992, 1386; 1994, 587; 2000, 349; ebenso Rixecker, in: Römer/Langheid, § 172 Rn. 7 VVG.

76 Hirschberg, Berufsunfähigkeit, Invalidität, Erwerbsminderung und ähnliche Begriffe, S. 18; ähnlich Langheid/Wandt/Dörner, § 172 Rn. 62 VVG.

77 Meyers Lexikon, 7. Auflage, zum Stichwort „Beruf".

78 Neuhaus, Berufsunfähigkeitsversicherung, Kap. F Rn. 3, mit Verweis auf das Deutsche Wörterbuch von Jacob und Wilhelm Grimm (1854, Neudruck 1984), welches den Beruf mit den Begriffen „vocatio, officium, studium, impulsio, amt, bestimmung" umreißt.

hingewiesen, dass der Begriff „Beruf" in der heutigen Zeit eine doppelte Bedeutung eingenommen hat. Dabei ist als Beruf zunächst der erlernte („gelernte") und folglich derjenige zu verstehen, für den jemand durch seine Ausbildung und die abgelegten Prüfungen qualifiziert ist, und erst in zweiter Linie jede beliebige Tätigkeit, die auf dauerhafte Erwerbserzielung angelegt und geeignet ist, einen Lebensunterhalt sicherzustellen, ohne Rücksicht auf irgendeine Qualifikation.[79] Der Begriff des Berufs, der aus dem Mittelhochdeutschen stammt und zunächst mit „Leumund" zu übersetzen war, wird spätestens seit der Reformation, maßgeblich durch das von Martin Luther formulierte protestantische Berufsethos definiert, wonach jeder seinem Stand und seinen Fähigkeiten (seiner ‚Berufung') gemäß wirken solle, um so Gott und den Mitmenschen zu dienen.[80]

Im heutigen Verständnis wird, den Grundgedanken der „Berufung" aufnehmend, von einer auf Dauer angelegten Berufsarbeit mit vergleichsweise hoher persönlicher Identifikation ausgegangen, welche im Grunde durch den erlernten Beruf angelegt ist, sich aber im Laufe des Erwerbslebens auch verändern kann.[81] Parallel dazu wird der Beruf in der modernen Arbeitswelt jedoch auch mit der aktuell ausgeübten, u. U. auch kurzfristig ausgeübten, reinen Erwerbstätigkeit gleichgesetzt, welche neudeutsch auch mit dem englischen Wort „Job" umschrieben wird. Da immer mehr Menschen in der heutigen Arbeitswelt derartige, vom erlernten Beruf komplett abweichende Tätigkeiten ausüben, wird der Begriff des Berufs auch für die Arbeit oder aktuelle Tätigkeit gebraucht und hat damit eine zweite Bedeutung erlangt.[82]

I. Verständnis des durchschnittlichen Versicherungsnehmers

Wie hoch der Anteil derjenigen durchschnittlichen Versicherungsnehmer ist, welche den Begriff in der tradierten Form mit dem erlernten Beruf gleichsetzen, kann nur gemutmaßt werden. Dass jedoch nach wie vor die Mehrheit der Bevölkerung zwischen erlerntem Beruf und ausgeübter Tätigkeit unterscheidet, wird von einer aktuellen Umfrage belegt. Auf die Frage „Wenn Sie jetzt einmal an den Begriff der Berufsunfähigkeit denken, was genau bedeutet Berufsunfähigkeit

79 Voit, Berufsunfähigkeitsversicherung, Rn. 245.
80 Meyers Lexikon (online) 2007, Stichwort „Beruf".
81 Brockhaus Enzyklopädie in 30 Bänden, 21. Auflage 2006.
82 Brockhaus Enzyklopädie in 30 Bänden, 21. Auflage 2006.

Ihrer Meinung nach?" ergab sich nach einer repräsentativen Umfrage aus dem Jahr 2009 folgendes Bild[83]:

43 %	Man kann seinen **erlernten Beruf** aus gesundheitlichen Gründen nie wieder ausüben
30 %	Man kann aus gesundheitlichen Gründen überhaupt nicht mehr arbeiten
19 %	Man kann aus gesundheitlichen Gründen seinen bisherigen Beruf langfristig nur noch in einem eingeschränkten Umfang ausüben
5 %	Man findet wegen der schwierigen Arbeitsmarktsituation keinen neuen Job
3 %	Sonstiges/k. A.

Dem Umfrageergebnis lässt sich entnehmen, dass 43 % der Befragten den Begriff des Berufs offenbar im herkömmlichen Sinne verstanden haben und vom erlernten Beruf ausgehen. Wie hoch darüber hinaus der Anteil derer, die vom tradierten Berufsverständnis ausgehen, bei der übrigen Menge der Befragten ist, bleibt offen. Mit Sicherheit wird man jedoch davon ausgehen können, dass eine Mehrheit offenbar dem traditionellen Berufsbegriff folgt und vom erlernten Beruf oder der Tätigkeit ausgeht, mit der über das bisherige Arbeitsleben hinweg ein Höchstmaß an Identifikation erfolgt ist.[84]

II. Bedingungslage

Bereits vor der VVG-Reform bot sich in Bezug auf die Verwendung des Berufsbegriffs auf dem Bedingungsmarkt kein einheitliches Bild. Im Kern konnte man letztlich drei Formulierungsvarianten in den Bedingungswerken wie folgt unterscheiden:

1. *Beruf*
2. *zuletzt ausgeübter Beruf*
3. *zuletzt ausgeübte berufliche Tätigkeit*

83 Repräsentative forsa-Umfrage im Auftrag der HDI-Gerling Lebensversicherung AG zum Thema Berufsunfähigkeit von November 2009; veröffentlicht in: Pressedialog des HDI-Gerling, Nr. 14/Februar 2010.

84 Anders offenbar Neuhaus, Berufsunfähigkeitsversicherung, Kap. F Rn. 13, welcher – ohne nähere Begründung – behauptet, dass der durchschnittliche Versicherungsnehmer angeblich einem „amerikanisierten" Verständnis vom Beruf nachhängt, welches sich letztlich aus der Addition seiner, im bisherigen Erwerbsleben ausgeübten Tätigkeiten ergeben soll.

Glissmann/Schulz haben in ihrer Untersuchung des Marktstandards im Jahre 2004 eine ähnliche Kategorisierung, allerdings mit etwas anderer Gewichtung, vorgenommen. Die Autoren kommen zu dem Ergebnis, dass die Definition des Berufs eines der wesentlichen Qualitätskriterien darstellt, welche im Bedingungsvergleich heranzuziehen sind. Als ungünstigste Variante wird dort die Formulierung angesehen, welche allein auf den „Beruf" des Versicherten abstellt. Hier soll der Versicherer die theoretische Möglichkeit haben, bei der Prüfung der Berufsunfähigkeit sogar den Ausbildungsberuf des Versicherten zugrunde legen zu können. Diese Gefahr bestünde immer dann, wenn es sich bei dem konkret ausgeübten Beruf nicht um einen klassischen Ausbildungsberuf handelt und/oder die versicherte Person häufiger die Tätigkeit gewechselt hat.[85] Im Folgenden wird zu zeigen sein, dass es weniger die Versicherer sind, die eine derartige Auslegungsvariante in Betracht ziehen, als vielmehr die Versicherungsnehmer, was jedoch ebenfalls zu ungerechtfertigten Ergebnissen führen kann.

Bemerkenswert ist, dass bis zum Inkrafttreten des neuen VVG die gültige GdV-Verbandsempfehlung nach wie vor allein auf den bloßen Begriff des „Berufs" abstellte.

> *„Vollständige Berufsunfähigkeit liegt vor, wenn die versicherte Person infolge Krankheit, Körperverletzung oder Kräfteverfalls, die ärztlich nachzuweisen sind, voraussichtlich dauernd [alternativ: mindestens … Monate/Jahre] außerstande ist,* ***ihren Beruf*** *oder eine andere Tätigkeit auszuüben, die aufgrund ihrer Ausbildung und Erfahrung ausgeübt werden kann und ihrer bisherigen Lebensstellung entspricht."*[86]

Der durchschnittliche Versicherungsnehmer muss hier mangels einer Erklärung spekulieren, worauf sich der in den Bedingungen verwendete Begriff des „Berufs" beziehen soll. Als Anknüpfungspunkt bietet sich zunächst – was wohl am naheliegendsten sein dürfte – der erlernte Beruf an. Als weitere Varianten kommen der bei Abschluss des Vertrages ausgeübte bzw. der zuletzt erlernte Beruf (bei mehreren erlernten Berufen) oder auch die zuletzt ausgeübte Tätigkeit des Versicherten bei Eintritt des Versicherungsfalles in Betracht. An dieser Stelle zeigt sich, dass das Problem der fehlenden Definition des Berufsbegriffs durchaus praktische Relevanz hat, denn es ist nachvollziehbar, dass ein durchschnittlicher

85 Glissman/Schulz, VW 2004, 685; Zu beachten ist bei dieser Lesart, dass die Autoren vom gegenteiligen Extrem ausgehen, wenn sie die Gefahr eines Zurückgehens auf den Ausbildungsberuf des Versicherten sehen. Weitaus größer erscheint jedoch die Wahrscheinlichkeit, dass sich gerade die Versicherungsnehmer auf eine Berufsunfähigkeit im erlernten Beruf beziehen.

86 § 2 Abs. 1 MB-BUZ 2006.

Versicherungsnehmer zunächst daran denkt, mit einer Berufsunfähigkeitsversicherung seinen erlernten Beruf versichert zu haben und er diese in Anspruch nehmen möchte, wenn er genau diesen erlernten Beruf nicht mehr ausüben kann.

Beispiel 2
Ein VN hat den Beruf des Autoschlossers erlernt und mehrere Jahre als angestellter Geselle in einer Kfz-Werkstatt gearbeitet. Als im Betrieb umstrukturiert wird, fällt sein Arbeitsplatz weg, man bietet ihm aber an, das Teilelager der Werkstatt zu betreuen. Diese Anlerntätigkeit, welche keine besonderen Anforderungen stellt und ihn nicht ausfüllt, übt der VN ca. ein Jahr aus. Während dieser Zeit erleidet er auch einen Bandscheibenvorfall, in dessen Folge er die frühere Tätigkeit als Schlosser nicht mehr ausüben könnte, die Arbeit im Teilelager aber gleichwohl. Trotzdem entschließt er sich, die Arbeit im Lager aufzugeben und seine Berufsunfähigkeitsversicherung in Anspruch zu nehmen, weil er der Auffassung ist, die Tätigkeit des Autoschlossers – in der er unstreitig nicht mehr arbeiten kann – abgesichert zu haben.

Auch wenn die Bedingungen in dem hier konstruierten Beispiel allein auf den „Beruf" abstellen, wird der Versicherungsnehmer nach aktuell überschaubarer Rechtsprechung von keinem Gericht die beantragten Leistungen zugesprochen bekommen; vielmehr würde wie selbstverständlich darauf abgestellt werden, dass mit dem Beruf natürlich allein die zuletzt ausgeübte Tätigkeit gemeint sei. Gleichwohl wird deutlich, dass die beschriebene Auslegungsvariante zumindest keine abseitige ist und einem durchschnittlichen Versicherungsnehmer durchaus in den Sinn kommen kann.

III. Herleitung in Rechtsprechung und Literatur

Die Rechtsprechung des BGH war in diesem Zusammenhang bis zum Jahr 2011 eindeutig: „Für die Berufsunfähigkeit kommt es weder auf die Berufsbezeichnung im Versicherungsantrag oder im Versicherungsschein noch auf das allgemeine Berufsbild an, sondern allein auf die zuletzt ausgeübte Tätigkeit in ihrer konkreten Ausgestaltung."[87] Der BGH ging davon aus, dass der Wechsel oder die Umgestaltung des Berufs des Versicherten im Lauf eines länger währenden Versicherungsverhältnisses keine Seltenheit sind, sodass Versicherer den Versicherungsnehmern regelmäßig die Obliegenheit aufgeben, ihnen zum Nachweis des Eintritts bedingungsgemäßer Berufsunfähigkeit u. a. „Unterlagen über den Beruf des Versicherten, seine Stellung und Tätigkeit im Zeitpunkt des Eintritts

87 BGH, VersR 1996, 830; analog: BGH, VersR 1987, 753; BGH, VersR 1992, 1386; BGH, VersR 1994, 587.

der Berufsunfähigkeit sowie über die eingetretenen Veränderungen“ unverzüglich einzureichen.[88]

Diese Betrachtung entspricht i. E. natürlich auch dem Risiko, welches die Berufsunfähigkeitszusatzversicherung grundsätzlich abdecken will. Der Versicherte soll in die Lage versetzt werden, sich gegen Wechselfälle des Lebens abzusichern, d. h. die Möglichkeit besitzen, auch bei einer beruflichen Neu- bzw. Umorientierung nahtlos weiter Versicherungsschutz zu genießen. Dementsprechend sehen die Bedingungen regelmäßig auch keine Anzeigepflichten für den Fall des Berufswechsels vor. Diese fehlende Pflicht des Versicherten gestattet ihm einen flexiblen Berufswechsel und ist wesentlicher Bestandteil des eingekauften Versicherungsschutzes. Die damit verbundenen Gefahrerhöhungen haben die Versicherer übernommen.[89]

Die bis 2011 vertretene Rechtsauffassung des BGH mag die inhaltliche Ausfüllung des „Produktes“ Berufsunfähigkeitsversicherung betreffend interessengerecht gewesen sein; eine sinnvolle Erklärung, warum der durchschnittliche Versicherungsnehmer unter dem Beruf allein die zuletzt ausgeübte Tätigkeit fassen soll, lieferte sie jedoch nicht.

In der Literatur wird zur Rechtfertigung der herrschenden Auslegung auch die Auffassung des Bundesverfassungsgerichts zum Berufsbegriff des Art. 12 Abs. 1 GG bemüht[90], welche darunter jede Tätigkeit fasst, die in ideeller wie in materieller Hinsicht der Schaffung und Erhaltung einer Lebensgrundlage dient.[91] Als Beruf wird in diesem Zusammenhang eben nicht nur die aufgrund einer persönlichen „Berufung“ ausgewählte und ausgeübte – und schon gar nicht allein die erlernte – Tätigkeit angesehen, sondern jede auf Erwerb gerichtete Beschäftigung, die sich nicht in einem einmaligen Erwerbsakt erschöpft.[92]

Andere Erklärungsversuche weisen auf einen sog. „natürlichen Wortsinn“ des Berufsbegriffs in dem konkreten Zusammenhang und darauf hin, dass damit nur die zuletzt ausgeübte Tätigkeit vom Versicherungsnehmer als „sein“ Beruf betrachtet werden könne.[93] Als Argument für diese Erklärungsvariante wird angeführt, dass es an einem begrifflichen Zusatz fehle, der – wie im Sozialversicherungsrecht (jetzt § 240 Abs. II SGB VI) das vor den Begriff „Beruf“ eingefügte

---

88 BGH, VersR 1994, 587.

89 Voit, Berufsunfähigkeitsversicherung, Rn. 40.

90 So wohl Höra, in: Terbille, MAH Versicherungsrecht, § 26 Rn. 36.

91 BVerfGE 97, 228/252 f.

92 Scholz, in: Maunz/Dürig, Komm. z. GG, Art. 12 Rn. 18 f.; Jarras, in: Jarras/Pieroth, Art. 12 Rn. 4.

93 Richter, Berufsunfähigkeitsversicherung, S. 115.

Attribut „bisheriger“ – den Blick auf das gesamte vorangegangene Arbeitsleben lenke.[94]

IV. Neuinterpretation durch den BGH

Überraschenderweise hat sich der BGH in einem Urteil vom 09.03.2011 im Zusammenhang mit der Auslegung des Berufsbegriffs im Musterbedingungswerk der privaten Krankenversicherung zu einer neuen Herangehensweise an den Berufsbegriff entschlossen.[95] Die Entscheidung befasst sich u. a. mit der Auslegung der Norm des § 15 Abs. 1 b) MB/KT, welche einen Beendigungsgrund für die private Krankentagegeldversicherung mit dem Eintritt der Berufsunfähigkeit des Versicherungsnehmers festmacht. Nach § 15 Abs. 1 b) MB/KT liegt Berufsunfähigkeit vor, „[...], wenn die versicherte Person nach medizinischem Befund im bisher ausgeübten Beruf auf nicht absehbare Zeit mehr als 50 % erwerbsunfähig ist“.

Nach Auffassung des BGH, welcher im Bereich der privaten Krankentagegeldversicherung bis dahin noch keine Gelegenheit hatte, sich zu dieser Frage zu äußern, stellt diese Bestimmung „[...] aus der maßgeblichen Sicht eines durchschnittlichen Versicherungsnehmers auf das allgemeine Berufsbild und nicht auf die zuletzt ausgeübte Tätigkeit ab“.[96]

Mit dieser Entscheidung stellt sich der BGH gegen die bis dahin herrschende Meinung, welche auch im Bereich der Krankentagegeldversicherung unter dem Begriff „bisher ausgeübter Beruf“ durchgängig die konkrete, zum Zeitpunkt des geltend gemachten Versicherungsfalls ausgeübte Tätigkeit verstanden wissen wollte.[97] Dem Begriff der „bisher ausgeübten Tätigkeit“ stellt der BGH ganz bewusst die in § 1 Abs. 3 MB/KT verwendete Formulierung der „beruflichen Tätigkeit“ gegenüber.

> *Arbeitsunfähigkeit im Sinne dieser Bedingungen liegt vor, wenn die versicherte Person **ihre berufliche Tätigkeit** nach medizinischem Befund vorübergehend in keiner Weise ausüben kann, sie auch nicht ausübt und keiner anderweitigen Erwerbstätigkeit nachgeht.*

---

94 Ebenda.

95 BGH, VersR 2011, 518.

96 BGH, VersR 2011, 518.

97 Langheidt/Wandt/Hütt, § 192 Rn. 191 VVG; Voit, in: Prölss/Martin MB/KT Rn. 23; Tschersich, in: Beckmann/Matusche-Beckmann, Versicherungsrechts-Handbuch, § 45 Rn. 37; Wilmes, in: Bach/Moser § 15 Rn. 23 MB/KT; OLG Düsseldorf, VersR 1999, 356; OLG Frankfurt, VersR 1997, 758; anderer Auffassung: OLG Bremen, OLGR Bremen 1995, 51, welches – wie jetzt der BGH – auf das allgemeine Berufsbild abstellt; OLG Hamm, VersR 1992, 862.

Der Wortlaut des Begriffs „berufliche Tätigkeit“ soll nach Auffassung des BGH aus der maßgeblichen Sicht eines durchschnittlichen, um Verständnis bemühten Versicherungsnehmers hingegen nicht offen lassen „[...], ob darunter die konkrete Tätigkeit der versicherten Person bei ihrem konkreten Arbeitgeber an einem konkreten Arbeitsplatz oder aber nur ein allgemeines Berufsbild zu verstehen ist. Vielmehr wird der durchschnittliche Versicherungsnehmer unter beruflicher Tätigkeit seine spezifische Tätigkeit verstehen und annehmen, dass damit auch sein Arbeitsplatz bei seinem bisherigen Arbeitgeber gemeint ist.“[98]

Der BGH weist bemerkenswerterweise ausdrücklich darauf hin, dass nach der Auffassung von Rogler[99] auch der Begriff der „beruflichen Tätigkeit“ mehrdeutig ist, will sich dieser noch weiter gehenden Interpretation aber nicht anschließen.

Es bleibt abzuwarten, ob der BGH – wenn er Gelegenheit dazu erhält – diese neue Rechtsauffassung auch explizit in der Berufsunfähigkeitszusatzversicherung zum Tragen bringen wird; es sind jedoch keine Gründe erkennbar, die dagegen sprechen würden.

V. Neuregelung durch § 172 VVG

Den Prozess der VVG-Reform und der Erschaffung des gesetzlichen Leitbilds nach § 172 VVG betrachtend, erhält man einen deutlichen Hinweis darauf, dass offenbar auch beim VVG-Reformgesetzgeber durchaus Unsicherheiten bezüglich des Berufsbegriffs bestanden haben. § 172 Abs. 2 VVG macht der Vielfalt der Varianten nun zumindest insofern ein Ende, als dass im Vorschlag des Gesetzgebers der „zuletzt ausgeübte Beruf“ als Anknüpfungspunkt gelten soll.

In den Vorbemerkungen zu Kapitel 6 des Regierungsentwurfs vom 16.10.2006 wird ausdrücklich formuliert, dass der Anknüpfungspunkt für die Prüfung einer bedingungsgemäßen Berufsunfähigkeit nicht der erlernte Beruf oder die Tätigkeit zur Zeit des Vertragsschlusses ist, sondern dass die berufliche Entwicklung des Versicherungsnehmers nach dem Vertragsschluss einbezogen werden soll.[100] Die Idee, anstatt – wie bisher – allein vom „Beruf“ nunmehr vom „zuletzt ausgeübten Beruf“ des Versicherten zu sprechen, wenn man im Grunde die zuletzt ausgeübte Tätigkeit meint, mag vielleicht ein Schritt in die richtige Richtung

---

98 BGH, VersR 2011, 518.

99 Rogler, jurisPR-VersR 8/2010.

100 So VVG-Gesetzentwurf der Bundesregierung vom 13.10.2006 (Regierungsentwurf), BT-Drucks. 707/06 Vorbemerkung zu Kapitel 6 – Berufsunfähigkeitsversicherung, S. 263.

sein[101], jedoch bleibt auch die neue Formulierung mit dem Risiko behaftet, missverstanden zu werden, wie im Folgenden zu zeigen ist.

Wie bereits dargestellt, ist es für die Rechtsprechung lange Zeit eine dogmatisch nie begründete Selbstverständlichkeit geblieben, dass der Begriff des Berufs – ob in den AVB näher ausgestaltet oder nicht – allein die zuletzt ausgeübte Tätigkeit in ihrer konkreten Ausgestaltung erfassen soll. Von dieser Auffassung ist der BGH, wie gesehen, unterdessen ausdrücklich abgerückt.

Allerdings hätte bereits mit Inkrafttreten des reformierten VVG die Möglichkeit bestanden, diesem Missstand abzuhelfen; jedoch konnte sich der Gesetzgeber im reformierten VVG nicht zu einer eindeutigen Formulierung durchringen, welche genau diese Tatsache korrekt umschreibt, sondern verwendet erneut den irreführenden Begriff des „Berufs", anstatt auf den Begriff der letzten ausgeübten Tätigkeit abzustellen. Warum der VVG-Reformgesetzgeber die missverständliche Formulierung vom „zuletzt ausgeübten Beruf" verwendet, bleibt im Unklaren, insbesondere weil die Gesetzgebungskommission zunächst offenbar durchaus Handlungsbedarf in der Formulierungsfrage gesehen hatte und bei dem Begriff der Berufsunfähigkeit eben nicht den erlernten Beruf oder die Tätigkeit zur Zeit des Vertragsschlusses als Anknüpfungspunkt betrachtete, sondern vielmehr die berufliche Entwicklung des Versicherungsnehmers nach Vertragsschluss einbezogen sehen wollte.[102]

Nichts wäre insofern leichter gefallen, als in § 172 Abs. 2 VVG statt der im Gesetzestext gewählten Formulierung vom „zuletzt ausgeübten Beruf" zumindest von der „zuletzt ausgeübten beruflichen Tätigkeit" oder noch besser nur von der „zuletzt ausgeübten Tätigkeit" zu sprechen. Das „Steckenbleiben" des Reformgesetzgebers auf halbem Wege verwundert umso mehr, da der Zwischenbericht der VVG-Reformkommission offenbar die Bezugnahme auf den Begriff der „zuletzt ausgeübten Tätigkeit" zumindest in Betracht gezogen und diesen Begriff im damaligen Formulierungsvorschlag des § 178 p Abs. 2 bereits in Klammern verwendet hatte.[103]

---

101 Terno, r+s 2008, 361. Der Autor meint, die neue Formulierung in § 172 Abs. 2 VVG trage dem Rechtsprechungsgrundsatz Rechnung, dass bei der Prüfung von Berufsunfähigkeit, auf die zuletzt ausgeübte berufliche Tätigkeit, so, wie sie in gesunden Tagen ausgestaltet war, abzustellen ist.

102 Ebenda.

103 So Zwischenbericht der VVG-Reformkommission v. 30.05.2002, S. 123, 126, http://www.hzv-uhh.de/fileadmin/Versicherungsrecht/VVG_Reform/Zwischenbericht_der_VVG-Kommission.pdf.

Die im o. g. Beispiel Nr. 2 beschriebene missverständliche Auslegung durch den Versicherungsnehmer ist auch bei der Formulierung „zuletzt ausgeübter Beruf“ weiterhin möglich. Der bezeichnete Autoschlosser kann durchaus zu der Erkenntnis kommen, dass sein einziger, jemals ausgeübter Beruf der des Autoschlossers und die Tätigkeit im Teilelager nur eine Anlerntätigkeit war, sodass aus seiner Sicht weiterhin an die Tätigkeit des Autoschlossers angeknüpft werden müsste.

Nach ständiger BGH-Rechtsprechung müssen Versicherungsbedingungen dem durchschnittlichen Versicherungsnehmer in hinreichend transparenter Art und Weise verdeutlichen, wann dieser Versicherungsschutz erwarten kann und wann ein solcher ausgeschlossen sein soll. Der bloße Hinweis auf einen Begriff reicht nicht aus, wenn dieser nicht näher erläutert wird.[104] Sicherlich kann diese Regel nicht für Begriffe gelten, welche zum sprachlichen Allgemeingut gehören und an Eindeutigkeit keine Zweifel offen lassen. Jedoch darf davon ausgegangen werden, dass der Begriff des Berufs zu der erklärungsbedürftigen Kategorie gehört, wie bereits gezeigt worden ist.

Zusammenfassend ist festzuhalten, dass sich dem Versicherungsnehmer mit der bloßen Erwähnung des Begriffs „Beruf“ gerade nicht hinreichend erschließt, ob die zuletzt ausgeübte Tätigkeit oder der erlernte und ggf. zuletzt ausgeübte Beruf gemeint sein soll, sodass der Gesetzgeber es nicht erreicht hat, den Anknüpfungspunkt „Beruf“ im Verbrauchersinne zu konkretisieren, da die halbzwingende Leitbildformulierung „zuletzt ausgeübter Beruf“ sich nach wie vor als zweideutig herausstellt.

VI. Bedingungslage seit Inkrafttreten des neuen VVG

Fünf Jahre nach Inkrafttreten des neuen VVG ist die Bedingungssituation auf dem Markt in Bezug auf die Definition der Berufsunfähigkeit zwar noch nicht vollständig homogen, es zeichnet sich jedoch ab, dass die vom Gesetz in § 172 Abs. 2 VVG vorgegebene Variante von den Marktteilnehmern mehrheitlich übernommen wird (Tabelle, Anhang 1).[105] Allein eine Gesellschaft bleibt hinter dem VVG-Standard zurück und orientiert sich an den bis Ende 2007 gültigen MB-BUZ 2006, d. h. es wird als Anknüpfungspunkt allein der „Beruf“ gewählt.

Da § 172 VVG als halbzwingende Norm bekanntlich auch abweichende Formulierungen zum Nachteil des Versicherungsnehmers in den Grenzen von

104 BGH, VersR 2007, 1690.

105 Aktuell verwenden 58 von 66 geprüften Gesellschaften die Klauselvariante des § 172 Abs. 2 VVG.

§ 307 Abs. 2 Nr. 1 BGB zulässt, ist letztlich nur nach der Leitbildkonformität derartiger Formulierungsvarianten zu fragen, die – insoweit sie auf den erlernten Beruf abstellen – in der Literatur in Frage gestellt werden.[106]

Andererseits dürfte feststehen, dass die hier in Rede stehende Formulierungsvariante allenfalls aus Sicht des Versicherungsnehmers, nicht aber aus Sicht des Verwenders den erlernten Beruf des Versicherten meint. Bei der Prüfung der Leitbildkonformität ist jedoch – anders als bei der Auslegung von Versicherungsbedingungen – nicht auf die Sicht des durchschnittlichen Versicherungsnehmers, sondern auf den durch Auslegung zu ermittelnden, objektiven Inhalt der Klausel abzustellen.[107]

VII. Rechtslage bei Übernahme des gesetzlichen Leitbildes

Wie der Auswertung in der Tabelle im Anhang 1 zu entnehmen ist, übernimmt aktuell die absolute Mehrheit der Anbieter die Formulierung des § 172 Abs. 2 VVG vom „zuletzt ausgeübten Beruf".

Unter § 1 IV wurde die neue Rechtsprechung des BGH dargestellt, welche bei einer derartigen Formulierung unter Berufung auf die maßgebliche Sicht des durchschnittlichen Versicherungsnehmers auf das „allgemeine Berufsbild" des Versicherungsnehmers und nicht auf die zuletzt ausgeübte Tätigkeit abstellt und damit sowohl seine bisherige ständige Rechtsprechung als auch die einhellige Literaturauffassung konterkariert. Auch die Tatsache, dass in § 15 MB/KT im Unterschied zu § 172 Abs. 2 VVG vom „bisher ausgeübten Beruf" statt vom „zuletzt ausgeübten Beruf" die Rede ist, kann die Betrachtung nicht ändern, dass beide Formulierungen mit den Worten „bisher" bzw. „zuletzt" auf den Zeitpunkt bei Eintritt des Versicherungsfalls hinweisen wollen.

1. *Anwendbarkeit der Unklarheitenregel nach § 305 c Abs. 2 BGB*

Die o. g. Entscheidung des BGH lässt vermuten, dass das gefundene Ergebnis allein aufgrund einer, der Prüfung nach § 305 c Abs. 2 BGB gem. h. M.[108] vorgeschalteten Auslegung geschuldet ist, sodass die eigentliche Unklarheitenregel des § 305 c Abs. 2 BGB nicht bemüht worden war. Auf der anderen Seite darf nach der allgemein anerkannten Subsidiarität der Unklarheitenregel die sog. objektive Auslegung nach Lesart des durchschnittlichen Versicherungsnehmers nur

106 Neuhaus, Berufsunfähigkeitsversicherung, Kap. B Rn. 78.
107 Palandt/Grüneberg, § 307 Rn. 8 BGB.
108 Pilz, Missverständliche AGB, S. 131 mit ausführlicher Darstellung des Meinungsstandes zur Subsidiarität der Unklarheitenregel.

dann maßgebend sein, wenn sie zu einem eindeutigen Ergebnis führt.[109] Davon kann allerdings bereits mit Blick auf den unter § 1 III dargestellten Streitstand in Rechtsprechung und Literatur keine Rede sein. Vielmehr wird man davon ausgehen müssen, dass der Begriff des „Berufs" auch für den durchschnittlichen Versicherungsnehmer mehrdeutig bleibt, sodass der Anwendungsbereich der Unklarheitenregel des § 305 c Abs. 2 BGB eröffnet ist, mit der Folge, dass sich der Versicherungsnehmer - je nach Interessenlage - auf die für ihn günstigste Auslegung berufen und so entweder seinen erlernten Beruf oder aber die zuletzt ausgeübte Tätigkeit als Maßstab der Prüfung einfordern kann.

2. Verhältnis zur Prüfung nach Transparenzgebot

Obwohl der Wortlaut des § 307 Abs. 3 S. 1 BGB dem grundsätzlich entgegensteht, soll nach einer Auffassung in der Literatur die Wiedergabe gesetzlicher Vorschriften nicht in jedem Fall dem Transparenzgebot genügen müssen. Vielmehr soll es bei Vertragsverhältnissen mit einem besonderen Aufklärungsbedarf - wie z. B. bei Versicherungsverträgen - vorstellbar sein, dass der abstrakte Gesetzestext dem durchschnittlichen Vertragspartner nicht die notwendige Klarheit über die wirtschaftlichen Vertragsfolgen zu vermitteln vermag.[110]

Dieser Auffassung von der Kontrollfähigkeit deklaratorischer Klauseln folgend, wäre zunächst die Frage nach der Abgrenzung zwischen Transparenzkontrolle gem. § 307 Abs. 1 S. 2 BGB und Unklarheitenregelung nach § 305 c Abs. 2 BGB zu stellen, zu der ein breiter Meinungsstreit existiert.[111]

Nach einer Auffassung soll die Transparenzkontrolle der Unklarheitenprüfung immer dann vorgehen, wenn der sog. „Kernbereich" der Regelung betroffen ist[112], mit der Folge, dass die gesamte Klausel letztlich unwirksam wäre und im Anschluss eine ergänzende Vertragsauslegung unter Berücksichtigung des beiderseitigen, hypothetischen Parteiwillens stattfinden müsste.

Die diametrale Rechtsauffassung sieht die Unklarheitenprüfung als lex specialis der Transparenzkontrolle als vorgehend an, wobei zur Begründung insbesondere das systematische Argument angeführt wird.[113]

---

109 Ebenda, unter Hinweis auf BGH, NJW 1992, 2662; Prölss, in: Prölss/Martin, Vorbem. III Rn. 18; Ulmer/Schäfer, in: Ulmer/Brandner/Hensen; § 305 c Rn. 85.

110 Fuchs, in: Ulmer/Brandner/Hensen, § 307 Rn. 35 BGB, mit Darstellung des Streitstandes.

111 Prölss, in: Prölss/Martin, Vorbem. III Rn. 20; Pilz, Missverständliche AGB, S. 177, mit ausführlicher Darstellung des Meinungsstandes.

112 Gottschalk, AcP 2006, 555.

113 Pilz, Missverständliche AGB, S. 193.

Eine Reihe von vermittelnden Auffassungen lassen die parallele Anwendung von Unklarheitenregel und Transparenzkontrolle zu; allerdings mit unterschiedlichen Maßgaben.

Während der BGH wohl von der grundsätzlich parallelen Anwendbarkeit beider Rechtsinstitute ausgeht, sich aber im Zweifel (ohne hinreichende Begründung) für das Transparenzgebot entscheidet[114], lässt eine andere Auffassung die parallele Anwendung beider Rechtsinstitute mit der Prämisse zu, dass die Unklarheitenregel immer dann vorrangig zur Anwendung kommt, wenn die Aufrechterhaltung der Klausel in ihrer kundenfreundlichsten Variante günstiger ist als ihre Nichtigkeit - sog. Meistbegünstigungsprinzip.[115] Dabei wird betont, dass der Kunde regelmäßig ein primäres Interesse am Bestand der Klausel haben wird.[116] Dies ist aus Versicherungsnehmersicht entscheidend, da eine im Falle der Nichtigkeit drohende ergänzende Vertragsauslegung bekanntermaßen den hypothetischen Parteiwillen beider Vertragsparteien zu berücksichtigen hat[117] und die Auslegung nicht - wie § 305 c Abs. 2 BGB bestimmt - einseitig zulasten des Verwenders geht.

Letztlich muss sich die Lehre von der parallelen Anwendbarkeit beider Rechtsinstitute nach dem Prinzip der Meistbegünstigung des Versicherungsnehmers den Vorwurf „Rosinenpickerei" gefallen lassen. Dies gilt umso mehr, als dass der Gesetzgeber - worauf Joppich richtigerweise hinweist - ausdrücklich klargestellt hat, dass die Unklarheitenregel durch die Kodifikation des Transparenzgebots keine Bedeutungseinbuße erleiden und ihren eigenständigen Anwendungsbereich behalten soll.[118] Dieser ausdrückliche Wille des Gesetzgebers kann im Ergebnis nur so gedeutet werden, dass die systematisch vor § 307 Abs. 1 S. 2 BGB stehende Unklarheitenregel des § 305 c Abs. 2 BGB zuerst zu prüfen ist. Wenn also bereits eine objektive Mehrdeutigkeit gegeben ist, so bleibt nach der letztlich maßgebenden Lehre von der Spezialität der Unklarheitenregel für eine weitere Prüfung der Intransparenz kein Raum. Diese ist vielmehr den Fällen vorbehalten, in denen zwar ein eindeutiges Auslegungsergebnis zugrunde liegt, der durchschnittliche Versicherungsnehmer von seinem Auslegungshorizont her damit gleichwohl nicht weiterkommt.[119]

---

114 BGH, NJW 2007, 3632; NJW 1999, 276; NJW 1994, 1060.

115 Ulmer/Schäfer, in: Ulmer/Brandner/Hensen, § 305 c Abs. 2 Rn. 64 BGB.

116 Joppich, Die Kodifikation des Transparenzgebots in § 307 S. 67 BGB.

117 Fuchs, in: Ulmer/Brandner/Hensen, § 307 Rn. 360 BGB.

118 Joppich, Die Kodifikation des Transparenzgebots in § 307 S. 64 BGB, unter Hinweis auf BT-Drucks. 14/7052, S. 188.

119 Pilz, Missverständliche AGB, S. 195.

3. *Deklaratorische Klausel?*

Der Anwendung des § 305 c Abs. 2 BGB steht auch nicht entgegen, dass die Formulierung vom „zuletzt ausgeübten Beruf" des Versicherungsnehmers eins zu eins dem Gesetzeswortlaut des § 172 Abs. 2 VVG entnommen wurde und somit u. U. eine kontrollfreie, sog. „deklaratorische Klausel" darstellen könnte.[120]

In diesem Zusammenhang ist zu beachten, dass der Verwender von deklaratorischen Klauseln ohnehin nur dann aus seiner Formulierungsverantwortung entlassen werden kann, wenn die Klauseln als die bloße Wiedergabe von Gesetzesrecht erkennbar sind[121], was bei keinem der analysierten Bedingungswerke der Fall ist. Ohne Zitierung der gesetzlichen Regelung des § 172 Abs. 2 VVG verbleibt also der Begriff des „zuletzt ausgeübten Berufs" generell im Anwendungsbereich des § 305 c Abs. 2 BGB.

Fraglich ist jedoch, wie sich die Rechtslage darstellen würde, wenn die Verwender zukünftig dazu übergingen, § 172 Abs. 2 VVG in ihren Bedingungen zu erwähnen, und damit ggf. tatsächlich eine kontrollfreie, deklaratorische Klausel konstituierten.

Nach einer Auffassung kann der Verwender von Allgemeinen Geschäftsbedingungen, welcher lediglich eine Rechtsvorschrift zitiert, nicht zu mehr Klarheit verpflichtet sein als der Gesetzgeber, sodass dann eine, die gesetzliche Regelung nur wiederholende Klausel nicht nach § 305 c Abs. 2 BGB, sondern nach den allgemeinen, für die Gesetzesauslegung geltenden Grundsätzen behandelt werden müsste.[122]

Die entsprechende Formulierung könnte dann z. B. wie folgt lauten:

> *Berufsunfähigkeit liegt vor, wenn der Versicherte gem. § 172 Abs. 2 VVG seinen zuletzt ausgeübten Beruf, so wie er ohne gesundheitliche Beeinträchtigung ausgestaltet war, infolge Krankheit, Körperverletzung oder mehr als altersentsprechenden Kräfteverfalls, ganz oder teilweise voraussichtlich auf Dauer nicht mehr ausüben kann.*

Wie bereits dargestellt, dürften dann insbesondere die historische und die teleologische Auslegungsmethode klar zu dem Ergebnis führen, dass mit dem Begriff „zuletzt ausgeübter Beruf" die zuletzt ausgeübte Tätigkeit gemeint ist. Auf diese Weise wäre für die Anbieter das Problem durch schlichte Erwähnung des § 172 Abs. 2 BGB gelöst.

---

120 Schwintowski, VersWissStud. Bd. 15, S. 101 m. w. N.; a. A. Römer, NVersZ 1999, 97.

121 Pilz, Missverständliche AGB, S. 140; MüKoBGB/Basedow, § 305 c Rn. 25 BGB, unter Berufung auf die ständige BGH- bzw. RG-Rechtsprechung.

122 So zumindest Ulmer/Schäfer, in: Ulmer/Brandner/Hensen, § 305 c Rn. 63 a BGB.

Einer derartigen Lösung widerspricht jedoch eine andere, vorzugswürdige Literaturauffassung, welche den Verwender von AGB auch im Fall der wortgleichen Wiedergabe von Gesetzestext unter gleichzeitiger Bezeichnung der Norm weiter in der Formulierungsverantwortung sieht.[123] Dies wird nachvollziehbar mit dem systematischen Argument begründet, dass § 305 c Abs. 2 BGB der Regelung des § 307 Abs. 3 BGB vorgeht und somit deklaratorische Klauseln nach dem Willen des Gesetzgebers zwar nicht Gegenstand der Inhaltskontrolle, wohl aber der Unklarheitenregel nach § 305 c Abs. 2 BGB unterworfen sind. Dieser Auffassung ist der Vorzug zu geben.

VIII. Abweichungen zum Vorteil des VN und eigener Vorschlag

Schließlich existiert eine weitere Gruppe von aktuell drei Anbietern, welche über den VVG-Standard zugunsten des Versicherungsnehmers hinausgehen und als Anknüpfungspunkt auf die „zuletzt ausgeübte berufliche Tätigkeit“[124] bzw. die „zuletzt ausgeübte Tätigkeit“ anstatt auf den „zuletzt ausgeübten Beruf“ abstellen.[125]

Nach der im Abschnitt IV. dargestellten aktuellen BGH-Rechtsprechung[126] soll mit der Formulierung „zuletzt ausgeübte berufliche Tätigkeit“ auch aus Sicht des durchschnittlichen Versicherungsnehmers gewährleistet sein, dass darunter die konkrete Tätigkeit der versicherten Person bei ihrem konkreten Arbeitgeber an einem konkreten Arbeitsplatz und nicht nur ein allgemeines Berufsbild zu verstehen ist.

Nach richtiger Auffassung von Rogler führt die objektive Auslegung des Begriffs der „beruflichen Tätigkeit“ nach dem Wortlaut unter Berücksichtigung seines nach verständiger Würdigung zu ermittelnden Sinnes und Zwecks allerdings zu einer nicht zu beseitigenden objektiven Mehrdeutigkeit, die im Ergebnis zwei Interpretationsmöglichkeiten eröffnet.

Einerseits soll das Wort „Tätigkeit“ dazu dienen können, den Vergleich nicht auf ein abstraktes Berufsbild zu beschränken und daher auch ohne Weiteres so verstanden werden können, „[…], dass damit gerade der konkrete Arbeitsplatz

123 Dylla-Krebs, Schranken der Inhaltskontrolle Allgemeiner Geschäftsbedingungen, S. 82.

124 § 3 Abs. 1 VPV; § 2 Abs. 1 Helvetia.

125 § 3 Abs. 2 DEVK (beide Tarifvarianten).

126 BGH, VersR 2011, 518.

beim konkreten Arbeitgeber des Versicherungsnehmers beschrieben wird". Auf der anderen Seite kann der durchschnittliche Versicherungsnehmer in der „beruflichen Tätigkeit" auch ein „allgemeines Berufsbild" sehen, welches von der konkreten, zuletzt ausgeübten Tätigkeit losgelöst zu betrachten ist.[127]

Rogler löst diese Mehrdeutigkeit letztlich richtigerweise über die Unklarheitenregel des § 305 c Abs. 2 BGB auf, sodass in diesem Kontext die „Mobbing-Entscheidung" des OLG Celle[128], in der es für den Versicherungsnehmer vorteilhafter war, auf eine konkrete Arbeitsplatzunverträglichkeit abzustellen, erklärbar wird. Eine weitere Prüfung der Klausel im Rahmen des Transparenzgebotes entfällt an dieser Stelle, zumindest wenn man – richtigerweise – der vorstehend dargestellten Lehre von der Spezialität der Unklarheitenregel gegenüber der Transparenzkontrolle nach § 307 Abs. 1 S. 2 BGB folgt.[129]

Es ist somit festzuhalten, dass auch die Formulierung von der „zuletzt ausgeübten beruflichen Tätigkeit" aus Sicht des durchschnittlichen Versicherungsnehmers mehrdeutig bleibt.

Ein Anbieter geht jedoch über diesen Formulierungsstandard hinaus und erläutert den Begriff des Berufs in einem eigenen Absatz:

> *„Vollständige Berufsunfähigkeit liegt vor, wenn die versicherte Person infolge Krankheit, Körperverletzung oder mehr als altersentsprechenden Kräfteverfalls, die ärztlich nachzuweisen sind, voraussichtlich mehr als 18 Monate ihren Beruf nicht mehr ausüben kann. Als Beruf ist die von der versicherten Person zuletzt ausgeübte Tätigkeit, so wie sie ohne gesundheitliche Beeinträchtigungen ausgestaltet war, zu verstehen."*[130]

Mit dieser Formulierung ist letztlich die erforderliche Klarheit erreicht und es bleibt offen, warum sich bisher nur ein Versicherer zu deren Verwendung entschließen konnte. Eine ebenso unbedenkliche und eindeutige Formulierung könnte wie folgt lauten:

> *Vollständige Berufsunfähigkeit liegt vor, wenn der Versicherte infolge Krankheit, Körperverletzung oder Kräfteverfalls, die ärztlich nachzuweisen sind, voraussichtlich dauernd außerstande ist, seiner zuletzt ausgeübten (oder einer anderen) Tätigkeit nachzugehen, die er aufgrund seiner Ausbildung und Erfahrung ausüben kann und die seiner bisherigen Lebensstellung entspricht.*

---

127 Rogler, jurisPR-VersR 8/2010.

128 OLG Celle, ArbuR 2010, 476.

129 Prölss, in: Prölss/Martin, Vorbem. III Rn. 20; Pilz, Missverständliche AGB, S. 177, mit ausführlicher Darstellung des Meinungsstandes.

130 § 3 Abs. 1 S. 1 DEVK (beide Tarifvarianten).

Auch bei diesem Formulierungsvorschlag würde der immer wieder missverstandene Begriff des Berufs vollständig außen vor gelassen und dem Versicherungsnehmer verdeutlicht, dass es bei einer Berufsunfähigkeitsversicherung allein um die zuletzt ausgeübte Tätigkeit in gesunden Tagen geht.

Es bleibt abzuwarten, ob sich eine generelle Entwicklung hin zu einer gegenüber dem VVG-Vorschlag transparenteren Formulierung ergeben wird. Auch angesichts der Tatsache, dass die neue BGH-Rechtsprechung[131] für den Bereich der Berufsunfähigkeit bisher nicht rezipiert wird, erscheint aktuell die Gefahr jedoch wesentlich größer, dass sich die Versicherer, welche derzeit noch verbraucherfreundlich vom VVG abweichen, auf lange Sicht auf das VVG-Leitbild „zurückfallen". Auf dem Markt sind bereits Anbieter zu finden, welche vor der VVG-Reform die transparenteste Formulierungsvariante „zuletzt ausgeübte Tätigkeit" verwandt hatten und nach der Gesetzesnovelle auf „VVG-Standard" zurückgefallen sind.[132] Insofern wirkt sich die VVG-Formulierung am Ende möglicherweise sogar kontraproduktiv aus.

§ 2: Berufswechsel

Ein Wesensmerkmal der Berufsunfähigkeitsversicherung ist es, dass nicht der im Versicherungsschein angegebene, sondern – wie in § 172 Abs. 2 VVG nunmehr auch geregelt – der zuletzt konkret ausgeübte Beruf den Prüfungsmaßstab im Leistungsfall darstellt, was gleichzeitig impliziert, dass ein Wechsel in eine andere Tätigkeit automatisch versichert ist und nicht angezeigt werden muss.[133]

Regelungen in Bedingungswerken, welche den Versicherungsnehmer gleichwohl verpflichten, einen Berufswechsel anzuzeigen, wären insofern gem. § 307 Abs. 2 Nr. 1 BGB als nichtig anzusehen. Zwar ist aktuell am Markt bisher keine derartige Obliegenheit zu finden, allerdings sind Versuche einiger Anbieter festzustellen, zumindest in ihrer Produktwerbung durch Herausstellung eines allgemein üblichen Standards Wettbewerbsvorteile zu erzielen. Wie in der Tabelle, Anhang 2 dargestellt ist, stellt knapp die Hälfte der Anbieter gezielt heraus, dass ihre AVB keine Meldepflicht bei einem späteren Wechsel des Versicherungsnehmers in einen gefahrerhöhenden Beruf vorsehen; was dem durchschnittlichen Versicherungsnehmer offenbar suggerieren soll, dass andere Anbieter solche Obliegenheiten vorhalten.

---

131 BGH, VersR 2011, 518.

132 Vergleich der Axa-Bedingungswerke 2003 und 2013.

133 Lücke, in: Prölss/Martin, § 2 Rn. 19 BU, m. w. N.

Ein derartiger Trend wird überdies befördert, wenn Verbraucherzeitschriften die potenziellen Versicherungsnehmer auffordern, bei der Vertragsauswahl darauf zu achten, dass der Versicherer auf die Anzeige des Berufswechsels nach Vertragsabschluss verzichtet.[134] Zwar ist bisher nicht festzustellen, dass ein derartiger „Verzicht" tatsächlich angeboten würde, jedoch erwähnt zumindest ein Versicherer im Bedingungswerk, dass ein Berufswechsel während der Versicherungsdauer vom Versicherungsschutz umfasst sei.[135]

Tatsache ist aber auch, dass durchaus nicht wenige Versicherungsnehmer allein wegen der Frage um eine Rechtsberatung nachsuchen, ob sie für den Fall eines bereits vollzogenen oder noch geplanten Wechsels ihrer Tätigkeit ihren Versicherungsschutz verlieren. Es besteht insofern durchaus ein Bedürfnis, diese „Selbstverständlichkeit" in den Bedingungswerken herauszustellen, da sie sich offenbar aus der Leitbilddefinition des § 172 Abs. 2 VVG für den durchschnittlichen Versicherungsnehmer nicht ergibt. Dieses Versäumnis des Gesetzgebers kann jedoch nur im Rahmen einer branchenweiten Lösung nachgebessert werden, welche ggf. mit der Verankerung eines entsprechenden Hinweises in den MB-BUV/BUZ beginnen müsste und nicht damit, dass einzelne Anbieter versuchen, mit der Herausstellung von Marktstandards Wettbewerbsvorteile zu erzielen.

Wie gezeigt, ist der Anknüpfungspunkt für die Prüfung der Berufsunfähigkeit die konkrete Ausgestaltung des Berufs in qualitativer und quantitativer Hinsicht zum Zeitpunkt des Eintritts des Versicherungsfalles. Ungeklärt bleibt hingegen die Thematik einer erforderlichen Nachhaltigkeit der bisherigen Berufsausübung, d. h. die Frage, über welche zeitliche Dauer hinweg der Versicherte seine letzte Tätigkeit ggf. ausgeübt haben muss bzw. ob der Wechsel in eine neue Tätigkeit tatsächlich von der ersten Sekunde an versichert ist.

I. Notwendige Dauer der Berufsausübung vor Versicherungsfall

Obwohl eine Regelung in den MB-BUZ/BUV dazu nicht getroffen wird, stellt der Umgang mit Versicherungsfällen, welche sich unmittelbar nach Vertragsbeginn bzw. nach einem Tätigkeitswechsel ereignen, in der Praxis ein nicht zu unterschätzendes Problem dar.

Nach allgemein herrschender Auffassung bleibt in der Berufsunfähigkeitsversicherung das Leistungsversprechen unabhängig von der jeweils vom Versicherten

134 Checkliste Berufsunfähigkeit, Finanztest 2/2012, Frage 20: Verzichtet der Versicherer darauf, dass Sie ihm nach Vertragsabschluss einen Berufswechsel oder ein erhöhtes Risiko anzeigen müssen?

135 § 2 Abs. 4 WGV.

ausgeübten Tätigkeit während der gesamten Vertragslaufzeit bestehen. Dies ergibt sich bereits aus der regelmäßig fehlenden Obliegenheit des Versicherten, einen Berufswechsel gegenüber dem Versicherer anzuzeigen. Insofern wird mit der im Versicherungsantrag abgefragten Berufsbezeichnung nicht festgeschrieben, welcher Beruf im Versicherungsfall die Prüfungsgrundlage darstellt.[136] Es wird dem Versicherer in der Literatur zwar durchaus zugestanden, den Vertrag auf den im Antrag angegebenen Beruf zu beschränken bzw. dem Versicherungsnehmer die Obliegenheit aufzuerlegen, einen Wechsel seiner Tätigkeit rechtzeitig anzuzeigen, sodass dem Versicherer die Möglichkeit bleibt, sich vom Versicherungsversprechen zu lösen.[137] In der Praxis sind derartige Regelungen aber bisher unbekannt geblieben.[138]

In der Literatur wurde – insoweit konsequent – zunächst die Auffassung vertreten, dass es keine Rolle spielen kann, wie lange der Versicherungsnehmer einen neuen Beruf – in den er ohne gesundheitlichen Leidensdruck hineingewechselt ist – tatsächlich ausgeübt haben muss, bevor er einen Versicherungsfall anmelden bzw. einen Leistungsantrag stellen darf. Der Berufswechsel soll – ohne „Wenn und Aber" – durch das Produkt geschützt sein, d. h., eine erst kurze Erwerbszeit im neuen bzw. erstversicherten Beruf soll dem Versicherten keinesfalls entgegen gehalten werden dürfen, genauso wenig wie dieser sich darauf zurückziehen können soll, im zuvor ausgeübten Beruf berufsunfähig zu sein, wenn er in dem aktuellen, aber erst kurzzeitig ausgeübten Beruf noch arbeiten kann.[139]

Vehement verteidigte auch Richter diese Position, der zur Illustration das einprägsame Beispiel des Bankangestellten bringt, welcher nach mehreren Jahren Schalterdienst sein Hobby zum Beruf macht, einen Vertrag als Profifußballer erhält und dann nach kurzer Zeit aufgrund einer schweren Verletzung berufsunfähig wird. In einer solchen Konstellation soll der Versicherungsfall eingetreten

---

136 BGH, VersR 1994, 587; VersR 1996, 830; OLG Hamm, VersR 1994, 417; Prölss/Martin/Voit/Knappmann § 2 Rz. 9 BUZ.

137 Rixecker, in: Beckmann/Matusche-Beckmann, Versicherungs-Handbuch, § 46 Rn. 14.

138 A. A. (aber ohne Nachweis) Oster, Entwicklungen und Trends in der privaten Berufsunfähigkeitsversicherung, S. 51, welcher darauf verweist, dass in der Praxis im Einzelfall durchaus Anzeigepflichten für einen Berufswechsel vereinbart werden; dies soll insbesondere gelten, wenn der vom Versicherten im Antrag angegebene Beruf auf eine Veränderung der Tätigkeit in besondere Gefahrenbereiche schließen lässt.

139 Rixecker, in: Beckmann/Matusche-Beckmann, Versicherungs-Handbuch, 1. Aufl., § 46 Rn. 29; der Autor ist zwischenzeitlich von dieser Position abgerückt, siehe 2. Aufl., § 46 Rn. 15.

sein, auch wenn der Versicherte seine neue Tätigkeit ggf. erst einen Tag ausgeübt hat![140]

Im Sozialversicherungsrecht gilt bei der Prüfung einer Rente wegen teilweiser Erwerbsminderung bei Berufsunfähigkeit nach § 240 Abs. 2 SGB VI, dass die Dauer der Berufsausübung dann keine Rolle spielen soll, wenn vorher die dafür vorgesehene Berufsausbildung durchlaufen wurde.[141] Diese Überlegung wird man wohl auch in der privaten Berufsunfähigkeitsversicherung anstellen können. Wenn ein Versicherungsnehmer nur wenige Tage nach seiner Gesellenprüfung im dann ausgeübten Lehrberuf berufsunfähig wird, dürfte niemand daran zweifeln, dass diese Konstellation versichert sein soll.

In einem ähnlichen Kontext steht die neuere Entscheidung des BGH v. 24.02.2010[142], welche betont, dass sich für einen Versicherer, der einen Auszubildenden versichert, der künftige Übergang von einem Ausbildungs- in ein Arbeitsverhältnis bereits abzeichnet und deshalb schon bei Abschluss des Versicherungsvertrages deutlich zutage tritt, dass die versicherte Person nicht in der Situation eines Auszubildenden verharren, sondern den angestrebten Beruf später dauerhaft ausüben wird. Nach dieser Rechtsprechung muss der Auszubildende den Status des Gesellen nie erreicht haben und kann im Versicherungsfall gleichwohl dieses Berufsbild als Vergleichsmaßstab für sich in Anspruch nehmen.

Wie ist jedoch zu entscheiden, wenn die zuletzt ausgeübte Tätigkeit des Versicherten eben nicht Ergebnis einer kontinuierlichen Berufsentwicklung ist, sondern erst wenige Tage vor dem Versicherungsfall begonnen wurde? Im Sozialversicherungsrecht soll bei fehlender Ausbildung Berufsschutz nur dann bestehen, wenn die berufliche Praxis zumindest die an sich für die Ausbildung vorgeschriebene Zeit umfasst.[143] Die Dauer der Berufsausbildung hat somit Indizwirkung, wenn der Versicherte keine Berufsausbildung durchlaufen hat.

Die Frage der Mindestausübungszeit eines Berufes bzw. einer Tätigkeit durch den Versicherungsnehmer ist bisher nicht höchstrichterlich entschieden worden. Jedoch ist fraglich, ob Gerichte in dem von Richter gebrachten Beispiel die Leistung zusprechen würden. Bisher hatte das OLG Stuttgart Gelegenheit, sich – in einem obiter dictum – mit dieser Frage zu befassen und festgestellt, dass zumindest

---

140 Richter, Berufsunfähigkeitsversicherung, S. 122; dem beipflichtend Bruck/Möller/Winter, VVG, 8. Aufl., Anm. G22 zur LV.

141 Niesel, in: Kass. Komm. 36. EL, 2002, § 240 Rz. 61 SGB VI m. w. N. der BSG-Rechtsprechung.

142 BGH, VersR 2010, 619.

143 BSG, SozR 2200, § 1246 Nr. 94.

ein Zeitraum von ca. 10 Monaten ausreichen soll, um den sozialen Standard und damit das als Vergleichsmaßstab heranzuziehende Berufsbild des Versicherten zu prägen.[144] Ob eine kürzere Zeitspanne ebenfalls ausgereicht hätte, konnte das Gericht dahinstehen lassen, jedoch stellt die Entscheidung indirekt klar, dass die Ausübung einer Tätigkeit über einen Tag oder vielleicht eine Woche dem Gericht für die „Prägung" des sozialen Standards nicht ausgereicht hätte.

Das LG Dortmund betont in einer Entscheidung vom 14.04.2010[145], dass es bei der Bestimmung des maßgeblichen Berufsbildes nach ständiger Rechtsprechung des BGH grundsätzlich auf die zuletzt ausgeübte Tätigkeit in ihrer konkreten Ausgestaltung ankommen und die neue Tätigkeit darüber hinaus bereits für eine gewisse Zeit ausgeübt worden sein soll[146], ohne dass man sich festlegt, welcher zeitliche Rahmen gemeint ist.

Neuhaus spricht von einem Zeitraum von mindestens sechs Monaten, in dem die Lebensstellung durch die neue Tätigkeit i. d. R. „geprägt" sein muss, um als maßgeblicher Beruf für die Prüfung der Berufsunfähigkeit herhalten zu können, ohne dass jedoch ersichtlich wird, wie diese Zeitmarke hergeleitet werden soll.[147]

Müller-Frank betont unter Hinweis auf das o. g. Urteil des OLG Stuttgart, dass der versicherte Standard gerade derjenige sei, den der Versicherungsnehmer zum Zeitpunkt des Versicherungsfalls tatsächlich bereits erreicht hat, mag er auch nur über eine vergleichsweise kurze Zeitspanne bestanden haben, wobei er – wie auch andere Stimmen in der Literatur – offen lässt, wie mit „äußerst kurzen Zeitspannen" umzugehen wäre".[148]

Von seiner früheren Auffassung abgehend, nimmt nunmehr auch Rixecker an, dass die Heranziehung des zuletzt ausgeübten Berufs von einer zeitlichen Komponente abhängig sei. Mit dem Argument, dass die Berufsunfähigkeitsversicherung die durch die Berufsausübung geschaffene Lebensstellung schützen will (§ 172 Abs. 3 VVG), soll das, was als letzter Beruf betrachtet werden darf, von der Dauer der Tätigkeit abhängen. Tritt der Versicherungsfall unmittelbar nach einem Berufswechsel ein, so soll die Lebensstellung des Versicherten von dem vorher ausgeübten Beruf geprägt sein; hat sich der Versicherte auf eine neue

---

144 OLG Stuttgart, r+s 97, 347.

145 LG Dortmund, zfs 2010, 641.

146 Unter Berufung auf Rixecker, a. a. O. sowie Terbille, 2. Aufl., § 26 Rn. 37.

147 Neuhaus, Berufsunfähigkeitsversicherung, Kap. F Rn. 46, unter Bezugnahme auf OLG Hamm, VersR 1998, 442, wobei in dieser Entscheidung kein Anhaltspunkt für seine These gegeben wird.

148 Müller-Frank, Aktuelle Rechtsprechung, S. 59; analog Rixecker, in: Beckmann/Matusche-Beckmann, Versicherungsrechts-Handbuch, § 46 Rn. 15.

Tätigkeit, aus welchen Gründen auch immer, „eingelassen“, so soll der neue Beruf der Maßstab des Versicherungsfalls sein.[149]

Einen ähnlichen Gedanken nimmt auch eine Entscheidung des OLG Oldenburg auf, welche dann nicht mehr allein auf die zuletzt ausgeübte Tätigkeit als Maßstab für die Beurteilung der Berufsunfähigkeit abstellen will, wenn die Erwerbsbiografie des Versicherten wechselnde berufliche Tätigkeiten oder Unterbrechungen durch Arbeitslosigkeit aufweist. Bei einer solchen Konstellation soll die bisherige Lebensstellung in wirtschaftlicher und sozialer Hinsicht aufgrund einer wertenden Betrachtung eines längeren Zeitraums zu beurteilen sein.[150] Scheidet nämlich ein Versicherter wegen einer behaupteten gesundheitlichen Beeinträchtigung aus einem erst kurz zuvor begründeten Arbeitsverhältnis aus, so soll nach Auffassung des Gerichts in der Regel nicht mehr davon gesprochen werden können, dass allein das letzte ausgeübte Arbeitsverhältnis dessen bisherige Lebensstellung geprägt hat. Vielmehr soll in derartigen Konstellationen eine in zeitlicher Hinsicht umfassendere Betrachtung geboten sein, was insbesondere dann gelten soll, „... wenn die Erwerbsbiografie eines Versicherten von wechselnden beruflichen Tätigkeiten oder Unterbrechungen durch Arbeitslosigkeit gekennzeichnet ist, ohne dass diese Veränderungen auf dem behaupteten Leiden beruhen. Unter derartigen Umständen kann die Frage, ob einem Versicherten mit der Verweisung auf eine neue Tätigkeit ein spürbarer wirtschaftlicher Abstieg zugemutet wird, weder nach dem zuletzt konkret erzielten Verdienst noch nach offenen Möglichkeiten einer Steigerung dieses Verdienstes und schon gar nicht nach dem höchsten in der Vergangenheit erzielten Einkommen beantwortet werden. Vielmehr ist wertend zu betrachten, was der Versicherte in einem längeren Zeitraum vor dem angeblichen Eintritt der Berufsunfähigkeit zu erwirtschaften vermocht hat.“[151]

Die Forderung, die letzte ausgeübte Tätigkeit des Versicherungsnehmers nur dann als Maßstab für die Prüfung der bedingungsgemäßen Berufsunfähigkeit heranzuziehen, wenn sie für eine bestimmte Dauer ausgeübt worden ist, muss – wie gezeigt – unterdessen als herrschende Meinung betrachtet werden. Über den tatsächlichen Zeitumfang, welcher von Rechtsprechung und Literatur für eine solche Prägung angesetzt wird, darf hingegen weiter spekuliert werden.

---

149 Rixecker, a. a. O. – ohne weitere Begründung; bemerkenswert ist, dass der Autor in der Vorauflage noch die gegenteilige Auffassung – auch ohne Begründung – vertreten hat; a. A. Dörner, in: Langheid/Wand, § 172 Rn. 67, welcher der von Rixecker in der Vorauflage vertretenen Auffassung beipflichtet.

150 OLG Oldenburg, VersR 2010, 655.

151 Ebenda.

Eine Rechtfertigung für o. g. herrschende Rechtsauffassung findet sich letztlich weder im Gesetz noch in den marktüblichen Bedingungswerken. Wie bereits dargestellt, will das Produkt Berufsunfähigkeitsversicherung die zuletzt ausgeübte Tätigkeit schützen und dabei den Berufswechsel unbeachtet lassen. Die ausgeübte Tätigkeit ist nach dem Wortlaut der Bedingungen vom ersten Moment an geschützt; für eine anderweitige Auslegung sind keinerlei stichhaltige Anhaltspunkte erkennbar. Mit einer in Rechtsprechung und Literatur geforderten, wie auch immer gearteten Mindestdauer der Ausübung des Berufs, würde letztlich das Versicherungsversprechen ausgehöhlt und es käme zu nicht gerechtfertigten Deckungslücken im Versicherungsschutz.

In keiner anderen Versicherungssparte käme man auf die Idee, das versicherte Risiko an zusätzliche, ungeschriebene Voraussetzungen zu knüpfen, welche in den Bedingungen nicht ausdrücklich geregelt sind. Mit dem gleichen Recht, mit dem der Berufsunfähigkeitsversicherer nach h. M. eine ungeschriebene Mindestdauer der Berufsausübung vom Versicherungsnehmer einfordern dürfen soll, könnte ein Gebäudeversicherer behaupten, ein neu erbautes, bereits feuerversichertes Haus müsse zunächst einige Monate gestanden haben und nicht zusammengefallen sein, bevor er im Brandfall einzutreten habe.

Wenn Anbieter in der Berufsunfähigkeitsversicherung eine erstmalig versicherte oder neue Tätigkeit des Versicherungsnehmers erst nach einer gewissen Mindestausübungszeit versichern wollen, wäre es völlig unproblematisch, eine solche Karenzzeit in den Bedingungen zu regeln. Zu diesem Schritt hat sich nach aktueller Betrachtung allerdings noch kein Anbieter entschließen können. Solange solche Veränderungen auf der Bedingungsseite nicht vorgenommen werden, kann eine „Prägung" nicht gefordert werden, sodass ein Versicherungsnehmer im Zweifel bereits am ersten Tag bzw. in der ersten Stunde der Ausübung einer neuen Tätigkeit berufsunfähig werden kann.

In der aktuellen Bedingungssituation bleibt dem Versicherer die Möglichkeit, der bereits erwähnten Missbrauchsgefahr durch besonders genaue Prüfung einer ggf. bereits mitgebrachten Berufsunfähigkeit des Versicherungsnehmers zu begegnen. Eine weitere Möglichkeit, drohendem Missbrauch vorzubeugen, wird in der Vereinbarung von sog. Berufswechselklauseln gesehen, welche in den folgenden Abschnitten untersucht werden sollen.

II. Krankheitsbedingter Berufswechsel

Wie bereits festgestellt, kommt es für die Beurteilung der bedingungsgemäßen Berufsunfähigkeit im Leistungsfall weder auf den im Versicherungsantrag angegebenen noch auf den erlernten Beruf an. Auch das sog. „Allgemeine Berufsbild" in der zuletzt ausgeübten Tätigkeit spielt keine Rolle.[152] Allein entscheidend ist vielmehr die Ausprägung bzw. Ausgestaltung der Tätigkeit des Versicherten im Versicherungsfall, d. h. zu dem Zeitpunkt, an dem der Versicherte geltend macht, bedingungsgemäß außerstande zu sein, seine Tätigkeit aus gesundheitlichen Gründen voraussichtlich dauernd nicht mehr ausüben zu können.[153]

Verändert sich die Leistungsfähigkeit des Versicherten z. B. aufgrund einer progredienten Krankheit oder wegen (nicht altersentsprechenden) Kräfteverfalls bereits seit geraumer Zeit, so kommt es für den Vergleichsmaßstab nach ständiger Rechtsprechung nicht auf die zuletzt ausgeübte, sondern allein auf die Ausprägung der Berufstätigkeit an, wie sie in den „gesunden Tagen" des Versicherten ausgestaltet war.[154] Diese in der Rechtsprechung feststehende Erkenntnis konnte der durchschnittliche Versicherungsnehmer den marktüblichen Bedingungswerken lange Zeit nicht entnehmen. Üblicherweise wurde in der Definition der Berufsunfähigkeit nicht darauf hingewiesen, dass es bei der Beurteilung der Berufsfähigkeit darauf ankommt[155], wie diese in den „gesunden Tagen"[156] beschaffen war, sondern es wurde vielmehr allein darauf abgehoben, ob der Versicherte außerstande ist, „seinen Beruf" auszuüben.

> *Vollständige Berufsunfähigkeit liegt vor, wenn die versicherte Person infolge Krankheit, Körperverletzung oder Kräfteverfalls, die ärztlich nachzuweisen sind, voraussichtlich dauernd außerstande ist,* ***ihren Beruf*** *oder eine andere Tätigkeit auszuüben, die aufgrund ihrer Ausbildung und Erfahrung ausgeübt werden kann und ihrer bisherigen Lebensstellung entspricht.*[157]

Ein Hinweis darauf, dass es bei der Prüfung der bedingungsgemäßen Berufsunfähigkeit allein auf die Tätigkeit ankommt, wie sie in gesunden Tagen ausgeübt worden ist, fehlte somit, was beim durchschnittlichen Versicherungsnehmer zwangsläufig zu Spekulationen und Verunsicherung führte. Aus der Erfahrung des Verfassers ist die Sicht des Versicherten im Regelfall die, dass er seine letzte ausgeübte Tätigkeit immer an dem letzten – möglicherweise bereits leidensgerecht durch sog. „Raubbauarbeit" angepassten – Berufsbild festmacht und so u. U. zum Vorteil des Versicherers gar nicht auf die Idee kommt, seine Tätigkeit in gesunden Tagen als Maßstab heranzuziehen.

---

152 BGH, VersR 1994, 578; 1996, 830.

153 Ebenda.

154 BGH, VersR 1993, 1470.

155 In der letzten Fassung vom 04.05.2006 vor Einführung des VVG-Neu.

156 BGH, VersR 2003, 631, mit Hinweis auf BGH, VersR 1993, 1470.

157 § 2 Abs. 1 MB-BUZ 2006.

Dieser Situation hat der Gesetzgeber nunmehr in § 172 Abs. 2 VVG insoweit Rechnung getragen, als darauf hingewiesen wird, dass es als Prüfungsmaßstab auf den letzten ausgeübten Beruf, so wie der ohne gesundheitliche Beeinträchtigungen ausgestaltet war, ankommt. Bei Betrachtung der Bedingungswirklichkeit stellt man fest, dass einzelne Anbieter hier sogar noch deutlicher geworden sind.

> *Vollständige Berufsunfähigkeit liegt vor, wenn die versicherte Person infolge Krankheit, Körperverletzung oder Kräfteverfalls, die ärztlich nachzuweisen sind, für voraussichtlich mindestens sechs Monate ununterbrochen außerstande sein wird,* ***ihren zuletzt vor Eintritt des Versicherungsfalls ausgeübten Beruf in seiner Ausgestaltung wie in gesunden Tagen auszuüben****, es sei denn, sie übt eine andere ihrer Ausbildung und Erfahrung und ihrer bisherigen Lebensstellung entsprechende Tätigkeit aus.*[158]

Diese Formulierung darf in der Bandbreite dessen, was allen Beteiligten bei der Darstellung von komplexen Lebenssachverhalten im Rahmen von Versicherungsbedingungen zumutbar ist[159], noch als hinreichend transparent formuliert angesehen werden und geht andererseits in Bezug auf die Deutlichkeit der Formulierung über das gesetzliche Leitbild des § 172 Abs. 2 VVG hinaus.

Auf der anderen Seite ist klar, dass auf die zuletzt ausgeübte Tätigkeit dann nicht abgestellt werden kann, wenn der Versicherungsnehmer diese aus gesundheitlichen Gründen aufgeben musste und danach leidensbedingt in eine Tätigkeit gewechselt ist, welche er zunächst noch ausüben konnte. Meldet der Versicherungsnehmer dann später gleichwohl Leistungen beim Versicherer an, wird nicht das aktuelle Berufsbild zugrunde gelegt, sondern das vorhergehende, in gesunden Tagen ausgeübte[160], auch wenn der Versicherungsnehmer zuletzt eine weniger schwere bzw. schlechter bezahlte Tätigkeit ausgeübt hat.[161]

Mertens weist darauf hin, dass gerade bei progredient verlaufenden Erkrankungen die „gesunden Tage“ jedoch schwer zu bestimmen sind, und fordert eine zeitliche Grenze, um zu verhindern, dass im Leistungsfall auf eine Tätigkeit

---

158 § 2 Abs. 1 der Allgemeinen Bedingungen für die Berufsunfähigkeitsversicherung der Inter Lebensversicherung aG, Stand: 01.01.2007, Version: 071; unterdessen hat der Anbieter seine Formulierung an die MB-BUZ/BUV bzw. das Leitbild des § 172 Abs. 2 VVG angepasst.

159 Terno, r+s 2004, 45, 52. Der Autor weist zu Recht darauf hin, dass man bei der Forderung nach Transparenz Allgemeiner Versicherungsbedingungen zwangsläufig auf – hinzunehmende – Grenzen stößt, je komplexer der zu regelnde Lebenssachverhalt ist.

160 BGH, VersR 1993, 1470; VersR 2000, 349; VersR 2003, 631.

161 Voit, Berufsunfähigkeitsversicherung, Rn. 14 f.; Richter, VersR 1988, 1207 f.

abgestellt wird, welche der Versicherungsnehmer bereits Jahre vor Leistungsanmeldung nicht mehr ausgeübt hat.[162]

Nach einem Urteil des LG München soll es nicht mehr sachgerecht sein, auf die vorletzte Tätigkeit des Versicherungsnehmers abzustellen, wenn der leidensgerechte Berufswechsel bereits länger als fünf Jahre zurückliegt.[163] Begründet wird diese Entscheidung damit, dass die Rechtsprechung in Hinblick auf die fünfjährige Verjährungsfrist des § 12 Abs. 1 VVG (alt) generell davon ausgehe, dass nach Ablauf von fünf Jahren auch bei einem leidensbedingten Berufswechsel die frühere, aufgegebene Berufstätigkeit gegenüber der aktuell vor Antragstellung ausgeübten nachrangig sei.

Diese Auffassung, welche zwar nicht auf die Rechtsprechung, sondern ganz offenbar auf eine Literaturmeinung[164] zurückgeht, erscheint gleichwohl nicht gerechtfertigt. Es ist kein Grund ersichtlich, warum Verjährungsfristen – ob nach § 12 VVG (alt) oder nach § 195 BGB – hier Ausschlussfristen ersetzen sollen, deren Vereinbarung allein Sache der Vertragspartner ist. Die Verjährungsvorschriften dienen nicht dazu, einen Leistungsanspruch dem Grunde nach zu vernichten. Solange dem Versicherer der Anspruch nicht bekannt gemacht wird, kann dieser weder Erhebungen anstellen bzw. abschließen und die Verjährung von Ansprüchen kann demzufolge nicht einsetzen.[165] Gleiches gilt, wenn die Anspruchsanmeldung aufgrund eines Berufswechsels unterbleibt.[166]

Auch der Vorschlag, „spiegelbildlich“ zum sog. Prognosezeitraum, welchen die (ältere) obergerichtliche Rechtsprechung grundsätzlich für eine voraussichtlich dauernde Berufsunfähigkeit annimmt[167], auch für den Anknüpfungsberuf bei Berufswechsel eine Dreijahresfrist zugrunde zu legen[168], findet keine einleuchtende Rechtfertigung. Dass ein Versicherungsnehmer, welcher eine Tätigkeit länger als drei Jahre ausübt, sich darin „prägend“ eingerichtet haben soll, kann nicht überzeugen, wenn man grundsätzlich akzeptiert, dass er durchaus über einen längeren Zeitraum eine leidensgerechte Tätigkeit als auch – wie noch zu zeigen sein wird – Raubbauarbeit betreiben kann. Wenn die Zwänge, welche ihn dazu nötigen, leidensgerecht oder gar unverändert weiterzuarbeiten, ggf.

---

162 Mertens, in: Rüffer/Halbach/Schimikowski, HK-VVG, § 172 Rn. 22.

163 LG München, VersR 2004, 990.

164 Richter, Berufsunfähigkeitsversicherung, S. 119, unter Berufung auf Bruck/Möller-Winter, VVG Anm. G21 zu LV.

165 BGH, VersR 1955, 97.

166 Klenk, in: Looschelders/Pohlmann, § 172 Rn. 9.

167 OLG Hamm, VersR 1995, 1039.

168 Neuhaus, Berufsunfähigkeitsversicherung, Kap. F Rn. 97.

länger als drei Jahre fortbestehen, muss er sich deshalb noch lange nicht zwingend im neuen Betätigungsfeld „eingerichtet“ haben, sodass das Berufsbild dann auch nicht „prägend“ geworden sein kann.

Im Ergebnis bleibt festzustellen, dass der Rückgriff auf die zuvor ausgeübte Tätigkeit bei einem ausschließlich leidensbedingten Berufswechsel keiner zeitlichen Begrenzung bedarf.[169] Auch eine, unterdessen von Neuhaus vorgeschlagene Einzelfallbetrachtung, wonach es vom jeweiligen Berufsbild abhängig sein soll, in welchem Zeitraum sich die fundamental zur Berufsausbildung notwendigen Kenntnisse verflüchtigen[170], erscheint nicht interessengerecht. Wenn sich der Versicherer vor einer – seiner Ansicht nach – unangemessen langen Möglichkeit der rückwirkenden Inanspruchnahme schützen will, so hat er es selbst in der Hand, dies durch entsprechende Klauseln in seinen AVB zu regeln, muss dann allerdings damit rechnen, durch die sog. Ratingunternehmen „abgestraft“ zu werden.

III. Berufswechselklauseln

Neben der Möglichkeit des Versicherungsnehmers, bei leidensbedingtem Berufswechsel in eine leichtere Tätigkeit an die vorletzte, in gesunden Tagen ausgeübte körperlich schwerere Tätigkeit anzuknüpfen, ist auch die umgekehrte Konstellation denkbar, nämlich dass der Versicherungsnehmer von einer eher leichten in eine körperlich anstrengendere Tätigkeit wechselt. Eine solche Situation eröffnet dem bösgläubigen Versicherungsnehmer gewisse Gestaltungsspielräume, da er bei einem mutwilligen Wechsel in eine körperlich schwerere bzw. auch gefahrgeneigtere Tätigkeit nach kurzer Zeit Berufsunfähigkeit anmelden könnte, wenn er diese geplantermaßen körperlich nicht mehr in der Lage ist zu absolvieren.

Sicherlich wird man zunächst zu beachten haben, dass ein Versicherungsnehmer in dieser Konstellation bereits beim Hineinwechseln in den anderen Beruf unfähig gewesen ist, diesen auszuüben, sodass der Wechsel nicht mehr in „Gesunden Tagen“ vorgenommen worden und somit ausgeschlossen wäre. Jedoch ist ebenso klar, dass dieser Einwand, den der Versicherer im Prozess beweisen muss[171], nur schwer zu führen sein wird und es am Ende vielfach erneut auf die Frage hinausläuft, ob auch eine minimale Zeitdauer der Ausübung für die Annahme des nächsten Berufs ausreichend ist.

---

169 So auch Klenk, in: Looschelders/Pohlmann, § 172 Rn. 9 mit dem Hinweis, dass bereits etwas anderes gelten kann, wenn der Berufswechsel aufgrund eines Motivbündels erfolgte.

170 Neuhaus, Berufsunfähigkeitsversicherung, Kap. F Rn. 97.

171 OLG Hamm, VersR 2009, 818.

Um eine derartige, nachvollziehbar ungewollte Situation zu vermeiden, werden von einigen Anbietern sog. „Berufswechselklauseln" verwandt. Diese stehen bei verschiedenen Ratingagenturen unter Beobachtung, wenngleich keineswegs durchgehend in der Kritik. So wird u. a. von einem Ratingunternehmen die Berufswechselklausel innerhalb von 12 bzw. 24 Monaten vor Antragstellung zwar mit einem Malus bedacht aber gleichzeitig zugestanden, dass eine sog. „Leistungsprüferbefragung" ergab, dass eine vermutete Missbrauchssituation, welche die Berufswechselklauseln verhindern will, tatsächlich noch nie eingetreten ist[172], was nicht gerade für die Praxisrelevanz dieser Klausel spräche.

Darüber hinaus gehen die Meinungen auseinander, ob sich Berufswechselklauseln generell zum Nachteil oder zum Vorteil des Versicherten auswirken. Während sie einerseits – unabhängig von ihrer Ausformulierung – als vermeidbarer Rechtsunsicherheitsfaktor und „Versteckte Verweisbarkeit" angesehen werden[173], kommen einzelne Ratingagenturen zu differenzierteren Ergebnissen und bewerten z. T. Klauseln nur dann negativ, wenn auch der unfreiwillige Berufswechsel – welchen der Versicherungsnehmer aus gesundheitlichen Gründen oder aus Gründen des Wegfalls seiner beruflichen Tätigkeit (z. B. Arbeitslosigkeit) durchführen muss – einbezogen wird.[174]

1. Allgemeine Berufswechselklausel

Als zu Recht fragwürdig müssen Berufswechselklauseln angesehen werden, welche die Einbeziehung des vorherigen Berufs in die Leistungsprüfung nicht auf den mutwilligen Berufswechsel beschränken, sondern jede Art von Berufswechsel innerhalb einer gewissen Zeitspanne einbeziehen wollen.

> *Bei einem Berufswechsel innerhalb der letzten 24 Monate vor Eintritt der Berufsunfähigkeit wird die Prüfung auch auf den zuvor ausgeübten Beruf ausgedehnt, es sei denn, der Versicherte hat bei Eintritt der Berufsunfähigkeit das 55. Lebensjahr bereits vollendet.*[175]

---

172 Morgen & Morgen, LV-Win, Version 8.10, Fragenerläuterung Ratingfrage 12: „Wird bei Eintritt der Berufsunfähigkeit ausschließlich der zuletzt ausgeübte Beruf geprüft?"

173 Infinma, Marktstandards in der Berufsunfähigkeitsversicherung, Stand 10/2013, S. 17, http://www.infinma.de/lupe/marktstandards_bu.pdf (15.02.2014).

174 Finanztest Berufsunfähigkeitsversicherung, Heft 07/2013, S. 61; a. A.: Finanztest Checkliste zur Berufsunfähigkeitsversicherung 2/2012, nach der generell jede Berufswechselklausel als kundenunfreundlich dargestellt wird; PremiumCircle: Version 8.1, 05.12.2011, Erläuterung zu Berufswechsel 3.3.

175 § 2 Abs. 1 S. 4 Ontos, Standard 2008, (wird vom Nachfolgeunternehmen Credit Life nicht mehr angeboten).

Derartige Klauselvarianten, welche aktuell nicht mehr auf dem Markt zu finden sind, würden tatsächlich eine weitergehende, den Versicherungsnehmer benachteiligende Formulierung darstellen, da sie jeglichen Berufswechsel vor dem behaupteten Versicherungsfall, unabhängig davon, ob er freiwillig oder unfreiwillig erfolgte, in die Prüfung einbeziehen. Von der eingangs beschriebenen Situation, in der der Versicherer einem möglichen Gestaltungsmissbrauch durch den bösgläubigen Versicherten vorbeugen will, kann in diesem Fall keine Rede mehr sein. Hier wird vielmehr eine Regelung statuiert, welche mit dem in der Berufsunfähigkeitsversicherung geltenden Grundsatz bricht, dass auf die letzte ausgeübte Tätigkeit des Versicherten abzustellen ist. Die o. g. Klausel widerspräche letztlich dem Leitbild des § 172 Abs. 2 VVG und müsste als unzulässig angesehen werden.[176]

2. Differenzierende Berufswechselklausel

Bei den hier untersuchten, aktuell am Markt befindlichen Bedingungswerken verwenden 20 von 66 Anbietern Berufswechselklauseln, wobei ausschließlich nur noch der „mutwillige" Berufswechsel in verschiedenen Varianten berücksichtigt wird (Tabelle, Anhang 2). Allerdings sind auch bei dieser Variante qualitative Unterschiede in der Beschreibung festzustellen.

> *Hat die versicherte Person ihren Beruf innerhalb von 12 Monaten vor Eintritt der Berufsunfähigkeit gewechselt und zum Zeitpunkt des Eintritts der Berufsunfähigkeit das 55. Lebensjahr noch nicht vollendet, so wird bei der Prüfung der Berufsunfähigkeit auch die berufliche Tätigkeit vor dem Berufswechsel berücksichtigt. Die Berücksichtigung der früheren Tätigkeit ist ausgeschlossen, wenn die für die Berufsunfähigkeit ursächlichen Gesundheitsstörungen zum Zeitpunkt des Berufswechsels nicht bekannt waren oder wenn der Berufswechsel aus gesundheitlichen Gründen erfolgte.*[177]

Bei dieser Version ist der Versicherte zwar geschützt, wenn er in eine schwerere körperliche Tätigkeit gewechselt hat, sein gesundheitliches Risiko, darin berufsunfähig zu werden, aber nicht kannte. Das Problem bei dieser Klausel besteht jedoch darin, dass der Versicherungsnehmer für diesen Einwand beweispflichtig ist; anders bei folgender Formulierung:

> *Hat die versicherte Person innerhalb der letzten 24 Monate vor Eintritt der Berufsunfähigkeit ihren Beruf gewechselt, kann auch der davor ausgeübte Beruf bei der Prüfung der Berufsunfähigkeit herangezogen werden, wenn die für den Berufsunfähigkeitseintritt ursächlichen Gesundheitsstörungen bereits bei Aufgabe der früheren beruflichen Tätigkeit bekannt waren.*[178]

---

176 Rüther, BUZaktuell 2003/02, S. 20.

177 § 2 Abs. 3 InterRisk.

178 § 2 Abs. 2 S. 2 Heidelberger Leben.

Als noch verbraucherfreundlicher müssen Berufswechselklauseln angesehen werden, bei denen über die bisherigen Einschränkungen hinaus unfreiwillige Berufswechsel, die auf ärztliches Anraten oder durch Verlust des Arbeitsplatzes vorgenommen wurden, ebenfalls ausdrücklich ausgenommen werden. Überdies wird die Intention des Verwenders noch einmal transparent erläutert, nämlich zu vermeiden, dass die Berufsunfähigkeit nicht absichtlich durch einen Berufswechsel herbeigeführt wird.

> *Wechsel der beruflichen Tätigkeit*
> *Hat die versicherte Person innerhalb der letzten 12 Monate vor Eintritt der Berufsunfähigkeit den Beruf gewechselt, wird bei Prüfung der Berufsunfähigkeit sowohl die vor dem Berufswechsel als auch die nach dem Berufswechsel ausgeübte berufliche Tätigkeit berücksichtigt, wenn die für die Berufsunfähigkeit verantwortlichen Gesundheitsstörungen bereits bei Aufgabe der früheren Tätigkeit bekannt waren. Dadurch wird gewährleistet, dass eine Berufsunfähigkeit nicht absichtlich durch einen Berufswechsel herbeigeführt wird. Die frühere Tätigkeit wird nicht berücksichtigt, wenn der Berufswechsel nicht freiwillig (z. B. durch Kündigung des Arbeitgebers) oder auf ärztliches Anraten erfolgte. Einen Wechsel der beruflichen Tätigkeit müssen Sie uns vor Eintritt des Versicherungsfalls nicht anzeigen.*[179]

Wie in der Tabelle, Anhang 2 dargestellt, macht die überwiegende Anzahl der Anbieter von Berufswechselklauseln in der einen oder anderen Form von diesen zusätzlichen Erläuterungen Gebrauch.

Die Einordnung von Berufswechselklauseln als Faktor einer „vermeidbaren Rechtsunsicherheit"[180] ist nach der Analyse des aktuellen Bedingungsmarktes – wie gesehen – nicht mehr gerechtfertigt. Dies betrifft nicht nur die undifferenzierte, an der Realität vorbeigehende Betrachtungsweise, welche generell alle Berufswechselklauseln in einen negativen Kontext stellt. Auch der Ansatz von Ratingagenturen, welche grundsätzlich zwischen mutwilligem und krankheitsbedingtem Berufswechsel unterscheiden, letztlich aber auch die Bedingungswerke herunterstufen, welche durchgängig nur den mutwilligen Berufswechsel in die Prüfung einbeziehen[181], muss als verfehlt angesehen werden.

---

179 § 2 Abs. 6 Condor Comfort.

180 Infinma, Marktstandards in der Berufsunfähigkeitsversicherung, Stand 10/2013, S. 17, http://www.infinma.de/lupe/marktstandards_bu.pdf (15.02.2014).

181 Morgen & Morgen, LV-Win, Version 9.10, Ratingfrage R 12. Eine „Missbrauchsklausel", welche allein den mutwilligen Wechsel in einen leichteren Beruf erfassen will, führt nur zu einer eingeschränkten Bewertung; die Prüfung des vorherigen Berufs bei jeder Art von Berufswechsel führt zur Bewertung „nicht erfüllt".

Es dürfte vielmehr im zugestandenen und legitimen Interesse der Anbieter und der Versichertengemeinschaft liegen, Konstellationen auszuschließen, in denen sich Versicherungsnehmer durch bewussten Wechsel in eine körperlich schwerere Tätigkeit Leistungen erschleichen können. Dem redlichen Versicherungsnehmer entstehen durch die aktuell auf dem Bedingungsmarkt befindlichen Berufswechselklauseln jedenfalls keinerlei Nachteile.

4. Kapitel: Bedingungsgemäße Ursachen

§ 172 Abs. 2 VVG definiert die medizinischen Tatbestandsvoraussetzungen der Berufsunfähigkeit entsprechend den zum Inkrafttreten des neuen VVG gültigen MB-BUV/BUZ 2006. Somit ist derjenige berufsunfähig, der seinen Beruf „[...] infolge Krankheit, Körperverletzung oder mehr als altersentsprechenden Kräfteverfalls ganz oder teilweise voraussichtlich auf Dauer nicht mehr ausüben kann". Die Trias der bedingungsgemäßen Voraussetzungen wurde durch das Gesetz gegenüber den MB-BUV/BUZ lediglich hinsichtlich des Kräfteverfalls um das Attribut „altersentsprechend" ergänzt, worauf noch gesondert einzugehen sein wird. Andere Beschreibungen der medizinischen Ursachen der Berufsunfähigkeit sind aktuell auf dem Markt unbekannt, wenngleich sicherlich zulässig, da die Vorschrift des § 172 Abs. 2 VVG nicht halbzwingend ausgestaltet ist.

§ 1: Krankheit

Der Begriff der Krankheit als bedingungsgemäße Ursache in der privaten Berufsunfähigkeitsversicherung ist denkbar weit gefasst. Während in der privaten Krankenversicherung auf einen anormalen Körper- oder Geisteszustand abgestellt wird, der eine nicht unerhebliche Störung körperlicher und/oder geistiger Funktionen bewirkt[182], steht in der Berufsunfähigkeitsversicherung allein im Vordergrund, ob durch den regelwidrigen Zustand die berufliche Leistungsfähigkeit dauerhaft ausgeschlossen oder um den vereinbarten Prozentsatz gemindert wird. Nicht behandlungsbedürftige bzw. behandelbare Gebrechen wie Taubheit oder Blindheit sind ebenso vom Krankheitsbegriff umfasst[183] wie Krankheitsbilder mit unklarer diagnostischer Einordnung.[184] Ob die Frage der Behandlungsbedürftigkeit tatsächlich das Abgrenzungskriterium des Krankheitsbegriffs in den beiden Versicherungszweigen darstellt[185], mag dahingestellt bleiben.

Einhellige Meinung ist zunächst, dass der Krankheitsbegriff sowohl in der privaten Kranken- als auch in der Berufsunfähigkeitsversicherung objektiv zu bestimmen ist. Maßgeblich soll nicht die subjektive Vorstellung des Versicherungsnehmers, sondern allein der objektiv nach ärztlichem Urteil zu führende

182 Langheid/Wandt/Kalis, § 192 Rn. 16.
183 Dunkel, in: Handbuch Versicherungsrecht, § 15 Rn. 144, unter Berufung auf Richter.
184 OLG Frankfurt, VersR 2003, 979; so auch Lücke, in: Prölss/Martin, § 172 Rn. 38.
185 So wohl zumindest Lücke, in: Prölss/Martin, § 2 Rn. 4 BU.

Nachweis über das Vorliegen eines anormalen Körper- oder Gesundheitszustandes sein. Vom Versicherungsnehmer selbst empfundene Abweichungen vom Bild eines gesunden Menschen sind hingegen nicht zu berücksichtigen.[186] Allerdings dürfen diese subjektiven Vorstellungen nicht mit eventuell subjektiv unterschiedlich empfundenen Auswirkungen bestimmter Erkrankungen verwechselt werden, was im Folgenden zu zeigen ist.

I. Einschränkungen des Krankheitsbegriffs durch die AVB

Wegen der denkbar weiten Ausgestaltung des Krankheitsbegriffs in der Berufsunfähigkeitsversicherung ist aus Anbietersicht das Bedürfnis nachvollziehbar, diesen über die AVB einzugrenzen. Dafür lässt die halbzwingende Ausgestaltung des § 172 Abs. 2 VVG sicherlich einen gewissen Spielraum, ohne dass bisher klar geworden ist, wo die Grenzziehung durch das Kriterium der sog. Leitbildkonformität gem. § 307 Abs. 2 Nr. 1 BGB überschritten wäre. Es soll im Folgenden auf einige Versuche der Konkretisierung bzw. Verengung des Krankheitsbegriffs eingegangen werden, welche in der Praxis zu finden sind bzw. waren.

1. Auf „objektivierbare" Krankheiten

Die klar zu beantwortende Frage in Bezug auf eine notwendigerweise objektiv zutage tretende Gesundheitsstörung darf nicht mit dem Problem der tatsächlichen Objektivierbarkeit einer Krankheit bzw. der Gesundheitsstörung verwechselt werden. In diesem Bereich treten in der Praxis immer dann Schwierigkeiten auf, wenn Versicherer ihre Leistungspflicht mit dem Argument verneinen, es läge kein diagnostisch fassbares und insofern auch kein „objektivierbares" Krankheitsbild beim Versicherungsnehmer vor.

Ein Beispiel aus der Praxis des Verfassers soll zur Illustration des Problems dienen:

Beispiel 3
Ein Versicherter beklagt ein anfallsartig auftretendes Durchfallleiden, wobei es unregelmäßig aber mindestens ein bis zwei Mal in der Woche zu einer ungesteuerten und nicht kontrollierbaren Darmentleerung kommt. Diese Beschwerden machen ihm eine ordnungsgemäße Ausübung seines Berufes als Finanzberater im Außendienst unmöglich, da eine sinnvolle Planung und Wahrnehmung von Kundenterminen nicht in Betracht kommt. Die begutachtenden Ärzte bestätigen die Darstellungen des Versicherten und das sich nach

186 Langheid/Wandt, § 192 Rn. 16, unter Berufung auf BGH, VersR 87, 278; Rixecker, in: Beckmann/Matusche-Beckmann, Versicherungsrechts-Handbuch, § 46 Rn. 58; Müller, a. a. O., § 44 Rn. 133.

außen darstellende Krankheitsbild zwar, schließen eine gängige gastroenterologische Diagnose wie colitis ulcerosa oder morbus crohn jedoch definitiv aus. Der Versicherer lehnt infolge dessen seine Leistungspflicht wegen einer nicht vorliegenden objektivierbaren Erkrankung ab.

Die Leistungsablehnung durch den Versicherer ist problematisch, denn das Vorliegen eines regelwidrigen Zustands des Körpers des Versicherten wurde weder von den behandelnden Ärzten noch von ihm selbst in Abrede gestellt; vielmehr wurde die Nichtleistung allein mit dem Fehlen einer gängigen Diagnose begründet. Letztlich ist jedoch der Begriff der Krankheit weder an die Feststellung einer konkreten Ursache noch an eine konkrete Diagnose gebunden[187], anderenfalls müsste der Versicherer in den Bedingungen konkret darauf abstellen, dass neben der festgestellten Erkrankung als regelwidriges Phänomen auch eine wissenschaftlich gesicherte Ursache rsp. Diagnose erforderlich ist.

Vor nicht allzu langer Zeit war z. B. folgende Formulierung auf dem Markt zu finden:

Was ist Berufsunfähigkeit im Sinne dieser Bedingungen?

...

(1) Vollständige Berufsunfähigkeit liegt vor, wenn die versicherte Person infolge ***objektivierbarer*** *Beschwerden oder Leistungsminderung, die auf Krankheit, Körperverletzung oder Kräfteverfall beruhen und ärztlich nachzuweisen sind, voraussichtlich oder tatsächlich für mindestens sechs Monate ununterbrochen außerstande ist, ihren Beruf auszuüben.*[188]

Der von diesem Verwender eingefügte Passus der „Objektivierbarkeit" von Beschwerden oder Leistungsminderungen könnte eine Reaktion auf den BGH gewesen sein, welcher sich bereits im Jahr 1999 mit dem Begriff des ärztlichen Nachweises einer Krankheit i. S. v. § 2 Nr. 1 BB-BUZ zu befassen hatte und feststellte, dass der ärztliche Nachweis nicht in Befunden der Apparatemedizin oder der sonstigen Zusatzdiagnostik zu bestehen braucht.[189] Vielmehr soll bei Krankheiten, „[...] die gerade durch das Fehlen naturwissenschaftlich gewonnener Untersuchungsbefunde" charakterisiert werden, der ärztliche Nachweis der Erkrankung auch dadurch geführt werden könne, dass dieser seine Diagnose auf die Beschwerdeschilderung

---

187 Neuhaus, Berufsunfähigkeitsversicherung, Kap. G Rn. 22.

188 § 2 Abs. 1 der Bedingungen für die Berufsunfähigkeits-Zusatzversicherung der Condor Lebensversicherungs-AG, Stand 03.2003.

189 BGH, VersR 1999, 838; a. A. Rixecker, in: Beckmann/Matusche-Beckmann, Versicherungsrechts-Handbuch, § 46 Rn. 58, welcher von der Notwendigkeit einer medizinisch diagnostizierbaren Regelwidrigkeit der gesundheitlichen Verhältnisse spricht.

des Patienten/Versicherten stützt. In der Urteilsbegründung machte sich der BGH dann die Auffassung des gerichtlichen Gutachters zu eigen, welcher darauf hingewiesen hatte, dass anderenfalls auf psychiatrischem Fachgebiet wissenschaftlich nicht infrage gestellte Erkrankungen wie alle affektiven Störungen (z. B. depressive Erkrankungen, außer sie seien Folge organischer Schädigungen) oder alle Psychosen aus dem schizophrenen Formenkreis nicht mehr zu diagnostizieren wären.[190]

Ein ähnliches Problem besteht bei der Beurteilung von Schmerzen, deren Auswirkungen sich für jeden einzelnen Versicherten individuell darstellen. Gleichwohl lässt die Rechtsprechung i. d. R. Schmerzen erst ab einer gewissen Schwelle als Ursache einer bedingungsgemäßen Berufsunfähigkeit gelten. Die Zumutbarkeit einer Tätigkeit soll nicht bereits dadurch entfallen, dass gelegentlich oder selten Schmerzen dabei auftreten können. Im Rahmen der Beurteilung der Zumutbarkeit einer Tätigkeit soll nicht jedes Schmerzempfinden ausgeschlossen sein, sondern die Frage der Zumutbarkeit – auch von sehr kurzfristigen Schmerzzuständen – nach dem „normalen Verständnis des durchschnittlichen Versicherungsnehmers" beurteilt werden.[191]

Diese objektivierende Auffassung unter Bezugnahme auf die Rechtsfigur des durchschnittlichen Versicherungsnehmers vermag in diesem Zusammenhang allerdings nicht zu überzeugen. Der Schmerz als subjektives Phänomen[192] bedingt, dass Versicherte über Schmerzen klagen, ohne dass Ärzte ein sog. organisches Korrelat feststellen können[193], während andere Patienten möglicherweise schmerzfrei sind, obwohl die Feststellungen des Orthopäden u. U. das Gegenteil vermuten lassen. Die subjektiv unterschiedlichen Schmerzempfindungen des Menschen dürfen aber nicht dazu führen, dass diejenigen, welche eine niedrige Schmerztoleranz aufweisen und ihren Beruf aus diesem Grunde ggf. nicht mehr ausüben können, per se benachteiligt werden, weil der von ihnen geklagte Schmerz nicht durch schulmedizinisch objektivierbare Krankheits- oder Verletzungsbilder erklärbar ist bzw. dem Schmerzempfinden des „durchschnittlichen Versicherungsnehmers" entspricht.

Die Frage der grundsätzlichen Anerkennung gewisser Krankheitsbilder ist zu unterscheiden von der Möglichkeit ihres medizinischen Nachweises.

---

190 BGH, VersR 1999, 838.

191 OLG Koblenz, VersR 2008, 1254.

192 Hausotter, Begutachtung somatoformer und funktioneller Störungen, S. 60.

193 Keller, MedSach 2009, 96.

2. *Auf „allgemein medizinisch anerkannte Krankheiten"*

Eine gewisse Tradition hat der Versuch, den Tatbestand der Berufsunfähigkeit auf „allgemein medizinisch anerkannte" Krankheiten bzw. die Beurteilung der Krankheiten auf „allgemein medizinisch anerkannte Erkenntnisse" zu beschränken.

Vollständige Berufsunfähigkeit liegt vor, wenn die versicherte Person infolge Beschwerden oder Leistungsminderung, die auf einer ***allgemein medizinisch anerkannten*** *Krankheit, Körperverletzung oder Kräfteverfall beruhen und ärztlich nachzuweisen sind, voraussichtlich für mindestens sechs Monate ununterbrochen außerstande ist, ihren Beruf – so wie er ohne gesundheitliche Beeinträchtigung ausgestaltet war – auszuüben.*[194]

Vollständige Berufsunfähigkeit liegt vor, wenn die versicherte Person infolge einer ***allgemein medizinisch anerkannten Krankheit,*** *Körperverletzung, Pflegebedürftigkeit oder Kräfteverfall sechs Monate ununterbrochen außerstande war oder voraussichtlich sechs Monate ununterbrochen außerstande ist, ihren zuletzt in gesunden Tagen ausgeübten Beruf auszuüben.*[195]

Der letztgenannte Anbieter hatte auch nach der Deregulierung in Bezug auf den Begriff der Berufsunfähigkeit zunächst weiter die Formulierung der Verbandsempfehlungen beibehalten[196] und verfolgte mit der später davon abweichenden Beschränkung auf allgemein anerkannte Krankheiten offenbar das Ziel, die Möglichkeit der Verursachung des Versicherungsfalls durch Krankheit auf ein überschaubares Maß zu reduzieren. Beide Klauseln sind unterdessen in den aktuellen AVB der anbietenden Versicherer wieder verschwunden, möglicherweise weil man im Geltungsbereich des neuen VVG an der Gültigkeit der Formulierung zweifelt oder ggf. eine Herabstufung durch die Ratingagenturen fürchtet.

Eine andere Formulierung, welche nach wie vor bei einem Versicherer gebraucht wird, legt fest, dass die Beurteilung der bedingungsgemäßen Ursachen nach allgemein anerkannten medizinischen Erkenntnissen erfolgen muss:

(2) Berufsunfähigkeit liegt vor, wenn Art, Schwere und Ausmaß einer Krankheit, einer Körperverletzung oder eines mehr als altersentsprechenden Kräfteverfalls nach ***allgemein anerkannten medizinischen Erkenntnissen*** *erwarten lassen, dass die versicherte Person*

---

194 § 2 Abs. 1 a) der Zusatz-Bedingungen für die Berufsunfähigkeits-Zusatzversicherung „Comfort" der Condor Lebensversicherungs-AG, Stand 01/2008 (1.3).

195 § 2 Abs. 1 der Bedingungen für die Berufsunfähigkeitszusatzversicherung der Swiss Life/Schweizerischen Lebensversicherungs- und Rentenanstalt AG, Version 1.2007.

196 § 2 Abs. 1 der Bedingungen für die Berufsunfähigkeitszusatzversicherung der Swiss Life/Schweizerischen Lebensversicherungs- und Rentenanstalt AG, Version 1.1998; § 2 Abs. 1 a) der Zusatz-Bedingungen für die Berufsunfähigkeits-Zusatzversicherung „Comfort" der Condor Lebensversicherungs-AG, Stand 03/2003.

ununterbrochen wenigstens sechs Monate mindestens zu 50 % außer Stande sein wird, ihrem zuletzt bei Eintritt des Versicherungsfalles ausgeübten Beruf, so wie er ohne gesundheitliche Beeinträchtigung ausgestaltet war, nachzugehen.[197]

Die Frage bleibt, inwieweit eine eingeschränkte Beurteilung des Krankheitsbegriffs nach „allgemein anerkannten medizinischen Erkenntnissen" eine zu weitgehende und damit unzulässige Einschränkung des Begriffs der Berufsunfähigkeit darstellt. Neuhaus geht davon aus, dass zumindest die o. g. Formulierung der „allgemein medizinisch anerkannten Krankheit" intransparent sei, da es eine Institution, die festlegt, was „allgemein anerkannt" ist, in der medizinischen Wissenschaft nicht gibt.[198]

Dem dürfte insofern zuzustimmen sein, als dass die systematische Einteilung der Krankheitsbilder in der Medizin einem ständigen Wandel unterworfen ist und auch die von der Weltgesundheitsorganisation (WHO) erstellte internationale Klassifikation der Krankheiten (ICD-10), welche im Auftrag des Bundesministeriums für Gesundheit ins Deutsche übertragen und aktualisiert wird, keine jeweils aktuelle Liste der „amtlich" anerkannten Krankheiten darstellt. Sie soll vielmehr Transparenz im vertragsärztlichen Bereich schaffen, Grundlage der Krankenhausdiagnostik sein sowie eine einheitliche Abrechnung nach dem DRG-Vergütungssystem ermöglichen.[199]

Auf der anderen Seite konkretisieren die genannten Einschränkungen den Krankheitsbegriff womöglich auf eine für den Versicherungsnehmer durchaus handhabbare Begrifflichkeit. Mit den vorgestellten Klauselvarianten wird von Versichererseite der Versuch unternommen, dem durchschnittlichen Versicherungsnehmer klar zu machen, dass sich die Verwender auf einen Katalog von schulmedizinisch gesicherten Diagnosen bzw. Krankheiten zurückziehen wollen. Dabei kommt es im Einzelnen nicht darauf an, in welchem Katalog die Diagnose tatsächlich aufgeführt, sondern darauf, ob diese von der medizinischen Wissenschaft überwiegend als Krankheit akzeptiert wird, was im Zweifel gutachterlich festzustellen ist. Das Argument von Neuhaus, dass bei dieser Definition eine ganze Reihe von Krankheitsbildern, welche in der medizinischen Wissenschaft noch umstritten sind und nicht zum allgemeinen Standard gehören, vollständig aus dem Leistungsspektrum herausfallen, ist zwar grundsätzlich richtig. Dabei ist jedoch zu beachten, dass genau das von den Anbietern gewollt war

197 § 2 Abs. 2 HDI.

198 Neuhaus, Spezielle Probleme der BU 2009, S. 69.

199 DIMDI, ICD-10, Internationale Klassifikation der Krankheiten, http://www.dimdi.de/static/de/klassi/icd-10-gm/kodesuche/onlinefassungen/htmlgm2013/ (15.02.2014).

und somit auch bei erstmaliger Verwendung ab dem 01.01.2008 nach der nicht halbzwingenden Regelung des § 172 Abs. 2 VVG zulässig sein dürfte[200], sodass auch eine Unvereinbarkeit mit wesentlichen Grundgedanken einer gesetzlichen Regelung gem. § 307 Abs. 2 Nr. 1 BGB wohl nicht festzustellen ist.

Letztlich müssen derart massiv einschränkende Klauseln, welche die Leistungspflicht des Versicherers auf „objektivierbare" oder „medizinisch anerkannte" Krankheiten beschränken, aber einer Inhaltskontrolle nach § 307 Abs. 1 BGB unterzogen werden.

In diesem Zusammenhang bedarf es zunächst der Auslegung der betreffenden Bestimmung, da nur so Klarheit über ihren Inhalt gewonnen werden kann.[201] Allgemeine Versicherungsbedingungen sind bekanntlich so auszulegen, wie ein durchschnittlicher Versicherungsnehmer sie bei verständiger Würdigung, aufmerksamer Durchsicht und Berücksichtigung des erkennbaren Sinnzusammenhangs verstehen muss. Dabei kommt es allein auf die Verständnismöglichkeiten eines Versicherungsnehmers ohne versicherungsrechtliche Spezialkenntnisse und auf seine Interessen an.[202]

Wenn der durchschnittliche Versicherungsnehmer den Begriff der Krankheit zunächst als anormalen, regelwidrigen Körper- oder Geisteszustand verstehen wird, offenbaren ihm die Begriffe „objektivierbar" oder „medizinisch anerkannt" allenfalls, dass nicht jede Krankheit vom Versicherungsversprechen umfasst sein soll, mehr aber auch nicht. Man wird dem durchschnittlichen Versicherungsnehmer nicht zutrauen können sicher zu unterscheiden, wann eine Krankheit „objektivierbar" oder auch „medizinisch anerkannt" ist.

Dies vorausgesetzt, halten die beiden Formulierungen den Anforderungen an die Transparenzkontrolle nach § 307 Abs. 1 Satz 1 BGB ebenfalls nicht stand. Je weiter eine Klausel das Hauptleistungsversprechen einschränkt, umso mehr muss sie das dem Versicherungsnehmer vor Augen führen.[203]

Mit der Beschränkung auf „objektivierbare" oder „medizinisch anerkannte" Krankheiten wird das Hauptleistungsversprechen wesentlich eingeschränkt. Den Versicherern wäre hier ein Kriterium an die Hand gegeben, mit dem eine Vielzahl von Beschwerden, welche von Versicherungsnehmern als Ursache ihrer

---

200 Ansonsten ist natürlich zu beachten, dass die Klauseln, die vor dem 01.01.2008 verwendet worden sind, wegen Art. 4 Abs. 3 EGVVG nicht am Maßstab des § 172 Abs. 2 VVG zu messen sind.

201 BGH, VersR 2007, 1690.

202 BGH, VersR 1993, 957, Entscheidung zur Unwirksamkeit der sog. Wissenschaftlichkeitsklausel nach § 5 Abs. 1 f) MBKK 76.

203 Fuchs, in: Ulmer/Brandner/Hensen, § 307 Rn. 335.

Leiden herangezogen werden könnten, ggf. auch unter Bezugnahme auf eigene medizinische Ermittlungen, als nicht versichert abzulehnen. Der durchschnittliche Versicherungsnehmer ist anhand der hier untersuchten Formulierungen nicht mehr in der Lage, im konkreten Einzelfall zu erkennen, welche Erkrankungen vom Ausschluss erfasst sein sollen und welche nicht, sodass von einem Verstoß gegen das Transparenzgebot auszugehen ist.

§ 2: Ausschluss bestimmter Krankheiten (Ausschnittsdeckung)

Eine weitere Möglichkeit, das versicherte Risiko im Bereich der Krankheit einzugrenzen, besteht im Ausschluss ganzer Krankheitskomplexe. Dies geschieht aktuell am Bedingungsmarkt allein bei einem Anbieter, und zwar für den Bereich der psychischen Erkrankungen.

> *„[...] Wir sind jedoch nicht zur Leistung verpflichtet, wenn die Berufsunfähigkeit durch Gesundheitsstörungen nervöser oder psychischer Art verursacht ist, es sei denn, dass diese durch ein während der Versicherungsdauer entstandenes organisches Leiden hervorgerufen sind.“*[204]

Wenn ein Versicherer – wie vorliegend – einzelne Krankheitsbilder vollständig aus dem versicherten Risiko herausnimmt, stellt sich aus mehreren Erwägungen heraus die Frage nach der rechtlichen Zulässigkeit eines solchen Vorgehens.

I. Leitbildverstoß gem. § 307 Abs. 2 Nr. 1 BGB

1. Sog. Ausschnittsdeckungsklauseln

Die zitierte Klausel der InterRisk Versicherung wird von dieser Verwenderin vor und nach der VVG-Reform unverändert angeboten, sodass sie sich aktuell die Frage der sog. Leitbildkonformität mit § 172 Abs. 2 VVG stellt, d. h. inwiefern ein Abweichen von wesentlichen Grundgedanken der gesetzlichen Regelung i. S. v. § 307 Abs. 2 Nr. 1 BGB als gegeben angesehen werden muss.

In der Literatur wird das Anbieten derartiger Ausschnittsdeckungen bisher undifferenziert als Verstoß gegen § 307 Abs. 2 Nr. 1 BGB angesehen.[205] Nicht beachtet wird dabei jedoch, dass die Leitbildfunktion des dispositiven Gesetzesrechts nur die grundlegenden Veränderungen eines vom Gesetzgeber als gerecht

---

204 § 3 Abs. 1 InterRisk, Tarif „S-M.A.R.T.“ – ohne Leistung bei psychischen Erkrankungen.

205 Warsitz/Warstat, Die VVG-Reform, S. 14; Neuhaus, Berufsunfähigkeitsversicherung, Kap. B Rn. 80; beide jedoch ohne nähere Begründung.

angesehenen Interessenausgleichs verhindern will.[206] Dass die Erfassung aller gängigen Krankheitsgruppen zum gesetzgeberisch bezweckten „Gerechtigkeitskern“ des Begriffs Berufsunfähigkeit gehört, der das wesentliche Schutzbedürfnis des Vertragspartners absichert, darf jedoch bezweifelt werden.[207]

2. *Andere Klauselvarianten*

Die Gefahr einer überdehnten Auslegung des Begriffs der Leitbildkonformität nach § 307 Abs. 1 S. 2 BGB wird neben der vorstehend besprochenen Problematik der Ausschnittsdeckung auch bei den anderen Fallkonstellationen deutlich, auf die Warsitz/Warstat anlässlich der Einführung des neuen VVG hinweisen.[208] So sollen neben den, den Krankheitsbegriff einschränkenden Klauseln auch solche, welche als Voraussetzung einer bedingungsgemäßen Berufsunfähigkeit eine tatsächliche Einkommenseinbuße fordern, als nicht leitbildkonform gem. § 307 Abs. 1 S. 2 BGB anzusehen sein. Gleiches soll für sog. Erwerbsunfähigkeitsklauseln in der Variante sog. Stufendeckungsklauseln gelten, welche nur für einen festgelegten Zeitraum Berufsunfähigkeitsleistungen versprechen und danach lediglich noch bei Erwerbsunfähigkeit greifen.

Diese Auffassung überzeugt nicht. Die Leistungspflicht einschränkende Klauseln sind in der Berufsunfähigkeitsversicherung in vielen Bereichen an der Tagesordnung, ohne dass sich Rechtsprechung oder Literatur jemals ernsthaft daran gestoßen hätten. Es gibt keinen Grund, die o. g. Einschränkungen beim Krankheitsbegriff höher anzubinden als etwa Verweisungs- oder Umorganisationsklauseln, welche der Gesetzgeber ausdrücklich als zulässige Einschränkungen des Begriffs der Berufsunfähigkeit anerkannt hat.[209]

Im Ergebnis nicht anders verhält es sich mit der von Warsitz/Warstat erwähnten Klausel, welche einen tatsächlichen Einkommensverlust fordert. Hier würde zwar grundsätzlich ein Paradigmenwechsel von der in der Berufsunfähigkeitsversicherung traditionell üblichen Summen- zur Schadenversicherung vollzogen; jedoch wird auch die Ausgestaltung der Berufsunfähigkeitsversicherung als

206 Fuchs, in: Ulmer/Brandner/Hensen, § 305 Rn. 221 f.

207 A. A. Rixecker, zfs 2008, 161, ohne nähere Begründung.

208 Waritz/Warstat, Die VVG-Reform, S. 14.

209 Siehe Regierungsentwurf VVG, BT-Drucks. 16/3945, S. 105.

Schadensversicherung von jeher als zulässig angesehen[210], was sich auch nach Einführung des neuen VVG nicht geändert hat.[211]

Schließlich muss auch die Verwendung einer sog. Erwerbsunfähigkeitsklausel nach wie vor differenziert betrachtet werden. Der Einsatz einer derartigen Klausel wurde unter den Vorzeichen des alten VVG von der Rechtsprechung durchweg als zulässig angesehen, ohne dass man das Transparenzgebot als tangiert angesehen hätte.[212] Unterdessen wird die Verwendung von Erwerbsunfähigkeitsklauseln auch unter dem Vorzeichen des neuen VVG von der Literatur z. T. als unproblematisch betrachtet[213], was in dieser undifferenzierten Lesart ebenso wenig überzeugt, wie deren generelle Ablehnung.

Letztlich wird darauf abzustellen sein, dass ein Produkt, welches allein das Risiko der Erwerbsunfähigkeit abdecken will, tatsächlich ein Aliud zur Berufsunfähigkeitsversicherung darstellt und damit der „Gerechtigkeitskern" der gesetzlichen Regelung der §§ 172 f. VVG betroffen sein dürfte. Etwas anderes muss für die eingangs erwähnten Erwerbsunfähigkeitsklauseln in der Variante der sog. Stufendeckungsklauseln gelten, da diese Produkte zunächst für einen festgelegten Zeitraum Berufsunfähigkeitsleistungen versprechen und erst nach Ablauf einer gewissen Frist noch die Erwerbsunfähigkeit absichern wollen. Gleichzeitig wird dem Versicherten in der Regel die Option angeboten, den Vertrag als Berufsunfähigkeitsversicherung – dann natürlich für eine höhere Prämie – weiterzuführen.

II. Überraschende Klausel?

Neben der Transparenz und Leitbildkonformität wäre zu prüfen, ob die sog. Ausschnittsdeckung, welche psychische Erkrankungen aus dem versicherten Risiko herausnimmt, ggf. eine überraschende Klausel i. S. v. § 305 c Abs. 1 BGB darstellt.

In diesem Zusammenhang ist zu beachten, dass in der Personenversicherung Einschränkungen im Leistungsversprechen von der Rechtsprechung nicht selten als bloße Risikobeschreibungen angesehen werden, mit denen sich die Versicherer – z. B. durch den Begriff der „Notwendigkeit der Heilbehandlung in der

---

210 Voit, Berufsunfähigkeitsversicherung, Rn. 12; Oster, Lebensversicherungsmedizin, 1985, 31.

211 So u. a. Dunkel, in: Handbuch Versicherungsrecht, § 15 Rn. 4, Mertens, in Rüffer/Halbach/Schimikowski, HK-VVG, § 172, Rn. 6.

212 OLG Saarbrücken, VersR 2007, 235; OLG Koblenz, r+s 2006, 386.

213 Benkel/Hirschberg, BUZ 2008, Vorb. Rn. 32 f.

Krankenversicherung" – ihre Überprüfungsmöglichkeit sichern wollen[214] und mit denen der Versicherungsnehmer grundsätzlich auch rechnen muss.[215] Darüber hinaus gilt z. B. ein regelmäßig in der Restschuldversicherung vorgenommener Ausschluss psychischer Erkrankungen als legitim und für den Fortbestand dieses Versicherungsprodukts, wenn es auf eine individuelle Risikoprüfung verzichtet, sogar als existenziell.[216]

Es erscheint insofern durchaus denkbar, im Rahmen der Berufsunfähigkeitsversicherung eine Ausschnittsdeckung im besagten Umfang anzubieten, denn auch hier muss der Versicherungsnehmer u. U. damit rechnen, dass der Versicherer seine Leistungspflicht versucht einzuschränken. Darüber hinaus ist das Interesse von Anbietern legitim, mit einem Produkt am Markt aufzutreten, welches bestimmte Krankheiten nicht abdeckt, um sich so ggf. auch bestimmte Kundenschichten besser erschließen zu können. Ein Versicherungsnehmer, welcher selbst davon überzeugt ist, dass er nicht psychisch erkranken wird und sich aus diesem Grunde auch nicht dahin gehend versichern will, wird dieses Produkt, welches dann ggf. auch preiswerter zu haben ist, gezielt nachfragen.

Allerdings sind die berechtigten Erwartungen des Versicherungsnehmers bekanntermaßen v. a. von den besonderen Umständen, unter denen der Vertrag geschlossen wurde, bestimmt[217], sodass es i. E. entscheidend darauf ankommt, wie dem Versicherungsnehmer ein Produkt, welches einen derart gravierenden Ausschluss enthält, „verkauft" wird.

Wenn in der Produktbezeichnung, den vertragsbegleitenden Unterlagen ebenso wie in den Verbraucherinformationen eindeutig darauf hingewiesen wird, dass im Fall des Eintritts einer psychischen Erkrankung jegliche Leistung ausgeschlossen ist, stehen der Zulässigkeit eines solchen Ausschlusses auch unter dem Gesichtspunkt des § 305 c Abs. 1 BGB keine Bedenken entgegen.

III. Fazit

Die vorgestellten Einschränkungen des Leistungsversprechens in der Berufsunfähigkeitsversicherung bleiben auch unter den Voraussetzungen des neuen VVG

---

214 BGH, VersR 1999, 745.

215 So wird z. B. sowohl die Vorabgenehmigung von stationären psychiatrischen Behandlungen (OLG Frankfurt 2007, 828) als auch die Beschränkung von psychotherapeutischen Leistungen auf eine bestimmte Stundenzahl (BGH, VersR 2004, 1037) toleriert.

216 Schwintowski VUR, 27 f.; Marlow/Spuhl, r+s 2009, 177.

217 BGH, VersR 1994, 720.

durch Einführung der halbzwingenden Regelung des § 172 Abs. 2 VVG zulässig und bewegen sich in einem Toleranzbereich, der durch den Grundsatz der Leitbildkonformität abgesteckt wird.

Wenn der Gesetzgeber im Zuge der VVG-Novellierung ausdrücklich den legitimen Interessen von Versicherungsnehmern und Versicherern nach Produktvielfalt nachkommen wollte, kann es nicht gleichzeitig gewünscht sein, jede Konkretisierung des Leistungsversprechens mit dem Hinweis auf den wesentlichen Grundgedanken der gesetzlichen Regelung gem. § 307 Abs. 2 Nr. 1 abzulehnen, wie das z. T. in der Literatur geschieht. Wie am Beispiel der sog. Ausschnittsdeckung (Ausschluss psychischer Erkrankungen als bedingungsgemäße Ursache) gezeigt werden konnte, sind derartige Produktvarianten möglich und können sowohl den Interessen von Versicherern als auch von Versicherungsnehmern entgegenkommen.

§ 3: Körperverletzung

Sämtliche Bedingungswerke regeln explizit, dass auch die Folgen einer Körperverletzung bedingungsgemäße Ursache einer Berufsunfähigkeit sein können. Dabei soll eine Körperverletzung vorliegen, wenn durch ein äußeres Ereignis ein Organ im weitesten Sinne beschädigt wird oder ein Gliederverlust eintritt.[218] Der Begriff der Körperverletzung wird in diesem Zusammenhang dem des § 823 BGB entlehnt, d. h. jeder nicht ganz unerhebliche physische Eingriff in die äußerliche Unversehrtheit oder in die inneren Lebensvorgänge des Körpers.[219]

In diesem Zusammenhang ließe sich die Frage diskutieren, inwiefern das Merkmal Körperverletzung überhaupt eigenständige Bedeutung besitzt, sind doch ihre Folgen i. E. nur dann leistungsrelevant, wenn sie schließlich auch zu einem dauerhaften regelwidrigen Zustand des Körpers, also zu einer Krankheit führen.[220]

Gleichwohl macht die Erwähnung der Körperverletzung als eigenständiges Ursachenmerkmal Sinn, da sie klarstellt, dass nicht nur krankhafte Zustände, welche ohne Einwirkung von außen oder durch Unfälle entstehen, versichert sind, sondern auch die zur Krankheit führenden Folgen des ggf. auch schuldhaften Handelns Dritter. Insofern entfaltet die Erwähnung der Körperverletzung eine Schutzfunktion für den Versicherungsnehmer. In der Praxis des Verfassers

218 Benkel/Hirschberg, § 2 Rn. 71 BUZ m. w. N.

219 Dunkel, in: Handbuch Versicherungsrecht, § 15 Rn. 146.

220 So i. E. wohl Lücke, in: Prölss/Martin, § 2 Rn. 4 BU.

ist es bereits vorgekommen, dass Versicherungsnehmern zunächst Leistungen aus der Berufsunfähigkeitsversicherung mit dem Argument verweigert worden sind, sie hätten doch bereits einen Anspruch gegen den Unfallverursacher, wenn der Körperschaden durch das schuldhafte Verhalten des Unfallgegners verursacht worden ist.

§ 4: „Mehr als altersentsprechender Kräfteverfall"

Bereits die letzten regulierten MB-BUZ 90 zählten das Kriterium „Kräfteverfall" ohne weitere Erläuterung in der Ursachentrias für die bedingungsgemäße Berufsunfähigkeit auf.

> *Vollständige Berufsunfähigkeit liegt vor, wenn der Versicherte wegen Krankheit, Körperverletzung oder Kräfteverfalls, die ärztlich nachzuweisen sind, voraussichtlich dauernd außerstande ist, seinen Beruf oder eine andere Tätigkeit auszuüben, die aufgrund seiner Ausbildung und Erfahrung ausgeübt werden kann und seiner bisherigen Lebensstellung entspricht.*[221]

Als bedingungsgemäßer „Kräfteverfall" wurde zunächst das Nachlassen der körperlichen oder geistigen Kräfte oder die Minderung der Belastbarkeit des Versicherten über den altersentsprechenden Zustand hinaus angesehen[222], ohne dass die geradezu offensichtlich intransparente Verwendung des Begriffes bis zur VVG-Reform infrage gestellt worden wäre. Der durchschnittliche Versicherungsnehmer hatte keine Möglichkeit zu erkennen, dass offensichtlich nur der – über den altersentsprechenden Zustand hinausgehende – pathologische Kräfteverfall umfasst gewesen sein soll.

I. Situation nach der VVG-Reform

Insofern muss in der Formulierung des § 172 Abs. 2 VVG, welche jetzt ausdrücklich von „mehr als altersentsprechendem Kräfteverfall" spricht, eine vom Gesetzgeber gewollte Klarstellung gesehen werden, welche eine in der Praxis nicht zu unterschätzende Unsicherheit, wie mit dem Kriterium des Kräfteverfalls zu verfahren ist, beiseiteschafft und der keineswegs bloß eine klarstellende Funktion zukommt, wie von Teilen der Literatur behauptet wird.[223]

---

221 MB-BUZ in der Fassung VerBAV 1993, 139.

222 So u. a. Voit/Knappmann, in: Prölss/Martin, § 2 Rz. 3 BUZ, unter Berufung auf OLG Frankfurt, VersR 2003, 979; Terno, r+s 2008, 361, Lücke, in: Prölss/Martin § 172 Rn. 40 m. w. N.

223 Warsitz/Wastat, Die VVG-Reform, S. 9; Terno, r+s 2008, 316, welcher eine präzisere Formulierung durch das VVG (neu) einräumt, jedoch meint, dass daraus

Da § 172 Abs. 2 VVG dispositiv ausgestaltet ist, muss in den Fällen, in denen der Versicherer ausdrücklich vom Gesetz abweicht und nur den „Kräfteverfall" als bedingungsgemäße Ursache benennt, der altersentsprechende Kräfteverfall auch als Ursache gelten.[224]

Neuhaus hatte die Mehrdeutigkeit des singulär verwandten Merkmals „Kräfteverfall" zwar gesehen, begegnete ihr aber zunächst mit dem Argument, dass es schließlich nicht denkbar sei, dass Versicherer den normalen, altersentsprechenden Kräfteverfall hätten mitversichern wollen.[225]

Rixecker vertritt die Ansicht, dass der Zusammenhang des „Kräfteverfalls" mit den anderen genannten Ursachen der Berufsunfähigkeit, also „Krankheit" und „Körperverletzung" dem Versicherungsnehmer erkennbar machen würde, dass nur ein regelwidriger Verlauf der gesundheitlichen Entwicklung gemeint sein könne.[226]

Mertens geht sogar so weit, seine These von der lediglich klarstellenden redaktionellen Änderung im Gesetz auf den Regierungsentwurf zum neuen VVG zu stützen, was i. E. aber nicht haltbar sein dürfte. Dort wird zwar mitgeteilt, dass das normale altersbedingte Nachlassen der Kräfte des Versicherungsnehmers und die sich daraus ergebenden Folgen für seine Berufsausübung nicht versichert sein sollen, jedoch wird andererseits auch ausdrücklich darauf hingewiesen, dass im Versicherungsvertrag dazu eine andere Regelung getroffen werden kann.[227] Der mehr als altersentsprechende Kräfteverfall soll insofern nicht zum Leitbildkern des § 172 VVG gehören und ist folglich gem. § 175 VVG dispositiv.[228]

In diesem Zusammenhang ist weiter zu berücksichtigen, dass die durch § 172 Abs. 2 VVG verwendete Formulierung letztlich einer im Zeitpunkt des

---

keine sachlichen Änderungen abzuleiten sind; analog Mertens, in: Rüffer/Halbach/Schimikowski, § 172 Rn. 42; Franke, Schafft sich die BU ab?, S. 6.

224 Schwintowski, in: Schwintowski/Brömmelmeyer, § 172 Rn. 9.

225 Neuhaus, in: Voit/Neuhaus, Berufsunfähigkeitsversicherung, Kap. G Rn. 6; die Auffassung unterdessen aufgegeben in: ders., Berufsunfähigkeitsversicherung, Kap. G Rn. 37 f., wenngleich mit dem (falschen) Ansatz, dass es bei der Auslegung von AVB auf den Willen des Versicherers ankäme, welcher bei der Weglassung des Zusatzes nach § 172 Abs. 2 VVG „mehr als altersentsprechend" dahin gehend zu verorten sei, dass dieser auch den normalen, altersentsprechenden Kräfteverfall versichern will.

226 Rixecker, in: Beckmann/Matusche-Beckmann, Versicherungsrechtshandbuch, § 46 Rn. 59.

227 BT-Drucks. 16/3945, S. 105.

228 Schwintowski, in: Schwintowski/Brömmelmeyer § 172 Rn. 9.

Inkrafttretens des Gesetzes schon z. T. seit geraumer Zeit existierenden Bedingungswirklichkeit entlehnt wurde. Von den im Jahre 2007 auf dem Markt befindlichen Bedingungswerken in der Berufsunfähigkeitsversicherung gebrauchten bereits eine Reihe von Versicherern die Formulierung vom „mehr als altersentsprechenden Kräfteverfall".[229] Diese Anbieter wurden zum damaligen Zeitpunkt von einer führenden Ratingagentur[230] sogar mit einem Malus bedacht, da man davon ausging, dass Versicherte mit den alten Bedingungen, welche allein auf „Kräfteverfall" abstellten, ein Mehr erreichen könnten, nämlich eine Versicherungsleistung auch dann, wenn sie ihren Beruf aufgrund altersentsprechenden Kräfteverfalls nicht mehr ausüben können. Diese Auffassung war grundsätzlich richtig, da sie der Dogmatik der Transparenzrechtsprechung des BGH Rechnung trägt, wie gezeigt worden ist. Gleichwohl ist die Ratingagentur in ihren aktuellen Programmversionen von diesem Standpunkt abgerückt und betont, dass es keinen ratingrelevanten Unterschied mache, ob der Anbieter vom „Kräfteverfall" oder vom „mehr als altersentsprechenden Kräfteverfall" spricht.[231] Diese Ansicht ist nicht nachvollziehbar, denn gerade nach Inkrafttreten des neuen VVG hätte man ein Argument mehr für den zuvor vertretenen gegenteiligen Standpunkt gehabt.

Noch einen Schritt weiter in die falsche Richtung geht Franke[232], wenn er im Zusammenhang mit dem auf dem Bedingungsmarkt weiterhin durchaus unterschiedlich verwendeten Kriterium „Kräfteverfall" von einem „Schaukampf" spricht, in dem der Bedingungswettbewerb „ad absurdum" geführt würde und zudem auf angebliche Haftungsrisiken verweist, welche den Makler träfen, wenn er seinen Kunden dahin gehend berät, dass bei Verwendung der Formulierung „altersentsprechender Kräfteverfall" eben dieser auch tatsächlich versichert wäre.[233]

Letztlich bleibt nach ständiger BGH-Rechtsprechung[234] für die Auslegung von Versicherungsbedingungen allein das Verständnis des durchschnittlichen Versicherungsnehmers maßgebend[235], für den es sich nicht erschließt, warum

229 Z. B. Arag BUZ B80, Stand 11/2004; LVM-BU-Rente L323 (09/2005); Axa SBU BG 1-3, Stand 01.07.

230 Morgen & Morgen, Version 7.31.

231 Morgen & Morgen, LV-Win, Version 9.10, Erläuterung Ratingfrage 8.

232 Geschäftsführer BU-Ratingagentur Franke & Bornberg.

233 Franke (Franke & Bornberg), BU-Qualität-was zählt wirklich?, S. 15.

234 So zuletzt BGH, VersR 2013, 1039.

235 Anders Neuhaus, Berufsunfähigkeitsversicherung, Kap. G Rn. 38, welcher bei der Auslegung von AVB gem. §§ 133, 157 BGB auf den „wirklichen Willen" des Versicherers abstellen will.

der „Kräfteverfall" nur dann leistungsrelevant sein soll, wenn er mehr als altersentsprechend vonstattengegangen ist. Wenn das der Fall wäre, so entspräche ein derartiger Verlauf vielmehr einem krankhaften Zustand. Dieser aber ist bereits mit dem Begriff Krankheit abgedeckt, sodass dem Merkmal „Kräfteverfall" gerade keine eigenständige Bedeutung mehr zukäme.

Diese Lesart ergibt aus Versicherungsnehmersicht auch einen zusätzlichen Sinn, da dieser zunächst damit rechnen darf, dass ihm seine Arbeitskraft über den gesamten Versicherungszeitraum hinweg erhalten bleibt und dieser Zustand im Optimalfall bis zum Erreichen des gesetzlichen Rentenalters andauert.[236] Selbstverständlich wird niemand leugnen können, dass das Risiko des Versicherungsnehmers, einen körperlich schweren Beruf ggf. nicht über die gesamte versicherte Zeitdauer ausüben zu können, erhöht ist. Auch liegt es im Bereich des Möglichen (wenn auch nicht Wahrscheinlichen), dass i. E. kein krankhafter Prozess als Ursache einer bedingungsgemäßen Berufsunfähigkeit festgestellt wird, sondern schlichtweg das altersentsprechende Nachlassen der körperlichen Kräfte.

Jedoch ist diese Möglichkeit, genauso wie das Risiko in dieser Berufsgruppe eine Krankheit zu erleiden, bereits in der Versicherungsprämie kalkuliert. Dies wird am Beispiel einer zu versichernden Person mit einem Eintrittsalter von 40 Jahren deutlich, welche einen selbstständigen BU-Vertrag mit einer gewünschten Vertragslaufzeit von 27 Jahren und einer versprochenen monatlichen Rente i. H. v. € 1.500,00 abschließen will. Ein Abgeordneter, welcher regelmäßig in der günstigsten Berufsgruppe eingeordnet wird, kann hier unter 83 Angeboten mit einem Jahresbeitrag zwischen € 926,37 und € 2.437,09 auswählen. Ein Eisenbieger hingegen kann lediglich aus 25 Angeboten wählen, zu Jahresbeiträgen zwischen € 2.292,10 und € 5.391,42.[237] Der Eisenbieger, welcher gegenüber dem Abgeordneten durchschnittlich mehr als die doppelte Prämie zahlt, kann insofern durchaus davon ausgehen, dass diese Prämie auch das Risiko abdeckt, u. U. durch einen „einfachen Kräfteverfall", der keine vordergründig, pathologischen Ursachen hat, seinen Beruf nicht mehr ausüben zu können. Insofern müsste eine Regelung, welche nur von „Kräfteverfall" spricht, aber ausschließlich den über altersentsprechenden Kräfteverfall abdecken will, als intransparent angesehen werden.

---

236 So werden seit kurzem von vielen Gesellschaften auch Verträge mit einer Laufzeit bis zum 67. Lebensjahr angeboten, jedoch dürften diese Produkte lediglich eine Reaktion auf die schrittweise Einführung des Rentenalters ab dem 67. Lebensjahr in der gesetzlichen Rentenversicherung darstellen.

237 Morgen & Morgen, LV-WIN, Version 8.05, Ausgabe 07/2011.

Neuhaus, der – wie gesehen – unterdessen von seiner ursprünglich vertretenen Rechtsauffassung abgerückt ist, weist jetzt richtigerweise darauf hin, dass dem Versicherer der Wortlaut des § 172 Abs. 2 VVG im Zweifel bekannt ist. Wenn er gleichwohl eine abweichende Formulierung verwendet, kann sein Wille nur dahin gehend interpretiert werden, dass er dem Versicherungsnehmer einen Vorteil zukommen lassen und auch den altersentsprechenden Kräfteverfall mitversichern will.[238] Dieser Auffassung ist grundsätzlich zuzustimmen; auch wenn es – wie bereits dargestellt – bei der Auslegung von Versicherungsbedingungen letztlich nicht auf den Willen des Versicherers ankommt.

II. Aktuelle Bedingungswirklichkeit

In diesem Zusammenhang lohnt es sich, den Fokus auf die Anbieter zu richten, welche lange nach Inkrafttreten des neuen VVG bis heute Bedingungswerke anbieten, die nicht die Formulierung des § 172 Abs. 2 VVG verwenden, sondern weiterhin allein vom „Kräfteverfall“ sprechen.

Erstaunlicherweise folgen immerhin 20 von 66 Marktteilnehmern (Tabelle, Anhang 1) dem Vorschlag des § 172 Abs. 2 VVG und der MB-BUV/BUZ 13 nicht und verwenden in ihren Bedingungen weiterhin und offenbar ganz bewusst nur den Terminus „Kräfteverfall“, sodass – wie gezeigt – davon ausgegangen werden muss, dass die Anbieter ihre Leistungspflicht ausdrücklich auch auf die Fälle des bloß altersentsprechenden und nicht krankhaften Kräfteverfalls ausdehnen wollen.[239]

Als positiv im Sinne einer Klarstellung, aber letztlich nicht als nicht zwingend erforderlich, ist folgende Formulierung herauszustellen:

> *Liegt ein Kräfteverfall im vorstehenden Sinne vor, leisten wir sowohl bei altersentsprechendem als auch bei mehr als altersentsprechendem Kräfteverfall.*[240]

Bemerkenswert ist überdies, wenn immerhin vier Marktteilnehmer in ihren Premiumtarifen nur den „Kräfteverfall“ und im Basistarif einen „mehr als altersentsprechenden Kräfteverfall“ erwähnen.[241] Hier wird deutlich, dass man die Kunden des Premiumtarifs besser stellen will, indem man ganz bewusst auch den

---

238 Neuhaus, Berufsunfähigkeitsversicherung, Kap. G Rn. 38 f.

239 Schwintowski, in: Schwintowski/Brömmelmeyer § 172 Rn. 9, welcher darüber hinaus auf die Beratungspflichten von Vermittlern hinweist, welche sich schadensersatzpflichtig machen sollen, wenn sie ihre Kunden nicht auf Bedingungswerke hinweisen, welche diese für sie vorteilhafte Formulierung enthalten.

240 § 2 Abs. 1 S. 2 Alte Leipziger.

241 Axa, DBV, Deutsche Ärzteversicherung, LV 1871.

natürlichen Kräfteverfall versichert. Ein weiterer Versicherer bringt die Absicht einer gewollten Besserstellung auch in seiner Produktbeschreibung klar zum Tragen, indem der „Verzicht auf den Begriff ‚altersentsprechend' bzgl. Kräfteverfall im Rahmen der Berufsunfähigkeitsdefinition" sogar ausdrücklich beworben wird.[242]

242 http://www.continentale.de/cipp/continentale/lib/pub/tt,oid,17647/lang,1/ticket,guest, 07.08.2013.

5. Kapitel: Leistungsbeginn und Dauer

§ 1: Tatbestandlicher Leistungsbeginn

I. Bei „ärztlichem Nachweis“ der Berufsunfähigkeit

In Bezug auf die Verankerung der Notwendigkeit des „ärztlichen Nachweises“ in der Definition der Berufsunfähigkeit stellt sich der Bedingungsmarkt auch nach Einführung des neuen VVG – bis auf drei Ausnahmen[243] (Tabelle, Anhang 4) – homogen dar. Die Anbieter orientieren sich an den aktuellen MB-BUV/BUZ 13, welche vom Wortlaut des § 172 Abs. 2 VVG abweichend, einen Einschub verwenden, der die Ursachen der bedingungsgemäßen Berufsunfähigkeit – Krankheit, Körperverletzung oder Kräfteverfall, an die Notwendigkeit eines ärztlichen Nachweises knüpft.

> *Berufsunfähigkeit liegt vor, wenn die versicherte Person infolge Krankheit, Körperverletzung oder mehr als altersentsprechenden Kräfteverfalls, die* ***ärztlich nachzuweisen sind****, voraussichtlich auf Dauer ihren zuletzt ausgeübten Beruf, so wie er ohne gesundheitliche Beeinträchtigung ausgestaltet war, nicht mehr ausüben kann und auch keine andere Tätigkeit ausübt, die ihrer bisherigen Lebensstellung entspricht.*[244]

Zwar wird diese Formulierung traditionell verwendet und war bereits in den letzten vorab genehmigten MB-BUV/BUZ 90 enthalten; jedoch stellt sich damals wie heute die Frage, welcher Sinn hinter dieser Formulierung steht, die der Gesetzgeber – möglicherweise ganz bewusst – nicht in das Leitbild des § 172 Abs. 2 VVG übernommen hat[245], was dann wiederum Auswirkungen auf die Regulierungspraxis haben müsste.

Verneint wird dieser Gedanke von Warsitz/Warstat[246] mit der Begründung, dass der medizinisch objektivierbare Leidenszustand des Versicherungsnehmers auch nach dem neuen VVG weiterhin Voraussetzung dafür ist, dass eine Prüfung der Berufsunfähigkeit überhaupt durchgeführt werden kann. Letztlich könne der gesundheitliche Zustand des Versicherungsnehmers bis heute nur mit den Mitteln der empirischen Medizin bzw. durch eine medizinische Expertise festgestellt werden. Dies mag unbestritten sein, jedoch kommt es darauf an, welche Anforderungen in den AVB an diesen Nachweis konkret gestellt werden.

---

243 HDI, Targo und Volkswohl Bund.

244 § 2 Abs. 1 MB-BUV/BUZ 13.

245 Wenngleich ohne entsprechende Erläuterungen in den Motiven.

246 Warsitz/Warstat, Die VVG-Reform, S. 9.

Schwintowski weist in diesem Zusammenhang richtigerweise darauf hin, dass sich der durchschnittliche Versicherungsnehmer ohne Rechtskenntnisse ohnehin über die Notwendigkeit des ärztlichen Nachweises seiner geltend gemachten Berufsunfähigkeit im Klaren ist.[247] Ebenso liegt es auf der Hand und ist in den Bedingungen geregelt[248], dass der Versicherer die ihm vorgelegten ärztlichen Befunde im Zweifel durch eigene Ärzte prüfen lassen kann und es ihm unbenommen bleibt, den Grad der Beeinträchtigung des Gesundheitszustands zu bestreiten.[249]

Dem ist im Ergebnis beizupflichten; Versicherer sind weder nach der alten noch nach der neuen Gesetzeslage gehalten, die Anforderungen an die Beweislastverteilung im Bedingungswerk auszuformulieren. Vielmehr beugt der VVG-Gesetzgeber mit seiner Vorgabe einer Formulierung durch § 172 Abs. 2 VVG dem gängigen Missverständnis vor, welchem die durchschnittlichen Versicherungsnehmer in einer Vielzahl von Fällen „aufsitzen". Wenn nämlich die Formulierung „…, die ärztlich nachzuweisen sind" im Bedingungswerk enthalten ist, wird diese regelmäßig dahin gehend missverstanden, dass sich die Verpflichtung des Versicherten auf die Vorlage eines ärztlichen Attests zum Nachweis seiner Berufsunfähigkeit beschränkt.[250]

Vorteile aus der vom gesetzlichen Leitbild abweichenden Formulierung des § 2 Abs. 2 MB-BUZ/BUV 13 ziehen insofern nur die Versicherer, die ihre Produkte besser verkaufen, wenn die Notwendigkeit des ärztlichen Nachweises bereits in die Definition der Berufsunfähigkeit eingeschlossen wird. Im Beratungsgespräch bei Vertragsabschluss interessiert sich der durchschnittliche Versicherungsnehmer in aller Regel sehr genau für den Ablauf der Prüfung seiner Ansprüche im Leistungsfall, insbesondere für die Frage, wann und unter welchen Umständen der Versicherer „zahlen" muss. Aus der Erfahrung des Verfassers werden Versicherungsnehmer durch den Vertrieb der Versicherer in der Vertragsanbahnung dann nicht selten ausdrücklich auf die Formulierung bzgl. des „ärztlichen Nachweises" hingewiesen und es wird erklärt, dass die Versicherung bereits zur Leistung verpflichtet sei, wenn der behandelnde Arzt

247 Schwintowski, in: Tamm/Tonner, Verbraucherrecht, § 23 Rn. 374.

248 § 4 Abs. 2 MB-BUZ 13.

249 BGH, VersR 89, 903; Lücke, in: Prölss/Martin § 2 Rn. 99 BU.

250 Franke, Schafft sich die BU ab?, S. 6, weist ausdrücklich auf die gängige Strategie einiger Versicherer hin, welche mit dem Argument werben, der „Gelbe Schein" reiche aus, um die BU nachzuweisen.

Berufsunfähigkeit feststellt oder testiert, dass Krankheit, Körperverletzung oder Kräfteverfall noch mindestens sechs Monate währen.[251]

Im Ergebnis muss eine Regelung analog § 2 Abs. 1 MB-BUV/BUZ 13, welche die bedingungsgemäße Berufsunfähigkeit formal an einen „ärztlichen Nachweis" bindet, für den durchschnittlichen Versicherungsnehmer als missverständlich und unklar gem. § 305 c Abs. 2 BGB angesehen werden mit der Folge, dass er, wenn der behandelnde Arzt eine bedingungsgemäße Berufsunfähigkeit gem. § 2 Abs. 1 MB-BUV/BUZ 13 testiert, auf Leistung bestehen kann, da er einen Nachweis erbracht hat, welcher nach dem Leistungsversprechen in den AVB überdies keiner Nachprüfung zugänglich ist.[252]

Daran ändert im Ergebnis auch die Regelung des § 4 Abs. 2 MB-BUZ 13 nichts, welche es dem Versicherer im Rahmen der Leistungsprüfung erlaubt, auf seine Kosten „weitere ärztliche Untersuchungen durch von uns beauftragte Ärzte" zu verlangen. Zwar könnte man die Regelung dahin gehend verstehen, dass es dem Versicherer zumindest möglich sein soll, den vom Versicherten bereits erbrachten „ärztlichen Nachweis" zu hinterfragen und aufgrund der dann gefundenen Ergebnisse möglicherweise auch zu bestreiten, was im Prozess gleichwohl dem Versicherer die Beweislast dafür auferlegen würde, dass der Versicherungsnehmer nicht berufsunfähig ist. Jedoch führt auch diese Auslegung zu keinem schlüssigen Ergebnis. Vielmehr kann der durchschnittliche Versicherungsnehmer den Begriff des „ärztlichen Nachweises" i. S. v. § 2 Abs. 2 MB-BUV/BUZ als eine unwiderlegbare Vermutung auffassen, welche dann im Ergebnis auch keiner Überprüfung zugänglich ist.

Es kann insofern den Versicherern nur davon abgeraten werden, vom Leitbild des § 172 Abs. 2 VVG abweichende Formulierungen zu verwenden. Es bleibt zu hoffen, dass die drei Anbieter[253] (Anhang, Tabelle 4), welche auf die Formulierung „ärztlich nachzuweisen sind" verzichten, nur den Beginn einer sich fortsetzenden Entwicklung darstellen und auch die Ratingunternehmen diese missverständliche Formulierung in ihre Bewertungen einbeziehen.

Eine andere Möglichkeit der Problemlösung wäre, den Unterschied zwischen ärztlich nachgewiesener Arbeits- und Berufsunfähigkeit deutlich herauszustellen, wie es gegenwärtig ein Anbieter tut:

---

251 Ebenda.

252 Ähnlich OLG Bremen, VersR 1996, 223; hier wurde die AVB-Formulierung „Verlust der Flugtauglichkeit aus gesundheitlichen Gründen" als unklar i. S. v. § 305 c Abs. 2 BGB angesehen.

253 HDI, Targo und Volkswohl Bund.

Arbeitsunfähigkeit

[...] Ein Anspruch auf die vereinbarten Leistungen wegen Arbeitsunfähigkeit besteht auch dann, wenn eine Berufsunfähigkeit endgültig nicht festgestellt werden kann. Die vereinbarte Leistung wird dann solange erbracht, wie die Arbeitsunfähigkeit vorliegt (vergleiche § 7 Absatz 4). Erkennen wir unsere Leistungspflicht aufgrund vorliegender Berufsunfähigkeit an, so endet die vorübergehende Arbeitsunfähigkeit und die vereinbarten Leistungen werden aufgrund der bestehenden Berufsunfähigkeit fortgesetzt.[254]

II. Bei Berufsunfähigkeit „voraussichtlich auf Dauer" gem. § 172 Abs. 2 VVG

Traditionell machen Versicherungsbedingungen in der Berufsunfähigkeitsversicherung den Leistungsbeginn an dem Zeitpunkt fest, an dem der Versicherungsnehmer „voraussichtlich auf Dauer" außerstande ist, seinen bisherigen Beruf auszuüben. Diese problematische, bereits vor der Deregulierung in den MB-BUV/BUZ gebräuchliche Formulierung hat der Gesetzgeber unkritisch in das Leitbild des § 172 Abs. 2 VVG übernommen, sodass weiterhin offenbleibt, wie mit diesem unbestimmten Begriff umzugehen ist.

Die Rechtsprechung sieht sich bei der Auslegung des Terminus „auf Dauer" weiterhin zu keiner Festlegung in der Lage, welcher Zeitraum damit im Zweifel umfasst sein soll. Nachdem zunächst mehrheitlich von einem Dreijahreszeitraum ausgegangen worden ist[255], stellt der BGH nunmehr ausdrücklich auf einen jeweils individuell zu ermittelnden Zeitpunkt ab, ab dem eine Besserung nach dem Stand der medizinischen Wissenschaft nicht mehr absehbar ist.[256]

Auch die aktuellen MB-BUV/BUZ verwenden – in Übereinstimmung mit dem gesetzlichen Leitbild des § 172 Abs. 2 VVG – nach wie vor den unbestimmten Begriff „auf Dauer", schlagen allerdings alternativ einen unternehmensindividuell festzulegenden Prognosezeitraum, d. h. eine sog. Fiktionsregelung vor, worauf noch einzugehen ist.

Berufsunfähigkeit liegt vor, wenn die versicherte Person infolge Krankheit, Körperverletzung oder mehr als altersentsprechenden Kräfteverfalls, die ***ärztlich nachzuweisen*** *sind,* ***voraussichtlich auf Dauer [alternativ: mindestens ...% Monate/Jahre]*** *ihren zuletzt ausgeübten Beruf, so wie er ohne gesundheitliche Beeinträchtigung ausgestaltet war, nicht*

254 § 2 Abs. 9 Condor-Comfort; zu beachten ist, dass der gleiche Anbieter in seinem Basis-Tarif (Condor-Classic) auf derartige Erläuterungen verzichtet.

255 So noch OLG Hamm, VersR 1995, 1039, Voit, in: Prölss/Martin, 26. Aufl., § 2 Rn. 4 m. w. N.

256 BGH, VersR 2007, 383.

mehr zu mindestens 50 % ausüben kann und auch keine andere Tätigkeit ausübt, die ihrer bisherigen Lebensstellung entspricht.[257]

Wie sich der durchschnittliche Versicherungsnehmer erschließen soll, welcher Zeitrahmen mit dem Begriff „voraussichtlich auf Dauer“ tatsächlich gemeint ist, bleibt allerdings offen, sodass die Formulierung als entweder unklar gem. § 305 c Abs. 2 BGB bzw. intransparent gem. § 307 Abs. 3 S. 1 BGB angesehen werden muss. Daran ändert auch die Übernahme durch das Leitbild des § 172 Abs. 2 VVG nichts, denn wie im Kapitell 3 § 1 VII gezeigt, bleibt die Formulierungsverantwortung des Verwenders auch in diesen Fällen erhalten.

Angesichts dieser Situation ist es umso erfreulicher, dass der Bedingungsmarkt seit vielen Jahren eine entgegengesetzte Entwicklung genommen und die unklare, aus § 172 Abs. 2 VVG übernommene Formulierung „auf Dauer“ bis auf fünf Ausnahmen vollständig zugunsten transparenter Regelungen ersetzt hat, wie der Tabelle, Anhang 4 zu entnehmen ist. Ganz überwiegend wird in den Bedingungen der Prognosezeitraum auf sechs Monate, in Einzelfällen auf 18, 24 bzw. 36 Monate eingegrenzt, sodass sowohl für den Versicherungsnehmer als auch für den beurteilenden Arzt ein handhabbarer Maßstab geschaffen wird, welcher es erlaubt zu beurteilen, ob die geltend gemachte Berufsunfähigkeit so lange anhält.

Warum sich der Gesetzgeber gleichwohl dagegen entschieden hat, diese Entwicklung im neuen VVG zu „resorbieren“, bleibt offen. Der Zwischenbericht der VVG-Reformkommission betonte zunächst, dass der von der „Rechtsprechung“ gefundene Prognosezeitraum[258] von drei Jahren als angemessen angesehen werden kann und ein Verzicht auf diesen die Leistungspflicht der Versicherer erheblich ausweiten würde; mit der Folge höherer Prämien.[259] Diese Feststellung ging allerdings bereits zum damaligen Zeitpunkt an der Entwicklung des Marktes vorbei, welche ganz überwiegend eine Sechsmonatsprognose vorsah.[260] Zum anderen sind bis heute keine Meldungen aus der Versicherungswirtschaft bekannt geworden, welche die marktüblich gewordene Prognoseverkürzung auf sechs Monate für Prämienerhöhungen verantwortlich gemacht hätten.

Sowohl Zwischen- als auch Abschlussbericht der VVG-Reformkommission stellen darüber hinaus darauf ab, dass auch die soziale Funktion der Berufsunfähigkeitsversicherung zu keiner Erweiterung der Regelung in Richtung eines

257 § 2 Abs. 1 M-BUV/BUZ 13.

258 Vom BGH später ausdrücklich nicht bestätigt, siehe VersR 2007, 383.

259 Zwischenbericht der VVG-Reformkommission v. 30.05.2002, S. 123; Abschlussbericht der VVG-Reformkommission v. 19.04.2004, S. 132.

260 Glissmann/Schulz, Versicherungswirtschaft 2005, 601.

kürzeren Prognosezeitraums zwingen würde, da den Versicherungsnehmern kurzfristig in der Regel andere Sozialleistungen mit Lohnersatzfunktionen zur Verfügung stünden.[261]

Auch diese Begründung bleibt in jeder Beziehung unverständlich und lebensfremd. Zum einen hat die Prognoseentscheidung, ob der Versicherungsnehmer voraussichtlich mindestens sechs Monate oder drei Jahre außerstande ist, seinen Beruf auszuüben, nicht zwingend direkte Auswirkungen auf die Verpflichtung des Versicherers, kurzfristig Leistungen zu erbringen. Vielmehr wirkt sich eine kürzere Prognose eher positiv auf die Entscheidungsfreudigkeit eines Versicherers aus, da eine Aussage für einen Sechsmonatezeitraum zwangsläufig mit größerer Genauigkeit getroffen werden kann als eine Prognose für drei Jahre.

Auch das zweite Argument, dass nämlich Versicherungsnehmern kurzfristig in der Regel „andere Sozialleistungen“ mit Lohnersatzfunktionen zur Verfügung stünden, geht an der Realität vorbei. Es wird verkannt, dass die Berufsunfähigkeitsversicherung zunächst das tragende Absicherungsinstrument für selbstständig tätige Personen ist (siehe Kapitel 7), welche bekanntlich nicht auf „andere Sozialleistungen“ zurückgreifen können, sondern im Krankheits- oder Berufsunfähigkeitsfall i. d. R. allein auf Leistungen aus der privaten Krankentagegeld- oder Berufsunfähigkeitsversicherung angewiesen sind, da die Vorsorgesysteme der staatlichen Sozialversicherung allein auf angestellte, sozialversicherte Arbeitnehmer zugeschnitten sind.

Da der abschließende Regierungsentwurf zum VVG schließlich vollständig auf eine Stellungnahme zur Prognoseregelung verzichtet[262], muss offenbleiben, ob sich der Gesetzgeber bei seiner Entscheidung, den Prognosezeitraum in § 172 Abs. 2 VVG nicht einzugrenzen, letztlich tatsächlich von den vorstehenden Erwägungen hat leiten lassen.

Fehlt es also – ausnahmsweise – in den Bedingungen an einer Regelung zur Abkürzung des Prognosezeitraums, ist individuell zu bestimmen, wann ein Zustand erreicht ist, dessen Besserung zumindest bis zur Wiederherstellung der halben Arbeitskraft nicht mehr zu erwarten ist.[263] Einer ersatzweisen Heranziehung der marktüblichen sog. Sechsmonatefiktion, widerspricht der BGH allerdings ausdrücklich.[264]

261 Ebenda; Abschlussbericht der Kommission zur Reform des Versicherungsvertragsrechts v. 19.04.2004.

262 BT-Drucks. 16/3945.

263 BGH, VersR 2007, 383.

264 Ebenda.

Bezüglich des Zeitpunktes, auf den es für die Feststellung des in der Vergangenheit liegenden Beginns der Berufsunfähigkeit ankommt, ist nach ständiger BGH-Rechtsprechung eine rückschauende ex ante Betrachtung geboten.[265]

In einer Berufsunfähigkeitsversicherung soll es für den Eintritt des Versicherungsfalls nicht auf diesbezügliche Erkenntnismöglichkeiten des Versicherten – eines medizinischen Laien – ankommen, sondern die Berufsunfähigkeit ist nach § 2 Nr. 1 MB-BUV/BUZ durch einen medizinischen Befund festzustellen. Dementsprechend soll für die Feststellung, wann bedingungsgemäße Berufsunfähigkeit eingetreten ist, die rückschauende Ermittlung des Zeitpunkts, zu dem erstmals ein Zustand gegeben war, der nach dem Stand der medizinischen Wissenschaft keine Erwartungen auf Besserung mehr rechtfertigte, maßgebend sein. Der BGH verweist in diesem Zusammenhang in ständiger Rechtsprechung darauf, dass dem Umstand Rechnung getragen werden müsse, dass allein der Versicherungsnehmer – im Zweifel durch ein medizinisches Sachverständigengutachten – den Vollbeweis dafür erbringen müsse, dass und wann die nach § 2 Abs. 1 BBUZ erforderliche ärztliche Prognose möglich war. Der Sachverständige könne jedoch im Regelfall erst in nachträglicher Auswertung der Krankengeschichte feststellen, ab wann bei dem Versicherungsnehmer ein nicht mehr therapierbarer Zustand mit Krankheitswert eingetreten war.[266]

In solchen Konstellationen kann es durchaus zu Ergebnissen kommen, welche aus Sicht des Versicherungsnehmers als ungerechtfertigt erscheinen müssen, wie im Falle eines vom OLG Saarbrücken entschiedenen Sachverhalts.[267] Der Kläger hatte sich aufgrund eines Unfalls am 21.12.2001 am Fuß verletzt und konnte seine Tätigkeit als Betonmaurer krankheitsbedingt nicht mehr ausüben. Erst im April 2002 wurde die Diagnose einer Sprunggelenksfraktur gesichert. Am 27.06.2002 musste der Kläger einen Arbeitsversuch wegen Schmerzen abbrechen. Erst nach einem zweiten fehlgeschlagenen Arbeitsversuch Anfang Juli 2002 stellte der behandelnde Arzt eine voraussichtlich dauernde Berufsunfähigkeit endgültig fest, worauf die Beklagte sofort ihre Leistungspflicht anerkannte. Gestritten wurde um den rückwirkenden Zeitraum seit dem Unfall. Der gerichtliche Sachverständige bestätigte in Bezug auf den Zeitpunkt der Feststellbarkeit einer sicheren Prognose die Auffassung der beklagten Versicherung. Der Kläger machte als Leistungszeitpunkt den 21.10.2001 geltend, ab dem nach der Rückschau ex post richtigerweise Berufsunfähigkeit vorlag. Das Gericht bestimmte

265 Ebenda; Mertens, in: Rüffer/Halbach/Schimikowski, § 172 Rn. 54 m. w. N.; a. A. Schwintowski, in: Schwintowski/Brömmelmever § 172 Rn. 13 ff. VVG.

266 BGH, VersR 2007, 383.

267 OLG Saarbrücken, VersR 2005, 966.

den Leistungszeitpunkt jedoch – rückschauend ex ante – auf einen Zeitpunkt im Juli 2002, an dem der Arzt erstmals hinreichend sicher von voraussichtlicher Berufsunfähigkeit ausgehen konnte, und wurde vom BGH in dieser Auffassung bestätigt.[268]

Dieser in der Regulierungspraxis durchaus typische Sachverhalt spricht ein Problem an, welches der BGH dogmatisch wohl richtig löst. Wenn im Nachhinein jedoch darüber gestritten wird, ob ein Versicherungsnehmer von Anfang an dauerhaft berufsunfähig war, auch wenn diese Frage zum Zeitpunkt der Auseinandersetzung darüber bereits unstreitig ist, wäre diese Frage rückschauend aus der Ex-ante-Sicht zu beurteilen. Der Versicherungsnehmer hat für die Frage, ob der Zustand erreicht war, welcher eine Besserung bis zur Wiederherstellung der halben Arbeitskraft nicht mehr erwarten lassen kann, den Vollbeweis zu erbringen, den er im Zweifel nur mit einem medizinischen Sachverständigengutachten führen kann. Dieser wiederum wird nur durch nachträgliche Auswertung der Krankenunterlagen feststellen können, ab wann bei dem Versicherten ein nicht mehr therapierbarer Zustand eingetreten ist.

Im Ergebnis kommt es darauf jedoch nicht an, da auch hier die Sichtweise des durchschnittlichen Versicherungsnehmers ohne Spezialkenntnisse entscheidend ist. Dieser kann anhand der Formulierung „auf Dauer" weder den zugrunde liegenden Prognosezeitraum noch den Zeitpunkt erkennen, an dem die Prognose bestimmt werden soll (ex post oder ex ante), sodass die Regelung unklar i. S. v. § 305 c Abs. 2 BGB oder intransparent i. S. v. § 307 Abs. 1 S. 2 BGB ist.[269] Wegen des Vorrangs der Unklarheitenregel vor dem Transparenzgebot (siehe unter 3. § 3 VII 2.), gehen die Auslegungszweifel hier zu Lasten des Versicherers, sodass im Zweifel – wenn es für den Versicherungsnehmer günstiger erscheint – die rückschauende Ex-post-Sicht maßgebend ist.

III. Rückwirkende Leistung ab bzw. nach sechs Monaten/ Vermutungsregelung

Eine zweite Möglichkeit, den tatbestandlichen Leistungsbeginn in der Berufsunfähigkeit zu markieren, besteht in der Verwendung einer sog. unwiderlegbaren Vermutung für die Leistungspflicht des Versicherers im Bedingungswerk für den Fall, dass eine bedingungsgemäße Berufsunfähigkeit bereits mindestens sechs Monate bestanden hat.

268 BGH, VersR 2007, 383.

269 Schwintowski, VUR 2006, 272.

Obwohl die Vermutungsregelung – genauso wie die zeitliche Eingrenzung des Prognosezeitraumes – seit Langem durchgehend zum Marktstandard gehört[270] und bereits in den MB-BUZ 90 enthalten war, wird sie von der Neuregelung des § 172 Abs. 2 VVG ausgeklammert. In der Gesetzesbegründung ist dazu angeführt, dass eine Übernahme der Fiktionsregelung in das Gesetz „Nachteile" für die Möglichkeit eines befristeten Anerkenntnisses haben kann[271], was jedoch nicht näher begründet wird. Der darauf folgende Satz der Gesetzesbegründung bemerkt, dass die Formulierung einer Vermutungsregelung für den Versicherungsnehmer keinen wesentlichen Vorteil hätte.[272] Auch diese, ebenfalls nicht begründete Aussage ist angesichts der offensichtlichen und unbestrittenen Beweiserleichterung, welche die sog. Fiktions- oder auch Vermutungsregelung in der Leistungsregulierung für den Versicherungsnehmer bringt, nicht nachvollziehbar. Tatsächlich stellt diese eine – aus der Zeit vor der Deregulierung stammende – Auffangregelung dar, welche bis heute als Mindestkriterium bei der Bewertung von Berufsunfähigkeitsversicherungen gilt.[273] Mit der Vorlage eines ärztlichen Attests über eine sechs Monate währende, ununterbrochene Arbeitsunfähigkeit und über die Fortdauer dieses Zustandes wird dem Versicherungsnehmer der sonst schwer zu erbringende Nachweis der dauerhaften Prognose für einen Zeitraum von drei Jahren erspart[274], was eine nicht hoch genug einzuschätzende Beweiserleichterung bedeutet.

Es fällt auf, dass auch der einzige Anbieter (Tabelle, Anhang 4), welcher in einer seiner angebotenen Bedingungsvarianten auf die Fiktionsregelung gänzlich verzichtet[275], dies erst seit Geltung des neuen VVG tut. Möglicherweise hat hier erst die Gesetzesbegründung zu § 172 VVG ein Bewusstsein bei dem Anbieter dafür geschaffen, dass die Regelung verzichtbar ist, da sie nach dem ausdrücklichen

---

270 Glissmann/Schulz, Versicherungswirtschaft 2005, 601.

271 Regierungsentwurf zu § 172 VVG, BT-Drucks. 16/3945.

272 Ebenda.

273 Pohl, Versicherungsmagazin, 03/2012, 52, Morgen & Morgen, LV-Win 9.10, Fragenerläuterung Leistungsfrage R03; Checkliste Finanztest 01.06.2013, Frage 4.

274 Benkel-Hirschberg, § 2 BUZ 2008 mit Rechtsprechungshinweisen.

275 Condor Classic 2012; in der letzten – vor Inkrafttreten des VVG – geltenden Variante (BUZ „Compact" Version 01.2007) war noch die Sechsmonatefiktion mit rückwirkendem Leistungsbeginn angeboten worden – besonders nachteilig wirkt sich die Regelung für den Versicherungsnehmer auch deshalb aus, weil der Anbieter in dieser Tarifvariante gleichzeitig auf die Eingrenzung der Prognosedauer verzichtet, was in dieser Kombination am Markt einmalig ist.

Willen des Gesetzgebers nicht zur Leitbilddefinition gehört. Es bleibt abzuwarten, ob diese „Erkenntnis" in Zukunft auch bei anderen Anbietern Raum greift.

Im Zusammenhang mit der sog. Fiktionsregelung sind im Kern drei Regelungsvarianten verbreitet (Tabelle, Anhang 4).

Variante a): Eine sechsmonatige ununterbrochene Berufsunfähigkeit führt zu rückwirkender Leistung von Beginn an.

> *Wenn die versicherte Person sechs Monate ununterbrochen infolge Krankheit, Körperverletzung oder Kräfteverfalls, die ärztlich nachzuweisen sind, außerstande gewesen ist, ihren bei Eintritt des Versicherungsfalls ausgeübten Beruf auszuüben, ..., so gilt dieser Zustand von Beginn an als Berufsunfähigkeit.*[276]

Variante b): Die Fortdauer einer sechsmonatigen ununterbrochenen Berufsunfähigkeit führt zu rückwirkender Leistung von Beginn an.

> *Ist der Versicherte sechs Monate infolge Krankheit, Körperverletzung oder mehr als altersentsprechenden Kräfteverfalls, die ärztlich nachzuweisen sind, vollständig oder teilweise außerstande gewesen, seinen zuletzt vor Eintritt des Versicherungsfalls ausgeübten Beruf – so wie er ohne gesundheitliche Beeinträchtigung ausgestaltet war – auszuüben, [...], so gilt die Fortdauer dieses Zustandes als vollständige oder teilweise Berufsunfähigkeit. In diesem Fall erbringen wir unsere Leistungen ab Beginn dieses Sechsmonatszeitraums.*[277]

Variante c): Die Fortdauer einer sechsmonatigen ununterbrochenen Berufsunfähigkeit führt zur Leistung ab Beginn ab diesem Zeitpunkt.

> *Ist die versicherte Person sechs Monate ununterbrochen in Folge Krankheit, Körperverletzung oder mehr als altersentsprechenden Kräfteverfalls, die ärztlich nachzuweisen sind, zu mindestens 50 % außerstande gewesen, ihren zuletzt ausgeübten Beruf, wie er ohne gesundheitliche Beeinträchtigung ausgestaltet war, auszuüben, [...], gilt die Fortdauer dieses Zustandes als Berufsunfähigkeit.*[278]

Während ausweislich der Analyse in der Tabelle, Anhang 4 die Variante a) unterdessen als überwiegender Marktstandard bezeichnet werden kann, müssen die weit weniger verbreiteten Varianten b) und c) auch aus Transparenzgesichtspunkten als problematisch angesehen werden.

Mit der Verwendung der Begrifflichkeit „Fortdauer" (analog der Vorgabe der aktuellen Musterbedingungen MB-BUV/BUZ 13) wird dem durchschnittlichen Versicherungsnehmer suggeriert, dass bereits bei einer den Sechsmonatezeitraum um einen Tag überschreitenden Berufsunfähigkeit geleistet werden muss.

---

276 § 2 Abs. 4 Württembergische.

277 § 2 Abs. 3 VHV; analog § 2 Abs. 2 MB-BUV 13.

278 § 2 Abs. 1 Nr. 2 Inter.

Dies entspricht jedoch zumindest nicht der BGH-Rechtsprechung bzw. der dazu bestehenden Literaturauffassung, welche vom Versicherungsnehmer in diesem Fall verlangt, dass er bis zum Zeitpunkt der Geltendmachung von Leistungen ein bis dahin ununterbrochenes Weiterbestehen des Zustandes der Berufsunfähigkeit nachweist.[279] Dies kann gegenüber dem Versicherungsnehmer, welcher nach Variante a) versichert ist und die unwiderlegbare Prognosefiktion bereits nach sechs Monaten Berufsunfähigkeit für sich in Anspruch nehmen darf, zu empfindlichen Nachteilen führen.

Auch in Anbetracht der unbestrittenen Beweiserleichterungen, welche die sog. Fiktionsregelung bei der Feststellung des Versicherungsfalls mit sich bringt, soll nicht unerwähnt bleiben, dass in der Praxis immer wieder Missverständnisse auftreten, da Versicherungsnehmer anhand der gängigen Fiktionsregelungen nicht erkennen können, dass allein die Dauerhaftigkeit der Berufsunfähigkeit, aber nicht deren Tatbestandsmäßigkeit unwiderlegbar vermutet werden soll.[280]

Ähnlich wie bei der unter 5. § 1 I diskutierten Problematik des ärztlichen Nachweises der bedingungsgemäßen Ursachen, besteht nicht nur unter Versicherungsnehmern der weitverbreitete Irrtum, dass der Versicherer bei Vorlage eines ärztlichen Attests, welches eine mindestens sechsmonatige Arbeitsunfähigkeit ausweist, zwingend leisten muss.[281] Sowohl Verbraucher als auch fachkundige Personen sind in aller Regel nicht in der Lage, anhand der Formulierung „[...] gilt die Fortdauer dieses Zustandes als Berufsunfähigkeit" zu erkennen, dass von dieser Formulierung nur die Prognose, d. h. die Dauerhaftigkeit der BU umfasst, keineswegs aber eine unwiderlegbare Vermutung der Berufsunfähigkeit an sich gegeben werden soll.

Diese Missverständnisse sind durchaus nachvollziehbar, da die Regelung des § 2 Abs. 2 MB-BUV auch keinen anderen Schluss zulässt, als dass bei sechsmonatiger, nachgewiesener Arbeitsunfähigkeit deren Fortdauer als bedingungsgemäße Berufsunfähigkeit anzusehen ist. Eine Beschränkung der Fiktion allein auf die Frage der Dauerhaftigkeit wird nicht erkennbar, vielmehr muss die Formulierung so verstanden werden, dass bei Überschreiten (Fortdauer) der sechsmonatigen, ärztlich nachgewiesenen Arbeitsunfähigkeit, zwingend bedingungsgemäße Berufsunfähigkeit vorliegt. Die Regelung des § 2 Abs. 2 MB-BUV ist insofern als unklar anzusehen, sodass die Zweifel bei der Auslegung gem. § 305 c Abs. 2 BGB zulasten des Verwenders gehen müssen. Inwiefern dieser Ansatz, welcher in

279 BGH, VersR 1992, 1118 mit Anmerkung von Müller-Frank.

280 So bereits Hormuth, ZAP, Nr. 19 2001, 1211.

281 Franke, Schafft sich die BU ab?, S. 6.

Rechtsprechung und Literatur nicht diskutiert wird, Gehör finden kann, bleibt abzuwarten. Die Rechtsauffassung des BGH, dass die sog. Fiktionsregelung allein eine auf den Prognosebereich beschränkte Ausnahme von der Beweispflicht des Versicherungsnehmers darstellt, welche nicht für die Frage nach dem Ausmaß der Gesundheitsbeeinträchtigung oder nach der Möglichkeit, Vergleichstätigkeiten auszuüben, gilt[282], steht aktuell jedenfalls nicht erkennbar zur Disposition.

IV. Fazit und eigener Vorschlag

Wie vorstehend gezeigt, müssen die Formulierungen, welche üblicherweise zur Beschreibung des tatbestandlichen Leistungsbeginns herhalten, als unklar i. S. v. § 305 c Abs. 2 BGB angesehen werden. Eine unter Einbeziehung der bisher getroffenen Feststellungen sinnvolle Variante könnte wie folgt lauten:

> *Berufsunfähigkeit liegt vor, wenn die versicherte Person infolge Krankheit, Körperverletzung oder mehr als altersentsprechenden Kräfteverfalls,* ***voraussichtlich für mindestens sechs Monate (alternativ: mindestens ... Monate/Jahre)*** *ihre zuletzt ausgeübte Tätigkeit, so wie sie ohne gesundheitliche Beeinträchtigung ausgestaltet war, nicht mehr zu mindestens 50 % ausüben kann.*

§ 2: Anerkenntnis

Der Gesetzgeber hat die Verpflichtung des Versicherers, bei Vorliegen aller tatbestandlichen Leistungsvoraussetzungen möglichst bald ein ausdrückliches Anerkenntnis seiner Leistungspflicht abzugeben, wegen seiner Ansicht nach besonders schützenswerter Interessen der Versicherungsnehmer an einer frühzeitigen und langfristig bindenden Leistungssicherheit als ein zentrales Anliegen bei der gesetzlichen Ausgestaltung der Berufsunfähigkeitsversicherung angesehen[283], welches nicht mehr der Regelung durch AVB überlassen bleiben sollte.[284]

Ob die Regelung des § 173 Abs. 1 VVG, welche den Versicherer lediglich verpflichtet, „[...] nach einem Leistungsantrag bei Fälligkeit in Textform zu erklären, ob er seine Leistungspflicht anerkennt", diesem Anliegen dienlich ist, darf bezweifelt werden, da sie dem Versicherer keinerlei zusätzliche Verpflichtungen auferlegt, als die, die schon zu Zeiten vor der Deregulierung dem Marktstandard

282 BGH, VersR 1993, 562.

283 Regierungsentwurf VVG, BT-Drucks. 16/3945.

284 Zwischenbericht VVG-Reformkommission, S. 124.

entsprochen haben.[285] Mit der eher „unspektakulären" Verpflichtung des Versicherers in § 173 Abs. 1 VVG, nach einem Leistungsantrag „bei Fälligkeit" eine Erklärung über seine Leistungspflicht abzugeben, dürfte der Gesetzgeber seinem erklärten Ziel, möglichst bald eine bindende Verpflichtung des Versicherers zu erreichen, kaum nähergekommen sein. Im Gegenteil, die VVG-Reformkommission ging davon aus, dass es hinsichtlich des Zeitpunktes, in dem sich der Versicherer erklären muss, ob und in welchem Umfang er Leistungen erbringen will, keiner besonderen Regelung bedarf. Diesbezüglich wurden offenbar die Fälligkeitsregelungen des alten VVG[286] als ausreichend betrachtet[287], was im Folgenden zu hinterfragen ist.

Nach § 14 Abs. 1 VVG sind Geldleistungen des Versicherers fällig mit der Beendigung des zur Feststellung des Versicherungsfalls und des Umfangs der Leistung des Versicherers notwendigen Erhebungen. Der Begriff der „notwendigen Erhebungen" ist wiederum ausfüllungsbedürftig; üblicherweise werden hierunter alle Maßnahmen gefasst, die ein durchschnittlich sorgfältiger Versicherer anstellen muss, um das Bestehen und den Umfang seiner Leistungspflicht abschließend zu ermitteln.[288]

Auf die Berufsunfähigkeitsversicherung bezogen ist die Phase der „Notwendigen Erhebungen" letztlich in eine Ermittlungs- und eine Entscheidungsphase zu unterteilen. Während der Versicherer in der Ermittlungsphase damit befasst ist, alle zur Entscheidung erheblichen Unterlagen vom Versicherungsnehmer bzw. Dritten zu beschaffen und ggf. weitere Entscheidungsgrundlagen selbst zu generieren, hat er in der Entscheidungsphase auf einer – nunmehr vollständigen – Ermittlungsgrundlage seine Leistungsentscheidung zu treffen.

I. Ermittlungsphase

1. In AVB geregelte Informationspflichten

Für Versicherungsnehmer, welche ihren Leistungsantrag beim Versicherer eingereicht haben, beginnt mit diesem Zeitpunkt eine häufig quälende Zeit des Wartens, in der ein Nachvollziehen des Vorgehens des Versicherers nur noch bedingt möglich ist.

285 Siehe § 5 Abs. 1 MB-BUZ 90.

286 Zum damaligen Zeitpunkt § 11 VVG (alt), welcher inhaltsgleich durch § 14 VVG (neu) ersetzt wurde.

287 Zwischenbericht VVG-Reformkommission, S. 124.

288 Rixecker, in: Römer/Langheid, § 14 Rn. 7 mit Rechtsprechungshinweisen.

Zwar kann der Versicherte von seinen Rechten nach § 213 VVG im Rahmen der Abfrage von personenbezogenen Gesundheitsdaten bei Dritten Gebrauch machen, sodass er nach § 213 Abs. 2 S. 2 HS. 1 VVG zumindest darüber informiert werden muss, welche Institution wann und mit welchem Inhalt befragt worden ist. Jedoch bedingt diese Regelung nicht gleichzeitig die Verpflichtung des Versicherers, auch über den entsprechenden Rücklauf zu informieren. Noch weniger ist der Versicherer aber verpflichtet, gegenüber dem Versicherten ungefragt mitzuteilen, wann er meint, eine hinreichende Grundlage für seine Leistungsentscheidung zu haben.

Überhaupt sind die Verpflichtungen des Versicherers, dem Versicherungsnehmer über sein Tun während der Leistungsprüfung Auskunft zu geben, auch im neuen VVG weiterhin nur rudimentär geregelt. Der Reformgesetzgeber hat die Chance vertan, die Vorschrift des ehemaligen § 178 m VVG (alt), welche 1994 im Rahmen der erstmaligen gesetzlichen Ausgestaltung des Rechts der privaten Krankenversicherung in das damalige VVG eingeführt worden ist, im Zuge der Reformkodifikation zumindest für die gesamte Personenversicherung allgemeinverbindlich auszugestalten. Insofern gilt die aktuelle Vorschrift des § 202 VVG, welche gegenüber der Vorgängerregelung zwar ausgeweitet worden ist und eine Auskunftsverpflichtung des Versicherers nicht nur in Bezug auf die Herausgabe von Gutachten, sondern nunmehr auch bzgl. „Stellungnahmen" konstituiert, zunächst weiterhin nur für den Abschnitt der privaten Krankenversicherung. Während die Exklusivregelung des § 178 m VVG (alt) noch mit dem Einschub der Neuregelung des Rechts der privaten Krankenversicherung in das neue VVG erklärbar war, kann die wiederum ausschließliche Verortung des § 202 VVG (neu) im gleichen Abschnitt des neuen Gesetzes nur noch als Redaktionsversehen des Gesetzgebers angesehen werden, sodass § 202 VVG (neu) im gesamten Bereich der privaten Personenversicherung analog anzuwenden sein muss.[289]

Insofern dürfte im Ergebnis zwar feststehen, dass der Versicherer eine Auskunftsverpflichtung auch in Bezug auf Gutachten und ärztliche Stellungnahmen hat; jedoch bleibt offen, in welchem zeitlichen Zusammenhang derartige Anfragen des Versicherungsnehmers zu bedienen wären. Wenn der Versicherer auf eine Anfrage des Versicherungsnehmers zum Sachstand der Leistungsbearbeitung nicht antwortet, dürfte dieses Verhalten zunächst sanktionslos bleiben bzw. sich allenfalls nach den Regelungen des allgemeinen Zivilrechts richten.[290]

---

289 So i. E. auch Rogler, in: Rüffer/Halbach/Schimikowski, § 202 Rn. 2 VVG mit dem Hinweis, dass auch ohne die Vorschrift eine Verpflichtung des Versicherers nach § 242 BGB besteht in Anlehnung an OLG Frankfurt, VersR 1992, 224.

290 Marlow/Spuhl, Rn. 1212.

Auch in Bezug auf diese Problematik ist die Bedingungswirklichkeit der gesetzlichen Regelung ebenso wie den MB-BUV/BUZ, welche in diesem Bereich keinen Vorschlag machen, weit voraus. Wie der Tabelle in Anhang 6 entnommen werden kann, sehen die Anbieter ganz überwiegend zumindest Regelungen in Bezug auf die Informationspflichten durch den Versicherer in Abständen zwischen vier bis sechs Wochen vor. Einige Versicherer trennen darüber hinaus den Zeitraum, in dem der Versicherungsnehmer noch nicht alle Unterlagen vollständig beigebracht hat von dem, in dem bereits alle Unterlagen vorliegen und die Prüfung nur noch in der Hand des Versicherers liegt. Für diese Phase wird dann eine höhere Informationsfrequenz zugesichert.

Während der Prüfung Ihres Anspruchs auf Leistung aus der Berufsunfähigkeitsversicherung werden wir Sie jeweils innerhalb ***von vier Wochen*** *nach Eingang von Unterlagen gemäß § 7 über erforderliche weitere Prüfungsschritte bzw. fehlende Unterlagen informieren. Liegen uns alle für unsere Leistungsentscheidung erforderlichen Unterlagen gemäß § 7 vor, so entscheiden wir innerhalb* ***von vier Wochen*** *über unsere Leistungspflicht. Solange Unterlagen noch ausstehen, informieren wir Sie spätestens alle* ***sechs Wochen*** *über den Sachstand der Leistungsprüfung.*[291]

2. Nicht geregelte Pflichten, insb. bei der Beauftragung von Gutachtern

Keine Regelungen sehen die Bedingungswerke allerdings für den Umgang der Versicherer mit Gutachtern vor, was in der Praxis zu erheblichen Problemen führt und letztlich die Möglichkeit eröffnet, die Fälligkeit einer Leistung fast nach Belieben zu verschleppen. Wie unter 8. § 4 dargestellt, behalten sich alle Versicherer vor, auf ihre Kosten weitere Untersuchungen durch von ihnen beauftragte Ärzte durchführen zu lassen, was nichts anderes heißt, als dass i. d. R. externe Gutachter beauftragt werden. Einzelne Bedingungswerke sehen unterdessen auch die Beauftragung von anderen – z. B. berufskundlichen – Gutachtern vor.

Aus den Erfahrungen des Autors bewegt sich die Bearbeitungsdauer von Gutachteraufträgen in einer sehr breiten Spanne und ist von unterschiedlichsten Faktoren abhängig. In der Tendenz kann eingeschätzt werden, dass privatwirtschaftlich organisierte Gutachteninstitute bzw. niedergelassene Ärzte, die (auch) als Gutachter tätig sind, i. d. R. schneller arbeiten als etwa Gutachter, welche an Kliniken tätig sind.

Für die Bearbeitung eines durchschnittlichen Begutachtungsauftrages können – trotz aller Schwierigkeiten – gewisse Erfahrungswerte herangezogen

291 § 11 Abs. 4 die Bayerische, Protect-Prestige.

werden, welche selbstverständlich dann nicht mehr gelten, wenn die Begutachtungssituation vom Normalfall abweicht und z. B. Zusatzuntersuchungen bzw. Gutachten erforderlich werden. Eine übliche gutachterliche Einschätzung, ob z. B. ein Versicherungsnehmer wegen eines vorgebrachten Rückenleidens einen körperlich anstrengenden Beruf nicht mehr ausüben kann, darf – wenn keine weiteren Zusatzuntersuchungen notwendig sind – ab dem Untersuchungszeitpunkt bis zur Erstellung des Gutachtens nicht länger als sechs Wochen dauern. In der Literatur wird für die Abarbeitung eines Gutachtenauftrages von der Erteilung durch den Versicherer bis zur Ablieferung – einschließlich etwaiger Zusatzbegutachtungen – ein maximaler Erstellungszeitraum von drei Monaten erwähnt.[292] Diesem Zeitrahmen kann zugestimmt werden, weil hier noch die Phase der Terminierung eingerechnet ist, in der sowohl dem Versicherten als auch dem Gutachter eine ausreichende Zeit für die jeweilige Abstimmung und Planung zuzubilligen ist.

Innerhalb dieses Dreimonatezeitraums sollte allerdings jeder Versicherer aufgrund seiner Erfahrung und Organisationsstruktur in der Lage sein, Gutachtenaufträge abzuarbeiten, d. h. Gutachter zu befassen, die dies bereits bei Auftragsvergabe zusichern können.

3. *Fazit und eigener Vorschlag*

Es ist letztlich nicht hinnehmbar, dass Versicherer regelmäßig die Bearbeitung von Leistungsansprüchen unter Berufung auf die angeblich nicht steuerbare Tätigkeit von beauftragten Gutachtern z. T. endlos in die Länge ziehen können. Vielmehr hat es der Versicherer als zahlender Auftraggeber in der Hand, bei Vertragsschluss für Abarbeitung des Gutachtenauftrags klare Fristen zu setzen. Falls sich der Gutachter vertragswidrig nicht an die Frist hält, hat der Versicherer die Möglichkeit, den Gutachtenauftrag zu stornieren und sofort einen anderen Auftragnehmer zu beauftragen.

Leider hat sich in diesem Bereich bisher keine Judikatur entwickelt. Neuhaus verweist in diesem Zusammenhang auf Urteile, welche im Bereich der Sachversicherung ergangen sind und die die Fälligkeit bei unangemessener Verzögerung der Bearbeitung durch den Versicherer auf den Zeitpunkt fingieren, an dem die Erhebungen bei korrektem Vorgehen beendet gewesen wären.[293] Die Schwierigkeit liegt zwar weiter darin, diesen Zeitpunkt zu bestimmen, jedoch liefert die

---

292 Hausotter/Eich, Die Begutachtung für die private Berufsunfähigkeitsversicherung, S. 80.

293 Neuhaus, Berufsunfähigkeitsversicherung, Kap. E Rn. 189 f. m. w. N.

von Hausotter/Eich aufgestellte Dreimonatsfrist einen greifbaren Ansatz für den praktischen Umgang mit dieser Frage.[294]

Tatsächliche Abhilfe zu diesem Problem kann jedoch nur geschaffen werden, wenn die Anbieter in ihren Bedingungswerken klare Regelungen für die Gutachterbeauftragung und die Abarbeitung der Aufträge schaffen würden. Eine derartige Regelung könnte z. B. wie folgt aussehen:

> *Für den Fall, dass wir im Rahmen der Leistungsprüfung von unserem Recht Gebrauch machen, externe Gutachter zu beauftragen, gilt Folgendes: Sollte Sie der Gutachter nach Beauftragung durch uns nicht innerhalb von sechs Wochen geladen und untersucht haben, sind Sie berechtigt, die Beauftragung eines anderen Gutachters zu fordern. Das Gleiche gilt, wenn uns nach der Untersuchung nicht innerhalb eines Zeitraumes von weiteren sechs Wochen das Begutachtungsergebnis vorliegt.*

In Kombination mit den bereits jetzt in den Bedingungswerken enthaltenen zusätzlichen Informationspflichten (Tabelle, Anhang 6) wäre hier eine Regelung geschaffen, welche die Überwachung der bisher kontrollfreien Begutachtungsphase regelt und für den Fall der fehlenden Bearbeitung Handhaben bietet. Die Erwartungen, dass derartige Regelungen Einzug in die AVB der Berufsunfähigkeitsversicherung halten, dürfen gleichwohl nicht allzu hoch gesteckt werden.

II. Entscheidungsphase

1. Gesetzliche Regelung des § 14 Abs. 1 VVG

Für die Phase nach Abschluss der oben beschriebenen „Ermittlungen" bietet die Fälligkeitsregelung des § 14 Abs. 1 VVG eine Handhabe, welche so ausgelegt wird, dass dem Versicherer bis zur eigentlichen Leistungsentscheidung eine weitere Phase der Überlegung zugestanden werden muss. Dieser Zeitraum wird von der Rechtsprechung unter Hinweis auf die im Personenversicherungsrecht nach § 242 BGB regelmäßig gebotene beschleunigte Bearbeitung i. d. R zwar unterhalb einer Vierwochengrenze angesetzt, ist jedoch i. E. nicht scharf abgrenzbar, da verschiedene Ausnahmetatbestände zugestanden werden.[295] Gerade in der Personenversicherung wird Versicherern wegen der erforderlichen internen Auswertung von ärztlichen Attesten durchaus ein gewisser zeitlicher Spielraum zuerkannt.[296]

---

294 Hausotter/Eich, Die Begutachtung für die private Berufsunfähigkeitsversicherung, S. 80.

295 Langheid/Wand/Fausten, § 14 Rn. 24 VVG mit Rechtsprechungshinweisen; Neuhaus, Berufsunfähigkeitsversicherung, Kap. E Rn. 188.

296 Bruck/Möller/Johannsen, § 14 Rn. 10.

2. Bedingungswirklichkeit

In der aktuellen Bedingungswirklichkeit ist dieser Zeitraum hingegen fast ausnahmslos klar umrissen (siehe Tabelle, Anhang 6). Dabei ist eine Tendenz zur Entscheidung innerhalb von vier Wochen auszumachen, wobei eine beachtliche Zahl von Anbietern durchaus noch kürzere Reaktionszeiten zusichern.

> ***Wann geben wir eine Erklärung über unsere Leistungspflicht ab?***
> *Nach Prüfung der uns eingereichten sowie der von uns beigezogenen Unterlagen erklären wir in Textform, ob und für welchen Zeitraum wir eine Leistungspflicht anerkennen. Wir werden Ihnen innerhalb von* **zehn Arbeitstagen** *nach Eingang der von Ihnen zur Prüfung vorgelegten Unterlagen entweder mitteilen, ob wir eine Leistung erbringen oder Sie über den Stand der Bearbeitung Ihres Leistungsantrages und die von Ihnen noch einzureichenden Unterlagen informieren.*[297]

Die beschriebene Tendenz zu einer sehr kurzen und insbesondere klar abgegrenzten Entscheidungsfrist ist umso erstaunlicher, wenn man im Blick behält, dass die Anbieter hier im Zweifel zusichern, alle internen Entscheidungs- bzw. Überlegungsprozesse innerhalb dieser Frist abzudecken. Die Vorstellung, dass ein Leistungssachbearbeiter, nachdem ihm alle aus seiner Sicht zur Bearbeitung des Leistungsantrages notwendigen Unterlagen vorliegen, innerhalb einer Zehntagesfrist eine abschließende Leistungsentscheidung – einschließlich aller hausinternen Abstimmungsprozesse – treffen soll, erscheint sehr ambitioniert. Die Vermutung liegt hier nicht fern, dass einige Versicherer mit derartigen, fast utopisch anmutenden Versprechungen versuchen, sich im Bedingungswettbewerb mit dem Kalkül einen Vorteil zu verschaffen, dass die Einhaltung dieser selbst auferlegten Fristen durch den Versicherungsnehmer in der Praxis ohnehin schwer überprüfbar sind bzw. deren Nichteinhaltung sanktionslos bleibt.

Die in der Literatur zunächst geäußerte Befürchtung, feste Fristen für die Erklärung des Versicherers in den Bedingungen (z. B. drei Monate nach Eingang der Unterlagen) könnten als Abweichung von §§ 14, 173 Abs. 1 VVG zum Nachteil des Versicherungsnehmers unwirksam sein[298], bewahrheitet sich in der Praxis allerdings nicht, da – wie in der Auswertung im Anhang 6 gesehen – kein Versicherer in Bezug auf eine gesetzte Erklärungspflicht die Vorgaben der Rechtsprechung zu § 14 VVG überschreitet; im Gegenteil, in aller Regel liegen die Anbieter weit unter dem Monatszeitraum.

---

297 § 5 Abs. 1 Condor Classic.

298 Marlow/Spuhl, Das Neue VVG kompakt, Rn. 1212.

Letztlich sind es aber einmal mehr die Musterbedingungen, welche unter Transparenzgesichtspunkten nicht nur hinter der Bedingungswirklichkeit, sondern auch hinter den Vorgaben des Gesetzes zurückbleiben.

> *(1)* ***Nach Prüfung*** *der uns eingereichten sowie der von uns beigezogenen Unterlagen erklären wir in Textform (z. B. Papierform, E-Mail), ob und in welchem Umfang wir eine Leistungspflicht anerkennen.*[299]

Die Tatsache, dass diese Formulierung, welche dem Text der MB-BUV/BUZ 90 entspricht, sich nicht an der Regelung des § 14 VVG orientiert, in dem sie die Fälligkeit der Leistung an den „Abschluss der notwendigen Erhebungen" knüpft, begegnet in der Literatur zu Recht Bedenken.[300] Letztlich liefert eine derartige Formulierung dem durchschnittlichen Versicherungsnehmer keinerlei Anhaltspunkte dafür, wann eine „Prüfung" durch den Versicherer beendet sein muss und bietet somit die Möglichkeit für den Versicherer, die Bearbeitungsdauer auf unbestimmte Zeit zu verlängern.

Erfreulicherweise orientieren sich aktuell nur noch fünf Anbieter (mit zumindest einer Tarifvariante) an den MB-BUV/BUZ (Tabelle, Anhang 6).

3. *Problem: Fehlende Sanktion*

Problematisch bleibt im Ergebnis, dass in den Bedingungswerken letztlich keine Sanktionen für den Fall der Verletzung der selbst auferlegten Fristen geregelt sind, sodass sich diese im Zweifel nach dem allgemeinen Zivilrecht, d. h. nach §§ 280, 286 BGB richten.[301] Für die Durchsetzung derartiger Ansprüche aus positiver Forderungsverletzung bzw. die Begründung der Verzugssituation bedarf der Versicherungsnehmer jedoch im Zweifel anwaltlicher Hilfe.

Auch der Hinweis von Neuhaus[302] auf die in der Praxis von Versicherungsnehmern angeblich oft übersehene Vorschrift des § 14 Abs. 2 VVG hilft nicht weiter, da Voraussetzung für eine Abschlagszahlung zwingend die Eintrittspflicht des Versicherers dem Grunde nach ist[303], welche in der Berufsunfähigkeitsversicherung

---

299 § 8 MB-BUV 13.

300 Marlow/Spuhl, Das Neue VVG kompakt, Rn. 1212; a. A. Neuhaus, Berufsunfähigkeitsversicherung, Kap. E Rn. 180, welcher anmerkt, dass der durchschnittliche Versicherungsnehmer auch der GdV-Formulierung ohne Not entnehmen könne, dass die Fälligkeit nach Abschluss der notwendigen Erhebungen eintritt.

301 Marlow/Spuhl, Das Neue VVG kompakt, Rn. 1212.

302 Neuhaus, Berufsunfähigkeitsversicherung, Kap. L Rn. 5.

303 Bruck/Möller/Johannsen, § 14 Rn. 22 m. w. N.

bis zur endgültigen Leistungsentscheidung – im Gegensatz zu den meisten anderen Versicherungssparten – eben noch nicht feststeht.[304]

4. Eigener Vorschlag

Naheliegend wäre es somit, wenn sich aus den Bedingungen selbst Regelungen ergäben, anhand derer der Versicherungsnehmer eine konkrete Sanktion gegen den Versicherer ableiten kann. Sicher wäre es unangemessen, vom Anbieter zu erwarten, dass z. B. für den Fall der Verletzung geregelter Informationspflichten sofort ein Leistungsanerkenntnis fingiert wird. Anbieten würde sich allerdings eine Regelung, welche den Versicherungsnehmer zumindest berechtigt, vom Versicherer für den Fall der Verletzung seiner Prüfungspflichten vorläufige Zahlungen zu verlangen.

> *Kommen wir unseren Verpflichtungen aus ... nicht nach, sind Sie berechtigt, bis zur endgültigen Leistungsentscheidung von uns die vorläufige Erbringung der vertraglich bestimmten Leistung zu fordern. Dieser Anspruch wird mit schriftlicher Anforderung uns gegenüber fällig.*

Durch ein solches, in der Regulierungspraxis von Versicherern ohnehin vielfach angewandtes Verfahren, würde ein gewisser Ausgleich geschaffen, welcher auch die Interessen des Versicherungsnehmers, der sich nicht selten in einer existenziellen Notlage befindet[305], berücksichtigt und dem Versicherer auf der anderen Seite einen gewissen Spielraum für die Leistungsprüfung verschafft. Klar ist aber auch, dass für den Versicherungsnehmer mit einer derartigen Verpflichtung nicht viel gewonnen ist, da die Unsicherheit, wie die Leistungsentscheidung letztendlich ausfällt, damit nicht beseitigt wird.

III. Fazit

Die angestellten Betrachtungen zeigen, dass das erklärte Ziel des Gesetzgebers[306] mit § 173 Abs. 1 VVG eine Regelung zu schaffen, die den Versicherer bei Vorliegen aller tatbestandlichen Leistungsvoraussetzungen zwingt, möglichst bald ein ausdrückliches Leistungsanerkenntnis abzugeben, nicht erreicht worden ist bzw. erreicht werden kann.

Vielmehr haben sich in Bezug auf die sog. Ermittlungsphase bis zur Leistungsentscheidung am Bedingungsmarkt weitgehend bestimmte Selbstverpflichtungen

---

304 Mertens, in: Rüffer/Halbach/Schimikowski, HK-VVG, § 173 Rn. 4.

305 BGH, VersR 1986, 77; OLG Hamm, VersR 1987, 602.

306 Regierungsentwurf zu § 173 VVG, BT-Drucks. 16/3945.

der Versicherer durchgesetzt, wie und innerhalb welcher Zeiträume über den Sachstand der Bearbeitung zu informieren ist.

In der sog. Entscheidungsphase geht die Bedingungsentwicklung – wie gesehen – erfreulicherweise gleichfalls weit über die Vorgaben des § 14 VVG hinaus, d. h., dass fast durchgängig mit klaren Fristenregelungen – innerhalb derer der Versicherer eine Leistungsentscheidung zu treffen hat – gearbeitet wird, die immer unter den Vorgaben der Rechtsprechung bleiben.

Das Hauptproblem stellt letztlich die fehlende Sanktionierung der in den Bedingungen gegebenen Zusagen dar. In der Praxis werden die knapp bemessenen Entscheidungsfristen, mit denen sich die Anbieter überbieten und Vorteile im Vertrieb versprechen, kaum eingehalten. Die Versicherer wissen, dass daraus in der Regel keine materiellen Konsequenzen erwachsen, da Versicherungsnehmer in den seltensten Fällen in der Lage sind, ihre Rechte, welche ihnen das allgemeine Zivilrecht zur Verfügung stellt, durchzusetzen. Solange es also in der Bedingungswirklichkeit an der vorgeschlagenen konkreten Sanktionierung von ausbleibenden Leistungsentscheidungen mangelt, bleiben die Versprechungen der Anbieter in den AVB letztlich nur leere Hüllen.

§ 3: Rückwirkende Leistungspflicht

Von hoher praktischer Relevanz ist die Frage, inwiefern der Versicherer verpflichtet ist, nach Eintritt des Versicherungsfalls geltend gemachte Ansprüche des Versicherungsnehmers rückwirkend zu bedienen.

Die Situation, dass ein Versicherungsnehmer Leistungen zeitlich verzögert nach dem eigentlichen Versicherungsfall geltend macht, stellt zunächst eher den Regelfall dar, denn meist geht der subjektiv empfundenen Berufsunfähigkeit ein längerer Krankheitsprozess voraus. Darüber hinaus ist ein falsches Verständnis der Bedingungen ebenfalls häufige Ursache dafür, dass sich Versicherungsnehmer zunächst mit der Stellung eines Leistungsantrages zurückhalten. Meist kommen Versicherungsnehmer nicht vor Ablauf des regelmäßig vereinbarten Sechsmonatezeitraums der unwiderlegbaren Vermutung (siehe Kapitel 5. § 1 III) auf den Gedanken, Leistungen zu verlangen, da sie der Fiktionsregelung entnehmen, dass der dort benannte Zeitraum zunächst zwingend abzuwarten sei, bevor überhaupt ein Leistungsantrag gestellt werden könne. Dem Verfasser sind Beispiele bekannt, in denen Versicherte nach einem erlittenen Unfall (Maurer mit versteiftem Handgelenk) bis zum Leistungsantrag zunächst einen, im Bedingungswerk vereinbarten Dreijahres-Prognosezeitraum (5. § 1 II) abgewartet haben, obwohl der Versicherer den Anspruch unstreitig vom ersten Tag an hätte bedienen müssen.

Neben dem falschen Verständnis der Bedeutung der Vermutungsregelung bzw. des Prognosezeitraums ist es für den Versicherungsnehmer überdies sehr schwierig zu beurteilen, wann die durch die Bedingungen in der Regel geforderte 50%ige Berufsunfähigkeit tatsächlich vorliegt. Gerade bei selbstständig Tätigen liegt es in der Natur der Sache, dass der Versicherungsnehmer bei einem sich schleichend entwickelnden Krankheitsbild zunächst erst einmal weiter arbeitet und die Erkenntnis, dass eine bedingungsgemäße Berufsunfähigkeit vorliegen könnte, erst zu einem viel späteren, manchmal um Jahre verzögerten Zeitpunkt Raum greift. Nicht selten wird dieser Erkenntnisprozess auch dann nicht vom Versicherungsnehmer, sondern von Dritten, wie etwa dem Versicherungsmakler oder dem Arzt, angestoßen.

Angesichts dieser Interessenlage ist es umso wichtiger, dass der Versicherungsnehmer in die Lage versetzt wird, Leistungen aus der Berufsunfähigkeitsversicherung auch rückwirkend geltend zu machen, und zwar möglichst unbegrenzt.

Insgesamt zwei Drittel der analysierten Gesellschaften verwenden zumindest in einer Tarifvariante ihrer Bedingungen keinerlei Limitierungen in Bezug auf die rückwirkende Geltendmachung von Leistungen (Tabelle, Anhang 5). Zu beachten ist in diesem Zusammenhang, dass sich dieses Verhältnis in den vergangenen zehn Jahren nur unwesentlich geändert hat,[307] sodass von Veränderungen durch einen etwaigen Bedingungswettbewerb zumindest bei diesem Kriterium keine Rede sein kann.

I. Beschränkung durch Verjährung?

Wenn keine Regelungen im Bedingungswerk existieren, welche die rückwirkende Geltendmachung der Versicherungsleistung limitieren, ist es dem Versicherungsnehmer grundsätzlich möglich, seinen Anspruch ggf. auch Jahre später geltend zu machen, ohne dass sich der Versicherer etwa auf die Verjährungsregelungen des BGB berufen könnte.

Die von Rixecker pauschal getroffene Aussage, dass Ansprüche aus der Berufsunfähigkeitsversicherung wie alle Ansprüche aus dem Versicherungsvertrag in den von §§ 195 ff. BGB vorgegebenen Fristen regelmäßig also nach drei Jahren verjähren[308], ist insofern nur dann richtig, wenn man gleichzeitig beachtet, dass

307 Glissmann/Schulz, Versicherungswirtschaft 2004, 601 kommen in ihrer Untersuchung zum Markstandard 2004 bzgl. Meldefristen zu einem fast gleichen Ergebnis.

308 Rixecker, in: Beckmann/Matusche-Beckmann, Versicherungsrechts-Handbuch, § 46 Rn. 226.

die Verjährung eines Versicherungsanspruchs gem. § 14 VVG nicht mit seiner Entstehung, sondern erst mit der Fälligkeit beginnt.[309] In der Konsequenz heißt das, dass die Verjährungsfrist eines Leistungsanspruchs in der Berufsunfähigkeitsversicherung so lange nicht eintreten kann, wie der Versicherer nicht die Möglichkeit hatte, die notwendigen Erhebungen anzustellen und mit deren Beendigung im Zweifel die Fälligkeit herbeizuführen.[310] Im Umkehrschluss bedeutet dies, dass es der Versicherungsnehmer in der Hand hat, durch Unterlassen der Anzeige des Versicherungsfalls oder der Mitwirkung bei den Erhebungen den Beginn der Verjährung hinauszuschieben.[311]

Unter Beachtung dieser Rechtslage sind die zuweilen anzutreffenden Versuche einzelner Anbieter, durch einen Hinweis auf die Verjährungsvorschriften des BGB die rückwirkende Geltendmachung von Ansprüchen zu limitieren, rechtlich wirkungslos, helfen aber in der Praxis ggf. dabei, den rechtsunkundigen Versicherungsnehmer mit dem Hinweis auf die Vorschriften der §§ 195 ff. BGB zu „beeindrucken".

Haben wir Ihre Berufsunfähigkeit im Sinne von § 2 dieser Bedingungen anerkannt, erhalten Sie die Versicherungsleistungen vorbehaltlich der allgemeinen Verjährungsvorschriften des Bürgerlichen Gesetzbuches (BGB) rückwirkend nach Ablauf des Monats, in dem Sie zumindest zu 50 % berufsunfähig geworden sind.[312]

II. Ausschlussfristen in AVB

1. Bedingungswirklichkeit

Traditionell sahen die MB-BUV/BUZ bis in das Jahr 2010 die Möglichkeit der rückwirkenden Geltendmachung von Leistungen durch den Versicherungsnehmer bis maximal drei Monate nach Mitteilung an den Versicherer vor.

Der Anspruch auf Rente und Beitragsbefreiung entsteht mit Ablauf des Monats, in dem die Berufsunfähigkeit eingetreten ist. Wird uns die Berufsunfähigkeit ***später als drei Monate*** *nach ihrem Eintritt schriftlich mitgeteilt, entsteht der Anspruch auf die Versicherungsleistung erst mit Beginn des Monats der Mitteilung. Der Anspruch auf eine Erhöhung der Berufsunfähigkeitsrente wegen einer höheren Pflegestufe entsteht ebenfalls frühestens mit Beginn des Monats, in dem uns die Erhöhung der Pflegestufe mitgeteilt wird (vgl. § 11).*[313]

309 BGH, VersR 1955, 97; BGH, NJW 2001, 1724.

310 Neuhaus, in: Voit/Neuhaus: Berufsunfähigkeitsversicherung, Kap. Q Rn. 1.

311 Marlow/Spuhl, Das Neue VVG kompakt, Rn. 25.

312 § 1 Abs. 5 Arag.

313 § 1 Abs. 4 MB-BUV 10.

Auch die aktuellen Verbandsempfehlungen[314] gehen grundsätzlich weiter von einer Begrenzung aus, schlagen seit 2012 aber keine Dreimonatsfrist – welche aktuell nur noch wenige Versicherer anbieten (Tabelle, Anhang 5) – mehr vor, sondern stellen eine unternehmensindividuelle Ergänzung der Zeitdauer anheim. Auch an dieser Stelle ist einmal mehr zu konstatieren, dass die MB-BUV/BUZ der Marktentwicklung hinterherlaufen, ohne überhaupt zur Kenntnis zu nehmen, dass die Masse der Anbieter längst keinerlei Limitierungen in Bezug auf die rückwirkende Geltendmachung mehr vorsehen, sodass diese Möglichkeit zumindest als weitere Tatbestandsalternative hätte aufgeführt werden können.

Wenn jedoch tatsächlich Limitierungen der rückwirkenden Geltendmachung erfolgen, so ist – wie die Auswertung Anhang 5 zeigt – die Dreijahresfrist der Regelfall und nur einige wenige Anbieter begrenzen tatsächlich noch auf zwölf, sechs oder gar drei Monate.

2. *Zulässigkeit*

Die BGH-Rechtsprechung betrachtet vertraglich vereinbarte Limitierungen bei der rückwirkenden Geltendmachung von Leistungen nicht als Obliegenheiten des Versicherungsnehmers, sondern als zulässigerweise in AVB regelbare Ausschlussfristen.[315]

Schwintowski hingegen sieht derartige Ausschlussfristen generell als sachlich unbegründet und somit als materiell unangemessen gem. § 307 Abs. 2 Nr. 2 BGB bzw. als überraschend gem. § 305 c BGB an, da damit eine übermäßige Beschneidung der wesentlichen vertraglichen Rechte einhergehen soll. Er vergleicht die Situation überdies mit § 30 Abs. 2 VVG, nachdem eine Verletzung von Anzeigepflichten durch den Versicherungsnehmer unschädlich bleibt, solange der Versicherer auf andere Weise vom Eintritt des Versicherungsfalls Kenntnis erlangt.[316] Ob diese Voraussetzungen auch dann gegeben sind, wenn der Versicherer letztlich wiederum doch über den Versicherten – wenn auch verspätet – vom Leistungsfall erfährt, kann letztlich dahinstehen, da § 30 VVG nur für Obliegenheiten greift. Wie gesehen, wird die rückwirkende Limitierung der Geltendmachung von Leistungen von der Rechtsprechung und h. M. jedoch einhellig als Ausschlussfrist qualifiziert.[317]

---

314 § 1 Abs. 3 MB-BUV 13.

315 BGH, VersR 1995, 82.

316 Schwintowski, in: Tamm/Tonner, Verbraucherrecht, § 23 C, Rn. 334.

317 BGH, VersR 1995, 82; Lücke, in: Prölss/Martin, § 1 Rn. 31 BU, unter Hinweis auf BGH, VersR 82, 567.

3. *Verschulden*

Da Regelungen, welche die Leistungspflicht des Versicherers an die Geltendmachung des Anspruchs innerhalb bestimmter Fristen knüpfen – wie gesehen –, nach ständiger BGH-Rechtsprechung und herrschender Literaturmeinung keine Obliegenheit des Versicherungsnehmers zur Fristeinhaltung, sondern als Ausschlussklauseln zu behandeln sind[318], kann sich dieser bei Fristversäumung konsequenterweise auch auf fehlendes Verschulden berufen.[319]

Die Fälle, in denen ein fehlendes Verschulden des Versicherungsnehmers an der rechtzeitigen Geltendmachung von Ansprüchen in Betracht kommt, müssen als besonders praxisrelevant angesehen werden. Dabei handelt es sich insbesondere um Situationen, in denen Versicherungsnehmer – bewusst oder unbewusst – Raubbau an ihrer Gesundheit betreiben, ohne dass sie sofort Leistungen bei ihrer Versicherung anmelden. Wegen seines fehlenden medizinischen bzw. berufskundlichen Hintergrundwissens ist es dem durchschnittlichen Versicherungsnehmer überdies nur selten möglich, die Auswirkungen seiner Einschränkungen auf eine bedingungsgemäße Berufsunfähigkeit richtig einzuschätzen.

Der Raubbau an seiner Gesundheit betreibende Versicherte mag sich mglw. sogar darüber im Klaren sein, dass er aufgrund seiner Einschränkungen eventuell schon Ansprüche aus seiner Berufsunfähigkeitsversicherung anmelden könnte. Wenn er es gleichwohl nicht tut, so kann man ihm zumindest dann kein schuldhaftes Handeln vorwerfen, solange er erfolgreich geltend machen kann, geglaubt zu haben, dass die Einschränkungen noch nicht den bedingungsgemäß vereinbarten Prozentsatz bzw. die geregelte Dauerhaftigkeit erreicht haben.[320] Diese Sichtweise entspricht auch der Rechtsprechung des BGH, welcher sich wiederholt explizit für eine rückschauende Betrachtung bei der Bestimmung des Zeitpunktes ausgesprochen hat, wann erstmals ein Zustand gegeben war, der nach dem Stand der medizinischen Wissenschaft keine Erwartung mehr auf Besserung rechtfertigt.[321]

In den weitaus meisten Fällen wird dem Versicherten überdies ohnehin erst durch eine entsprechende ärztliche Äußerung klar, dass er seinen Beruf nicht mehr ausüben kann[322], sodass – falls diese verspätet kommt – ihm der Nachweis

---

318 So zuletzt BGH, VesrR 1999, 1266, Lücke, in: Prölss/Martin, § 1 Rn. 31 BU.

319 Vgl. u. a. Rixecker, in: Beckmann/Matusche-Beckmann, Versicherungsrechts-Handbuch, § 46 Rn. 223.

320 A. A. wohl Rixecker, a. a. O., welcher den VN, der die „Berufsunfähigkeit nicht wahrhaben will, obwohl sie auf der Hand liegt", zumindest als fahrlässig ansieht.

321 BGH, VersR 2007, 383.

322 LG Berlin, NVersZ 2002, 556.

des fehlenden Verschuldens eher leicht fallen wird. Nach ständiger BGH-Rechtsprechung sind Ausschlussfristen im Versicherungsrecht überdies immer unter Berücksichtigung des Grundsatzes von Treu und Glauben im Interesse des sorgfältigen Versicherungsnehmers auszulegen[323], sodass den Versicherungsnehmer, welcher die Anmeldung seiner Ansprüche mit dem Argument hinausschiebt, er sei zunächst von einer Verbesserung seiner gesundheitlichen Situation ausgegangen (was zunächst einmal auch im Interesse des Versicherers liegen dürfte), kaum der Vorwurf des schuldhaften Handelns treffen können wird.[324]

Anders dürfte der Sachverhalt allerdings immer dann liegen, wenn der Versicherungsnehmer bereits Ansprüche bei einem anderen Leistungsträger angemeldet hat. Hier kommen sowohl andere private Berufsunfähigkeitsversicherungen aber auch gesetzliche Rentenversicherer in Betracht. In diesen Fällen gibt der Versicherte zu erkennen, dass er sich über seine rechtliche und gesundheitliche Situation sehr wohl im Klaren ist und dass die Nichtanmeldung von Leistungsansprüchen gegenüber anderen Versicherungen eher taktischen Erwägungen entspricht.[325] Eine ähnliche Konstellation muss angenommen werden, wenn der Versicherungsnehmer durch dazu berufene Dritte (Ärzte oder Institutionen) unmissverständlich darauf aufmerksam gemacht wird, dass er seinen Beruf nicht mehr ausüben kann.[326]

Die aktuell auf dem Markt befindlichen Bedingungswerke sprechen die Möglichkeit des Versicherungsnehmers, sich bei verspäteter Anmeldung von Ansprüchen auf fehlendes Verschulden zu berufen, in der Regel an (siehe Tabelle, Anhang 5).

Wie bereits eingangs erwähnt, kommt es auf diese ausdrückliche Erwähnung im Zweifel nicht an, da der Versicherungsnehmer gegen die Versäumung einer Ausschlussfrist – ob in den AVB erwähnt oder nicht – ohnehin immer fehlendes Verschulden einwenden kann. Insofern vermag die ausdrückliche Erwähnung einer Exkulpationsmöglichkeit bei fehlendem Verschulden zu irritieren und wird deshalb z. T. auch als problematisch angesehen.[327]

---

323 BGH, VersR 1992, 819; 1995, 82.

324 Rixecker, in: Beckmann/Matusche-Beckmann, Versicherungsrechts-Handbuch, § 46 Rn. 223.

325 OLG Saarbrücken, VersR 2011, 138; Rixecker, in: Beckmann/Matusche-Beckmann, Versicherungsrechts-Handbuch, § 46 Rn. 223.

326 LG Berlin, NVersZ 2002, 556, hier: Feststellung einer Berufsunfähigkeit durch das Arbeitsamt.

327 Glissmann/Schulz, Versicherungswirtschaft 2004, 601.

Auf der anderen Seite trägt die Erwähnung der Exkulpationsmöglichkeit klar dazu bei, dem durchschnittlichen Versicherungsnehmer die Möglichkeit, fehlendes Verschulden einzuwenden, überhaupt erst aufzuzeigen, sodass Bedingungswerke, welche das Verschulden ansprechen, grundsätzlich als verbraucherfreundlicher anzusehen sind.

Der Anspruch auf Leistungen entsteht mit Ablauf des Monats, in dem die Berufsunfähigkeit im Sinne der §§ 3 oder 4 eingetreten ist. Die Berufsunfähigkeit ist uns schriftlich zu melden. Eine frühzeitige Meldung erleichtert die Prüfung Ihrer Ansprüche. Wird uns die Berufsunfähigkeit innerhalb von drei Jahren nach ihrem Eintritt angezeigt, leisten wir ab dem in Satz 1 genannten Zeitpunkt. Bei späterer Anzeige erbringen wir die Leistungen ab Beginn des Monats Ihrer Anzeige bei uns; zusätzlich leisten wir rückwirkend für drei Jahre. ***Diese Einschränkung gilt dann nicht, wenn die verspätete Anzeige ohne schuldhaftes Versäumen des Anspruchserhebenden erfolgt.***[328]

Anders hingegen verhält es sich, wenn Anbieter die Exkulpationsmöglichkeit zwar benennen, aber gleichzeitig versuchen, einen rechtlich nicht denkbaren „Unverschuldensmaßstab“ zu generieren.

Der Anspruch auf die versicherten Leistungen entsteht mit Ablauf des Monats, in dem die Berufsunfähigkeit eingetreten ist. Wird uns die Berufsunfähigkeit später als drei Jahre nach ihrem Eintritt mitgeteilt, so entsteht der Anspruch auf die Versicherungsleistungen erst mit Beginn des Monats der Mitteilung; es sei denn, die verspätete Anzeige erfolgt ***nachweislich unverschuldet aus schwerwiegenden Gründen.***[329]

Bemerkenswert ist, dass hier der untaugliche Versuch unternommen wird, das Verhalten des Versicherungsnehmers in ein schweres und leichtes „Unverschulden“ zu unterteilen. Auch wenn diese Regelung keiner gerichtlichen Überprüfung standhalten dürfte, erreicht sie u. U. letztlich den Zweck, den Versicherungsnehmer zu beeindrucken und ihn von einer (verspäteten) Anmeldung seiner Ansprüche abzuhalten.

Noch einen Schritt weiter gehen Klauseln, welche die Leistungspflicht des Versicherers selbst bei (schwerwiegend) unverschuldeter Geltendmachung – ebenfalls unzulässigerweise – erneut limitieren und auch dann nur einen bestimmten Zeitraum rückwirkend leisten.

Der Anspruch auf Beitragsbefreiung und Rente entsteht mit Ablauf des Monats, in dem die Berufsunfähigkeit eingetreten ist. Wird uns die Berufsunfähigkeit später als sechs Monate nach ihrem Eintritt schriftlich mitgeteilt, so entsteht der Anspruch auf die Versicherungsleistungen erst mit Beginn des Monats der Mitteilung; ***es sei denn, die verspätete Anzeige***

328 § 2 Abs. 1 VGH.
329 § 1 Abs. 3 Itzehoher.

erfolgt nachweislich unverschuldet aus schwerwiegenden Gründen innerhalb einer Frist von einem Jahr.[330]

4. Fazit

Angesichts der unverändert begrenzten Möglichkeiten, sich auf die Verjährungsregelungen der §§ 195 ff. BGB zu stützen, kann das Interesse der Versicherer, die rückwirkende Geltendmachung von Leistungen durch Versicherungsnehmer zu limitieren, durchaus nachvollzogen werden. Das neue VVG lässt den Versicherern in dieser Hinsicht alle Möglichkeiten und diese werden in einem Maß genutzt, welches – wie gesehen – keine signifikanten Veränderungen im Vergleich zum Geltungszeitraum des alten VVG erkennen lässt.

Gleichzeitig muss beachtet werden, dass die Festlegung von Ausschlussfristen den Versicherungsnehmer, welcher für das eingetretene Risiko Prämien gezahlt hat, empfindlich einschränkt.[331] Die überwiegende Anzahl der Anbieter erwähnt insofern ausdrücklich die bestehende Exkulpationsmöglichkeit, welche grundsätzlich als notwendiges Regulativ anzusehen ist, da sie den durchschnittlichen Versicherungsnehmer auf seine bestehenden rechtlichen Gestaltungsspielräume hinweist. Dieses Regulativ kann er jedoch nur dann für sich in Anspruch nehmen, wenn er sich der Exkulpationsmöglichkeit bewusst ist, sodass Vorschriften, welche diese bei Verletzung von Ausschlussfristen nicht erwähnen, letztlich als unangemessene Benachteiligung i. S. v. § 307 Abs. 1 S. 1 BGB angesehen werden müssen.

§ 4: Befristung von Leistungen

Die Möglichkeit, ein zeitlich befristetes Leistungsanerkenntnis auszusprechen, sahen die MB-BUV/BUZ noch bis zum Jahr 2012 allein für den Fall vor, dass über die Frage der abstrakten Verweisbarkeit noch nicht entschieden werden konnte oder sollte.[332]

Unabhängig davon entwickelte sich nach der Deregulierung in Bezug auf befristete Leistungsanerkenntnisse eine breite Regelungsvielfalt[333], welche diese Möglichkeit auch in anderen Fallkonstellationen vorsah bzw. auch ohne besondere Begründung erlaubte. Schließlich kamen sogar Bedingungswerke auf, welche mehrere aufeinanderfolgende, befristete Anerkenntnisse zuließen.

330 § 1 Abs. 3 Mecklenburgische.
331 Schwintowski, in: Tamm/Tonner, Verbraucherrecht, § 23 Rn. 335.
332 § 5 Abs. 2 MB-BUZ 90; letztmalig in § 12 Abs. 2 MB-BUZ 2010.
333 Glissmann/Schulz, VW 2004, 601.

Wir können in sachlich begründeten Ausnahmefällen ein zeitlich begrenztes Anerkenntnis unter einstweiliger Zurückstellung der Frage aussprechen, ob der Versicherte berufsunfähig im Sinne von § 2 ist. Die Dauer der mit zeitlicher Begrenzung ***ausgesprochenen Anerkenntnisse darf insgesamt 3 Jahre nicht überschreiten****. Die in diesem Zusammenhang erbrachten Leistungen werden nicht zurückgefordert, auch wenn später kein Anspruch auf Leistungen wegen Berufsunfähigkeit entsteht.*[334]

Es soll allerdings nicht unerwähnt bleiben, dass derartige Regelungen die Ausnahme darstellten und wenn sie vorkamen, offenbar gleichwohl immer durch eine Gesamthöchstdauer begrenzt waren.

I. Neuregelung des § 173 Abs. 2 VVG

Mit der den Versicherern in § 173 Abs. 2 VVG eingeräumten Möglichkeit, ihr Leistungsanerkenntnis nur noch einmalig zeitlich zu begrenzen, wollte der Reformgesetzgeber nunmehr verhindern, dass sich diese einem dauernden Leistungsanerkenntnis durch mehrere aufeinanderfolgende, zeitlich begrenzte Leistungszusagen entziehen können.[335]

Marlow/Spuhl machen deutlich, dass § 173 Abs. 2 VVG kein selbstständiges gesetzliches Befristungsrecht regelt, sondern nur eine vertraglich bereits vereinbarte Befristungsmöglichkeit gestattet.[336] Dieser Auffassung ist zuzustimmen, da die Gesetzesbegründung für den gesamten Abschnitt der §§ 172-177 VVG klarstellt, dass im VVG lediglich Regelungen zur Berufsunfähigkeitsversicherung vorgeschlagen[337] und keine originären Vertragsinhalte geregelt werden.

Die vorgenommene Untersuchung des Bedingungsmarktes ergab, dass insgesamt fünf der 66 geprüften Anbieter keinerlei Regelungen zur Möglichkeit eines befristeten Leistungsanerkenntnisses treffen (Tabelle, Anhang 7). Dies hat – wie gesehen – zur Konsequenz, dass diesen Versicherern das befristete Leistungsanerkenntnis generell verwehrt bleibt, da eine Berufung auf § 173 Abs. 2 VVG in diesem Zusammenhang ausgeschlossen ist. Ob diese Anbieter sich über diese rechtliche Situation tatsächlich im Klaren sind, darf bereits bezweifelt werden, da nicht anzunehmen ist, dass gerade derartige Gesellschaften, welche auch sonst nicht durch besonders versicherungsnehmerfreundliche Bedingungen auffallen,

---

334 § 11 Abs. 2 InterRisk „BasicLine“ 01.2007.

335 Regierungsentwurf zu § 173 VVG, BT-Drs. 16/3945, S. 106.

336 Marlow/Spuhl, Rn. 1213 nach Änderung der eigenen Rechtsauffassung; Mertens, in: Rüffer/Halbach/Schimikowski, HK-VVG, § 173 Rn. 9.

337 Regierungsentwurf zu Kapitel 6 VVG, BT-Drs. 16/3945, S. 106.

sich der Möglichkeit, befristetet Anerkenntnisse auszusprechen, grundsätzlich entheben wollten.

Darüber hinaus gehen auch die Ratingunternehmen offenkundig davon aus, dass eine fehlende Regelung zur Befristungsmöglichkeit gleichbedeutend mit der Möglichkeit des Versicherers ist, seine Leistungen zeitlich zu befristen[338], was – wie gezeigt – nicht der Rechtslage entspricht und letztlich einmal mehr zu Fehlbewertungen führen muss.

II. Erfordernis eines sachlichen Grundes

Eine nicht gesetzlich geregelte, von der Literatur jedoch überwiegend geforderte[339], zusätzliche Voraussetzung für die Befristung soll das Vorliegen eines sachlichen Grundes sein. Die h. M. nimmt dieses ungeschriebene Tatbestandsmerkmal mit verschiedenen Begründungen an, die jedoch alle nicht überzeugen können.

Marlow/Spuhl[340] stützen sich bei ihrer Herleitung auf eine Entscheidung des OLG Köln, welche jedoch nach der alten VVG-Rechtslage ergangen ist und sich überdies lediglich mit einer AVB-Regelung befasst, welche eine generelle, nicht von sachlichen Gründen abhängige und auch sonst nicht in irgendeiner Weise eingeschränkte Möglichkeit, die Leistungen aus der Berufsunfähigkeitsversicherung zu befristen, erlaubt und die aus diesem Grund eine unangemessene Benachteiligung des Versicherungsnehmers darstellen soll.[341]

Höra[342] nimmt ebenfalls Bezug auf die vor der VVG-Reform bestehende Rechtsprechung sowie auf die Gesetzesbegründung zum neuen VVG, aus der sich zwar die Intention des Gesetzgebers herleiten lässt, jedoch kein Zwang dafür, in die Befristungsregelung ein Begründungserfordernis einzubauen.

Gebert/Steinbeck sehen über das Vorliegen eines sachlichen Grundes hinaus noch das Erfordernis, den Versicherungsnehmer über die mit der Befristung

---

338 Morgen & Morgen, Version 9.08. Leistungsbewertung – Frage A03; Finanztest 7/2013, 61.

339 Prölss/Martin/Lücke, § 173 Rn. 22; Langheid/Wandt/Dörner, § 173 Rn. 18, Looschelders/Pohlmann/Klenk, § 173 Rn. 15; Neuhaus, Berufsunfähigkeitsversicherung, Kap. L Rn. 35; a. A.: Mertens, in: Rüffer/Halbach/Schimikowski, HK-VVG, § 173 Rn. 9, Römer, VersR 2006, 865, Müller-Frank, BUZaktuell 2/2007, 3.

340 Marlow/Spuhl, Das Neue VVG kompakt, Rn. 1213.

341 OLG Köln, VersR 2006, 351.

342 Höra, r+s 2008, 89, mit Hinweis auf OLG Karlsruhe, VersR 2006, 29; analog Langheid/Wandt/Dörner, § 173 Rn. 18.

verbundenen Nachteile aufzuklären[343], wofür erst recht keine dogmatisch vertretbare Begründung denkbar erscheint.

Richtigerweise muss bereits unter Hinweis auf den Wortlaut des Gesetzes die zusätzliche Forderung nach einem ausdrücklich zu benennenden, sachlichen Grund verneint werden.[344] Es wäre dem Gesetzgeber nicht schwergefallen, diese Notwendigkeit mit einem Nebensatz zu erwähnen, was er offensichtlich ganz bewusst nicht getan hat. Gerade angesichts der umfangreichen Erläuterungen in der Gesetzesbegründung kann ausgeschlossen werden, dass es sich hier um ein Redaktionsversehen handelt. Richtigerweise weist Mertens darauf hin, dass § 173 Abs. 2 S. 3 VVG die Anwendung des Nachprüfungsverfahrens für den Zeitraum des befristeten Anerkenntnisses ausschließt, was bedeutet, dass der Versicherungsnehmer von einem vielleicht vorschnell zu seinen Gunsten erklärten befristeten Anerkenntnis auch durchaus profitieren kann.[345]

Fraglich ist darüber hinaus, inwieweit diese in der Literatur geführte Diskussion tatsächlich praktische Relevanz hat, was zunächst eine Analyse der aktuellen Bedingungssituation erforderlich macht. Dies stellt sich folgendermaßen dar:

Wie der Auswertung in Anhang 7 zu entnehmen ist, verzichtet ca. ein Drittel der Anbieter ohnehin ausdrücklich und generell auf die Möglichkeit, befristete Anerkenntnisse auszusprechen und fallen somit aus der Grundgesamtheit von vornherein heraus.

Der Hauptteil der Wettbewerber sieht die Möglichkeit einer einmalig befristeten Leistung zwar vor, unterscheidet sich jedoch in Bezug auf die Zeiträume, in denen eine befristete Rentengewährung möglich sein soll; hier reichen die Angebote von 12 bis 36 Monaten.

Eine weitere Gruppe macht bzgl. der möglichen Dauer einer Befristung überhaupt keine zeitlichen Vorgaben, was nach der Gesetzesbegründung ebenfalls zulässig sein dürfte, da mit der gleichzeitigen Verpflichtung, gem. § 173 Abs. 2 S. 2 VVG in der Zeit der Befristung auf die Nachprüfung zu verzichten, ein Korrelat gesehen wird, welches den Versicherer veranlassen sollte, die Befristungsdauer aus eigenem Interesse nicht zu lang anzusetzen.[346]

In Bezug auf die Notwendigkeit eines sachlichen Grundes für die Befristung macht die große Mehrheit der Anbieter überdies in den AVB selbst nähere Angaben.

---

343 Gebert/Steinbeck, in: Veit/Gräfe, Versicherungsprozess, § 9 Rn. 151, unter unzulässiger Berufung auf BGH, VersR 07, 777.

344 Römer, VersR 2006, 865; Müller-Frank, BUZaktuell 2/2007, 3.

345 Mertens, in: Rüffer/Halbach/Schimikowski, HK-VVG, § 173 Rn. 9.

346 Regierungsentwurf zu § 173 VVG, BT-Drucks. 16/3945, S. 106.

Ein Teil der Versicherer erwähnt in diesem Zusammenhang lediglich, dass die Befristung nur in Einzel- oder Ausnahmefällen erlaubt ist, während eine weitere Gruppe enumerativ oder beispielhaft konkrete Gründe für die Befristung aufzählt (Tabelle, Anhang 7).

Beide Varianten dürften im Ergebnis aber den Anforderungen der h. M. in der Literatur genügen, sodass letztlich allein sechs Anbieter übrig bleiben, welche in den Befristungsregelungen tatsächlich nicht auf einen sachlichen Grund abheben.

Insofern bleibt festzuhalten, dass der eingangs dargestellten, in der Literatur kontrovers geführten Diskussion über die Erforderlichkeit eines sachlichen Befristungsgrundes wegen der faktischen Bedingungswirklichkeit ohnehin nur eine sehr geringe praktische Relevanz zukommen dürfte, sie im Ergebnis aber abgelehnt werden muss.

III. Verzicht auf befristete Anerkenntnisse

Wie in Tabelle 7 dargestellt, verzichten aktuell 23 der 89 geprüften Anbieter ausdrücklich und gänzlich darauf, überhaupt befristete Anerkenntnisse gem. § 173 Abs. 2 VVG abzugeben. Fraglich bleibt jedoch, inwiefern ein derartiges Zugeständnis – welches vor zehn Jahren ebenfalls schon ca. 20 % der Marktteilnehmer angeboten haben[347] – dem Versicherungsnehmer in der Praxis tatsächlich Vorteile bringt.

Zumindest bei den Ratingunternehmen herrscht offenbar Unklarheit darüber, wie mit dem Produktmerkmal letztlich umzugehen ist. Während zwei Anbieter den Verzicht auf zeitlich befristete Anerkenntnisse bei ihrer Produktbewertung positiv herausstellen[348], thematisiert ein Mitbewerber diese Fragestellung zwar ebenfalls, lässt sie jedoch im Ergebnis nicht bewertungsrelevant in sein Rating einfließen. Begründet wird dieser Ansatz damit, dass es in gewissen Fällen für den Versicherungsnehmer durchaus vorteilhaft sein kann, wenn durch den Versicherer eine zeitliche Befristung ausgesprochen wird.[349] Diese Feststellung ist zwar grundsätzlich richtig, trifft aber nicht den Kern des Problems. Der Verzicht auf befristete Leistungsanerkenntnisse muss allein deshalb als mehr oder weniger wertlos angesehen werden, da Versicherer genügend alternative Möglichkeiten haben, sich einem Leistungsanerkenntnis mit entsprechenden „außervertraglichen

347 Glissmann/Schulz, VW 2005, 601.

348 Franke & Bornberg, Bewertungsgrundlagen Produktrating Berufsunfähigkeitsversicherung, Stand 02.2008; Checkliste Berufsunfähigkeit, Finanztest 07/2013, 61.

349 Morgen & Morgen, BU-Leistungsbewertung, Frage A03, Version 9.01.

Vereinbarungen" zu entziehen, als dass sie auf das Angebot aus § 173 Abs. 2 VVG zurückkommen müssten.

IV. Außervertragliche Vereinbarungen

Obwohl § 175 VVG ausdrücklich abweichende Vereinbarungen von § 173 Abs. 2 VVG zum Nachteil des Versicherungsnehmers ausschließt, sollen über die einmalige Befristung hinaus, weitere zeitlich begrenzte Vereinbarungen zwischen den Parteien „zur vorläufigen Beilegung" eines Streites über das Vorliegen bedingungsgemäßer Berufsunfähigkeit möglich sein.[350]

Nach der Rechtslage des alten VVG waren die Möglichkeiten der Versicherer, derartige – ihre vertraglichen Verpflichtungen zur Abgabe einer Erklärung über die Leistungspflicht umgehende – Vereinbarungen zu treffen, durch die Rechtsprechung zunächst stark limitiert worden. Der BGH hatte mehrfach klargestellt, dass sich Versicherer auf eine Vereinbarung über die Leistungspflicht nach (behauptetem) Eintritt des Versicherungsfalls, die die vertragliche Rechtsposition des Versicherungsnehmers einschränkt, nach Treu und Glauben nicht berufen können, wenn sie den Versicherungsnehmer nicht deutlich darauf hingewiesen haben, wie sich seine Rechtsposition darstellt und in welcher Weise ein Abschluss der Vereinbarung diese einschränkt.[351]

In der Praxis wurden die vom BGH aufgestellten Anforderungen von den Versicherern nach den Erfahrungen des Verfassers kaum zur Kenntnis genommen und regelmäßig unterlaufen. Wenn Versicherungsnehmern entsprechende Angebote gemacht worden sind, wurden diese i. d. R. nicht – wie vom BGH gefordert – über die Sach- und Rechtslage bzw. über die Alternativen und über die Vor- und Nachteile einer solchen Vereinbarung aufgeklärt. Vielmehr stellte man die – nicht selten in ihrer Existenz bedrohten – Versicherungsnehmer vor die Alternative, das Angebot anzunehmen oder den Klageweg zu beschreiten. Kaum ein Versicherungsnehmer, welcher auf die Leistungen aus der Berufsunfähigkeitsversicherung angewiesen ist, konnte sich in einer solchen Situation dann einer entsprechenden Vereinbarung entziehen.

Durch die Neuregelung des § 173 Abs. 2 VVG wird letztlich allein die Position der Versicherer gestärkt, welche nunmehr sowohl bisher unzulässige befristete Anerkenntnisse abgeben und darüber hinaus aber auch weiter nach Belieben „außervertragliche Vereinbarungen" schließen dürfen. Zumindest in der Regierungsbegründung zum VVG werden keinerlei inhaltliche Anforderungen an

350 Regierungsentwurf zu § 173 VVG, BT-Drucks. 16/3945 S. 106.

351 So zuletzt BGH, VersR 2007, 633; näher dazu auch Wachholz, VersR 2003, 161.

derartige Vereinbarungen erwähnt, sodass man nur hoffen kann, dass die o. g., vom BGH aufgestellten Grundsätze[352] auch nach der neuen Rechtslage noch Gültigkeit behalten.

Wie gesehen, erlaubt die Gesetzesbegründung den Versicherern ausdrücklich, über das einmalige zeitlich begrenzte Anerkenntnis nach § 173 Abs. 2 VVG hinaus Vereinbarungen „über zunächst wiederum zeitlich begrenzte Leistungen“[353] zu treffen. Dabei gehen die Regelungsvarianten, welche in der Praxis üblich geworden sind, über die Vorstellung, welche der Gesetzgeber hatte, weit hinaus. In diesem Zusammenhang ist hier insbesondere die aktuell ausufernde Praxis zu erwähnen, dem Versicherungsnehmer nur die halbe versprochene Rente anzubieten, häufig verbunden mit dem Angebot, im Gegenzug dauerhaft auf das Nachprüfungsrecht zu verzichten.

Festzuhalten bleibt, dass sog. außervertragliche Vereinbarungen in der Regel immer durch das bestehende Ungleichgewicht der Vertragspartner möglich werden und der – nicht selten in seiner Existenz bedrohte – Versicherungsnehmer häufig schlicht gezwungen ist, auf die Offerten der Versicherer einzugehen. Die Großzügigkeit, mit der der Gesetzgeber derartige Vereinbarungen gleichwohl ausdrücklich zulässt, anstatt die Grenzen, welche der BGH bereits vor VVG-Einführung gezogen hat, gesetzlich zu fixieren, kann nur erstaunen.

In der Bedingungswirklichkeit finden sich nur ausnahmsweise Regelungen zu derartigen außervertraglichen Vereinbarungen.

> *Wir können **mit ihrem Einverständnis** zeitlich befristete Leistungen aus dem Vertrag erbringen, die nicht zurückgefordert werden. Dabei stellen wir unsere Entscheidung zurück, ob Leistungen wegen Berufsunfähigkeit anerkannt werden, weil die medizinischen und beruflichen Gegebenheiten noch nicht endgültig beurteilt werden können. Zum Ablauf des befristeten Leistungszeitraums können wir dann nach den Grundsätzen der erstmaligen Prüfung – jedoch auf unsere Kosten – überprüfen, inwieweit die Voraussetzungen für die Leistungen aus dieser Zusatzversicherung gegeben sind. Innerhalb des befristeten Leistungszeitraums verzichten wir auf eine Nachprüfung. Bis zum Ablauf der Frist ist die zeitlich begrenzte Leistungsvereinbarung für uns bindend. Zeitlich befristete Leistungen können nur einmal vereinbart werden.*[354]

Bemerkenswert an dieser Regelung ist, dass der Anbieter hier nicht „scheinheilig“ auf die Möglichkeit befristeter Anerkenntnisse verzichtet, sondern diese ausdrücklich, aber dafür als einverständliche Vereinbarung zulässt. Besonders interessant für den Anbieter dürfte sein, dass er sich mit dieser Formulierung

---

352 BGH, a. a. O.

353 Regierungsentwurf zu § 173 VVG, BT-Drucks. 16/3945, a. a. O.

354 § 5 Abs. 2 Credit Life; § 5 Abs. 2 Rheinland.

gleichwohl die Privilegierung des § 173 Abs. 2 VVG erhält, insb. da die Voraussetzungen des „sachlichen Grundes“ ebenfalls ausdrücklich erwähnt werden. In einer hier angesprochenen einverständlichen Gewährung befristeter Leistungen muss der Versicherer dann nicht die Anforderungen des BGH umsetzen und über die Nachteile der Regelung gegenüber einem bedingungsgemäßen Anerkenntnis aufklären.

V. Fazit

Die Regelung des § 173 Abs. 2 VVG mag zwar der Möglichkeit aufeinanderfolgender, zeitlich begrenzter, einseitiger Leistungszusagen ein Ende gesetzt haben, jedoch war diese auch vor der VVG-Reform in den wenigsten Bedingungswerken überhaupt vereinbart und auch in diesen Fällen gleichwohl mit einer Gesamthöchstdauer bedacht.

Auf das eigentliche Problem der dem Versicherungsnehmer aufgrund seiner schwächeren Vertragsposition diktierten außervertraglichen Vereinbarungen wird hingegen nicht eingegangen. Hier hätten die von der BGH-Rechtsprechung gemachten Vorgaben, den Versicherungsnehmer deutlich darauf hinzuweisen, wie sich seine Rechtsposition darstellt und in welcher Weise ein Abschluss einer solchen Vereinbarung sie einschränkt, umgesetzt werden können, was vertan worden ist. Stattdessen liefert die Gesetzesbegründung eher Hinweise dafür, dass die vom BGH aufgestellten Anforderungen[355] nach Einführung des neuen VVG ggf. keine Gültigkeit mehr besitzen, was eine fatale Entwicklung darstellen würde.

355 BGH, VersR 2007, 633.

6. Kapitel: Verweisung

Wenn feststeht, dass der Versicherte dauerhaft außerstande ist, seinem zuletzt ausgeübten Beruf, so wie er ohne gesundheitliche Beeinträchtigung ausgestaltet war, weiter nachzugehen, kann im Bedingungswerk zusätzlich vereinbart werden, dass der Versicherer darüber hinaus nur dann leistungspflichtig wird, wenn der Versicherte überdies außerstande ist, eine andere Tätigkeit auszuüben, zu der er aufgrund seiner Ausbildung und Fähigkeiten in der Lage ist und die seiner bisherigen Lebensstellung entspricht.[356]

Diese Regelung wird mit dem Begriff der sog. „abstrakten Verweisungsmöglichkeit" umschrieben und ist grundsätzlich vom Begriff der sog. „konkreten Verweisungsmöglichkeit" zu unterscheiden, welche nur dann eingreift, wenn der Versicherungsnehmer eine andere Tätigkeit tatsächlich konkret ausübt. Obwohl die Termini „abstrakte Verweisung" und „konkrete Verweisung" in den AVB-BUV/BUZ vor der Deregulierung keine wörtliche Erwähnung fanden und zunächst lediglich „Fachsprache" geblieben sind[357], wurden die Begrifflichkeiten im danach einsetzenden Bedingungswettbewerb zunehmend Bestandteil der AVB, was der Transparenz dieser sicherlich zuträglich war. Seit der VVG-Reform ist die Zulässigkeit von Verweisungsregelungen nunmehr ausdrücklich in § 172 Abs. 3 VVG ausgestaltet.

§ 1: Gegenstand der Verweisungstätigkeit

Traditionell geben die Bedingungen in der Berufsunfähigkeitsversicherung – zunächst unabhängig davon, ob es sich um die abstrakte oder konkrete Verweisungsprüfung handelt – eine Prüfung auf zwei Ebenen vor.

Zum einen muss der Versicherte aufgrund seiner Ausbildung oder Erfahrung bzw. Kenntnisse und Fähigkeiten in der Lage sein, den Anforderungen des Verweisungsberufes gerecht zu werden. Zum anderen muss die dem Versicherten zugemutete Tätigkeit auch seiner erreichten sog. Lebensstellung entsprechen.

356 § 2 Abs. 1 MB-BUV/BUZ 2012; interessanterweise sehen erstmals diese Verbandsempfehlungen die Vereinbarung einer abstrakten Verweisungsmöglichkeit als Option bzw. Ausnahme von der Regel vor, während bis zur Generation 2010 der Verzicht auf die abstrakte Verweisung als Ausnahme- bzw. Optionsregelung vorgesehen war.

357 Richter, Berufsunfähigkeitsversicherung, S. 246.

I. „Ausbildung, Erfahrung, Kenntnisse und Fähigkeiten"

Nach der grundsätzlichen Regelungssystematik in der Berufsunfähigkeitsversicherung darf eine angetragene abstrakte Verweisungstätigkeit dem Versicherten nicht mehr und nicht weniger an Kenntnissen zumuten, als bei diesem nach seiner „Ausbildung und Erfahrung" bzw. „Ausbildung und Fähigkeiten" oder auch nach seinen „Kenntnissen und Fähigkeiten" als gegeben anzunehmen ist. Ausbildung, Erfahrung, Kenntnisse und Fähigkeiten stellen somit eine Ober- aber auch Untergrenze für die Verweisbarkeit des Versicherten dar.[358]

In Bezug auf eine nicht zu überschreitende Niveauobergrenze wird dem Versicherungsnehmer eine angemessene Einarbeitungszeit in die neue Tätigkeit zugemutet, die im Regelfall jedoch nicht länger als maximal sechs Monate währen darf.[359] Als formale Untergrenze bei der Vergleichbarkeit der alten mit der neuen Verweisungstätigkeit wird zunächst das Ausbildungsniveau angesehen[360], wobei sich dieses nicht zwangsläufig in bestimmten Abschlüssen widerspiegeln muss.[361] Darüber hinaus wird die Untergrenze der Verweisbarkeit i. d. R. zusätzlich durch die sog. „Lebensstellung" markiert, jedoch bestimmt sich diese nach anderen Kriterien, worauf noch einzugehen ist.

Zunächst bleibt festzuhalten, dass die Begrifflichkeiten, welche die Einordnung und Kategorisierung des ausgesprochenen Verweisungsberufs letztlich ermöglichen sollen, für den durchschnittlichen Versicherungsnehmer von nicht unmaßgeblicher Bedeutung sind. Allerdings bietet die aktuelle Bedingungswirklichkeit hier ein eher uneinheitliches Bild.

1. Die aktuelle Bedingungswirklichkeit

Nachdem die MB-BUV/BUZ zunächst generell auf das Begriffspaar „Ausbildung und Erfahrung" abstellten, hat sich die Formulierung auch nach Deregulierung zunächst weiter behauptet. Nach Einführung von § 172 Abs. 3 VVG folgen unterdessen 16 Anbieter dem Gesetzesvorschlag und stellen bei der Definition der Berufsunfähigkeit darauf ab, dass eine konkrete oder abstrakte Verweisungstätigkeit der „Ausbildung und den Fähigkeiten" des Versicherungsnehmers entsprechen muss (siehe Tabelle, Anhang 3). Im Rahmen der Erläuterung des Begriffs

---

358 Mertens, in: Rüffer/Mertens/Schimikowski, § 172 Rn. 66 VVG; a. A. Lücke, in: Prölss/Martin, § 2 Rn. 42 BU, welcher die als Untergrenze allein die Lebensstellung betrachtet.

359 OLG Saarbrücken, VersR 2009, 971.

360 BGH, VersR 1999, 1134.

361 OLG Hamm, VersR 1994, 417.

Lebensstellung wird fast ausschließlich mit dem Begriffspaar „Kenntnisse und Fähigkeiten" gearbeitet, während bei der abstrakten Verweisung im Rahmen der Ausscheideregelungen wiederum alle Varianten Anwendung finden.

Grundsätzlich werden in allen geprüften Bedingungswerken drei Begriffspaare verwandt, welche jedoch zum Teil auch miteinander kombiniert werden (Tabelle, Anhang 3):

Ausbildung und Erfahrung

Mit dieser Zusatzversicherung bieten wir Versicherungsschutz für den Fall der Berufsunfähigkeit. Berufsunfähigkeit im Sinne dieser Bedingungen liegt vor, wenn die versicherte Person voraussichtlich dauernd - das bedeutet voraussichtlich mindestens drei Jahre - infolge Krankheit, Körperverletzung oder Kräfteverfalls, die ärztlich nachzuweisen sind, außerstande ist, ihren zuletzt ausgeübten Beruf, so wie er ohne gesundheitliche Beeinträchtigung ausgestaltet war, oder eine andere Tätigkeit auszuüben, die aufgrund ihrer ***Ausbildung und Erfahrung*** *ausgeübt werden kann und ihrer bisherigen Lebensstellung entspricht.*[362]

Ausbildung und Fähigkeiten

Vollständige Berufsunfähigkeit im Sinne dieser Bedingungen liegt vor, wenn und solange die versicherte Person infolge Krankheit, Körperverletzung oder Kräfteverfalls, was jeweils ärztlich nachzuweisen ist, voraussichtlich mindestens sechs Monate außerstande ist, ihren zuletzt ausgeübten Beruf, so wie er ohne gesundheitliche Beeinträchtigungen ausgestaltet war, oder eine andere Tätigkeit auszuüben, die aufgrund ihrer ***Ausbildung und Fähigkeiten*** *ausgeübt werden kann und ihrer bisherigen Lebensstellung entspricht.*[363]

Kenntnisse und Fähigkeiten

Vollständige Berufsunfähigkeit im Sinne dieser Bedingungen liegt vor, wenn und solange die versicherte Person infolge Krankheit, Körperverletzung oder Kräfteverfalls, die ärztlich nachzuweisen sind, voraussichtlich mindestens sechs Monate ununterbrochen außerstande sein wird, ihren Beruf auszuüben und auch keine andere Tätigkeit ausübt. Eine andere Tätigkeit ist gegeben, wenn sie den ***Kenntnissen und Fähigkeiten*** *der versicherten Person entspricht.*[364]

Darüber hinaus existieren - wie die Auswertung, Anhang 3 zeigt - diverse Abwandlungen, welche die Begriffspaare miteinander mischen; dabei handelt es sich im Wesentlichen um folgende Variationen:

Ausbildung und Erfahrung, mindestens aber Kenntnisse und Fähigkeiten

Übt die versicherte Person eine andere ihrer ***Ausbildung, Erfahrung*** *und bisherigen Lebensstellung entsprechende berufliche Tätigkeit konkret aus, liegt keine Berufsunfähigkeit vor.*

362 B 1.1. Europa BUV.
363 § 3 Abs. 1 Concordia BUZ.
364 § 2 Abs. 1 Heidelberger Leben.

*Als eine der **Ausbildung und der Erfahrung** sowie der bisherigen Lebensstellung in wirtschaftlicher und sozialer Hinsicht entsprechende Tätigkeit wird dabei nur eine solche Tätigkeit angesehen, die keine deutlich geringeren **Kenntnisse und Fähigkeiten** erfordert und auch hinsichtlich Vergütung und Wertschätzung nicht spürbar unter dem Niveau des bislang ausgeübten Berufs liegt.*[365]

Ausbildung und Fähigkeiten, mindestens aber Kenntnisse und Fähigkeiten

*Als eine der **Ausbildung und den Fähigkeiten** entsprechende Tätigkeit wird dabei nur eine solche Tätigkeit angesehen, die keine deutlich geringeren **Kenntnisse und Fähigkeiten** erfordert.*[366]

Kenntnisse und Fähigkeiten, begrenzt auf Ausbildung und Erfahrung

*Berufsunfähigkeit liegt dagegen nicht vor, wenn die versicherte Person eine andere Tätigkeit ausübt, die ihren **Kenntnissen und Fähigkeiten** sowie ihrer bisherigen Lebensstellung entspricht. Die zu berücksichtigenden Kenntnisse und Fähigkeiten sind auf die **Ausbildung und Erfahrung** begrenzt.*[367]

Während den in der ersten Gruppe vorgestellten Klauselvarianten noch eine Struktur zu entnehmen ist, da letztlich immer auf eines der gängigen drei Begriffspaare rekurriert wird, ist bei den Varianten der zweiten Gruppe kein System mehr erkennbar. Wird z. B. darauf abgestellt, der Verweisungsberuf komme nur dann in Frage, wenn er den Kenntnissen und Fähigkeiten des Versicherungsnehmers entspricht, ergibt es keinen Sinn, im nächsten Satz darauf hinzuweisen, dass die Kenntnisse und Fähigkeiten auf Ausbildung und Erfahrung begrenzt sind, ohne dass klargestellt wird, wie sich die Begriffspaare inhaltlich unterscheiden.

Zu beachten ist in diesem Zusammenhang, dass es der Gesetzgeber war, der in § 172 Abs. 3 VVG für die Definition der Verweisung nunmehr ein weiteres Begriffspaar, nämlich „Ausbildung und Fähigkeiten" eingeführt hat, ohne dass zunächst ersichtlich wird, warum man von den tradierten Begriffspaaren „Ausbildung und Erfahrung" bzw. „Kenntnisse und Fähigkeiten" abgewichen ist.[368]

365 § 2 Abs. 1 Zürich.

366 § 2 Abs. 1 WWK Komfort.

367 § 2 Abs. 1 Cosmos Comfort.

368 Weder der Zwischenbericht noch der Regierungsentwurf zum VVG gehen auf die neue Begrifflichkeit ein.

2. Konsequenzen aus der unterschiedlichen Begriffsverwendung

a) Streitstand

Nach der wohl noch herrschenden Auffassung in der Literatur ist die „Durchmischung" der Begriffspaare in den einzelnen Bedingungswerken ohne Belang, da sich aus ihrer verschiedenen Verwendung angeblich keine inhaltlichen Unterschiede ergeben;[369] insofern sollen die beiden Begriffspaare „Ausbildung und Erfahrung" sowie „Kenntnisse und Fähigkeiten" synonym zu betrachten sein.[370] Müller-Frank beruft sich in diesem Zusammenhang auf die BGH-Rechtsprechung, welche er so auslegt, dass der BGH die „Kenntnisse und Fähigkeiten" eines Versicherten offenbar als Teilmenge des Begriffs Erfahrung verstanden wissen will.[371] Ob man den BGH tatsächlich so verstehen kann, muss offenbleiben; zumindest wird nicht klar angesprochen, ob zwischen „Ausbildung und Erfahrung" und „Kenntnissen und Fähigkeiten" zu unterscheiden ist. Vielmehr wird in dem zitierten BGH-Urteil überdies noch von „Erfahrungen und Fähigkeiten" gesprochen, was es nicht leichter macht, den Überblick zu behalten.[372]

In der Rechtsprechung des BGH spielt es offenbar ohnehin eine untergeordnete Rolle, welche Termini in den Bedingungen Verwendung finden. So stellt der BGH in einem Urteil, dessen Feststellungen die vorabgenehmigten MB-BUZ 75 mit dem Begriffspaar „Ausbildung und Erfahrung" zugrunde lagen, fest, dass es in dem dort zu prüfenden Sachverhalt nicht maßgebend auf den „Gesellen" als formalen Abschluss einer Ausbildung ankommen kann, sondern daneben auch Kenntnisse, Fähigkeiten und Erfahrungen berücksichtigungsfähig sein sollen, die über das hinausreichen, was der Versicherte bei seiner bisherigen Berufsausübung tatsächlich einsetzen musste. Dabei soll es keine Rolle spielen, auf welchem

---

369 Höra, in: MAH Versicherungsrecht, § 26 Rn. 113, unter nicht nachvollziehbarer Berufung auf BGH, VersR 1986, 1113; sich dem anschließend Dunkel, in: Handbuch Versicherungsrecht, § 15 Rn. 260.

370 Mertens, in: Rüffer/Halbach/Schimikowski, HK-VVG, § 172 Rn. 60, Rixecker, in: Beckmann/Matusche-Beckmann, Versicherungsrechtshandbuch, § 46 Rn. 101, unklar.

371 Müller-Frank, Aktuelle Rechtsprechung, S. 76.

372 BGH, VersR 1986, 1113: „[…] Die gebotene Berücksichtigung der bisherigen Lebensstellung des Versicherten sondert Tätigkeiten aus, deren Ausübung deutlich geringere Erfahrungen und Fähigkeiten erfordert als der bisherige Beruf. Die Lebensstellung eines Erwerbstätigen wird von der Qualifikation seiner Erwerbstätigkeit beeinflusst, und diese orientiert sich ebenso wie die Vergütung dieser Tätigkeit wiederum daran, welche Kenntnisse und Fähigkeiten die ordnungsgemäße und sachgerechte Ausübung dieser Tätigkeit voraussetzt."

Wege die vorhandenen Kenntnisse, Fähigkeiten und Erfahrungen erlangt worden sind.[373]

Nach einer anderen Meinung widersprechen Bedingungen, welche auf Kenntnisse und Fähigkeiten anstatt auf Ausbildung und Fähigkeiten abstellen, zwar der Definition des § 172 Abs. 3 VVG, weichen jedoch nicht so stark vom gesetzlichen Leitbild ab, als dass sie deswegen unwirksam würden.[374]

Eine dritte Auffassung betont schließlich, dass das Begriffspaar „Kenntnisse und Fähigkeiten" wesentlich weiter gefasst sein soll als „Ausbildung und Erfahrung" und mangels konkreter beruflicher Anknüpfungspunkte nur dann einen sinnvollen Maßstab für die Beurteilung der Verweisungstätigkeit darstellen kann, wenn der Versicherte nicht mehr berufstätig ist. Der generelle Ersatz dieses Begriffspaars „Ausbildung und Erfahrung" durch „Kenntnisse und Fähigkeiten" würde jedoch eine Abkehr von einem wesentlichen Kennzeichen der Berufsunfähigkeitsversicherung bedeuten. Maßgeblich sollen vielmehr bestimmte, aus der spezifischen Ausbildung und dem konkreten Berufsleben des Versicherten folgende Kenntnisse und Fähigkeiten sein.[375]

b) Analyse der Begrifflichkeiten

Im Ergebnis stellt sich die Frage, ob der unterschiedliche Gebrauch der Begrifflichkeiten konkrete Auswirkungen auf die Verweisungspraxis hat. Sollten alle Begriffe – wie z. T. vertreten – letztlich die gleiche Bedeutung besitzen, könnte es wegen der dispositiv ausgestalteten Regelung des § 172 Abs. 3 VVG offenbleiben, auf welches Begriffspaar der jeweilige Anbieter im Zweifel abhebt. Die oben festgestellte Vermischung immer neuer Begrifflichkeiten in einer Definition trüge dann zwar nicht zur Klarheit und Verständlichkeit bei, jedoch wäre der eher zufällige Gebrauch von gleichbedeutenden Begriffspaaren aber durch § 172 Abs. 3 VVG legitimiert und würde keine relevante Abweichung vom gesetzlichen Leitbild bedeuten.

Aufschluss kann hier allein die genaue Analyse der Wortbedeutung eines jeden einzelnen Merkmals bringen.

a) Ausbildung

Unter dem Begriff *Ausbildung* wird der Prozess planmäßiger und zielgerichteter Vermittlung von Kenntnissen und Fertigkeiten sowie der Entwicklung von

---

373 BGH, VersR 1993, 1472.

374 Neuhaus, Berufsunfähigkeitsversicherung, Kap. H Rn. 128.

375 Benkel/Hirschberg, § 2 Rn. 93 BUZ 2008, unter Berufung auf Stalinsky VerBAV 1990, 548.

Fähigkeiten als Voraussetzung für eine bestimmte Tätigkeit (einen bestimmten Beruf) verstanden.[376]

b) Erfahrung

Als Erfahrung wird die bei praktischer Arbeit oder durch Wiederholen einer Sache gewonnene Kenntnis bzw. Routine bezeichnet.[377]

c) Kenntnisse

Unter dem Begriff *Kenntnisse* wird schließlich das sog. Fach-, Sach- und Erfahrungswissen zusammengefasst[378], sodass dieser als der Oberbegriff für die Teilmengen (Berufs-)Ausbildung und Erfahrung gelten muss.

Auch der von Neuhaus vertretenen Auffassung, dass Bedingungen, welche (nur) auf das Begriffspaar „Kenntnisse und Fähigkeiten" abstellten, vom Leitbild des § 172 Abs. 3 VVG – wenn auch noch hinnehmbar – abweichen, ist somit zu widersprechen. Vielmehr ist die „Ausbildung" eine Teilmenge der erworbenen „Kenntnisse", wodurch überhaupt keine Abweichung vom Leitbild des VVG bestehen kann.

d) Fähigkeiten

Dem Komplex *Kenntnisse,* welcher *Ausbildung und Erfahrung* umfasst, steht jedoch der Begriff der *Fähigkeiten* gegenüber, welcher zunächst die natürliche Begabung, das Können und die Tüchtigkeit eines Menschen beinhaltet.[379] Zwar weist eine andere Definition darauf hin, dass bei den Fähigkeiten im Unterschied zur Begabung, bei der die angeborenen Bedingungen allein im Vordergrund stehen, zumindest gleichwertig auch solche Bedingungen einzuschließen sind, die auf Lernprozesse zurückgehen.[380] Aber selbst wenn man zugesteht, dass beim Begriff der Fähigkeiten die auf Lernprozessen basierenden Kenntnisse wiederum eine Teilmenge des Oberbegriffs sein sollen, so bleibt festzuhalten, dass Eigenschaften wie Talent, Begabung, Neigung oder Veranlagung allein dem Begriff der Fähigkeiten zugeschrieben werden müssen und diese somit gegenüber dem Komplex der aus Ausbildung und Erfahrung zusammengesetzten Kenntnisse ein Alleinstellungsmerkmal aufweisen.

376 Brockhaus, 21. Aufl., 2006.

377 Duden, Deutsches Universalwörterbuch, 7. Aufl.

378 Ebenda.

379 Wahrig, Deutsches Wörterbuch, 9. Aufl.

380 Brockhaus, 21. Aufl., 2006.

Unter Berücksichtigung der herausgearbeiteten Inhalte der o. g. Begrifflichkeiten ergibt sich folgendes Schaubild:

<table>
<tr><th colspan="2">Kenntnisse</th><th colspan="2">Fähigkeiten</th></tr>
<tr><td>Ausbildung</td><td colspan="2">Erfahrung</td><td>Anlagen</td></tr>
</table>

Wenn also in Bedingungswerken auf Fähigkeiten abgestellt wird, so sind darunter – neben den Erfahrungen – auch die anlagebedingten Möglichkeiten zu verstehen, welche sich der Versicherungsnehmer gerade nicht durch Ausbildung und Erfahrung aneignen kann, sondern die vielmehr unter dem Begriff Begabung oder Talent zu fassen sind. Hierin ist der entscheidende Unterschied zu den Kenntnissen zu sehen, welche von den Begriffen Ausbildung und Erfahrung determiniert sind.

c) Praktische Auswirkungen

Die unterschiedliche Verwendung der Begrifflichkeiten kann in der Verweisungspraxis eine entscheidende Rolle spielen.

Illustriert werden soll die Relevanz dieses Problems an einem „Klassiker" im Bereich der abstrakten Verweisung, nämlich der Verweisung eines berufsunfähigen, vormals körperlich tätigen Handwerkers auf die Tätigkeit des Verkäufers oder Beraters. Symptomatisch ist hier der bereits entschiedene Fall[381] eines Fahrzeuglackierers, der aufgrund seiner Ausbildung und Erfahrung auf eine Tätigkeit als Fachverkäufer abstrakt verwiesen worden ist. Der Versicherte hatte eine Berufsausbildung abgeschlossen und verfügte über langjährige Berufserfahrungen als Lackierer. Der Versicherer verwies den Versicherungsnehmer u. a. abstrakt auf die Tätigkeit als Fachverkäufer in einem Bau- oder Heimwerkermarkt oder in einem Fachgeschäft für Farben und Lacke, da ihm in diesen Bereichen seine besonderen Erfahrungen als Lackierer zugutekämen. Dies wurde vom Kammergericht bestätigt. Eine soziale Kompetenz im Umgang mit Kunden sei nicht erforderlich; soweit Umgangsformen in Betracht kommen, gehörten diese zum Allgemeingut.

Dieser Auffassung ist das OLG Braunschweig in einer anderen Entscheidung zwar mit der Begründung entgegengetreten, dass Inhalt der Ausbildung eines Verkäufers gerade auch die Fähigkeit sei, Ware an den Mann zu bringen und ein Handwerker über diese Kompetenz nicht per se verfüge;[382] jedoch bildet auch

381 KG, VersR 1995, 1473.

382 OLG Braunschweig, VersR 2000, 620; ähnlich OLG Karlsruhe, VersR 2000, 1401.

diese Entscheidung allenfalls die Teilmenge des Begriffs der Fähigkeiten ab, welche erlernbar sind. Letztlich ist die Fähigkeit eines Menschen, „Ware an den Mann zu bringen" nämlich nur in Bezug auf notwenige kaufmännische und ggf. auch verkaufspsychologische Kenntnisse erlernbar. Nicht oder nur sehr bedingt erlernbar sind hingegen die angeborene Neigung und das Talent, mit anderen zu kommunizieren. Bekanntermaßen geht das, was dem einen als Verkäuferbegabung in die Wiege gelegt worden ist, dem anderen komplett ab und dieser hat sich ggf. nicht ohne Grund dazu entschlossen, einen Handwerks- und gerade keinen Verkaufsberuf zu ergreifen.

In diesem Zusammenhang ließ sich noch eine Vielzahl weiterer Verweisungsbeispiele aufzählen, in denen Versicherer über individuelle Neigungen und Anlagen, welche für den Versicherungsnehmer prägend für die Wahl und die Ausübung seines Berufes waren, hinweggehen. Dies mag dann vertretbar sein, wenn in den Bedingungen allein auf „Ausbildung und Erfahrung" abgestellt wird. Wenn jedoch „Kenntnisse und Fähigkeiten" oder gem. § 172 Abs. 3 VVG „Ausbildung und Fähigkeiten" maßgebend sein sollen, kann diese Lesart nicht mehr greifen, da dann auch die individuellen Anlagen, welche allein von dem Oberbegriff „Fähigkeiten" erfasst werden, zu berücksichtigen sind.

3. *Fazit*

Im Unterschied zur Verwendung des Begriffspaares „Kenntnisse und Fähigkeiten" liegt also bei der Verwendung der tradierten Formulierung „Ausbildung und Erfahrung" eine tatsächliche und inhaltlich bedeutsame Abweichung vom gesetzlichen Leitbild zum Nachteil des Versicherungsnehmers vor.

In dem der Versicherer individuelle Anlagen und Neigungen grundsätzlich nicht zu berücksichtigen hat, ermöglicht ihm die Verwendung der alten Begrifflichkeit eine erhebliche Ausweitung der Verweisungsmöglichkeiten, welche mit dem Wortlaut des Gesetzes nicht mehr in Einklang gebracht werden kann. Auch das in diesem Zusammenhang geäußerte Argument, allgemeine Qualifikationsmerkmale, wie kommunikative Fähigkeiten oder kundenbezogenes Verhalten müssten als selbstverständlich unterstellt werden, da anderenfalls der Manipulation Tür und Tor geöffnet wären[383], kann zu keiner anderen Betrachtung führen. Wenn in den Bedingungen auf „Fähigkeiten" und somit auch auf individuelle Neigungen und Anlagen abgestellt wird, so muss es dem Versicherungsnehmer möglich sein, sich darauf zurückziehen zu können, dass diese

383 Mertens, in: Rüffer/Mertens/Schimikowski, § 172 Rn. 65, unter Berufung auf KG, VersR 1995, 1473; OLG Saarbrücken, VersR 2003, 50.

u. U. nicht vorliegen, ohne dass ihm hier Manipulation vorgeworfen werden kann. Zumindest ist die Beweislast für eine gegenteilige Behauptung dem Versicherer zuzuschreiben, womit dieser regelmäßig scheitern dürfte.

Die Rechtslage wird schließlich in das Gegenteil verkehrt, wenn Versicherer in ihrer Produktwerbung behaupten, es wäre ein Vorteil, wenn die Begriffsdefinition der Berufsunfähigkeit auf „Ausbildung und Erfahrung" begrenzt wird.[384] Ähnlich verhält es sich, wenn ein Anbieter im Premiumtarif auf das nachteilige Begriffspaar „Ausbildung und Erfahrung" und im Basistarif auf „Ausbildung und Fähigkeiten" abstellt.[385] Anhand beider Beispiele wird klar, dass auf der Anbieterseite offenbar grundsätzliche Missverständnisse im Umgang mit den Begrifflichkeiten bestehen, welche von Rechtsprechung und Literatur bisher nicht ansatzweise hinterfragt bzw. aufgearbeitet worden sind.

II. Lebensstellung

Die zweite Konkretisierung des Verweisungsbegriffs erfolgt mit dem Begriff der sog. „Lebensstellung", auf den durchweg alle geprüften Bedingungswerke abheben und welcher ebenfalls in § 172 Abs. 3 VVG perpetuiert wird.

Während – wie unter § 1 I gesehen – die durchmischte Verwendung der Begriffspaare „Ausbildung und Erfahrung", „Ausbildung und Fähigkeiten" sowie „Kenntnisse und Fähigkeiten" für den durchschnittlichen Versicherungsnehmer zumindest als verwirrend, wenn nicht gar als intransparent angesehen werden muss, dürfte dessen Vorstellungskraft dahin gehend, was sich unter dem Begriff „Lebensstellung" verbirgt, letztlich mehr oder weniger versagen. In der anwaltlichen Praxis bestätigt sich immer wieder von Neuem, dass auf Versicherungsnehmerseite keinerlei exakte Vorstellung darüber herrscht, was sich hinter diesem Begriff an Handhabbarem verbirgt. Umso mehr erstaunt es, dass ein derartig auslegbarer Begriff nunmehr in den Formulierungsvorschlag des § 172 Abs. 3 VVG Aufnahme gefunden hat.

Der Ausdruck „Lebensstellung" soll nach Auffassung der Rechtsprechung grundsätzlich die Stellung des Versicherungsnehmers in der Gesellschaft umschreiben, soweit dafür der letzte ausgeübte Beruf bedeutsam war und ist.[386] Nach gefestigter BGH-Rechtsprechung soll die Tätigkeit, auf die der Versicherte

384 Die Bayerische Lebensversicherung-AG: Alle Vorteile der Berufsunfähigkeitsabsicherung, http://www.diebayerische.de//unser_angebot/von_a_bis_z/berufsunfaehigkeits-versicherung/vorteile/ (24.06.13).

385 Ergo Direkt.

386 OLG Bremen, r+s 2011, 343.

verwiesen wird, weder nach ihrer Vergütung noch nach ihrer Wertschätzung „spürbar unter das Niveau des bislang ausgeübten Berufs“ absinken dürfen.[387]

Diese beiden von der BGH Rechtsprechung anerkannten Komponenten, welche die Grenze für die Verweisbarkeit eines Versicherten darstellen sollen, sind für den durchschnittlichen Versicherten mit dem Wort „Lebensstellung“ nicht aus sich selbst heraus erklärbar.

Aus diesem Grund legen Ratingunternehmen auch einen gewissen Wert darauf, dass dieser Begriff in den Bedingungswerken näher beschrieben wird. Die Anforderungen an die Beschreibung sind jedoch offenbar nicht besonders hoch. So verweisen Morgen & Morgen darauf, dass nach der derzeitigen Rechtsprechung die Lebensstellung sowohl wirtschaftlich (Einkommenshöhe) als auch sozial (Wertschätzung) zu sehen sei, und werten die Frage als „voll erfüllt“, wenn diese beiden Punkte in den Bedingungen aufgeführt sind.[388] Noch tiefer legen Franke & Bornberg die Anforderungen, welche in ihren Erläuterungen lediglich angeben, dass die Definition des Begriffs Lebensstellung „eine Rolle“ spielt.[389]

Die Analyse der Verweisungsklauseln (Tabelle, Anhang 9) bringt zum Tragen, dass die allermeisten Anbieter der gesetzlichen Regelung des § 172 Abs. 3 VVG im Interesse des Verbraucherschutzes voraus sind und nur insgesamt vier Anbieter sich allein an dem Vorschlag des § 172 Abs. 3 VVG bzw. der Verbandsempfehlung orientieren und den Begriff „Lebensstellung“ singulär und ohne weitere Erläuterung gebrauchen. Alle anderen Versicherer sind in der einen oder anderen Form um zusätzliche Transparenz bemüht und versuchen den Begriff näher zu umschreiben, wie im Folgenden zu zeigen ist. Bei der Ausformung der „Lebensstellung“ unterteilen die marktüblichen Bedingungswerke grundsätzlich zwei Kategorien, welche i. d. R. mit den Begriffen Wertschätzung bzw. Vergütung umschrieben werden.

1. *Wertschätzung*

Als eine der Ausbildung und den Fähigkeiten sowie der bisherigen Lebensstellung in wirtschaftlicher und sozialer Sicht entsprechende Tätigkeit wird dabei nur eine solche Tätigkeit angesehen, die keine deutlich geringeren Kenntnisse und Fähigkeiten erfordert und auch in

387 BGH, VersR 1986, 1113.

388 Morgen & Morgen, LV-WIN Version 8.10, Erläuterung Ratingfrage 18 Definition der „bisherigen Lebensstellung“.

389 Franke & Bornberg, Bewertungsrichtlinien zum BU-Produktrating, 2/2008; Test Berufsunfähigkeitsversicherungen, ÖKO-TEST 4/2012, 102.

ihrer Vergütung und Wertschätzung nicht spürbar unter das Niveau der bislang ausgeübten beruflichen Tätigkeit absinkt.[390]

Wie der Auswertung in Anhang 9 entnommen werden kann, beschränkt sich im Bereich der „Wertschätzung" ein Großteil der Anbieter auf die bloße Verwendung dieses Begriffs bzw. die Ausschmückung mittels des Attributes „soziale" Wertschätzung. Zum Teil werden auch die Begriffe „Ansehen" bzw. „soziales Ansehen" oder „gesellschaftliches Ansehen" statt Wertschätzung gebraucht bzw. erwähnt, dass der Begriff Lebensstellung auch in „sozialer Hinsicht" zu verstehen ist. In der Verwendung dieser Umschreibungen bzw. Attribute ist durchaus ein Bemühen der Anbieter zu erkennen, den Begriff der Wertschätzung für den Versicherungsnehmer handhabbarer zu machen; jedoch bleibt offen, von welchem Verständnishorizont der durchschnittliche Versicherungsnehmer ausgeht.

Nach einer Ansicht geht es bei der Einordnung der sozialen Wertschätzung nicht um das vom Versicherungsnehmer erworbene persönliche Ansehen der Gesellschaft in seiner bisherigen Tätigkeit, sondern allein um die allgemeine Wertschätzung, welche jedem durch die Zugehörigkeit zu einer bestimmten Berufsgruppe oder einem bestimmten Berufsstand verliehen wird.[391] Ob eine Tätigkeit hinsichtlich ihrer sozialen Wertschätzung dem Niveau der bisherigen Tätigkeit entspricht, soll allein danach beantwortet werden, welches Ansehen der Beruf des Versicherten in der Öffentlichkeit genießt und nicht danach, wie z. B. der Kollegenkreis des Versicherten die Tätigkeit einschätzt. Bei einem Abstellen auf das konkrete soziale Umfeld des Versicherten wäre nicht bestimmbar, welche Personen für die Einschätzung überhaupt maßgeblich sind und wie diese die Tätigkeit einschätzen. Indikatoren für das Ansehen oder die Wertschätzung durch die Gesellschaft sollen u. a. die gesellschaftliche Bedeutung des Berufs, eine damit verbundene Vertrauens- oder Vorgesetztenstellung, die Selbstständigkeit der Tätigkeit und der erforderliche Grad der Ausbildung sein.[392]

Fraglich ist, ob dieser abstrakt-generelle Maßstab hier tatsächlich angelegt werden kann, bestimmt sich doch die Lebensstellung aus Sicht des durchschnittlichen Versicherungsnehmers ganz wesentlich anhand seiner eigenen beruflichen Karriere im konkreten sozialen Umfeld und nicht abstrakt. Selbst wenn man unterstellt, dass dem durchschnittlichen Versicherungsnehmer bekannt wäre, dass die Wertschätzung eine Komponente des Begriffs der Lebensstellung

---

390 § 2 Abs. 4 Nürnberger Leben (Basis).

391 OLG Frankfurt, VersR 2007, 1358, unter Berufung auf OLG Nürnberg, NVersZ 1998, 119; Mertens, in: Rüffer/Halbach/Schimikowski, HK-VVG, § 172 Rn. 72.

392 Voit, Berufsunfähigkeitsversicherung, Rz. 372.

darstellt, erschließt sich ihm nicht, dass es sich hierbei allein um eine abstrakte Wertschätzung handeln soll, welche der Einzelne nur durch den Erwerb einer bestimmten beruflichen Qualifikation bzw. durch die Zugehörigkeit zu einer bestimmten Berufsgruppe erfährt. Mit derselben Berechtigung könnte der Versicherungsnehmer zu der Annahme kommen, dass es sich hierbei um die ganz persönliche Wertschätzung handelt, welche ihm z. B. durch seinen Aufstieg im eigenen Unternehmen, d. h. im unmittelbaren sozialen Umfeld widerfährt.

Zu Recht wird in diesem Zusammenhang darauf hingewiesen, dass die Frage, auf welche Sichtweise es im Ergebnis ankommen soll, weiterhin ungeklärt ist und damit zusammenhängt, dass es einerseits Berufsgruppen gibt, deren sozialer Status mehr oder weniger bundeseinheitlich und standardisiert betrachtet werden kann, wie z. B. Arzt, Richter, Offizier oder Pfarrer und dass andererseits Berufe existieren, welche keine derart typisierte Einordnung erlauben, sodass deren Wertschätzung im konkreten sozialen und betrieblichen Umfeld bewertet werden muss.[393] Hierbei soll es dann zum einen auch auf kleinere Unterschiede in der Qualifikation[394] als auch darauf ankommen, in welcher konkreten Wohn-, Bildungs- und Einkommenssituation sich der Versicherte befindet.[395] So kann es z. B. in der Situation eines kleineren Gießereibetriebes – auch auf der Ebene der ungelernten Arbeiter – einen entscheidenden Unterschied ausmachen, ob der Versicherte als „Schmelzer" oder als Gabelstaplerfahrer tätig ist.[396]

Nach der unterdessen wohl herrschenden Auffassung ist also die Lebensstellung im Zweifel immer im konkreten sozialen bzw. betrieblichen Kontext des Versicherungsnehmers zu bestimmen, offen bleibt lediglich, wo diese dogmatisch zu verorten ist. Während der BGH (Gatterschneiderentscheidung) diese Betrachtung offenbar im Bereich von Ausbildung und Erfahrung anstellen will

---

393 Lücke, in: Prölss/Martin, § 2 Rn. 66 BU, welcher darauf hinweist, dass die Verweisung eines ungelernten, selbstständigen Landwirts und Pferdezüchters auf die Tätigkeit als Pförtner (so BGH, VersR 1986, 278) im großstädtischen Raum noch als erträglich angesehen werden mag, ganz gewiss aber nicht in dessen ländlicher Umgebung.

394 BGH, VersR 1992, 1072: in der sog. „Gatterscheiderentscheidung" wurde klargestellt, dass die Verweisung eines Versicherten, der in einem Anlernberuf tätig war, auf körperlich weniger schwere, reine Hilfsarbeitertätigkeiten ausgeschlossen sein kann, wenn der VN durch seine langjährige Berufstätigkeit über bloße Hilfsarbeiten hinausgehende Berufserfahrungen gesammelt hat, die ein qualifizierteres oder selbstständigeres Arbeiten erlauben als das eines Handlangers.

395 Klenk, in: Looschelders/Pohlmann, § 172 Rn. 57 VVG.

396 OLG Karlsruhe, VersR 2007, nach Beweisaufnahme durch Anhörung von Zeugen aus dem Betrieb des Klägers.

(dort als Untergrenze), möchte die richtige Auffassung diese konkretisierende Betrachtung wohl auch durch den Begriff der Lebensstellung abgedeckt sehen.[397]

Letztlich bleibt festzuhalten, dass 63 von 66 (Tabelle, Anhang 9) Anbietern in ihren Bedingungswerken die sog. Wertschätzung als eine Komponente der Lebensstellung erwähnen und damit zumindest über die Anforderungen des § 172 Abs. 3 VVG hinausgehen, welcher eine Erläuterung der Lebensstellung nicht vorsieht. Wie dargestellt, macht im Ergebnis auch der Begriff der „Wertschätzung" für den durchschnittlichen Versicherungsnehmer nicht plastisch, was der Versicherer damit meint; auch zusätzliche Attribute wie „soziale" oder „gesellschaftliche" Wertschätzung ändern daran nichts. Somit bleibt die Aufzählung von typischen Beispielsituationen die einzig gangbare Lösung, eine für den durchschnittlichen Versicherungsnehmer nachvollziehbare und transparente Regelung zu schaffen.[398]

Folgende Formulierung könnte in diesem Zusammenhang Verwendung finden:

> *Unter dem Begriff Wertschätzung verstehen wir Ihre berufliche Stellung, welche Sie sich in Ihrer konkreten Situation erarbeitet haben. Wir werden Sie insofern z. B. nicht auf eine untergeordnete Tätigkeit verweisen, wenn Sie zuvor eine Vorgesetztenfunktion innehatten. Ebenso scheiden Verweisungstätigkeiten aus, welche nicht ihrem jeweiligen Ausbildungsstand entsprechen.*

Eine derartige Erläuterung gibt dem Versicherungsnehmer eine hinreichende Vorstellung davon, was mit dem Begriff Wertschätzung gemeint sein könnte, nämlich eine Besitzstandssicherung sowohl in Bezug auf seine Einordnung in dem ihn konkret umgebenden sozialen Gefüge als auch bzgl. seiner beruflichen Qualifikation; jedenfalls solange man das Verbot der beruflichen Unterforderung bei der Lebensstellung verortet.

2. *Vergütung*

Gerade wegen des – wie gesehen – von der Rechtsprechung geprägten, jedoch für Versicherungsnehmer schwer handhabbaren Begriffs der „sozialen Wertschätzung der Tätigkeit" bleibt das „griffigste" Kriterium für die Konkretisierung der Lebensstellung die Vergütung bzw. der hinzunehmende Einkommensverlust im Verweisungsberuf.

Unabhängig davon, ob im Rahmen des Begriffs „Lebensstellung" die „Vergütung" erwähnt und womöglich durch die Benennung konkreter Einkommensgrenzen weiter ausgeformt wird, ist es in der Rechtsprechung und Literatur

397 So wohl i. E. Lücke, in: Prölss/Martin, § 2 Rn. 42 BU.
398 Schwintowski, in: Schwintowski/Brömmelmeyer, § 172 Rn. 39 VVG.

unbestritten, dass die Berufsunfähigkeitsversicherung zunächst kein unveränderliches Lohn- oder Einkommensniveau garantiert, sondern im Rahmen der Verweisungsprüfung für die neue Tätigkeit gewisse Einkommensverluste hingenommen werden müssen.[399]

Bedingungswerke, welche die Formulierungsempfehlung des § 172 Abs. 3 VVG bzw. der MB-BUV/BUZ unmittelbar umsetzen, verwenden im Bereich der Verweisung allein den Begriff „Lebensstellung“ ohne jede weitere Erläuterung (nach der Auswertung im Anhang 9 ist das bei drei Anbietern der Fall). Dem durchschnittlichen Versicherungsnehmer ist es in diesem Fall nicht möglich abzuleiten, ob der Begriff „Lebensstellung“ auch die Prüfung eines möglichen Einkommensverlustes beinhaltet und erst recht nicht, in welcher konkreten Höhe sich dieser bewegen soll. Auch an dieser Stelle wird offensichtlich, dass durch das Gesetz eine intransparente Formulierung perpetuiert worden ist.

Die sehr breitgefächerte Rechtsprechung zur Frage des hinzunehmenden Einkommensverlustes im Rahmen der Verweisung lässt erkennen, dass eine generelle Quote überdies nicht existiert, sondern diese im Zweifel an der individuellen Lebenssituation des Versicherten festzumachen sein soll.[400] Zwar hat sich in der Rechtsprechung ein gewisser Toleranzkorridor herausgebildet, welcher bei durchschnittlichen Einkommen von angestellten Arbeitnehmern einen hinzunehmenden Verlust i. H. v. ca. 20 % als Obergrenze ansieht.[401] In der Tendenz wird dieser jedoch von der Rechtsprechung bei hohen Einkommen bzw. begüterten Personen großzügiger angesetzt, als bei Geringverdienern.[402]

a) Bedingungswirklichkeit

Während, wie bereits festgestellt, allein drei Anbieter die überkommene und intransparente Formulierung des § 172 Abs. 3 VVG bzw. der MB-BUV/BUZ übernehmen, verwenden die große Mehrheit der Anbieter wesentlich transparentere Formulierungen, um zu erläutern, wie der Begriff Lebensstellung in Bezug auf hinzunehmende Einkommensverluste zu verstehen ist. Dabei sind drei Grundmodelle erkennbar, die von den Versicherern jedoch häufig miteinander kombiniert werden.

---

399 BGH, VersR 1998, 42.

400 BGH, VersR 2012, 427.

401 Benkel/Hirschberg, § 2 Rn. 101 ff. BUZ 2008, mit Aktuellem Rechtsprechungsüberblick.

402 BGH, VersR 1998, 42 schließt bei hohem Einkommen eine Verweisbarkeit auch dann nicht aus, wenn in der Verweisungstätigkeit eine Verminderung um 23 % vorliegt.

a) „Spürbares Absinken"

> *Als eine der bisherigen Lebensstellung entsprechende Tätigkeit wird dabei nur eine solche Tätigkeit angesehen, die in ihrer Vergütung und Wertschätzung nicht spürbar unter das Niveau der bislang ausgeübten Tätigkeit absinkt.*[403]

Es ist offensichtlich, dass mit dieser Formulierung noch nicht allzu viel gewonnen ist, wenngleich gegenüber dem Vorschlag von § 172 Abs. 3 VVG zumindest einmal auf die beiden Komponenten der Lebensstellung und darauf hingewiesen wird, dass „spürbare Veränderungen" relevant sind.

b) Höchstrichterliche Rechtsprechung

Ähnlich unzureichend ist der häufig anzutreffende Hinweis auf die höchstrichterliche Rechtsprechung.

> *Die zumutbare Minderung des Einkommens und der Wertschätzung richtet sich dabei nach den individuellen Gegebenheiten gemäß der* ***höchstrichterlichen Rechtsprechung.***[404]

Derartige Formulierungen müssen als unklar im Sinne von § 305 c Abs. 2 BGB eingeordnet werden, da der durchschnittliche Versicherungsnehmer ohne zusätzlichen Beratungsaufwand nicht erkennen kann, wie die von der „höchstrichterlichen Rechtsprechung" jeweils aufgestellten Vorgaben tatsächlich aussehen.[405]

c) Konkreter Hinweis auf Einkommensgrenzen

> *Unter der bisherigen Lebensstellung ist die Lebensstellung in finanzieller und sozialer Sicht zu verstehen, die vor Eintritt der gesundheitlichen Beeinträchtigung gemäß 1.2.1. bestanden hat. Die dabei für die versicherte Person zumutbare Einkommensreduzierung wird von uns je nach Lage des Einzelfalls auf die im Rahmen der höchstrichterlichen Rechtsprechung festgelegte Größe im Vergleich zum Bruttoeinkommen im zuletzt ausgeübten Beruf, vor Eintritt der gesundheitlichen Beeinträchtigung, begrenzt. Sie beträgt jedoch maximal 20 %.*[406]

Mit dieser Formulierung, welche in solcher oder abgewandelter Form 30 von 66 Anbietern (Tabelle, Anhang 9) zumindest in einer Tarifvariante verwenden, wird aktuell das höchste Maß an Transparenz geboten. Auch wenn z. T. erneut die unklare „Variable" der höchstrichterlichen Rechtsprechung eingebaut wird, ist man doch gleichzeitig bereit, eine Obergrenze für den hinnehmbaren

---

403 § 2 Abs. 1 S. 3 Basler.

404 § 5 Abs. 2 S. 2 DBV BG 4.

405 OLG Karlsruhe, VersR 2012, 841.

406 1.2.2. Abs. 2 Swiss Life.

Einkommensverlust zu definieren bzw. zuzugestehen, diese Grenzen nach unten zu korrigieren, falls sich die Rechtsprechung in diese Richtung entwickeln sollte.

Nicht unerwähnt soll im Zusammenhang mit der Analyse der Bedingungswerke bleiben, dass es im Bereich der Lebensstellung Anbieter gibt, welche die von ihnen angebotenen Basistarife nicht allein als Tarifvarianten mit schwächeren Leistungsmerkmalen begreifen, sondern offenbar davon ausgehen, dass man hier weniger ausführlich bzw. deutlicher gesagt, intransparenter formulieren kann. Nicht anders kann es zu verstehen sein, wenn Anbieter in der „Komfort"-Variante auf konkrete Einkommensgrenzen hinweisen, dies aber in der Basis-Variante unterlassen.[407]

b) Einkommensermittlung

aa) Berechnungsmodi

Auch wenn dem Versicherungsnehmer anhand von Hinweisen in den Bedingungen klar sein sollte, in welcher Größenordnung er einen Einkommensverlust hinzunehmen hat, gibt kein einziges auf dem Markt befindliches Bedingungswerk Aufschluss über den Berechnungsmodus für die Einkommensdifferenz. Probleme können hier in mehreren Bereichen auftreten.

Bei angestellten Versicherungsnehmern, welche i. d. R. über ein gleichbleibendes Monatseinkommen verfügen, besteht nach wie vor Unklarheit darüber, ob die Differenz aus dem jeweiligen Brutto- oder Nettoeinkommen des Versicherten zu ermitteln ist. Ein aktuelles Urteil des BGH stellt nunmehr klar, dass eine einfach zu handhabende Lösung von der Rechtsprechung auch in Zukunft wohl nicht zu erwarten ist.[408] Im Ergebnis lässt es der BGH offen, ob ein Brutto- oder Nettovergleich angestellt werden muss und hebt stattdessen auf die „Umstände des Einzelfalls" ab. Gleichzeitig erteilt der BGH in diesem Zusammenhang der Anwendung der Unklarheitenregel des § 305 c Abs. 2 BGB für die in der Entscheidung zu prüfende Regelung eine Absage, was letztlich wohl interessengerecht ist, wenn man die unterschiedlichen Konstellationen der Einkommensermittlung betrachtet.[409]

---

407 Axa, Condor, DBV, Deutsche Ärzte, Europa, Generali, Gothaer, Münchener Verein, Nürnberger.

408 Den Bruttovergleich vorzugswürdig halten: Mertens, in: Rüffer/Halbach/Schimikowski, § 172 Rn. 69; Langheid/Wandt/Dörner, § 172 Rn. 163; Benkel/Hirschberg, § 2 Rn. 107 BUZ 2008, mit Hinweis auf die divergierende Rechtsprechung.

409 BGH, VersR 2012, 427; in dieser Entscheidung wird auch der Erhalt von saisonal üblichem Arbeitslosengeld I in die Berechnung mit einbezogen.

So können allein bei einem angestellten Versicherungsnehmer individuell gewählte Steuerklassen oder Sozialversicherungsverhältnisse aber auch Altersvorsorgeverträge dafür sorgen, dass der Nettoeinkommensvergleich höchst unterschiedlich ausfällt.

Bei selbstständigen Versicherten liegt das Hauptproblem bei der Bestimmung eines Zeitraums, über den hinweg das Einkommen überhaupt sicher ermittelt werden kann. In diesem Zusammenhang kann auf die Ausführungen im Kapitel 7 § 3 I 2 hingewiesen werden.

bb) Abstrakte oder konkrete Bedarfsdeckung?

Eine neue Entwicklung bei der Ermittlung des Einkommens will Neuhaus[410] aus einer aktuellen Entscheidung herauslesen, in welcher der BGH postuliert, dass der Einkommensbegriff grundsätzlich von der bisherigen Lebenssituation des Versicherten abhängig ist und insofern nicht nur das im bisher ausgeübten Beruf gezahlte Entgelt, sondern weitere Umstände bedeutsam sein können, die die Lebensstellung des Versicherungsnehmers prägen.[411] Aus dieser Formulierung leitet Neuhaus ab, dass neben dem klassischen Arbeitseinkommen auch Einnahmen aus Vermietung und Verpachtung bzw. Zinsen und Spekulationsgewinne einbezogen werden müssen, wenn derartige Geldgeschäfte nicht nur einmalig betrieben wurden. In der Konsequenz müsste sich insofern auch ein Privatier, der gänzlich aus dem Arbeitsprozess ausgeschieden ist, einen Einkommensbezug – der nicht aus Erwerbstätigkeit resultiert – vorhalten lassen müssen.

Nach einer weiteren, in Teilen der Rechtsprechung vertretenen Auffassung soll von Relevanz sein, welches Familieneinkommen der Versicherungsnehmer hat, d. h., ob ggf. die Ehefrau mitverdient oder ob weitere Unterhaltsverpflichtungen bestehen.[412] Mit dem Hinweis, dass es keine abstrakte Lebensstellung geben kann, sondern diese immer konkret-individuell geprägt ist, wird diese Rechtsprechung von einem Teil der Literatur unterstützt.[413]

---

410 Neuhaus, Berufsunfähigkeitsversicherung, Ausgewählte Probleme der BU 2013, S. 74; bestätigt in: Neuhaus, Berufsunfähigkeitsversicherung, Kap. H Rn. 72 – dort allerdings ohne Hinweis auf den BGH.

411 BGH, VersR 2012, 427.

412 OLG Nürnberg, VersR 1998; OLG Hamm, NVersZ 1999, 217, 1496; ebenso OLG Köln, VersR 2001, 1225; OLG Karlsruhe, VersR 2007, 1212.

413 Rixecker, in: Beckmann/Matusche-Beckmann, Versicherungsrechts-Handbuch, § 46 Rn. 111; Klenk, in: Looschelders/Pohlmann, § 172 Rn. 53; Lücke, in: Prölss/Martin, § 172 Rn. 89; a. A.: Leggewie, NVersZ 1998, 119; Mertens, in: Rüffer/Halbach/Schimikowski, HK-VVG, § 172 Rn. 69.

Derartige Ansätze bedeuten im Ergebnis nichts anderes als eine Abkehr vom bisher gültigen abstrakt-generellen Maßstab der Einkommensberechnung hin zu einer individuellen Bemessung, sodass letztlich die Auswirkungen des Einkommensverlustes auf die konkrete Vermögenssituation des Versicherungsnehmers entscheidende Bedeutung gewinnen würde.

Abgesehen davon, dass bei einer derartigen Betrachtung keine Prämiengerechtigkeit mehr gegeben ist, dürfte damit der einer Summenversicherung immanente Grundsatz der abstrakten Bedarfsdeckung betroffen sein.[414]

Richtigerweise wird bereits die Berücksichtigung von Unterhaltsverpflichtungen mit dem Argument abgelehnt, dass es nicht nachvollziehbar ist, warum Versicherungsnehmern bei gleicher Prämienzahlung höhere Einkommenseinbußen zugemutet werden, nur weil etwa der Ehepartner ebenfalls berufstätig ist oder dessen Kind nicht studiert. Mit demselben Argument könnte ein Versicherungsnehmer darauf verweisen, dass er einen Hypothekenkredit abzuzahlen hat oder teure Hobbys pflegt, die seine Lebensstellung bestimmen.[415] Gleiches gilt selbstverständlich auch für die von Neuhaus vorgeschlagene Einbeziehung von Einkommen, welches aus privatem Vermögen resultiert, etwa aus Vermietung und Verpachtung bzw. Zinsen und Anlagen.

Der BGH postuliert in der erwähnten aktuellen Entscheidung über die Ausführungen zur Brutto- oder Nettoberechnung hinaus, dass der Begriff des Einkommens offen, d. h. von der bisherigen Lebenssituation des Versicherungsnehmers abhängig sei, sodass nicht nur das im bisher ausgeübten Beruf gezahlte Entgelt, sondern „weitere Umstände“ bedeutsam sein können, die dessen Lebensstellung prägen.[416] Welche Umstände das konkret sein sollen, lässt der BGH offen, was der Rechtssicherheit für beide Vertragsparteien eher abträglich sein dürfte.

3. *Fazit*

Was unter den Begrifflichkeiten „Ausbildung und Fähigkeiten“ sowie „Lebensstellung“ zu verstehen ist, lässt das Gesetz offen. Allerdings bietet § 172 Abs. 3 VVG mit dem Abstellen auf „Ausbildung und Fähigkeiten“ – möglicherweise unbeabsichtigt – eine Formulierung an, welche die Verweisungsmöglichkeiten gegenüber den tradierten Formulierungen „Ausbildung und Erfahrung“ eingrenzt

414 Müller-Frank, Aktuelle Rechtsprechung zur Berufsunfähigkeits-(Zusatz-)Versicherung, S. 95; Langheid/Wandt/Dörner § 172 Rn. 170.

415 Langheid/Wandt/Dörner § 172 Rn. 170.

416 BGH, VersR 2012, 427.

und deren Übernahme in der Bedingungslandschaft sich zugunsten des Versicherungsnehmers auswirkt.

Hingegen ist die zweite durch § 172 Abs. 3 VVG verwendete Eingrenzung der Verweisbarkeit allein durch den Begriff „Lebensstellung“ für den durchschnittlichen Versicherungsnehmer nicht erklärbar. Die Analyse der Verweisungsklauseln zeigt jedoch, dass die überwiegende Anzahl der Anbieter gleichwohl weit über die gesetzliche Vorgabe hinausgeht und die Bedeutung der Lebensstellung in mehr oder weniger hinreichender Form transparent konkretisiert. Problematisch bleibt jedoch einmal mehr, dass das Gesetz eine intransparente Formulierung aufgreift und somit dauerhaft perpetuiert.

§ 2: Die abstrakte Verweisung

Die sog. abstrakte Verweisungsmöglichkeit tritt in der aktuellen Bedingungslandschaft in zwei Spielarten auf. Bei der üblicherweise in der Diskussion stehenden „klassischen“ Variante knüpft der Versicherer im Rahmen der Leistungsprüfung an die vom Versicherungsnehmer ggf. – z. B. bei Raubbautätigkeit – noch ausgeübte oder zeitnah bereits aufgegebene Tätigkeit an und prüft eine Verweisung auf eine andere, theoretisch infrage kommende Tätigkeit.

Eine zweite Variante der abstrakten Verweisung kommt zum Tragen, wenn der Versicherungsnehmer zum Zeitpunkt der Leistungsprüfung bereits seit längerer Zeit aus dem Berufsleben ausgeschieden war und aus diesem Grund nicht mehr an die zuletzt ausgeübte Tätigkeit angeknüpft werden soll oder kann.

I. Bei Anknüpfung an den zuletzt ausgeübten Beruf

Nimmt man die Verweisungsregelungen auf dem Bedingungsmarkt in der privaten Berufsunfähigkeitsversicherung in den Blick, steht zunächst die eingangs erwähnte erste Variante der abstrakten Verweisung im Fokus. Während diese Regelung bis 1994 fester Bestandteil der MB-BUV/BUZ gewesen war, gab der nach der Deregulierung einsetzende Verzicht einzelner Versicherer auf die Vereinbarung der abstrakten Verweisungsmöglichkeit den Startschuss für einen sich systematisch auf weitere Kriterien ausdehnenden Bedingungswettbewerb. Bis heute bleibt allerdings die Frage, ob in den BU-Versicherungsbedingungen die abstrakte Verweisungsmöglichkeit enthalten ist, das präsenteste Vergleichskriterium für die Ratingunternehmen[417] und für den gesamten Vertrieb.[418] Diese Entwicklung

417 Morgen & Morgen, LV-WIN, Version 7.53-2010: Verzicht auf die abstrakte Verweisung wird mit „sehr wichtig“ gewichtet, Mindestkriterium 5 Punkte.

418 Pohl, E., Versicherungsmagazin, 03/2012, 52.

hat sicherlich mit dazu beigetragen, dass aktuell nur noch weniger als ein Drittel aller Anbieter die abstrakte Verweisung – und dann auch nur im Rahmen einer (von mehreren vorhandenen) Bedingungsvarianten – überhaupt anbieten (siehe Tabelle, Anhang 8). Allein im Bedingungsjahr 2013 haben sich weitere drei Gesellschaften, die noch im Jahr 2012 einen Tarif mit abstrakter Verweisungsmöglichkeit angeboten haben, von diesem Bedingungsmerkmal verabschiedet.[419]

Auf der anderen Seite besteht gerade wegen des starken Fokus der Ratingagenturen und Verbrauchermagazine auf dem abstrakten Verweisungsverzicht die Gefahr, dessen tatsächliche Praxisrelevanz überzubewerten. Auch der Gesetzgeber, welcher sich im Zuge der VVG-Novellierung dazu entschlossen hat, die Möglichkeit der Vereinbarung einer Verweisungsmöglichkeit herauszugreifen und in § 172 Abs. 3 VVG mehr oder weniger exklusiv zu regeln, hat die praktische Relevanz der Problematik wohl eher überschätzt.[420] Wenn man den Angaben der Versicherungswirtschaft folgt, ist die tatsächliche Bedeutung der Anwendung von vereinbarten abstrakten Verweisungsklauseln eher marginal und geht bei Betrachtung der entsprechenden Auswertungen auf niedrigem Niveau weiter zurück. So wird nach Angaben der Versicherungswirtschaft aktuell in nur noch 0,74 % der angemeldeten Leistungsfälle tatsächlich eine abstrakte Verweisung ausgesprochen; für die konkrete Verweisung wurde eine Quote von 1,37 % ermittelt.[421]

1. *Regelung in § 172 Abs. 3 VVG*

Bei Betrachtung des § 172 Abs. 3 VVG im Kontext der Regelungen zur Berufsunfähigkeitsversicherung in Kapitel 6 VVG erscheint es bemerkenswert, dass die abstrakte Verweisungsmöglichkeit – neben der konkreten Verweisung – mit ihrer ausdrücklichen Erwähnung im Gesetz ein Alleinstellungsmerkmal erfährt, obwohl auf dem Markt durchaus eine Reihe anderer Einschränkungen des Begriffs der Berufsunfähigkeit existieren, wie z. B. das Umorganisationskriterium[422] oder

---

419 Cosmos, VHV, R+V.

420 Der Regierungsentwurf zu § 172 Abs. 3 VVG, BT-Drucks. 16/3945 S. 106 führt aus, dass die in den Versicherungsverträgen vorgesehenen Verweisungen in der Praxis häufig zu gerichtlichen Auseinandersetzungen führen.

421 Morgen & Morgen, LV-WIN, Version 9.10 (11/2013) Grafiken/Berufsunfähigkeit/Ablehnungsgründe; zu beachten ist, dass noch im März 2011 (Version 8.10) die Zahl mit 1,13 % angegeben worden ist.

422 Dieses Kriterium sieht der Regierungsentwurf als „allgemeines Kriterium" für die Beurteilung der jeweiligen Berufstätigkeit an, welches auch künftig den MB und der Rechtsprechung hierzu überlassen bleiben soll, BT-Drucks. 16/3945.

die Berufswechselklausel, welche mit derselben Berechtigung im Gesetz hätten genannt werden können. Wenn der Regierungsentwurf zu § 172 Abs. 3 VVG als Begründung für die gesetzliche Verankerung die Möglichkeit der Vereinbarung einer Verweisungsklausel anführt, dass derartige – die Verweisungsklausel verwendende – Bedingungswerke am Markt zu niedrigeren Prämien angeboten werden können[423], so dürften solche kalkulatorischen Gesichtspunkte, sofern sie überhaupt zutreffen, auch für alle anderen Einschränkungen greifen, welche in Allgemeinen Versicherungsbedingungen zur Begrenzung des Leistungsversprechens Anwendung finden.

Da die Regelungen zur Berufsunfähigkeitsversicherung im neuen VVG dispositiv ausgestaltet sind, wird in der ausdrücklichen Erwähnung der Verweisungsmöglichkeit im Gesetz wohl eher eine besondere Schutzfunktion liegen, die verhindern will, dass die Verweisungsklausel im Rahmen der Fortentwicklung der gerichtlichen Bedingungskontrolle zu einem späteren Zeitpunkt ggf. als „Überraschende Klausel" nach § 305 c Abs. 1 BGB[424] oder auch gem. § 307 Abs. 1 S. 2 BGB[425] als intransparent und unwirksam angesehen wird. Eine derartige „Unter-Schutz-Stellung" eines einzelnen Kriteriums zur Begrenzung des Versicherungsschutzes stimmt im Ergebnis auch nicht mit dem Grundansatz der Regelungen zur Berufsunfähigkeitsversicherung in Kapitel 6 VVG überein, ein Leitbild mit Mindeststandards entwerfen zu wollen, welches Maßstab der Inhaltskontrolle[426] nach § 307 Abs. 2 BGB sein soll und die Gestaltung der Bedingungswerke im Übrigen den AVB und der Rechtsprechung überlassen will.[427]

2. Beweislast

Wenn sich der Gesetzgeber dazu entschlossen hat, auch die abstrakte Verweisung unter seinen besonderen Schutz zu stellen, verdient der praktische Umgang mit dieser Regelung eine nähere Beachtung. Der Ausspruch einer abstrakten Verweisung durch den Versicherer erfolgt in der Praxis regelmäßig nach den von der BGH-Rechtsprechung dafür entwickelten Grundsätzen, welche zumindest nach Auffassung der VVG-Reformkommission durchaus sachgerecht sein sollen[428], was im Folgenden zu hinterfragen sein wird.

---

423 Ebenda.

424 Rosensträter-Krumbach, VersR 2004, 170 (172).

425 Mertens, in: Rüffer/Halbach/Schimikowski, HK-VVG, § 172 Rn. 61.

426 Rixecker, in: Römer/Langheid, § 172 Rn. 1.

427 Regierungsentwurf zu § 172 VVG, BT-Drucks. 16/3945.

428 Ebenda.

Grundsätzlich soll die Darlegungs- und Beweislast in Hinblick auf die Nichtexistenz einer Verweisungstätigkeit beim Versicherungsnehmer liegen.[429] Diese Auffassung rührt offenkundig aus dem Verständnis des BGH, dass die Regelungen zur abstrakten bzw. auch konkreten Verweisung als Teil der primären Risikobeschreibung – hier des Begriffs der Berufsunfähigkeit – aufzufassen sind, sodass der Versicherungsnehmer für deren Voraussetzungen im Zweifel die Beweislast trägt.[430]

Allerdings mildert der BGH die Anforderungen an die Beweislast hinsichtlich der Aufzeigelast prägender Merkmale der Verweisungstätigkeit für den Versicherungsnehmer in einem zweiten Schritt mit dem Argument ab, dass es dem Leistungsversprechen des Versicherers nicht mehr gerecht würde, wenn der Versicherungsnehmer von vornherein in der alleinigen Vortragslast stünde aufzuzeigen, dass es eine für ihn in Betracht kommende Verweisungstätigkeit überhaupt nicht gibt. Nicht der Versicherungsnehmer, sondern vielmehr der branchenerfahrene Versicherer verfüge über das Instrumentarium, welches es erlaubt, Tätigkeiten aufzuzeigen, die mit dem bisherigen Beruf der versicherten Person vergleichbar sind.[431] Darüber hinaus wird ebenfalls darauf hingewiesen, dass es der Versicherer ist, der die Modalitäten einer zulässigen Verweisung in den Versicherungsbedingungen festgelegt hat; soweit er dann – als Ausgangspunkt für das Aufzeigen von Vergleichsberufen – auf die Kenntnis der Ausgestaltung des bisherigen Berufs angewiesen sei, könne er diesem Anliegen ausreichend mit einer Unterrichtungsobliegenheit in seinen Versicherungsbedingungen Rechnung tragen.[432]

Die zweigleisige Argumentation des BGH näher betrachtend, wird deutlich, dass man sich offenbar nicht festlegen will, mit welcher dogmatischen Begründung dem Versicherungsnehmer im Ergebnis die Beweiserleichterung der bloßen Darlegungs- oder auch „Aufzeigelast" für die Nichtausübbarkeit eines Vergleichsberufs zugeschrieben werden soll.

Das erste Argument des BGH vom „Leerlaufen des Leistungsversprechens" im Falle der alleinigen Vortragslast des Versicherten geht offenbar auf den Grundgedanken zurück, dass für den Fall, dass eine Partei Umstände zu beweisen hat, die zu dem ihrem Einblick entzogenen Bereich des Prozessgegners gehören, Beweiserleichterungen durch die Modifizierung der Darlegungslast zu

429 BGH, VersR 1994, 1095.
430 BGH, VersR 1988, 234; BGH, VersR 1994, 1095.
431 BGH, VersR 1994, 1095.
432 Ebenda.

gewähren sind.[433] Der BGH beruft sich in diesem Zusammenhang auf eine Veröffentlichung, in der von Versichererseite aufgezeigt wird, dass man mittels EDV-Unterstützung im Rahmen der BU-Leistungsregulierung in der Lage ist, auf eine Berufedatenbank zurückzugreifen, in der mehr als 200 Berufe mit ihren spezifischen Teiltätigkeiten aufgeführt sind.[434] Der Argumentation des BGH ist vom Grundsatz her zuzustimmen, da es ganz sicher eine Überforderung des Versicherungsnehmers darstellen würde, alle in Betracht kommenden Verweisungsberufe aufzuzeigen und darüber hinaus zu den Tätigkeitsmerkmalen entsprechend vorzutragen.

Allerdings wird letztlich verkannt, dass es der Gewährung von – grundsätzlich subsidiären – Beweiserleichterungen nicht bedarf, da die Verweisungsregelung im Kern nichts anderes als eine sekundäre Risikobegrenzung bzw. ein Risikoausschluss darstellt, wofür ohnehin grundsätzlich der Versicherer die Beweislast tragen muss, ohne dass zusätzliche Beweiserleichterungen für den Versicherungsnehmer in Betracht zu ziehen sind.[435] Im o. g. Urteil lässt der BGH dieses Argument zumindest anklingen, in dem er darauf hinweist, dass es schließlich die Versicherer gewesen sind, die die Modalitäten der Verweisung in die Versicherungsbedingungen eingebracht haben. Schlussfolgerungen für die daraus folgende grundsätzliche Beweislastverteilung werden jedoch nicht abgeleitet, sondern es bleibt weiter bei der abgestuften Darlegungs- und Beweislast, welche dem Versicherer lediglich die Aufzeigelast für den Vergleichsberuf zuweist.

Erfreulicherweise ist die bisherige, scheinbar feststehende Auffassung des BGH zur Beweislastverteilung im Bereich der abstrakten Verweisung unterdessen offenbar im Umbruch begriffen. So wird aktuell von einem Richter des IV. Senates des BGH die Auffassung vertreten, dass für die Möglichkeit, den Versicherungsnehmer auf eine andere gleichwertige Tätigkeit zu verweisen, allein den Versicherer die Beweislast trifft.[436] Zwar hatte der BGH bisher noch keine Gelegenheit diese neue Lesart praktisch umzusetzen, jedoch steht sie mit seiner ständigen Rechtsprechung in Einklang, nach der für einen Risikoausschluss im Zweifel die Partei beweispflichtig ist, die sie aufgestellt hat.[437]

Zunächst ist die vom Versicherer übernommene Gefahr als primäre Risikobeschränkung (oder Beschreibung) anzusehen, welche vorliegend in dem Risiko

433 Zöller/Greger vor § 284 Rn. 34 f.

434 BGH, VersR 1994, 1095, mit Hinweis auf Brutzel/Eich, EDV-Unterstützung für die moderne BUZ-Leistungsregulierung, VW 1994, 510.

435 Kollhosser, in: Prölss/Martin, 27. Aufl., § 49 Rn. 14.

436 Lehmann, Berufsunfähigkeitsversicherung, S. 36.

437 BGHZ 23, 355; NVersZ 99, 476; VersR 1985, 451.

der Berufsunfähigkeit in der durch die Bedingungswerke vorgegebenen Form besteht. Werden aus diesem Gefahrenkreis durch weitere Klauseln einzelne Gefahren oder Gefahrumstände wieder ausgesondert und vom Versicherungsschutz ausgeschlossen, so soll darin eine sekundäre Risikobeschränkung zu sehen sein, für die der Versicherer die Beweislast trägt.[438]

Diese Konstellation ist bei der Regelung der abstrakten Verweisungsmöglichkeit geradezu klassisch gegeben. Zunächst wird die versicherte Gefahr beschrieben, nämlich im zuletzt ausgeübten Beruf berufsunfähig zu werden. Wenn zusätzlich vereinbart wird, dass der Versicherungsnehmer auch keine anderen Tätigkeiten ausüben oder ausüben können darf, die zu übernehmen er aufgrund seiner Ausbildung und Fähigkeiten in der Lage ist und die seiner bisherigen Lebensstellung entspricht, so geschieht mit dieser Regelung genau das, was der BGH als sekundäre Risikobeschränkung ansieht, da Schäden, die außerhalb der primären Risikobeschreibung liegen und wegen einer gesonderten Regelung von der Deckungspflicht des Versicherers ausgenommen sind, eine sogenannte sekundäre Risikobegrenzung darstellen.[439] Dabei kann es auch keine Rolle spielen, ob diese sekundäre Risikobegrenzung in den AVB durch eine gesonderte Teilregelung abgegrenzt wird oder – wie bei der Verweisungsregelung – regelmäßig in einem Nebensatz formuliert ist.[440] Überdies entspricht es der ständigen Rechtsprechung des BGH, dass es bei der Qualifikation einer Klausel als Risikoausschluss zu allererst auf deren sachlichen Gehalt und nicht entscheidend auf die Formulierung bzw. sprachliche Konstruktion ankommt.[441]

Im Ergebnis ist somit festzuhalten, dass den Versicherer nicht allein die sog. „Aufzeigelast" in Bezug auf die prägenden Merkmale des Vergleichsberufs, sondern letztlich volle Darlegungs- und Beweislast dafür treffen muss, dass der Versicherungsnehmer den aufgezeigten Verweisungsberuf auch tatsächlich ausüben kann. Wenn also der Versicherer seiner ohnehin bestehenden Verpflichtung nachgekommen ist, die prägenden Merkmale des von ihm ausgewählten Vergleichs- bzw. Verweisungsberufs – insbesondere erforderliche Vorbildung, übliche Arbeitsbedingungen, Arbeitszeiten, übliche Entlohnung, etwa erforderliche Fähigkeiten oder körperliche Kräfte, Einsatz technischer Hilfsmittel – zu

438 BGHZ 23, 355.

439 BGH, VersR 1985, 629.

440 So i. E. auch OLG Karlsruhe, VersR 2011, 1165, welches in der Verweisungsregelung schon immer eine zulässige, nunmehr in § 172 Abs. 3 VVG ausdrücklich geregelte Begrenzung des Versicherungsschutzes sieht.

441 BGH, NVersZ 1999, 477 mit weiteren Hinweisen auf die ständige Rechtsprechung des Senats.

beschreiben, so ist er im Bestreitensfall durch den Versicherungsnehmer auch beweispflichtig dafür, dass diese Kriterien im konkreten Fall für den Versicherungsnehmer zumutbar und adäquat sind.

Eine derartige Betrachtung der Beweissituation würde die Regulierungspraxis im Verweisungsbereich natürlich nachhaltig beeinflussen. Diese stellt sich aktuell so dar, dass sich Versicherer regelmäßig darauf beschränken, lediglich einen oder mehrere Verweisungsberufe zu benennen und zu behaupten, dass diese in Bezug auf die o. g. Kriterien mit dem bisher ausgeübten Beruf vergleichbar wären. Nicht selten werden in dieser Situation dann sog. „Berufskundliche Gutachten" präsentiert[442], welche den behaupteten Verweisungsberuf institutionell untermauern sollen – aus der Erfahrung des Autors jedoch i. d. R. gravierende Mängel zeigen und der tatsächlichen Situation auf dem Arbeitsmarkt nicht entsprechen. Der Versicherungsnehmer ist in einer solchen Situation ganz sicher nicht in der Lage, die Behauptungen des Versicherers mit „konkreten Beweisangeboten zu bekämpfen", wie der BGH es von ihm verlangt. Diese konkreten Beweisangebote könnte er letztlich nur dann liefern, wenn er mit dem Berufsbild des vom Versicherer ausgesprochenen Verweisungsberufes so vertraut wäre, dass er dessen prägende Merkmale mit seiner eigenen Ausbildung, Erfahrung und Lebensstellung vergleichen könnte. Dieser Abgleich würde im Ergebnis aber genau das gleiche Instrumentarium von Kenntnissen voraussetzen, über das – wie es der BGH bei der Nennung eines Verweisungsberufs selbst feststellt – nur ein branchenerfahrener Versicherer verfügen kann. Insofern wird der Versicherungsnehmer letztlich gezwungen, einen Rechtsstreit zu führen und bleibt auch im Prozess beweispflichtig, was häufig zu ungerechtfertigten Ergebnissen führt.

3. *Fazit*

Der VVG-Gesetzgeber hat sich entschlossen, die Verweisungsmöglichkeit in § 172 Abs. 3 VVG gegenüber anderen marktüblichen Einschränkungsmöglichkeiten systemwidrig herauszustellen und somit zumindest die abstrakte Verweisung vorerst vor vollständiger Bedeutungslosigkeit bzw. rechtlicher Infragestellung bewahrt. Inwiefern sich das sukzessive faktische Verschwinden von entsprechenden Anbietern einer abstrakten Verweisungsklausel ebenfalls verlangsamt, bleibt auf der anderen Seite abzuwarten.

Die eigentliche, den Versicherungsnehmer benachteiligende Wirkung der abstrakten Verweisung ergibt sich jedoch aus der systemwidrigen Beurteilung der

---

442 Für die Erstellung derartiger Gutachten bieten sich sehr häufig die eigenen Rückversicherer der jeweiligen Berufsunfähigkeitsversicherungen an.

Beweislast durch die Rechtsprechung des BGH. Auch wenn § 172 Abs. 3 VVG vorschlägt, die Prüfung der Verweisung als „Voraussetzung einer Leistungspflicht" des Versicherers zu formulieren, wird diese durchaus bestehende Möglichkeit von den Anbietern formaljuristisch nicht umgesetzt. Vielmehr konnte gezeigt werden, dass die am Markt gebräuchlichen abstrakten Verweisungsregelungen letztlich weiterhin durchgängig als sog. sekundäre Risikobegrenzungen ausgestaltet sind, für die im Zweifel allein der Versicherer die volle Beweislast zu tragen hat. Wie gezeigt, setzt in dieser Frage am BGH möglicherweise ein Umdenken ein, sodass zu hoffen ist, dass sich diese Überlegungen baldmöglichst in der Spruchpraxis niederschlagen.

II. Nach Ausscheiden aus dem Beruf

Wie im Abschnitt dargestellt, ist die Vereinbarung der „klassischen" abstrakten Verweisungsmöglichkeit, welche den zur Zeit des Leistungsantrags noch ausgeübten oder gerade aufgegebenen Beruf zum Maßstab nimmt, weiter rückläufig.

Ein grundlegend anderes Bild ergibt sich jedoch bei Betrachtung der abstrakten Verweisungsmöglichkeit, welche im Rahmen der sog. Ausscheideregelung des § 2 Abs. 3 MB-BUV/BUZ erwähnt ist. Bis auf wenige Ausnahmen enthalten alle auf dem Markt befindlichen Versicherungsbedingungen für den Fall eines vorübergehenden Ausscheidens aus dem Beruf Regelungen, welche eine Anknüpfung an die zuletzt ausgeübte Tätigkeit limitieren und darüber hinaus wiederum auf die Regelungen der abstrakten bzw. konkreten Verweisung zurückgreifen. Wie der Auswertung in der Tabelle, Anhang 10 entnommen werden kann, machen 49 von 66 Anbietern in mindestens einer Tarifvariante von dieser Regelungsvariante Gebrauch.

Zwar kann davon ausgegangen werden, dass die Anzahl der Fälle, in denen Versicherer erst nach längerem Ausscheiden aus dem Berufsleben Leistungen anmelden, gegenüber der unter § 2 Abs. 1 MB-BUV/BUZ beschriebenen Konstellation weitaus geringer ist; jedoch ist ebenso klar, dass die Leistungsfälle in diesem angesichts der im modernen Berufsleben immer häufiger auftretenden gewollten und ungewollten Unterbrechungen eher zu- als abnehmen. Die Ursachen für die Unterbrechung können vielfältig sein, insbesondere kommen aber Situationen wie Arbeitslosigkeit, berufliche Qualifizierung/Studium, Elternzeit, Hausfrauen- oder Hausmannstätigkeit oder Wehr- bzw. Zivildienst in Betracht.

Da § 172 VVG zur Frage des Ausscheidens aus dem Beruf keine Regelung trifft, ist es notwendig, sich die Entwicklung des Bedingungsmarktes generell anzusehen. Die Musterbedingungen des GdV sehen für diesen Fall bis heute eine

Regelung vor, welche den modernen Anforderungen an eine transparente Regelung kaum mehr entspricht, da sie eine Vielzahl ungelöster Probleme beinhalten.

> *Scheidet die versicherte Person aus dem Berufsleben aus und werden später Leistungen wegen Berufsunfähigkeit beantragt, kommt es bei der Anwendung der Absätze 1 und 2 darauf an, dass die versicherte Person außerstande ist, eine Tätigkeit auszuüben, zu der sie aufgrund ihrer Ausbildung und Fähigkeiten in der Lage ist und die ihrer bisherigen Lebensstellung entspricht.*[443]

Der Grund für die Verortung einer „Ausscheideregelung" in § 2 Abs. 3 MB-BUV/BUZ entsprang einem offenbar seit jeher bestehenden praktischen Bedürfnis, da „[...] die Versicherungsbedürftigkeit häufig über die Zeit der Berufsausübung hinaus reicht, beispielsweise beim Aufgeben des Berufs als Ehefrau oder bei Unterbrechung einer begonnenen Berufstätigkeit durch ein Studium. Zunächst dachte man daran, für die Berufsunfähigkeit von Versicherten, die keinen Beruf mehr erfüllen, auf deren zuletzt ausgeübten Beruf abzustellen. Nachteilig wäre dabei aber gewesen, dass sowohl sehr bald wieder aufgegebene Berufe als solche maßgeblich gewesen wären, zu denen die Voraussetzungen z. B. wegen fehlender Weiterbildung längst vor dem Auftreten des medizinischen Befunds nicht mehr vorhanden waren [...] Da seine (des Versicherten) Ausbildung und Erfahrung inzwischen nach Aufgabe des Berufes veraltet bzw. vergessen sein können, passten die Kriterien nach § 2 Ziff. 1 in diesem Fall nicht. Die Berufsunfähigkeit des Versicherten kann gerechterweise nur nach Berufen beurteilt werden, die er tatsächlich – mit seinen Kenntnissen und Fähigkeiten – bei Gesundheit noch hätte wahrnehmen können. Mit der Erweiterung des Begriffs der Berufsunfähigkeit in § 2 Ziff. 4 konnte es so vermieden werden, fremde Begriffe, wie z. B. Erwerbsunfähigkeit im Sinne des Sozialversicherungsrechts, in die sonst berufsbezogene Versicherungsform zu bringen."[444]

Hätte man nicht zu der erwähnten Formulierung gefunden, so wäre bei einem über längere Zeit aus dem Arbeitsprozess ausgeschiedenen Versicherten darauf abzustellen gewesen, ob dieser erwerbsunfähig im Sinne des Sozialversicherungsrechts ist, was unter den heutigen rechtlichen Rahmenbedingungen die Produktbezeichnung „Berufsunfähigkeitsversicherung" wegen eines Verstoßes gegen das gesetzliche Leitbild in § 172 Abs. 2 VVG womöglich infrage stellen würde.[445]

---

443 § 2 Abs. 3 MB-BUV 13.

444 Claus/Rekittke, VerBAV 1975, 96.

445 So wohl Warsitz/Warstad, Die VVG-Reform, S. 14.

1. Begriffliche Eingrenzung des Ausscheidens

Im Umgang mit der Regelung des § 2 Abs. 3 MB-BUV hat die Rechtsprechung über die Jahre gewisse Regularien entwickelt, welche jedoch nicht darüber hinwegtäuschen dürfen, dass die Vorschrift im Kern eine intransparente Regelung darstellt, die dem durchschnittlichen Versicherungsnehmer gerade nicht aufzeigt, an welche tatbestandlichen Voraussetzungen das sog. „Ausscheiden" geknüpft ist.

a) Objektive Ausnahmetatbestände

Einigkeit besteht zunächst darüber, dass ein Ausscheiden aus dem Berufsleben im Sinne der o. g. Klausel nur dann vorliegen kann, wenn der Versicherungsnehmer sein Berufsleben bewusst und gewollt vor Eintritt des Versicherungsfalls beendet hatte.[446] Dies kann z. B. der Fall sein, wenn sich eine Frau dazu entschließt, nach der Heirat ihren Beruf aufzugeben, wenngleich damit keineswegs zwingend ein bedingungsgemäßes Ausscheiden verbunden sein muss. Zu beachten ist einerseits, dass nach heute wohl überwiegender Ansicht auch eine Hausfrauen- bzw. Männertätigkeit als neuer versicherter Beruf angesehen wird[447], zumindest dann, wenn der Versicherte seine Rolle, die er im Haushalt auch bei anderweitiger beruflicher Tätigkeit innegehabt hätte, überkompensiert und damit dem anderen Partner Arbeit abnimmt, welcher die freigewordene Zeit dann wiederum im Berufsleben für einen gesteigerten Erwerb nutzen kann.[448] In diesem Fall wäre lediglich ein versicherter Berufswechsel, aber kein Ausscheiden aus dem Beruf vonstattengegangen.

Auf der anderen Seite kann es sein, dass ein Versicherter seine berufliche Tätigkeit in erster Linie wegen der Erziehung bzw. Betreuung eines Kindes unterbricht, sodass ein unfreiwilliges Ausscheiden aus dem Berufsleben mit von vornherein geplanter Rückkehr gegeben ist. Diese typischerweise ungewollt eintretenden Konstellationen, wie z. B. Kindererziehungs-, Wehrdienst-, Arbeitslosigkeits- oder Qualifizierungszeiten sollen nach h. M. generell solange nicht vom Begriff des „Ausscheidens" erfasst sein, wie der Versicherungsnehmer noch an seine – im letzten ausgeübten Beruf – erworbenen Kenntnisse und Fähigkeiten anknüpfen kann.[449]

---

446 BGH, VersR 2012, 213; BGH, VersR 1987, 753.

447 Lücke, in: Prölss/Martin § 172 Rn. 54 VVG.

448 So i. E. wohl Rixecker, in: Beckmann/Matusche-Beckmann, § 46 Rn. 35.

449 BGH, VersR 2012, 213; Rixecker, in: Beckmann/Matusche-Beckmann, Versicherungsrechts-Handbuch, § 46 Rn. 36; LG Saarbrücken, zfs 2007, 101 m. Anmerkung Rixecker.

Allein die Ausklammerung derartiger Konstellationen des unfreiwilligen Ausscheidens durch die Rechtsprechung und Literatur hilft dem durchschnittlichen Versicherungsnehmer allerdings nicht weiter. Solange die Ausnahmetatbestände nicht ausdrücklich in den Bedingungen benannt werden, wird es Versicherern immer leicht fallen, dem rechtsunkundigen Versicherten vorzuhalten, dass er z. B. mit Eintritt einer Arbeitslosigkeit oder Elternzeit etc. aus dem Berufsleben bedingungsgemäß „ausgeschieden" sei und somit nicht mehr an seine zuvor ausgeübte Tätigkeit angeknüpft werden könne.

Wie der Auswertung im Anhang 10 entnommen werden kann, sind unterdessen 18 von 66 Anbietern dazu übergegangen, die Tatbestände, welche als lediglich vorübergehende Unterbrechung der Berufstätigkeit angesehen werden, entweder beispielhaft oder abschließend in den Bedingungen aufzuzählen. Allein auf diese Weise wird der Versicherungsnehmer in die Lage versetzt zu erkennen, welche Konstellationen der Unterbrechung einer Berufstätigkeit per se nicht als Ausscheiden gelten.

b) Gewolltes bzw. ungewolltes Ausscheiden

Allerdings ist nicht nur der objektive, sondern immer auch der subjektive Faktor (bewusstes und gewolltes Ausscheiden) notwendige Bedingung, um von einem Ausscheiden sprechen zu können[450], was im Ergebnis bedeutet, dass es jeder Versicherte gleichsam selbst in der Hand hat, ob er in den Kreis der Ausgeschiedenen wechselt oder nicht. Zu Recht weist Lücke darauf hin, dass auch ein Langzeitarbeitsloser, welcher subjektiv dem Arbeitsmarkt zur Verfügung steht und dies durch Qualifikationen bzw. Umschulungen auch zum Ausdruck bringt, im Grunde niemals durch bloßen Zeitablauf aus seinem Beruf ausscheiden kann.[451]

Dieses Ergebnis stellt sicherlich eine für den Versicherer unbefriedigende Lösung dar, sodass einiges dafür spricht, auch im subjektiven Bereich eine Grenze zu ziehen, nach der ein Ausscheiden aus dem Beruf grundsätzlich nicht mehr angenommen werden kann, auch wenn sich der Versicherungsnehmer vielleicht selbst nach wie vor als rückkehrbereit und fähig ansieht.

Der Versicherte soll insofern nach einer gewissen Phase der Nichtausübung seines Berufs per se als aus dem Berufsleben ausgeschieden gelten, auch wenn dem keine bewusste Entscheidung vorausging. Als typischer Fall ist hier die sehr lange währende Arbeitslosigkeit anzusehen, die es i. E. nicht mehr erlaubt, in den zuletzt ausgeübten Beruf zurückzufinden, da diese Tätigkeit so lange

450 BGH, VersR 2012, 213; BGH, VersR 1987, 753.

451 Lücke, in: Prölss/Martin, § 2 Rn. 103 BU.

zurückliegt, dass an die für den letzten Beruf notwendige Ausbildung und die darin gewonnene Erfahrung nicht mehr angeknüpft werden kann.[452] Wie weit diese Zeitspanne zurückliegen darf, wird in der Literatur nach dem jeweiligen Berufsbild und der Qualifikation des Versicherten bestimmt. Rixecker sieht die Grenze dort als überschritten an, „[…] wo die Dauer der Arbeitslosigkeit zu einem ohne Fortbildung nicht korrigierbaren Stillstand der Befähigung des Versicherten, wenn nicht gar zu einem Rückschritt führt".[453] Pauschale Festlegungen existieren nicht, als Richtwert wird man aktuell von einer Grenze zwischen drei und sieben Jahren – je nach Art der zuletzt ausgeübten Tätigkeit – ausgehen dürfen.[454] Neuhaus schlägt eine „ungefähre Zäsurgrenze" bei drei Jahren vor, in Anlehnung an den Zeitraum, der früher für die Bestimmung einer Berufsunfähigkeit als „voraussichtlich dauernd" zugrunde gelegt wurde.[455]

Einige wenige Anbieter weisen in ihren AVB (Tabelle, Anhang 10) darauf hin, dass von einem Ausscheiden nur dann gesprochen werden kann, wenn es dauerhaft oder endgültig ist; d. h., der Versicherungsnehmer wird hier auf das subjektive Element hingewiesen. Auf der anderen Seite sind mit dieser Formulierung die geschilderten Schwierigkeiten bei der Eingrenzung des Zeitraums nicht beseitigt.

c) Festlegung einer zeitlichen Grenze

Die wesentliche effektivere und transparentere Möglichkeit, ein dauerhaftes von einem zeitweiligen Ausscheiden abzugrenzen, geschieht über die Fixierung klarer zeitlicher Obergrenzen in den Bedingungswerken. Hier hat sich die große Mehrheit der Anbieter eindeutig auf eine Drei- bzw. Fünfjahresgrenze festgelegt, innerhalb der von einem zeitweiligen bzw. – bei Überschreitung – von einem dauerhaften Ausscheiden gesprochen wird (Tabelle, Anhang 10), sodass die im vorgehenden Abschnitt besprochenen Abgrenzungsschwierigkeiten zwischen gewolltem und ungewolltem Ausscheiden durch die faktische Bedingungssituation zu einem Randproblem geworden sind.

---

452 LG Saarbrücken, ZfS 2007, 101.

453 Rixecker, in: Beckmann/Matusche-Beckmann, Versicherungsrechts-Handbuch, § 46 Rn. 38.

454 In der Entscheidung BGH, VersR 87, 753 hatte das Gericht einen Zeitraum von ca. 3,5 Jahren nicht für ausreichend gesehen, seine Berufserfahrung zu verlieren; LG Saarbrücken, zfs 2007, 101 sieht in einer Unterbrechung von sieben Jahren ein Ausscheiden aus dem Berufsleben.

455 Neuhaus, Berufsunfähigkeitsversicherung, Kap. F Rn. 99.

2. *Erneute Einbeziehung der abstrakten Verweisung*

Steht letztendlich fest, dass der Versicherte aus dem Berufsleben ausgeschieden ist, soll nach der Regelung in § 2 Abs. 3 MB-BUV/BUZ als Anknüpfungsmaßstab regelmäßig nicht mehr die letzte, in gesunden Tagen ausgeübte Tätigkeit gelten, sondern diejenige, zu der „[...] die versicherte Person aufgrund ihrer Ausbildung und Fähigkeiten in der Lage ist und die ihrer bisherigen Lebensstellung entspricht". Diese Formulierung bedeutet nichts anderes als der erneute Rückgriff auf die sog. abstrakte Verweisung.

Die Intention der Regelung scheint zunächst klar: Der Versicherer will den Berufsschutz des ausgeschiedenen Versicherungsnehmers entschärfen, ohne – wie oben dargestellt – auf den sozialversicherungsrechtlich geprägten Begriff der Erwerbsunfähigkeit zurückgreifen zu müssen. Würde man ein Ausscheiden aus dem Berufsleben nicht sanktionieren, bestünde die Gefahr, dass sich Versicherungsnehmer regelmäßig darauf berufen, aufgrund verloren gegangener beruflicher Kenntnisse ihre letzte ausgeübte Tätigkeit nicht mehr ausüben zu können.

Gelöst wird dieses Problem durch eine erneute Verankerung der abstrakten Verweisung im Bedingungswerk, was zumindest dann als problematisch angesehen werden muss, wenn der Vertrag – wie überwiegend der Fall – an anderer Stelle die abstrakte Verweisung ausdrücklich ausschließt. Häufig wird in derartigen Bedingungswerken – z. B. aus Marketinggründen – bereits in der Bezeichnung des Produkts der Verzicht auf die sog. abstrakte Verweisung erwähnt.[456] Ebenso ist es nicht unüblich, dass im Rahmen der Definition der Berufsunfähigkeit (regelmäßig in § 2 Abs. 1 eines Bedingungswerkes) der Verzicht auf die abstrakte Verweisung zur Klarstellung noch einmal ausdrücklich erwähnt wird. Darüber hinaus bewirbt die übergroße Mehrheit in ihrer Produktdarstellung den generellen Verzicht auf die abstrakte Verweisung (siehe Tabelle 10).

In derartigen Konstellationen muss der durchschnittliche Versicherungsnehmer nicht damit rechnen, dass an einer anderen Stelle des Bedingungswerkes die abstrakte Verweisung – ggf. auch in etwas veränderter Gestalt, wie zu zeigen sein wird – wieder Einzug findet. Bei einem derartigen Einzug der abstrakten Verweisung „durch die Hintertür" muss zwingend eine überraschende Klausel gem. § 305 c Abs. 1 BGB angenommen werden.

---

456 Dies geschieht z. T. bereits über die Produktbezeichnung (Berufsunfähigkeitsversicherung ohne abstrakte Verweisung) oder aber, dass im Rahmen der Definition des Begriffs Berufsunfähigkeit bereits erklärt wird, „[...] auf die abstrakte Verweisung verzichten wir".

3. *Die Verweisungsregelung in den neuen Bedingungswerken*

Auffällig ist, dass die Verweisungsregelungen, welche im Zusammenhang mit der Ausscheideklausel gebraucht werden, bei einer Reihe von Anbietern im Wortlaut nicht mit den Formulierungen korrelieren, welche im Rahmen der Definition der Berufsunfähigkeit gebraucht worden sind. Idealerweise wird in beiden Abschnitten ein einheitliches Begriffspaar verwendet, was jedoch nur bei wenigen Anbietern geschieht (Tabelle, Anhang 3).

Wie bereits unter § 1 I aufgezeigt, besteht zwischen der Verwendung der Begriffspaare „Ausbildung und Fähigkeiten" sowie „Kenntnisse und Fähigkeiten" einerseits und „Ausbildung und Erfahrung" andererseits, entgegen der herrschenden Literaturmeinung ein inhaltlich bedeutsamer Unterschied, den der BGH zumindest im Kontext der Ausscheideregelungen offenbar auch gesehen hat. In einer Entscheidung, welche konkret auf die Verwendung des Begriffspaares „Kenntnisse und Fähigkeiten" im Rahmen der Ausscheideklausel Bezug nimmt, sieht der BGH diese als Erweiterung des hergebrachten, im Rahmen der Definition der Berufsunfähigkeit verwendeten Verweisungsbegriffs an, welche es ermöglicht, das aktuelle Potenzial des Versicherten zu erfassen, welches zum Zeitpunkt des Ausspruchs der abstrakten Verweisung noch vorhanden ist.[457]

Auch Neuhaus sieht in der Terminologie „Kenntnisse und Fähigkeiten" eine vom Verwender ausgehende Regelungsabsicht dahin gehend, dass der Versicherungsnehmer die Vergleichstätigkeit sofort und ohne Zugangshürden (intensivere, längere Anlernphase etc.) zumindest theoretisch sofort ausüben können soll.[458] Diese Überlegung dürfte mit der des BGH übereinstimmen, welcher es im Rahmen der Ausscheideregelung als nachteilig erachtete, wenn sowohl sehr bald wieder aufgegebene Berufe als auch solche maßgeblich bleiben, zu denen die Voraussetzungen z. B. wegen fehlender Weiterbildung längst vor dem Auftreten des medizinischen Befunds nicht mehr vorhanden waren. Da Ausbildung und Erfahrung des Versicherten nach Aufgabe des Berufs inzwischen veraltet bzw. vergessen sein können, passten die Kriterien der „Ausbildung und Erfahrung", welche in der Definition der Berufsunfähigkeit Verwendung fanden, nach Auffassung des BGH nicht mehr. Die Berufsunfähigkeit des Versicherten soll vielmehr gerechterweise nur nach Berufen beurteilt werden können, die er

---

457 BGH, VersR 1987, 753.

458 Neuhaus, Berufsunfähigkeitsversicherung, Kap. F Rn. 101; in der Tendenz ähnlich argumentiert Lücke, in: Prölss/Martin, § 2 Rn. 47 BU, welcher beim Begriffspaar „Kenntnisse und Fähigkeiten" erhöhte Beweisanforderungen für den Versicherer sieht.

tatsächlich – mit seinen Kenntnissen und Fähigkeiten – bei Gesundheit noch hätte wahrnehmen können. Mit dieser Erweiterung des Begriffs der Berufsunfähigkeit soll vermieden werden können, fremde Begriffe, wie z. B. Erwerbsunfähigkeit im Sinne des Sozialversicherungsrechts, in die sonst berufsbezogene Versicherungsform zu bringen.[459]

Letztlich kann also für den Verweisungsbegriff im Rahmen der Ausscheideregelung nichts anderes gelten, wie für die originäre Verweisungsregel auch. Eine Abweichung vom Leitbild des § 172 Abs. 3 VVG ist in Bezug auf die Verwendung des Begriffs „Kenntnisse und Fähigkeiten" unproblematisch, weil letztlich mit dem Begriffspaar „Ausbildung und Fähigkeiten" deckungsgleich. Die Verwendung des Begriffs „Ausbildung und Erfahrung" hingegen weicht auch hier zum Nachteil des Versicherungsnehmers ab, dem damit die Möglichkeit versperrt wird, einen Verweisungsberuf abzulehnen, der seine individuellen Anlagen nicht berücksichtigt. Auf die Feststellungen in § 1 I 3 kann in diesem Zusammenhang verwiesen werden.

4. *Völliger Klauselverzicht*

Grundsätzlich kommen Bedingungswerke, welche auf Regelungen bzgl. eines Ausscheidens aus dem Berufsleben ganz verzichten (nach Auswertung Anhang 10 aktuell 4 Anbieter), den Interessen des Versicherungsnehmers am weitesten entgegen, weil in diesen Fällen zwingend auf die zuletzt ausgeübte Tätigkeit vor Ausscheiden abzustellen ist, unabhängig davon, wie lange der Versicherungsnehmer die Tätigkeit nicht mehr ausübt.[460]

Noch verbraucherfreundlicher ist selbstverständlich eine ausdrücklich klarstellende Regelung, dass allein an die berufliche Tätigkeit vor dem Ausscheiden angeknüpft wird (nach Auswertung Anhang 10 aktuell 11 Anbieter).

> *„Übt die versicherte Person bei Eintritt der Berufsunfähigkeit keine berufliche Tätigkeit aus, so gilt die zuletzt vor dem Ausscheiden aus dem Berufsleben konkret ausgeübte Tätigkeit und die bei Ausscheiden erreichte Lebensstellung gem. Abs. 1 als versichert."*[461]

---

459 BGH, VersR 1987, 753.

460 OLG Karlsruhe, VersR 1993, 873 stellt klar, dass ohne eine Regelung analog § 2 Abs. 3 MB-BUV/BUZ generell auf die letzte ausgeübte Tätigkeit vor Ausscheiden abzustellen ist – in den, dieser Entscheidung zugrunde liegenden Bedingungen aus dem Jahre 1971, war die erst 1975 eingeführte Regelung des § 2 Abs. 4 BB-BUZ noch nicht enthalten.

461 § 2 Abs. 6 Gothaer Premium.

5. *Fazit*

Die sog. Ausscheideklausel wurde im Jahre 1975 im Interesse der Versicherungswirtschaft mit dem Ziel eingeführt, den Versicherungsschutz von länger aus dem Berufsleben ausgeschiedenen Versicherten auszudünnen. Dies mag zum damaligen Zeitpunkt interessengerecht gewesen sein, jedoch ist die zu diesem Zweck eingeführte, bis heute als Verbandsempfehlung gültige und auch in der aktuellen Bedingungslandschaft vereinzelt wortgleich vorzufindende Regelung des § 2 Abs. 3 MB-BUV/BUZ als intransparent anzusehen, da der durchschnittliche Versicherungsnehmer ihr nicht entnehmen kann, wann von einem tatbestandsmäßigen „Ausscheiden" ausgegangen werden muss. Er läuft insofern Gefahr, dass der Versicherer jedes Ausscheiden – unabhängig vom Grund und von der Dauer – zum Anlass nimmt, die abstrakte Verweisungsmöglichkeit zu prüfen.

Zwar geht die aktuelle Bedingungswirklichkeit in Bezug auf Ausscheideregelungen weit über den Verbandsvorschlag hinaus und ist von zusätzlichen Ausdifferenzierungen einzelner Fallkonstellationen und von dem Bemühen geprägt, dem Versicherungsnehmer die verschiedenen Varianten des Ausscheidens mit ihren unterschiedlichen Konsequenzen aufzuzeigen. Jedoch darf dieses Bemühen um Klarheit hinsichtlich der zeitlichen Begrenzung des Ausscheidens nicht darüber hinwegtäuschen, dass in allen Bedingungswerken, welche Ausscheideregelungen verwenden, weiterhin eine Spielart der abstrakten Verweisung erhalten geblieben ist.

Wie in der Auswertung im Anhang 10 dargestellt, wirbt die übergroße Mehrheit der Anbieter aber gleichzeitig damit, in ihren Bedingungen auf die abstrakte Verweisung zu verzichten, sodass die Ausscheideregelung in diesen Fällen letztlich als überraschend i. S. v. § 305 c Abs. 1 BGB angesehen werden muss, was bei mehr als zwei Dritteln der auf dem Markt angebotenen Bedingungswerke zutrifft.

§ 3: Konkrete Verweisung

Die sog. „konkrete Verweisung", welche der Gesetzgeber – ebenso wie die abstrakte Verweisung – in § 172 Abs. 3 VVG optional ausgestaltet, gibt dem Versicherer die Möglichkeit, den Versicherungsnehmer im Leistungsfall auf eine Tätigkeit zu verweisen, welche er in dieser Situation ggf. konkret ausübt, solange die bereits erörterten Voraussetzungen erfüllt sind.

Aktuell verzichtet allein ein Anbieter in seinem Bedingungswerk über die abstrakte Verweisung hinaus auch auf die Möglichkeit der konkreten Verweisung im Erstprüfungsverfahren[462], was für den Versicherungsnehmer erhebliche Gestaltungsspielräume nach sich ziehen kann. So ist es z. B. ohne Weiteres denkbar, dass ein Bäckergeselle, der wegen einer Mehlstauballergie seinen Beruf in der Backstube aufgeben muss, in Zukunft als Verkaufsleiter tätig sein kann. Er hätte in dieser Situation - auch wenn er in der neuen Tätigkeit mehr verdient und unbestritten eine bessere Lebensstellung erreicht hat - gleichwohl Anspruch auf die volle Berufsunfähigkeitsrente.

I. Anforderungen an den Verweisungsberuf (Arbeitsmarktrisiko)

Um den Versicherungsnehmer auf seine konkret ausgeübte Tätigkeit verweisen zu können, muss die neue Tätigkeit grundsätzlich denselben inhaltlichen Anforderungen genügen, wie der Verweisungsberuf bei einer abstrakten Verweisung; insofern kann hier auf Abschnitt § 1 I verwiesen werden. Dies entspricht auch der Konzeption des § 172 Abs. 3 VVG, der für die beiden Verweisungsvarianten gleiche Voraussetzungen aufstellt.

Zulässig ist es allerdings, den Versicherten im Rahmen der konkreten Verweisung auch auf einen sog. Nischenarbeitsplatz zu verweisen, der auf dem allgemeinen Arbeitsmarkt u. U. überhaupt nicht existiert und ggf. nur für diesen eingerichtet worden ist. Während eine abstrakte Verweisung auf derartige, real nicht existente Arbeitsplätze, welche der Versicherte gar nicht erlangen kann, nach allgemeiner Auffassung gegen Treu und Glauben verstößt[463], bestehen gegen eine konkrete Verweisung hingegen keine Bedenken, da der Versicherte die Stellung schließlich bereits ausübt.[464]

Im Gegenzug sind bei der konkreten Verweisung an das neue Arbeitsverhältnis besondere Voraussetzungen zu knüpfen, welche dem Versicherungsnehmer die Sicherheit verschaffen, dass er diese Tätigkeit auch dauerhaft ausüben kann.

Wie an anderer Stelle noch näher zu zeigen sein wird, ist es - falls in AVB vereinbart - möglich, den Versicherungsnehmer, wenn er nach Leistungsanerkenntnis durch den Versicherer neue Kenntnisse oder Fähigkeiten erworben hat, auf diese neue Tätigkeit zu verweisen. Entgegen dem Wortlaut derartiger Bedingungen sieht der BGH die abstrakte Verweisung eines Versicherungsnehmers,

462 HDI Gerling 2011 - die Bedingungen sehen im Nachprüfungsverfahren zwar die Möglichkeit der konkreten Verweisung vor; allerdings nur unter sehr eingeschränkten Voraussetzungen.

463 BGH, VersR 2008, 479; VersR 1999, 1134; OLG Hamm, NJOZ 2006, 1399; OLG Saarbrücken, NJOZ 2004, 1748.

464 OLG Frankfurt, VersR 2007, 1358.

der sich über Obligo neue Kenntnisse angeeignet hat, nach Treu und Glauben als unzulässig an, solange er nachweisen kann, dass es ihm trotz zumutbarer Bemühungen noch nicht gelungen ist, eine Beschäftigung im neuen Beruf zu finden.[465]

Nichts anderes kann letztlich für die konkrete Verweisung gelten. Auch in dieser Situation bemüht sich der Versicherungsnehmer überobligationsmäßig, eine andere, leidensgerechte Tätigkeit auszuführen. Sollten die unter Abschnitt 5.1. dargestellten Anforderungen an die Verweisungstätigkeit ausreichend sein, wäre der Versicherer dann leistungsfrei, was durchaus zu unbilligen Härten führen kann, wie folgendes Beispiel zeigt:

Bsp. 4
Ein seit 20 Jahren tätiger Werkzeugmechaniker muss seine Tätigkeit wegen eines Rückenleidens aufgeben, und das Arbeitsverhältnis wird aus Krankheitsgründen beendet. Der Versicherungsnehmer findet noch in der Kündigungsfrist eine Anschlussbeschäftigung als Qualitätskontrolleur in einem anderen Betrieb zu einer ähnlichen Vergütung. Der Berufsunfähigkeitsversicherer, bei dem Leistungen beantragt worden sind, spricht eine konkrete Verweisung auf die neue Tätigkeit aus, bei der – unstreitig – die alte Lebensstellung gewahrt ist. Der neue Arbeitgeber kündigt den Versicherten jedoch nach fünf Monaten noch während der Probezeit. Als der Versicherte erneut an den Versicherer herantritt, lehnt dieser mit dem Argument ab, dass die Berufsunfähigkeitsversicherung kein Arbeitsmarktrisiko absichere.

In einer ähnlichen Situation – in der sich das Tätigkeitsbild und die Einkommenssituation des Versicherten nach Ausspruch der Verweisung verschlechtert hatten – gestand das OLG Koblenz zwar zu, dass in der konkreten Verweisung durchaus eine gewisse Härte für den „arbeitswilligen und ehrlichen“ Versicherungsnehmer liegen kann; diese aber nach dem zwingenden Bedingungswerk hinzunehmen sei. Wenn im Zeitpunkt der Verweisung die Vergleichstätigkeit geeignet ist, so sei es für die Beurteilung der Berufsunfähigkeit unerheblich, wenn sich später das Tätigkeitsbild und die Einkommenssituation aus beim Arbeitgeber liegenden Gründen verschlechtern.[466] Dieser Auffassung ist grundsätzlich zuzustimmen, da dem Versicherer nicht zugemutet werden kann, allgemeine Arbeitsmarktrisiken zu tragen, zu dem natürlich auch die Verschlechterung der Arbeitsbedingungen zählt. Eine andere Situation liegt jedoch vor, wenn das Arbeitsverhältnis zum Zeitpunkt des Verweisungsausspruchs bereits eine Verschlechterungstendenz aufweist, welche regelmäßig darin liegt, dass zunächst unsicher ist, ob eine Beschäftigung über die Probezeit bzw. über eine Befristung hinaus erfolgen wird.

465 BGH, VersR 2000, 171; analog OLG Karlsruhe, VersR 2006, 59.
466 OLG Koblenz, VersR 1997, 688.

1. *Befristete Arbeitsverhältnisse*

Die Tendenz, dass Arbeitsverhältnisse nur noch befristet angeboten werden, nimmt in der Arbeitsvermittlung weiter zu. Nach einer aktuellen Erhebung des Statistischen Bundesamtes bestanden im Jahre 2010 bereits 8,9 % aller abhängigen Beschäftigungsverhältnisse aus befristeten Arbeitsverträgen, wobei die durchschnittliche Befristungsdauer ein Jahr betrug.[467] Da der Anteil im Bereich der neu geschlossenen Verträge weitaus höher liegen dürfte, ist die Wahrscheinlichkeit, dass Versicherungsnehmer, welche sich auf dem Arbeitsmarkt nach einem leidensgerechten Arbeitsplatz umsehen, nur einen befristeten Arbeitsplatz bekommen, relativ hoch.

In einer aktuellen Entscheidung hält das OLG Karlsruhe eine konkrete Verweisung (hier aufgrund neu erlangter beruflicher Fähigkeiten im Nachprüfungsverfahren) erst dann für zulässig, wenn der Versicherungsnehmer durch eine Festanstellung vor einer (Änderungs-)Kündigung geschützt ist.[468] Dem ist nicht nur für die Konstellation des Nachprüfungsverfahrens zuzustimmen. Ein Versicherungsnehmer, welcher – nachdem er berufsunfähig geworden ist – sich um eine neue, leidensgerechte Tätigkeit bemüht, handelt immer überobligatorisch, sodass er nach Treu und Glauben sowohl im Erst- als auch im Nachprüfungsverfahren nur dann konkret verwiesen werden kann, wenn er eine Festanstellung innehat.

Von der Frage der Eignung eines befristeten Arbeitsverhältnisses als Verweisungstätigkeit ist die Problematik zu trennen, ob ein Arbeitsplatz, dem ein gewisses erhöhtes Kündigungsrisiko innewohnt (z. B. in einer Saisonbranche oder einem wirtschaftlich schwachen Unternehmen), als konkreter Verweisungsberuf in Betracht zu ziehen ist. In diesem Zusammenhang stellt der BGH zu Recht klar, dass es in den Bereich des nicht mitversicherten Risikos der jeweiligen Arbeitsmarktlage fällt, ob ein gefundener Arbeitsplatz verhältnismäßig kündigungssicher ist oder nicht.[469]

2. *Arbeitsverhältnis in der Probezeit*

Was für befristete Tätigkeiten gilt, muss im Ergebnis ebenso für Arbeitsverhältnisse greifen, welche noch nicht über die Probezeit hinausgegangen sind.

---

467 https://www.destatis.de/DE/Publikationen/STATmagazin/Arbeitsmarkt/2010_03b/2010_03Beschaeftigung.html (07.11.2013).

468 OLG Karlsruhe, VersR 2013, 747.

469 BGH, VersR 1998, 1537.

Auch in derartigen Anstellungsverhältnissen geht es nicht um die vom BGH gestellte Frage, ob ein Arbeitsplatz ggf. „verhältnismäßig kündigungssicher" ist, sondern es steht fest, dass der Arbeitgeber zumindest bei Betrieben, welche unter die Voraussetzungen des KSchG fallen, den Vertrag jederzeit innerhalb von zwei Wochen beenden kann. Zugestanden ist zwar, dass ein Arbeitgeber, der zehn oder weniger Arbeitnehmer beschäftigt, die Möglichkeit der fristgemäßen Kündigung auch nach der Probezeit hat; jedoch auch in derartigen Beschäftigungsverhältnissen bildet die sechsmonatige Probezeit nach § 622 Abs. 3 BGB, in der ein Arbeitsverhältnis bereits mit einer Frist von zwei Wochen gekündigt werden darf, eine gewisse Zäsur. Auch sollten Arbeitnehmer, welche sich auf ein Beschäftigungsverhältnis ohne die Sicherungen des Kündigungsschutzgesetzes einlassen und deren Arbeitsplatz bereits aus diesem Grund „verhältnismäßig kündigungsunsicher" ist, nicht schlechter gestellt werden.

3. *Selbstständige Tätigkeiten*

Noch problematischer müssen Verweisungstätigkeiten angesehen werden, wenn der Versicherungsnehmer nach Berufsunfähigkeit im alten Beruf, vielleicht sogar erstmalig, eine selbstständige Tätigkeit aufnimmt und der Versicherer dann auf diese konkret verweisen will.

In derartigen Fällen kann sicherlich auch nach sechs Monaten noch nicht davon ausgegangen werden, dass die neue Tätigkeit dauerhaft trägt. Der BGH gesteht nicht ohne Grund zu, dass man das Einkommen eines Selbstständigen in der Regel erst über einen Zeitraum von mindestens zwei Jahren hinreichend bestimmen kann, wobei die Phase des Aufbaus hier nicht berücksichtigt werden darf.[470] Wie lange die Aufbauphase, nach der zumindest mit einem gesicherten – wenn auch nicht zwingend stetigen – Einkommen gerechnet werden kann, dauern darf, wurde bisher nicht entschieden; ein Sechsmonatezeitraum dürfte aber bereits die absolute Untergrenze darstellen. Einen Anhaltspunkt gibt hier ggf. die Dauer eines vom Arbeitsamt zu gewährenden Gründungszuschusses für Selbstständige nach §§ 93 f. SGB III, welcher mindestens für sechs Monate, ggf. aber auch für weitere neun Monate gewährt wird, falls der Antragsteller die Tragfähigkeit seines Geschäftsmodells nachweisen kann. Von diesen Voraussetzungen ausgehend, muss die für den angestellten Versicherungsnehmer gefundene sechsmonatige Mindestdauer der neuen Beschäftigung bei einem Selbstständigen als die absolute Untergrenze angesehen werden.

---

470 BGH, VersR 1998, 42.

II. Darlegungs- und Beweislast

Rechtsprechung und Literatur weisen bei einer vom Versicherer ausgesprochenen konkreten Verweisung – im Unterschied zur abstrakten Verweisung – dem Versicherungsnehmer einhellig die volle Darlegungs- und Beweislast für den Einwand ihrer Unzulässigkeit zu.[471] Die vom BGH herangezogene Begründung, dass der Versicherungsnehmer die Tätigkeitsmerkmale und Anforderungen der von ihm ausgeübten Beschäftigung am besten kennt[472], versagt spätestens dann, wenn ein Selbstständiger darlegen und beweisen soll, dass er mit seiner neuen Tätigkeit signifikant weniger Einkommen erzielt, als im zuletzt ausgeübten Beruf in gesunden Tagen. An dieser Stelle sind weniger konkrete Kenntnisse des Unternehmens als abstrakte Prognoseberechnungen und Analysen maßgebend, welche nicht der durchschnittliche Versicherungsnehmer, sondern wiederum nur der „branchenerfahrene" Versicherer mit seinem Apparat anstellen muss.

Über die Darlegungslast hinaus kann für den Vollbeweis, dass die weiteren Merkmale der konkreten Verweisung, welche jeweils im Bedingungswerk geregelt sind, tatbestandlich erfüllt sind, ohnehin nichts anderes gelten, wie bereits zur abstrakten Verweisung ausgeführt (Abschnitt § 5 I 2). Auch die Verweisbarkeit auf eine vom Versicherungsnehmer konkret ausgeübte Tätigkeit ist letztlich eine sekundäre Risikobegrenzung bzw. ein Risikoausschluss, dessen Beweislast dem zufällt, der ihn einwendet.

Diese Lesart bleibt überdies auch im Rahmen der konkreten Verweisung interessengerecht. Wenn über die Frage Beweis erhoben werden soll, ob eine konkret ausgeübte Tätigkeit von der Ausbildung und Erfahrung sowie der Lebensstellung her der vormals ausgeübten entspricht, sind im Zweifel dieselben berufskundlichen Spezialkenntnisse erforderlich, wie bei der abstrakten Verweisungsprüfung, welche der Versicherungsnehmer aber nicht hat.

Auf einen weiteren Aspekt, welcher sich aus den marktüblichen Bedingungswerken selbst ergibt, weist Müller-Frank hin.[473] So soll folgende Formulierung der konkreten Verweisungsmöglichkeit, per se die Annahme eines Risikoausschlusses nahelegen, mit der Konsequenz, dass die Beweislast dem Versicherer zufällt.

471 BGH, VersR 2005, 676; Lücke, in: Prölss/Martin, § 2 Rn. 93 BU.

472 BGH, VersR 2000, 349.

473 Müller-Frank, Aktuelle Rechtsprechung, S. 75.

Berufsunfähigkeit liegt dagegen jedoch nicht vor, [...] wenn die versicherte Person eine ihrer Ausbildung und Erfahrung entsprechende Tätigkeit tatsächlich ausübt und diese Tätigkeit ihrer bisherigen Lebensstellung entspricht.[474]

Wie der Auswertung in Anhang 3 entnommen werden kann, verwenden 32 von 66 Anbietern derartige Formulierungen in ihren Bedingungswerken, sodass in diesen Fällen die Beweislastverteilung bereits in den AVB unmissverständlich geregelt ist.

474 § 2 Abs. 1 S. 3 SBU Württembergische.

7. Kapitel: Umorganisation

Das Kriterium der Umorganisation spielt bei der Leistungsprüfung von selbstständig tätigen Versicherungsnehmern eine zentrale Rolle. Nach der Statistik des GdV wurden im Jahr 2006 34,1 % der Neuzugänge im Bereich der Lebensversicherungen mit eingeschlossener Berufsunfähigkeitszusatzversicherung von Selbstständigen abgeschlossen.[475] Wenn dabei gleichzeitig beachtet wird, dass der Anteil dieser Gruppe in der berufstätigen Bevölkerung zur selben Zeit gegenüber den Angestellten nur ca. 7 % umfasste,[476] ergibt sich, dass deren Absicherungsquote ca. sieben Mal höher liegt als die der Angestellten. In Anbetracht dieser Zahlen und der Tatsache, dass die private Berufsunfähigkeitsversicherung für die Gruppe der Selbstständigen im Grunde die einzige Möglichkeit der Absicherung ihrer Arbeitsfähigkeit darstellt, bedarf es einer näheren Analyse, inwiefern das sog. Umorganisationskriterium eine zulässige Einschränkung des Leistungsversprechens darstellt.

§ 1: Entwicklung des Umorganisationskriteriums

Traditionell fand die Umorganisationsverpflichtung in den Bedingungswerken der Berufsunfähigkeitsversicherung keine Erwähnung. Sie hat zunächst weder in der Rechtsprechung eine Rolle gespielt noch kann unterstellt werden, dass die Anbieter im Bereich der Berufsunfähigkeitsversicherung dieses Kriterium tatsächlich als regelungsrelevant im Blick gehabt hätten.

Erstmals wurde die Umorganisation vom BGH im sog. „Waschstraßenurteil"[477] aufgebracht. Der Versicherer hatte seinem Kunden unterstellt, er könnte seinen (gepachteten) Waschstraßenbetrieb anders einrichten und für anfallende körperliche Arbeiten fremde Kräfte anstellen. Diese, dem Versicherungsnehmer zugedachte Betriebsumorganisation in Form einer Betriebsausweitung hatte der BGH schließlich als eine „unzumutbare Verweisung" angesehen. Nach der anfänglichen Annahme, dass es sich bei der Betriebsumorganisation um eine

475 Die Deutsche Lebensversicherung in Zahlen, Geschäftsentwicklung 2006, GDV 10.08.2007, http://www.gdv.de/wp-content/uploads/2011/07/LV_in_Zahlen_2006.pdf (15.02.2014), in diesem Jahr wurde die Auswertung zum letzten Mal für die Berufsgruppe der Selbstständigen ausgeworfen.

476 Statistisches Jahrbuch 2006.

477 BGH, VersR 1988, 324.

Ausformung der abstrakten oder konkreten Verweisung handelt[478], hat das Kriterium seither in der Rechtsprechung eine zunehmende Verselbstständigung erfahren und letztlich als eigenständiges Rechtsinstitut breiten Eingang in die marktüblichen Versicherungsbedingungen gefunden[479], wie im Folgenden zu zeigen sein wird.

Anders verhielt es sich hingegen bei den Verbandsempfehlungen des GDV, welche bis zum Jahr 2010 – entgegen dem Trend auf dem Bedingungsmarkt – weiterhin vollständig auf die Erwähnung einer Umorganisationsverpflichtung verzichteten.[480] Mit der Generation der MB-BUZ/BUV 2012 hatte man sich erstmals entschlossen, das Umorganisationskriterium zu erwähnen. Ein Formulierungsvorschlag fehlt allerdings weiterhin, sondern es wird für den Fall, dass der Verwender eine abstrakte Verweisungsmöglichkeit vorsehen will anheimgestellt, diese „[…] ggf. um eine Regelung zur Umorganisation bei Selbstständigen zu ergänzen".[481] Dieser Vorschlag lässt darauf schließen, dass der GDV die Umorganisation – analog der frühen BGH-Rechtsprechung – weiterhin als eine Spielart der abstrakten Verweisung begreift.

Wie im Folgenden zu zeigen ist, geht die Rechtsprechung in Einklang mit der herrschenden Literaturmeinung bis heute davon aus, dass es einer Erwähnung der Umorganisation in Bedingungswerken ohnehin nicht bedarf, was letztlich damit gerechtfertigt wird, dass die Umorganisationsverpflichtung grundlegender Tatbestandteil des Begriffs der Berufsunfähigkeit sein soll.[482] Problematisch ist dabei zunächst, dass der BGH, welcher die Entstehung des Umorganisationskriteriums verantwortet, bei der dogmatischen Verortung des von ihm ins Leben gerufenen Rechtsinstituts bis heute keine einheitliche Linie gefunden hat, sondern mit wechselnden Herleitungen argumentiert.

Während in der erwähnten Waschstraßen-Entscheidung aus dem Jahre 1988 die Umorganisationsverpflichtung noch als eine Variante der abstrakten Verweisung angesehen wurde[483], ist man erst später dazu übergegangen, sie aus der Definition des Berufes herzuleiten und von der Verweisungsprüfung, welche „[…] die besondere berufliche Stellung des mitarbeitenden Betriebsinhabers nicht ausreichend berücksichtigt", dogmatisch abzukoppeln. Wenn der Versicherungsnehmer

478 Hörstel, VersR 1994, 1023 – sieht die Umorganisation ebenfalls als Verweisungsvariante bei Selbstständigen; allerdings unter anderen Voraussetzungen.

479 BGH, VersR 1991, 1358; BGH, VersR 1996, 1090; BGH, VersR 2003, 631.

480 § 2 Abs. 2 MB-BUZ/BUV 23.08.2010.

481 § 2 Abs. 2 MB-BUZ/BUV 25.10.2012.

482 Siehe dazu unter Abschnitt § 3 I.

483 BGH, VersR 1988, 234.

nach einer Betriebsumorganisation ein für ihn neues betriebliches Aufgabenfeld gesundheitsbedingt noch wahrnehmen kann, soll nicht von einer Verweisung „auf eine andere Tätigkeit" gesprochen werden können. Vielmehr soll der Versicherungsnehmer in einem solchen Fall von seinem betrieblichen Direktionsrecht Gebrauch gemacht haben, welches auch die Möglichkeit einer Umverteilung der Arbeit einschließt und der Stellung des Selbstständigen im Betrieb das Gepräge gibt.[484] „Sein ‚Beruf' ist daher die Leitung des Betriebes unter seiner Mitarbeit an einer von ihm bestimmten Stelle."[485]

Auch wenn der BGH zur Begründung der Umorganisationsverpflichtung die Ausführungen von Voit zitiert, bleibt er doch eine dogmatisch brauchbare Herleitung schuldig. Voit selbst weist nämlich ausdrücklich darauf hin, dass eine Umorganisationsverpflichtung mangels Erwähnung im Bereich der Obliegenheiten nur nach Auslegung des Begriffs der Berufsunfähigkeit unter Berücksichtigung des Grundsatzes von Treu und Glauben hergeleitet werden kann[486] und die Beweislast für einen Vortrag, der sich auf den Grundsatz von Treu und Glauben stützt, im Unterschied zur BGH-Rechtsprechung, beim Versicherer liegen muss.[487] Die von Voit vorgeschlagene dogmatische Begründung mit § 242 BGB nimmt der BGH jedoch ebenso wenig auf, wie er selbst eine andere Herleitung vorschlägt. Insofern muss sich der BGH zu Recht den Vorwurf gefallen lassen, das Tatbestandsmerkmal Umorganisation „frei geschöpft" zu haben.[488]

§ 2: Rechtslage nach der VVG-Reform

Im Rahmen der Debatte um die VVG-Reform ist die dogmatische Einordnung der Umorganisationsverpflichtung des selbstständigen Versicherungsnehmers nur am Rande diskutiert worden. So geht etwa Präve unter Berufung auf den Zwischenbericht der VVG-Reformkommission davon aus, dass die Vereinbarung

---

484 BGH, VersR 1996, 1090.

485 BGH, VersR 1996, 1090, unter Berufung auf Voit, Berufsunfähigkeitsversicherung S. 135 f.

486 Voit, Berufsunfähigkeitsversicherung, Rz. 323; ähnlich Höra, in: Terbille, MAH Versicherungsrecht, § 26 Rn. 87, allerdings ohne die von Voit getroffene Schlussfolgerung für die Beweislastverteilung.

487 Voit, Berufsunfähigkeit im Lichte der Rechtsprechung, VersR 1990, 22; so auch bis heute Palandt/Grüneberg, § 242 Rn. 21 (unter Hinweis auf die ständige BGH-Rechtsprechung).

488 Schwintowski, in: Tamm/Toner, Verbraucherrecht, § 23 Rn. 408.

einer Umorganisation des Arbeitsplatzes im Rahmen des allgemeinen Obliegenheitsrechts auch im neuen VVG zulässig sein soll.[489]

Im Ergebnis wurde aber weder die Möglichkeit der Prüfung der Umorganisation des (mitarbeitenden) Betriebsinhabers noch die des weisungsgebundenen Mitarbeiters in der Legaldefinition des § 172 Abs. 2 VVG erwähnt, sodass sich die Frage stellt, ob der Gesetzgeber diese bis dato unbestrittene Möglichkeit der Versicherer, ihre Leistungspflicht ohne die ausdrückliche Regelung einer derartigen Obliegenheit einzuschränken, tatsächlich unangetastet lassen wollte. Diese Lesart wird jedoch mit Blick auf die Gesetzesbegründung vertreten[490], welche davon spricht, dass die allgemeinen Kriterien, die für die Beurteilung der jeweiligen Berufstätigkeit gelten, gesetzlich nicht präzisiert werden können und mithin „[...] auch künftig den AVB und der Rechtsprechung hierzu überlassen werden" müssen. In diesem Zusammenhang wird beispielhaft der Beruf des selbstständigen Unternehmers oder Handwerkers erwähnt, bei dem nach der höchstrichterlichen Rechtsprechung eine zumutbare Umorganisation des Betriebes für die Beurteilung der Berufsunfähigkeit zu berücksichtigen sei.[491]

Mit der Gesetzesbegründung wird zumindest klargestellt, dass der Gesetzgeber die Umorganisationsverpflichtung des selbstständigen Versicherungsnehmers mit dem Leitbild des § 172 Abs. 2 VVG für vereinbar hält. Inwieweit der Gesetzgeber damit auch eine fehlende Regelung dazu in den AVB weiter tolerieren will[492], bleibt angesichts der Formulierung im Regierungsentwurf zum VVG offen und dem Urteil des jeweiligen Betrachters überlassen. Aus dem Wortlaut der Gesetzesbegründung ist aber wohl eher zu schließen, dass eine derartige Verpflichtung in den AVB geregelt sein muss und mit der „Rechtsprechung hierzu" lediglich die Rechtsprechung gemeint ist, welche zu den konkreten Regelungen in den AVB ergehen wird.[493]

Der BGH hat seit dem Jahre 2003 keine Gelegenheit mehr wahrgenommen (oder können), sich mit dem von ihm entwickelten Umorganisationskriterium zu beschäftigen[494], sodass abzuwarten bleibt, ob er seine Rechtsprechung, die von der Umorganisationsmöglichkeit als ungeschriebenes Tatbestandsmerkmal der

489 Präve, VersR 2003, 1207, 1209.

490 Warsitz/Warstat, Die VVG-Reform, S. 8, Mertens, in: Rüffer/Mertens/Schimikowski, HK-VVG, § 172 Rn. 34; anders wohl Präve, Die Berufsunfähigkeitsversicherung im Lichte des neuen VVG, VersR 2003, 1207.

491 Regierungsentwurf zu § 172 VVG, BT-Drucks. 16/3945, S. 195.

492 So wohl Klenk, in: Rüffer/Halbach/Schimikowski, HK-VVG, § 172 Rn. 34.

493 A. A. wohl Neuhaus, Berufsunfähigkeitsversicherung, Kap. F Rn. 110.

494 BGH, VersR 2003, 673.

Berufsunfähigkeitsdefinition ausgeht, unter den geänderten Rahmenbedingungen nach der VVG-Reform aufrechterhält. Ein Indiz für eine mglw. im Umbruch befindliche Auffassung bietet eine Entscheidung im Recht der privaten Krankentagegeldversicherung aus dem Jahre 2009[495], in welcher der BGH die Umorganisation der Arbeitsabläufe als dem Wesen der Krankentagegeldversicherung fremd bezeichnet hatte. Dies ist in dieser Klarheit doch überraschend, da es nach der bis dahin postulierten dogmatischen Einordnung der Umorganisation keinen Grund hätte geben dürfen, diese in der Krankentagegeldversicherung anders vorzunehmen.

§ 3: Aktuelle Bedingungssituation

Die vorgenommene Auswertung (Anhang, Tabelle 11) brachte zutage, dass die übergroße Mehrheit der Anbieter das Umorganisationskriterium in den AVB unterdessen erwähnt, darüber hinaus aber in durchaus unterschiedlicher Art und Weise ausgestaltet.

I. Fehlende Erwähnung der Umorganisation

Insgesamt noch drei Gesellschaften[496] verzichten – in je einer ihrer beiden angebotenen Tarifvarianten – weiterhin gänzlich auf die Erwähnung des Umorganisationskriteriums. Es handelt sich dabei jeweils um die als „Basis"-Tarif vermarktete Variante, während die gleichzeitig offerierten Komfort-Tarife die Umorganisation sehr wohl beschreiben. Ein weiterer Anbieter erwähnt in der Basisvariante zwar die Umorganisation mit einem Wort, ohne jedoch deren Voraussetzungen weiter zu umreißen, während er in der „Premium"-Variante die Merkmale der Umorganisation ausführlich beschreibt.[497]

Klar ist, dass die Anbieter mit dieser Art und Weise der Abstufung in ihren Bedingungswerken keineswegs im jeweiligen Basistarif auf die Möglichkeit des Umorganisationseinwandes verzichten wollen. Das Gegenteil ist ganz offensichtlich der Fall; wenn von Anbietern innerhalb ihrer eigenen Bedingungswerke derartige Abstufungen vorgenommen werden, ist davon auszugehen, dass man dem Kunden in den Basistarifen einen geringeren Grad an Bedingungstransparenz zugestehen will. Es geht letztlich darum, dem durchschnittlichen Versicherungsnehmer, welcher sich bei Vertragsschluss um das Verständnis des

495 BGH. VersR 2007, 1260.

496 Condor; LV 1871; Mecklenburgische (jeweils Basistarife).

497 Iduna.

Bedingungswerkes bemüht, das Risiko des Umorganisationseinwandes im Leistungsfall nicht gewahr werden zu lassen, was weniger als bewusst hingenommene Intransparenz, sondern vielmehr bereits als Täuschungsversuch am Kunden angesehen werden muss.

Wie bereits angesprochen, gehört der Verzicht auf die Erwähnung des Umorganisationskriteriums in der Bedingungswirklichkeit – bis auf die drei erwähnten Ausnahmen – aktuell der Vergangenheit an. Insofern geht die Wahrnehmung von Teilen der Literatur, dass die Nichterwähnung in der Praxis den Regelfall darstelle[498], an den realen Tatsachen vorbei. Gleichwohl bleibt aber abzuwarten, ob sich diese Marktentwicklung in den nächsten Jahren bestätigt oder ggf. wieder umkehrt. Bemerkenswert ist in diesem Zusammenhang, dass Neuhaus den Versicherern unterdessen ausdrücklich empfiehlt, auf eine Regelung der Umorganisation in ihren Bedingungen zu verzichten;[499] im Gegensatz zur Vorauflage, in der der Autor noch das Gegenteil vertreten hat.[500]

In Anbetracht der offensichtlichen Relevanz dieses Problems soll – unabhängig von der aktuellen Bedingungswirklichkeit – die in der Literatur diskutierte Frage[501] aufgegriffen werden, ob der völlige Verzicht der Erwähnung der Umorganisationspflicht überhaupt den Anforderungen an §§ 305 ff. BGB genügen kann.

Unklarheit besteht zunächst dahin gehend, ob sich eine Verpflichtung, im Leistungsfall zunächst eine fehlende Umorganisationsmöglichkeit des eigenen Tätigkeitsbereiches darlegen und beweisen zu müssen, dem durchschnittlichen Versicherungsnehmer auch bei gehörigem Nachdenken von selbst erschließen muss, solange das Bedingungswerk auf die ausdrückliche Erwähnung dieses Erfordernisses verzichtet.

Dass dem nicht so ist, wird zunächst durch die anwaltliche Praxis des Verfassers eindeutig bestätigt. Die Erfahrung zeigt, dass Versicherungsnehmer mit komplettem Unverständnis reagieren, wenn ihnen Versicherer als Ergebnis der Leistungsprüfung mitteilen, dass sie zwar berufsunfähig sein mögen, jedoch wegen der Umorganisationsmöglichkeit ihres Betriebes gleichwohl keine Leistung erhalten.

---

498 So zuletzt Neuhaus, jurisPR-VersR 9/201, Anmerkung zu OLG Hamm v. 10.11.2010; Hollenborg, Berufsunfähigkeit Selbstständiger, S. 409.

499 Neuhaus, Berufsunfähigkeitsversicherung, Kap. F Rn. 117.

500 Neuhaus, in: Voit/Neuhaus, Berufsunfähigkeitsversicherung, Kap. F Rn. 13.

501 Dunkel, in: Handbuch Versicherungsrecht, § 15 Rn. 198; Schwintowski, in: Schwintowski/Brömmelmeyer, § 172 Rn. 32 VVG; Hollenborg, Berufsunfähigkeit Selbstständiger, S. 132 ff.; Neuhaus, Berufsunfähigkeitsversicherung, Kap. F Rn. 113.

Auch der bei Vertragsabschluss überdurchschnittlich interessierte Versicherungsnehmer wird sich die Umorganisationsverpflichtung – selbst unter Zuhilfenahme allgemein zugänglicher Vergleichspublikationen zu diesem Thema – kaum erschließen können.

Die Stiftung Warentest, welche mit ihrem regelmäßigen Bedingungsvergleich im Bereich der privaten Berufsunfähigkeitsversicherung beim durchschnittlichen Versicherungsnehmer wohl am ehesten Beachtung findet, klammert das Thema, ob und v. a. in welcher Ausgestaltung eine Umorganisationsverpflichtung in den Bedingungswerken Erwähnung findet, vollständig aus, während gleichzeitig der Verzicht auf die abstrakte Verweisung zum wichtigsten bzw. zuerst genannten Kriterium ihrer Bewertung avanciert.[502] Zur tatsächlichen Relevanz des Verweisungsverzichtes wird auf die Ausführungen in Kapitel 6 verwiesen.

Auch das Analysehaus Morgen & Morgen beschränkt sich in seiner Bewertung allein auf die eher exotische Frage, ob der Versicherer auf die Umorganisation bei weisungsgebundenen Mitarbeitern verzichtet.[503] Diese Frage wird als „Mindestkriterium“ mit der höchsten Punktzahl gewichtet, wobei man am Ende zu dem eher unspektakulären Ergebnis gelangt, dass sämtliche Anbieter dieses Kriterium erfüllen. Lediglich Franke & Bornberg messen der Frage, ob die Umorganisationsverpflichtung in den Bedingungen überhaupt geregelt ist, einen nicht näher bekannt gemachten Stellenwert bei[504], wobei darauf hinzuweisen ist, dass dieser Anbieter die Auswertungsergebnisse in Bezug auf diese Detailfragen dem Verbraucher nicht zugänglich macht und nur einem von ihm selbst bestimmten Rezipientenkreis zur Verfügung stellt.

Angesichts dieser eindeutigen Situation im Bereich der Wahrnehmungsmöglichkeiten und des Paradigmas des BGH in Bezug auf die Auslegungsmöglichkeit von Versicherungsbedingungen durch den durchschnittlichen Versicherungsnehmer drängt sich die Frage auf, wie lange der BGH an seiner bereits dargestellten Auffassung von der Umorganisationsverpflichtung als ungeschriebenes Tatbestandsmerkmal noch festhalten kann und will. Es wird in der Literatur zu Recht darauf hingewiesen, dass diese Rechtsprechung in der Zeit vor der Deregulierung entwickelt wurde, in der es wegen der Vorabgenehmigungspflicht durch das Bundesaufsichtsamt für das Versicherungswesen noch nicht primäre Aufgabe war, Versicherungsbedingungen unter diesem Aspekt zu prüfen.[505] Letztlich ist – wie gesehen – keine dogmatisch haltbare Argumentation denkbar,

502 Finanztest 7/2013, 58 f.

503 Morgen & Morgen, LV-Win, Version 9.10, 11/2013, Frage R11.

504 Franke & Bornberg, Produktrating BU, Bewertungsrichtlinien Stand 2/2008.

505 Dunkel, in: Handbuch Versicherungsrecht, § 15 Rn. 198.

wie dem durchschnittlichen Versicherungsnehmer das ungeschriebene Tatbestandsmerkmal der Umorganisationsverpflichtung erkennbar werden soll.[506]

An dieser Situation ändert auch ein anderer, nicht gänzlich neuer Aspekt nichts, den Neuhaus in die Diskussion eingebracht hat und der darauf abstellt, dass eine Verletzung der dem Transparenzgebot immanenten Bestimmtheits- und Verständlichkeitsgebote nicht einschlägig sein könne, da das Umorganisationserfordernis nur gegenüber Selbstständigen und sog. mitarbeitenden Betriebsinhabern, mithin Unternehmern gem. § 14 BGB Anwendung finde.[507]

Dem Selbstständigen unterstellt Neuhaus, dass es Grundvoraussetzung seiner Tätigkeit sei, sich ständig neuen Gegebenheiten anpassen zu müssen mit der Folge, dass er auch bei Abschluss eines Versicherungsvertrages erkennen könne, dass sein Berufsbild ein vom typischen Arbeitnehmerdasein Verschiedenes ist, sodass das nicht erwähnte Umorganisationserfordernis auch keinen Verstoß gegen das Transparenzgebot darstellen könne.

Diese Argumentation, welche dem selbstständig Tätigen gegenüber dem normalen Versicherungsnehmer letztlich „hellseherische“ Fähigkeiten zuweist, muss im Ergebnis als abwegig angesehen werden. Bekanntermaßen ist auf das Verständnis des durchschnittlichen Versicherungsnehmers vom Bedingungswerk bei Abschluss des Versicherungsvertrages abzustellen.[508] In dieser Situation kommt es dem Versicherten allein darauf an, seine Arbeitskraft und seinen Lebensstandard abzusichern, was nicht notwendigerweise durch eine selbstständige Tätigkeit geschehen muss und sich überdies im Laufe des Vertrages mehrfach ändern kann. Wenn also ein zunächst angestellter Versicherungsnehmer zu einem späteren Zeitpunkt in eine selbstständige Tätigkeit wechselt, wird man ihm kaum vorwerfen können, er habe die Versicherungsbedingungen bei Vertragsschluss nicht vorsorglich mit den Augen des Selbstständigen gelesen.[509]

---

506 So auch Dunkel, in: Handbuch Versicherungsrecht, § 15 Rn. 198; Schwintowski, in: Schwintowsky/Brömmelmeyer § 172 Rn. 32; Hollenborg, Berufsunfähigkeit Selbstständiger, S. 409; a. A. Mertens, in: Rüffer/Halbach/Schimikowski, § 172 Rn. 34; Benkel/Hirschberg, § 2 Rn. 10 BUZ 2008; Klenk, in: Looschelders/Pohlmann, § 172 Rn. 29.

507 Neuhaus, Berufsunfähigkeitsversicherung, Kap. F Rn. 120; sich dieser Auffassung anschließend: Mertens, in: Rüffer/Halbach/Schimikowski, § 172 Rn. 34; Klenk, in: Looschelders/Pohlmann, § 172 Rn. 29.

508 BGH, VersR 1989, 903.

509 Die verschiedene Einordnung des Leistungsfalls in der privaten Berufsunfähigkeitsversicherung ist u. a. in der Rechtsschutzversicherung ein bekanntes Problem;

Darüber hinaus kann auch der bei Abschluss des Berufsunfähigkeitsversicherungsvertrages selbstständige Versicherungsnehmer auch aus einem weiteren Grund nicht als Unternehmer i. S. v. § 14 BGB angesehen werden. Eine natürliche Person handelt im Zweifel als Verbraucher gem. § 13 BGB, solange die dem Vertragspartner erkennbaren Umstände nicht eindeutig und zweifelsfrei darauf hinweisen, dass die natürliche Person in Verfolgung ihrer gewerblichen oder selbstständigen beruflichen Tätigkeit tätig wird.[510] Eine solche Zweckrichtung des Handelns wird man dem bei Abschluss des Berufsunfähigkeitsversicherungsvertrages selbstständigen Versicherungsnehmer, welcher unbestritten seine Arbeitskraft und nicht seinen veränderbaren beruflichen Status absichern will, kaum unterstellen können.

Im Ergebnis bleibt somit festzuhalten, dass Anbieter, welche auf die Erwähnung bzw. Ausgestaltung des Umorganisationseinwandes verzichten, diesen im Leistungsfall auch nicht prüfen können. Derartige AVB sind insofern nicht intransparent, sondern widerspiegeln eine bewusste Entscheidung des Anbieters im Rahmen seiner – vom Gesetzgeber ausdrücklich erwünschten – Produktgestaltungsfreiheit.

II. Positive Ausgestaltung des Umorganisationserfordernisses

Wie gesehen, geht die ganz überwiegende Zahl der Anbieter den Weg, das Umorganisationserfordernis im Bedingungswerk unter dem Begriff des Berufes zu erwähnen und dessen Anforderungen mehr oder weniger scharf zu umreißen.

Man orientiert sich in diesem Zusammenhang grundsätzlich an den von der Rechtsprechung entwickelten Kriterien, wenngleich diese keineswegs einheitlich verwandt werden. Vielmehr erscheint die Auswahl und Gewichtung der Kriterien, wie sie von den einzelnen Gesellschaften vorgenommen werden, eher zufällig und zuweilen gewillkürt. Im Wesentlichen werden die nachfolgend behandelten Komplexe in den Bedingungswerken ausgestaltet, die sich anhand einer typischerweise verwendeten Formulierung ableiten lassen.

Rechtsschutzversicherer argumentieren nicht selten, dass für die Absicherung des Rechtsstreites eines Selbstständigen mit seiner privaten Berufsunfähigkeitsversicherung nicht unter das Risiko der Privatrechtsschutzversicherung fällt, was von der Rechtsprechung jedoch mehrheitlich abgelehnt wird, da es sich nicht um ein unternehmensbezogenes Risiko handelt; siehe u. a. OLG Stuttgart, VersR 1997, 569; OLG Karlsruhe, VersR 1993, 827.

510 BGH, VersR 2010, 680.

Berufsunfähigkeit im Sinne dieser Bedingungen liegt ebenfalls nicht vor, wenn die versicherte Person nach Eintritt des in Abs. 1, 2 oder 3 beschriebenen Zustandes als Selbstständiger oder Angestellter mit Weisungs- und Direktionsbefugnis nach wirtschaftlich angemessener Umorganisation innerhalb des Betriebes weiter tätig sein könnte. Eine Umorganisation ist angemessen, wenn

sie keinen erheblichen Kapitaleinsatz erfordert,

sich keine auf Dauer ins Gewicht fallenden Einkommenseinbußen ergeben,

sie von der versicherten Person aufgrund ihres maßgeblichen Einflusses auf die Geschicke des Unternehmens realisiert werden kann und

der versicherten Person ein der bisherigen Position angemessener Tätigkeitsbereich geschaffen wird und dieser aus medizinischer Sicht möglich ist.[511]

1. Bestimmung des Adressatenkreises

Zunächst wird in der Regel auf einen bestimmten Adressatenkreis abgehoben, an den sich die Umorganisationsverpflichtung richten soll. Während der BGH – wie gesehen – dabei allein den selbstständig tätigen Versicherten im Blick hat, weiten verschiedene Anbieter den Kreis der Betroffenen z. T. nicht unbeträchtlich aus. Darüber hinaus bleibt zu klären, ob die „Selbstständigen" tatsächlich eine abgrenzbare, homogene Gruppe darstellen oder ob innerhalb dieser Grundgesamtheit ggf. weiter zu differenzieren ist.

Bei genauer Analyse der Bedingungslandschaft wird das Bemühen verschiedener Anbieter erkennbar, den Adressatenkreis der Umorganisationsverpflichteten möglichst umfassend anzusprechen und nicht allein auf die „Selbstständigen" zu begrenzen. Zwar wird der „Selbstständige" bei allen Bedingungswerken zuallererst erwähnt, jedoch erweitern mehr als die Hälfte der Anbieter diese Grundgesamtheit um weitere Begriffe wie „Freiberufler", „Betriebsinhaber", „Mitarbeitender Betriebsinhaber", „Gesellschafter", „Mehrheitsgesellschafter", „Gesellschafter-Geschäftsführer", „beherrschender Gesellschafter-Geschäftsführer", „Geschäftsführer Kapitalgesellschaft", „Vorstand Kapitalgesellschaft" (siehe Tabelle, Anlage 11). Letztlich bleibt zweifelhaft, ob der Versuch dieser Anbieter, präziser zu werden, durch die Nennung weiterer Adressaten, welche u. U. aber nur Teilmengen der Grundgesamtheit der „Selbstständigen" sind, gelingen kann. Insofern ist es erforderlich, die auf dem Bedingungsmarkt zu findenden, typischen Adressatengruppen, genauer zu betrachten.

511 § 1 Abs. 4 b AachenMünchener.

a) Selbstständiger

In allen untersuchten Bedingungswerken wird durchgängig der „Selbstständige" als Adressat angesprochen; wobei es ca. die Hälfte der Anbieter bei dieser singulären Benennung belässt.

Der Gesetzgeber unterscheidet die abhängige Beschäftigung von der selbstständigen Tätigkeit in § 7 Abs. 1 SGB IV. Als wichtigstes Unterscheidungskriterium wird das Bestehen eines Arbeitsverhältnisses angesehen, wobei § 7 Abs. 1 S. 2 SGB IV darauf hinweist, dass weitere Anhaltspunkte für eine abhängige Beschäftigung bestehen können und nennt ausdrücklich Tätigkeiten nach Weisungen und bei Eingliederung in die Arbeitsorganisation des Weisungsgebers. Darüber hinaus hat die Rechtsprechung der Sozialgerichte einen Katalog von zusätzlichen und nicht abschließenden Kriterien entwickelt, anhand derer die Qualifizierung auf der einen oder anderen Seite zu verorten ist.[512]

Ob der durchschnittliche Versicherungsnehmer diese, durch den Gesetzgeber geprägte Unterscheidung antizipiert, darf bezweifelt werden. Da in keinem einzigen geprüften Bedingungswerk ein weitergehender Hinweis auf die Unterscheidungskriterien zwischen Selbstständigen und abhängig Beschäftigten Versicherungsnehmern gegeben wird, bleibt für ihn letztlich nur das gängige, aber nicht hinreichende Unterscheidungskriterium, ob ein Arbeitsverhältnis eingegangen worden ist oder nicht. Dabei wird sich der durchschnittliche Versicherungsnehmer bei einer Vielzahl von Tätigkeiten, welche von der Rechtsprechung im Zweifel als sog. Scheinselbstständigkeit eingestuft würden, selbst als das sehen, was er dem Papier nach zunächst ist, nämlich ein selbstständiger Unternehmer, sodass er dem Umorganisationseinwand grundsätzlich ausgesetzt wäre. Diese Tatsache in den Blick nehmend wird klar, dass allein mit Bezeichnung des Umorganisationsadressaten als „Selbstständiger" nichts gewonnen ist und ein erhebliches Missbrauchspotenzial dahin gehend besteht, dass Versicherer versucht sein könnten, in diesen Kreis den Anteil sog. Scheinselbstständiger grundsätzlich mit einzubeziehen, obwohl diese nach den Kriterien, welche die Rechtsprechung zum Umorganisationserfordernis getroffen hat, von vornherein aus dem Adressatenkreis herausfallen, da sie ganz sicher über kein Direktionsrecht (§ 106 GewO) bzw. über einen maßgeblichen Einfluss auf die Geschicke des Unternehmens verfügen.

Es mag eingewendet werden, dass die unscharfe Eingrenzung des Adressatenkreises im Zweifel durch die weiteren Zumutbarkeitskriterien, welche in den AVB regelmäßig an den Umorganisationseinwand geknüpft werden, neutralisiert

512 BSGE 109, 265; BSG, NJW 2010, 2539.

wird. Dabei ist jedoch zu beachten, dass diese weitere Ausgestaltung des Umorganisationseinwandes in den Bedingungswerken auf sehr unterschiedliche Art und Weise geschieht, wie der Auswertung in Anhang 11 zu entnehmen ist. Allein der Hinweis, dass die Umorganisation nur dann als zumutbar angesehen wird, wenn sie von der versicherten Person aufgrund ihres maßgeblichen Einflusses auf die Geschicke des Unternehmens realisiert werden kann, kommt in dieser Form lediglich in ca. einem Drittel der Bedingungswerke vor.

b) Freiberufler

Nach der Auswertung in Anhang 11 verwenden 28 von 66 Anbietern neben dem Begriff des Selbstständigen auch den des „Freiberuflers", welcher in Deutschland v. a. durch die steuerrechtliche Abgrenzung vom Gewerbetreibenden determiniert ist, da jener zwar nicht der Gewerbeordnung unterliegt, seine „Dienstleistung höherer Art" (§ 1 PartGG) aber gem. § 18 EStG gleichwohl selbstständig ausübt. Wenn der Freiberufler neben dem „Selbstständigen" gleichwohl ausdrücklich in den Adressatenkreis einbezogen wird, stellen sich dem durchschnittlichen Versicherungsnehmer weitere Fragen. Dabei spielt natürlich auch der Standpunkt des Betrachters eine Rolle, je nachdem, ob er selbst Freiberufler ist oder nicht.

Wenn der Freiberufler seine Tätigkeit allein in Form einer selbstständigen Unternehmung ausübt, wird ihm diese zusätzliche Erwähnung ggf. nur überflüssig erscheinen. Sollte er aber ggf. Teil einer Berufsausübungsgemeinschaft sein, bekommt die gesonderte Erwähnung des Begriffs eine eigenständige Bedeutung, da es auch in diesem Fall erneut auf seinen maßgeblichen Einfluss auf die Geschicke des Unternehmens ankommt, der in diesen Konstellationen womöglich nicht gegeben sein wird.

Aus Transparenzgesichtspunkten ist die Erwähnung der Freiberufler überdies kontraproduktiv, da sie vom durchschnittlichen Versicherungsnehmer ggf. mit dem Begriff des „Freien Mitarbeiters" verwechselt werden könnte, welcher zwar ebenfalls selbstständig ist, aber gewiss keinen Einfluss auf die Geschicke des Unternehmens besitzt. Beide Begriffe haben insofern grundverschiedene Bedeutungen; die Bezeichnung „Freier Mitarbeiter" bezieht sich nur auf die Art des Beschäftigungsverhältnisses – in Abgrenzung zum Arbeitnehmer – besagt aber nichts über den ausgeübten Beruf.

c) Eigentümer/Mehrheitsgesellschafter

Bei einer weiteren Gruppe werden die in die Umorganisationsverpflichtung einbezogenen Adressaten aus der *Eigentümerstellung* in Bezug auf das zu führende Unternehmen abgeleitet, was letztlich als wesentlich transparenter angesehen werden muss. Es ist sowohl juristisch als auch dem durchschnittlichen Versicherungsnehmer klar, dass sowohl der „Betriebsinhaber“ als auch der „Mitarbeitende Betriebsinhaber“ eine unbeschränkte Unternehmensleitungsbefugnis innehaben, unabhängig von der Gesellschaftsform.

Gleiches muss letztlich auch für den ebenfalls zu findenden „beherrschenden Gesellschafter-Geschäftsführer“ gelten, der aufgrund seiner Mehrheit an Gesellschaftsanteilen auch unangefochtener Inhaber des Unternehmens sein dürfte.

d) Sonstige Funktionsträger

Darüber hinaus kommen in der Bedingungslandschaft eine Reihe von Begriffen vor, aus deren Erwähnung allein noch kein maßgeblicher Einfluss auf die Geschicke des Unternehmens geschlossen werden kann.

Zu diesen, aus der *funktionalen Stellung* im Unternehmen abgeleiteten Personengruppen zählen die in verschiedenen Bedingungswerken erwähnten „Gesellschafter“, „Geschäftsführer einer Kapitalgesellschaft“ und „Gesellschafter-Geschäftsführer“ bzw. auch „Vorstand einer Kapitalgesellschaft“, zumindest wenn dieser aus mehreren Personen besteht.

Darüber hinaus werden in vielen Fällen „Angestellte mit Weisungs- und Direktionsbefugnis“ (bzw. nur Direktionsbefugnis), „Angestellte mit Unternehmensleitungs- bzw. Geschäftsführungsbefugnis“ oder auch „hinsichtlich ihrer Direktionsbefugnisse in einem Betrieb gleich gestellte Arbeitnehmer (z. B. Geschäftsführer, die den Betrieb faktisch wie ein Inhaber leiten)“ einbezogen.

Die Einbeziehung dieser Personenkreise, denen allein aus ihrer funktionalen Stellung heraus per se noch keine Befugnis unterstellt werden kann, ein Unternehmen umorganisieren zu können, resultiert aus dem Bestreben der Versicherer, einen Rückzug der Versicherungsnehmer auf rein formale Rechtspositionen zu verhindern.

Die Rechtsprechung hatte in der Vergangenheit Fallgruppen entwickelt[513], in denen dieser Adressatenkreis auf die sog. „Faktischen Betriebsinhaber“ erweitert wurde, wobei zu beachten ist, dass in den entschiedenen Fällen Bedingungswerke zugrunde lagen, welche eine ausdrückliche Umorganisationsverpflichtung noch nicht beinhalteten.

Der Figur des „faktischen Betriebsinhabers“ liegt der Gedanke zugrunde, dass es Konstellationen gibt, in denen der Versicherungsnehmer zunächst rechtlich nicht in der Lage ist, die im Rahmen einer Umorganisation erforderlichen

513 OLG Koblenz, NVersZ 1999, 521; OLG Koblenz, NVersZ 2001, 212; OLG Hamm, ZfS 2003, 33.

Veränderungen im Unternehmen durchzuführen, ihm dieses Tun aber gleichwohl zumutbar erscheint und ein rein formales Zurückziehen auf seine juristische Stellung ggf. das Treueverhältnis berühren würde. Hierbei handelt es sich regelmäßig um familiär geführte Betriebe, in denen Ehegatten[514], Geschwister[515] oder Kinder[516] im Unternehmen nur als Angestellte, Minderheitsgesellschafter oder angestellte Geschäftsführer fungieren, gleichwohl aber aufgrund ihrer weitgehenden oder ggf. auch unumschränkten Weisungsbefugnisse die „faktische" Betriebsinhaberschaft z. B. als Geschäftsführer wahrnehmen und sich diese entgegenhalten lassen müssen.

Da in der heutigen Bedingungswirklichkeit die Umorganisation grundsätzlich erwähnt und darüber hinaus in der Regel auch differenziert ausgestaltet wird, kann die Rechtsprechung vom „faktischen Betriebsinhaber" auf aktuelle, nach der VVG-Reform eingeführte AVB keine Anwendung mehr finden, sondern spielt lediglich bei anzuwendenden Altverträgen gem. Art. 4 Abs. 3 EGVVG eine Rolle. Vielmehr obliegt es jedem einzelnen Anbieter, durch transparente Gestaltung seiner Bedingungen auch in Grenzfällen die entsprechende Klarheit zu schaffen, was nicht gelingen kann, wenn man allein den „Selbstständigen" benennt.

e) Kompetenz des Adressatenkreises

Als ein weiteres häufig verwendetes Korrektiv zur Eingrenzung des Adressatenkreises der Umorganisationsverpflichtung wird die Kompetenz des Versicherten, die Geschicke des Unternehmens zu bestimmen, angesehen. Wie der Tabelle, Anhang 11 entnommen werden kann, stehen hier üblicherweise zwei Formulierungsvarianten zur Wahl, mit denen klargestellt werden soll, dass durch die versicherte Person eine in den Raum gestellte Betriebsumorganisation vorgenommen werden kann:

> *(1) aufgrund ihres maßgeblichen Einflusses auf die Geschicke des Unternehmens realisiert werden kann*
> *(2) realisiert/durchgeführt werden kann*

Bei näherem Hinschauen wird deutlich, dass in der Regel die Anbieter gänzlich auf das Korrektiv verzichten, welche allein den „Selbstständigen" bzw. hinzukommend den „Freiberufler" erwähnen. Es liegt die Vermutung nahe, dass man in

---

514 OLG Koblenz, NVersZ 2001, 212.
515 OLG Hamm, ZfS 2003, 33.
516 OLG Koblenz, NVersZ 1999, 521.

diesen Fällen glaubt, allein durch die Adressatengruppe den Kreis der Umorganisationskompetenten abgedeckt zu haben, was sich als Trugschluss erweisen dürfte.

Wenn ein Korrektiv eingebaut wird, kann im Ergebnis aber nur die erste Variante als transparent angesehen werden, da allein diese umschreibt, worum es eigentlich geht, nämlich dass der Versicherungsnehmer im Unternehmen „das letzte Wort", also den maßgeblichen Einfluss haben muss. Mit dieser Formulierung wird unter Beachtung des Überfrachtungsverbots[517] dem durchschnittlichen Versicherungsnehmer signalisiert, dass man eine Umorganisation nur dann einfordern wird, wenn er rechtlich oder zumindest faktisch in der Lage ist, diese durchzusetzen.

Die zweite Formulierung muss als intransparent angesehen werden, da sich aus dieser nicht im Ansatz erschließt, was damit gemeint sein soll. Der Versicherungsnehmer kann nur raten, ob auf die tatsächliche rechtliche Machtbefugnis, auf seine gesundheitliche oder vielleicht seine intellektuelle Eignung, die Umorganisation zu bewältigen, abgestellt wird.

Schließlich ist der Gedanke nicht fernliegend, dass der Versicherungsnehmer mit derartig auslegbaren Formulierungen angehalten werden soll, ggf. Gestaltungsrechte im Unternehmen auszuüben, welche ihm formal gar nicht zustehen. Wenn ein Versicherungsnehmer im Unternehmen entweder nur die Hälfte oder weniger Gesellschafteranteile hält, kann er gegen den Willen seines Partners oder seiner Mitgesellschafter Veränderungen, welche im Rahmen der Umorganisation in Betracht kommen könnten, nicht durchführen. Gleiches gilt, wenn der Versicherte zwar eine beherrschende Stellung besitzt, letztlich aber durch den Gesellschaftsvertrag an seine bisher ausgeübte Tätigkeit gebunden ist. Solange der Minderheits- oder vertraglich gebundene Gesellschafter seine Mitgesellschafter von seinem Unterfangen also nicht überzeugen kann, ist er letztlich wie ein Arbeitnehmer zu behandeln.[518]

Hollenborg vertritt hingegen unter Berufung auf das Treueverhältnis zwischen Versicherer und Versicherungsnehmer die Auffassung, dass der Versicherungsnehmer in bestimmten Konstellationen zunächst versuchen muss, einen vermeintlichen Anspruch aus dem Gesellschaftsvertrag auf Umorganisation einzelner Tätigkeitsbereiche gegen seine Mitgesellschafter gerichtlich durchzusetzen, falls sie sich außerprozessual dazu nicht bereit zeigen. Dies soll zumindest in den Fällen gelten, in denen der Gesellschaftsvertrag Regelungen

---

517 Armrüster, r+s 2012, 365.

518 Voit, Berufsunfähigkeitsversicherung, Rn. 334; Höra, in: MHA Versicherungsrecht, § 26 Rn. 88; Rixecker, in: Beckmann/Matusche-Beckmann, Versicherungsrechts-Handbuch, § 46 Rn. 25.

für den Krankheitsfall eines Mitgesellschafters trifft und somit auch Interpretationsspielraum für einen rechtlichen Anspruch des Versicherungsnehmers auf Umverteilung lässt.[519]

Auch wenn die von Hollenborg dargestellte Konstellation eher konstruiert erscheint und weitere Fragen offen lässt, stellt sich doch die grundsätzliche Frage, inwiefern eine Mitwirkungspflicht des Versicherungsnehmers überhaupt existiert, in irgendeiner Art und Weise auf seine Mitgesellschafter einzuwirken. Selbst wenn man ein prozessuales Vorgehen vielleicht als zu weitgehend in Betracht zieht, stünde ggf. die Frage im Raum, ob der Versicherungsnehmer, welcher sich auf die fehlende Kooperation seiner Mitgesellschafter beruft, nicht zumindest deren „Unwilligkeit" darlegen und unter Beweis stellen müsste. Unter Beachtung der vom BGH aufgestellten Beweisregeln hieße das, dass der darlegungs- und beweispflichtige Versicherungsnehmer zumindest auf die Mitwirkung seiner Mitgesellschafter angewiesen wäre und diese ebenso zwingend in seine persönlichen Pläne einbeziehen müsste, obwohl er dieses nicht beabsichtigt bzw. eventuell sogar seinen Interessen widerspricht.

Derartige zusätzliche Verpflichtungen lassen sich jedoch aus dem nach § 242 BGB hergeleiteten Treueverhältnis keineswegs ableiten. Vielmehr soll die „treue Mitwirkung des Versicherungsnehmers" allein dann eingefordert werden können, wenn dieser die besseren Informationen über die Art und den Umfang des versicherten Risikos besitzt, dieses Risiko verwaltet und die Schadenentwicklung beherrscht, was sich regelmäßig in den durch das VVG normierten Anzeige- und Auskunftspflichten ausprägt.[520] Ihm zuzumuten, in der oben beschriebenen Art und Weise auf Mitgesellschafter einzuwirken, wäre im Ergebnis kein Zeichen dafür, dass er das Risiko tatsächlich beherrscht, sondern lediglich der Versuch, es zu beeinflussen, was aber keineswegs gemeint sein kann.

f) Fazit

Die in den untersuchten Bedingungswerken angebotenen Begrifflichkeiten für einzelne Adressatengruppen bleiben durch ihre Auslegungsbedürftigkeit letztlich unbestimmt bzw. führen ggf. sogar dazu, dass sich Versicherer ungewollt auf nicht beabsichtigte Zielgruppen eingrenzen. Es wird klar, dass Begriffe wie „Selbstständige", „Freiberufler" oder „Gesellschafter" letztlich noch keine Aussage darüber treffen können, inwiefern der angesprochene Versicherungs-

---

519 Hollenborg, Berufsunfähigkeit Selbstständiger, S. 43.

520 Dörner, in: Berliner Kommentar VVG, Einleitung Rn. 92, mit Hinweisen auf die Rechtsprechung.

nehmer auch tatsächlich einen maßgeblichen Einfluss auf die Geschicke des Unternehmens hat. Einzig bei einer Bezeichnung, welche auf den Bezug des Versicherungsnehmers auf das Eigentum am Unternehmen abstellt (Betriebsinhaber), besteht diese Gefahr nicht; insofern wäre grundsätzlich dieser Begriff für die Bezeichnung des Umorganisationsadressaten zu verwenden.

Wenn also der Versicherer darüber hinaus – aus welchen Erwägungen auch immer – den Adressatenkreis differenzierter ausgestalten will, bedarf es zwingend eines weiteren Korrektivs, welches klarstellt, dass dem Versicherungsnehmer die notwendige Machtbefugnis zur Wahrnehmung von Umorganisationsmaßnahmen im Unternehmen auch tatsächlich zusteht.

2. *Wirtschaftliche Zumutbarkeit*

Alle untersuchten Bedingungswerke gehen mehr oder weniger dezidiert auf die Frage ein, inwieweit ein Umorganisationsansinnen für den Versicherungsnehmer wirtschaftlich zumutbar sein darf. Allerdings beschreiten die Anbieter bei der inhaltlichen Ausgestaltung dieses Kriteriums unterschiedliche Wege, welche im Ergebnis allerdings wiederkehrenden Grundschemata entsprechen.

Circa 80 % der geprüften Bedingungswerke stellen den Erläuterungen, was unter dem Kriterium der wirtschaftlichen Zumutbarkeit verstanden werden soll, eine Floskel voran, welche mit den Begriffen „betrieblich, betriebswirtschaftlich bzw. wirtschaftlich sinnvoll", „wirtschaftlich zweckmäßig", „wirtschaftlich zumutbar bzw. vertretbar" oder auch nur „zumutbar" umschrieben wird. Allen verwendeten Begrifflichkeiten dürfte gemeinsam sein, dass der durchschnittliche Versicherungsnehmer nicht erfassen kann, was damit gemeint ist. Soll hier darauf hingewiesen werden, dass die Umorganisation nach ihrer Durchführung weiterhin ein sinnvolles Betriebsergebnis zulässt? In diesem Fall wäre es wesentlich einfacher klarzustellen, in welcher Größenordnung Einkommenseinbußen hingenommen werden müssen. Ebenso könnte gemeint sein, dass sich die Umorganisation für den Versicherungsnehmer kostenneutral darstellen bzw. nur ein vertretbares Maß an Investitionen erfordern darf.

Letztlich sind in diesem Zusammenhang zwei verschiedene Grundmuster erkennbar:

> *Berufsunfähigkeit liegt ferner nicht vor, wenn der Versicherte in zumutbarerer Weise als Selbstständiger nach* ***betrieblich sinnvoller Umorganisation*** *ohne erheblichen Kapitaleinsatz innerhalb seines Betriebes noch eine Tätigkeit ausüben könnte, die seiner Stellung als Betriebsinhaber angemessen ist.*

> *In den beiden zuvor genannten Fällen ist es darüber hinaus nicht zumutbar, dass die Tätigkeit zu Lasten der Gesundheit geht oder dass das jährliche Bruttoeinkommen 20 % oder*

mehr unter dem Bruttoeinkommen im zuletzt ausgeübten Beruf vor Eintritt der gesundheitlichen Beeinträchtigung liegt. Sollte der Bundesgerichtshof einen geringeren Prozentsatz als nicht zumutbare Einkommensminderung festlegen, ist dies auch für uns maßgeblich. Im begründeten Ausnahmefall kann aber auch bereits heute eine unter 20 % liegende Einkommensminderung unzumutbar in diesem Sinne sein.[521]

Im o. g. Beispiel wird mit dem Begriff „betrieblich sinnvolle Umorganisation" zwar eine floskelhafte Formulierung gebraucht, welche im Nachgang allerdings mit Inhalt ausgefüllt wird und zwei Kriterien nennt, welche diese konkretisieren. Zum einen wird nicht nur allgemein darauf hingewiesen, dass sich eine evtl. Einkommenseinbuße in zumutbaren Grenzen halten muss, sondern diese wird mit einer Prozentzahl von maximal 20 konkret benannt. Darüber hinaus wird ebenfalls erwähnt, dass kein „erheblicher" Kapitaleinsatz notwendig werden darf.

Eine andere typische Bedingungsvariante hingegen bleibt unscharf und letztlich inhaltsleer:

*Für Selbstständige und mitarbeitende Betriebsinhaber liegt keine Berufsunfähigkeit vor, wenn die versicherte Person nach **wirtschaftlich zumutbarer Umorganisation** als Selbstständiger bzw. mitarbeitender Betriebsinhaber so weiter tätig sein könnte, dass eine Berufsunfähigkeit im Sinne der Bedingungen vermieden wird. Eine Umorganisation ist zumutbar, wenn sie wirtschaftlich und betrieblich sinnvoll ist und vom Versicherungsnehmer oder der versicherten Person auch durchgeführt werden kann. Ferner muss die bisherige Lebensstellung des Selbstständigen oder Betriebsinhabers gewahrt bleiben. Für Gesellschafter-Geschäftsführer gilt dies entsprechend.*[522]

Diese AVB sehen eine Umorganisation dann als „wirtschaftlich zumutbar" an, wenn sie „wirtschaftlich und betrieblich sinnvoll" ist und von der versicherten Person auch „durchgeführt" werden kann. Mit keiner dieser nichtssagenden Ausschmückungen des Begriffs der wirtschaftlichen Zumutbarkeit kann ein durchschnittlicher Versicherungsnehmer etwas anfangen. Die Klausel bleibt insofern nicht nur floskelhaft, sie verkommt überdies zu einer Tautologie, welche in mehreren Sätzen die gleichen Aussagen trifft.

Im Ergebnis wird somit klar, dass Bedingungswerke nur dann handhabbare Vorgaben für den Versicherungsnehmer bieten, wenn sie den Begriff der wirtschaftlichen Zumutbarkeit tatsächlich näher erläutern. Fast sämtliche Anbieter stellen sich dieser Aufgabe, allerdings in unterschiedlicher Art und Weise, wie im Folgenden zu zeigen ist.

---

521 § 2 Abs. 1 Alte Leipziger.

522 § 2 Abs. 3 Asstel; § 2 Abs. 2 Mecklenburgische Komfort-BUZ (in der Basis Variante wird die Umorganisation überhaupt nicht erwähnt).

a) Zumutbare Einkommenseinbußen

aa) Nicht auf Dauer ins Gewicht fallend

Im Unterschied zur Verweisungsprüfung des angestellten Versicherungsnehmers hat die Rechtsprechung im Bereich der Umorganisation bisher keine Vorgaben entwickelt, in welcher Höhe damit einhergehende Einkommenseinbußen für den Versicherungsnehmer zumutbar sein sollen. Der BGH hat sich in einer Entscheidung aus dem Jahr 1989 zunächst auf die Formulierung festgelegt, dass der Versicherungsnehmer keine „auf Dauer ins Gewicht fallende Einkommenseinbuße" hinnehmen müsse.[523] Diese Formulierung ist unterdessen in den Bedingungswerken zu einer Standardklausel avanciert, welche von 36 % (siehe Tabelle, Anhang 11) der untersuchten Anbieter wörtlich übernommen worden ist, wobei es diese Verwender – wie der BGH – vermeiden, die Einkommenseinbuße näher zu quantifizieren.

Ist es der versicherten Person als Selbstständiger möglich, ihren Betrieb nach zumutbarer Umorganisation fortzuführen, liegt ebenfalls keine Berufsunfähigkeit im Sinne dieser Bedingungen vor. Eine Umorganisation ist zumutbar, wenn

- ***keine auf Dauer ins Gewicht fallenden Einkommenseinbußen entstehen***
- *kein erheblicher Kapitaleinsatz hierzu erforderlich ist und*
- *dem Selbstständigen mehr als nur eine Verlegenheitsbeschäftigung bleibt.*

Für weisungsgebundene Arbeitnehmer besteht keine Verpflichtung zur Umorganisation des Arbeitsplatzes.[524]

In einer späteren Entscheidung ging der BGH dann davon aus, dass bei Selbstständigen grundsätzlich die gleichen Maßstäbe angewendet werden können, die für Einkommenseinbußen von in abhängiger Stellung Beschäftigten zu gelten haben.[525] Jedoch ist diese Entscheidung auf die Umorganisation nicht übertragbar, da sie die Prüfung einer durch den Versicherer ausgesprochenen konkreten Verweisung des Selbstständigen auf eine andere selbstständige Tätigkeit zum Inhalt hatte.[526]

Festzuhalten ist somit, dass diese Formulierung für den Versicherungsnehmer intransparent bleibt und überdies auch nicht durch die Rechtsprechung determiniert ist.

---

523 BGH, VersR 1989, 579.

524 § 3 Abs. 1 DEVK.

525 BGH, VersR 1998, 42.

526 A. A. offenbar Hollenborg, Berufsunfähigkeit Selbstständiger, S. 63.

bb) Hinweis auf die Lebensstellung

Ein weiteres Drittel der geprüften Verwender machen zwar keine Angaben zum hinzunehmenden Einkommensverlust, erwähnen aber zumindest, dass das zugemutete Tätigkeitsfeld nach Umorganisation die Lebensstellung des Versicherungsnehmers wahren muss.

> *Eine Umorganisation ist zumutbar, insbesondere wenn sie wirtschaftlich vertretbar ist, die Ausübung der sich neu eröffneten bzw. verbliebenen Tätigkeitsfelder der Stellung der versicherten Person als Betriebsinhaber noch angemessen ist und die bisherige Lebensstellung wahren kann.*[527]

Allerdings lässt der bloße Hinweis auf die Lebensstellung noch keinen konkreten Schluss auf einen hinzunehmenden Einkommensverlust zu. Ein solcher lässt sich nur dann mittelbar erschließen, wenn der Versicherer in seiner Definition zur Lebensstellung gleichzeitig den zumutbaren Einkommensverlust definiert, was bei lediglich gut der Hälfte der Anbieter, welche auf die Lebensstellung Bezug nehmen, tatsächlich der Fall ist.

cc) Konkreter Hinweis auf zumutbaren Einkommensverlust

Insgesamt 11 Anbieter beziffern den hinnehmbaren Einkommensverlust tatsächlich auf eine konkrete Zahl, was sicher den anzustrebenden Standard darstellen dürfte, da dem durchschnittlichen Versicherungsnehmer allein in dieser Form näher gebracht werden kann, was mit der Umschreibung „wirtschaftlich sinnvoll" tatsächlich gemeint ist.

> *Berufsunfähigkeit liegt nicht vor, wenn die versicherte Person in zumutbarer Weise weiterhin als Selbstständiger nach einer Umorganisation innerhalb ihres Betriebes tätig sein könnte. Eine Umorganisation ist zumutbar, wenn der versicherten Person die Stellung als Betriebsinhaber erhalten bleibt, mindestens 80 % des Einkommens wie in gesunden Tagen erzielt werden kann und die Kosten der Umorganisation von uns getragen werden.*[528]

Der in sechs Fällen gegebene zusätzliche Hinweis darauf, dass für den Fall einer weiteren Einschränkung dieser Grenze durch den BGH diese als maßgeblich erachtet wird, schadet in diesen Fällen nicht.

> *Sollte der Bundesgerichtshof einen geringeren Prozentsatz als nicht zumutbare Einkommensminderung festlegen, ist dies auch für uns maßgeblich.*[529]

---

527 § 2 Abs. 1 S. 3 Universa 2012.

528 § 2 Abs. 6 InterRisk 2012.

529 § 2 Abs. 1 Alte Leipziger.

dd) Berechnungsmodus

Ein generelles, nach wie vor ungelöstes Problem stellt die Methode der Bestimmung des Einkommens des selbstständigen Versicherungsnehmers dar, wozu aktuell kein am Markt auftretender Versicherer eine Regelung in seinem Bedingungswerk anbietet.

Nach Auffassung des BGH sollen zwei Geschäftsjahre – in denen sich der Versicherungsnehmer nicht mehr im Stadium des Aufbaus seiner beruflichen Tätigkeit befindet und in denen sich ein dauerhaft erwiesener bzw. zu prognostizierender Geschäftsverlauf widerspiegelt – ausreichen, um die Bestimmung des Einkommens vornehmen zu können.[530]

Hollenborg weist richtigerweise darauf hin, dass der Zeitpunkt, in dem ein vom BGH geforderter gefestigter und kontinuierlicher Geschäftsverlauf feststeht, angesichts der Unwägbarkeiten, die der wirtschaftlichen Entwicklung eines Selbstständigen anhaften, nur sehr schwer bestimmbar ist, und geht davon aus, dass dieser – wenn überhaupt – in der Regel erst nach mindestens drei bis vier Jahren eintritt und auch nur dann, wenn in diesem Zeitrahmen keine beträchtlichen Einkommensschwankungen zu verzeichnen waren[531], d. h. die Aufbauphase – die sich ggf. auch über Jahre hinziehen kann – bereits überwunden ist.

Ein weiteres Problem stellt die Ermittlung des hinzunehmenden Einkommensverlustes dar, wofür sehr unterschiedliche Berechnungsmodi denkbar sind, auf die hier nicht im Einzelnen eingegangen werden soll.[532] Der BGH hat in einer aktuellen Entscheidung im Zusammenhang mit der Verweisungsregelung bereits klargestellt, dass es sich aus Sicht eines durchschnittlichen, um Verständnis bemühten Versicherungsnehmers nicht zweifelsfrei ergibt, ob zum „Einkommen" auch Arbeitslosengeld zählt und ob das Netto- oder das Bruttoeinkommen zu berücksichtigen ist. Aus dem in den Verweisungsregelungen verwendeten Begriff der Lebensstellung sei für den Versicherungsnehmer aber erkennbar, dass der Begriff des Einkommens abhängig ist von der aktuellen Lebenssituation, welche dann am Ende entscheiden soll, ob z. B. ein Brutto- oder Nettovergleich stattfindet.[533]

Abgesehen davon, dass der Begriff der Lebensstellung im Zusammenhang mit der Umorganisation – wie gesehen – nur bei einem Drittel der Bedingungswerke erwähnt wird, würde dieser Hinweis niemandem weiterhelfen, zumal die Frage,

530 BGH, VesrR 1998, 42.

531 Hollenborg, S. 69, unter Berufung auf OLG Hamm, r+s 1999, 432 – dieser Entscheidung kann eine zwingende Drei- bzw. Vierjahresprognose allerdings nicht entnommen werden, vielmehr lehnt sie sich an die BGH-Rechtsprechung an.

532 Dazu vertieft Hollenborg, Berufsunfähigkeit Selbstständiger, S. 61 ff.

533 BGH, VersR 2012, 427.

ob ein Brutto- oder Nettovergleich stattfindet, sich bei selbstständigen Unternehmern ohnehin nicht stellt.

b) Kein „erheblicher" Kapitaleinsatz

Parallel zur Problematik eines im Zuge der Umorganisation hinzunehmenden Einkommensverlustes stellt sich die Frage, welche Kostenlast eine Betriebsumorganisation für den Versicherungsnehmer mit sich bringen darf.

In der Mehrzahl der Umorganisationsfälle wird ein Einsatz von Kapital für die Umorganisation nicht zu vermeiden sein, sei es für Investitionen in neue Maschinen bzw. für die Neueinrichtung von Arbeitsplätzen oder aber auch für die Umschulung bzw. Einstellung von Personal, ggf. aber auch als Kosten für die Entlassung von Personal und für externe Berater. Neben diesen Beispielen ist eine Vielzahl von weiteren Kostenfaktoren denkbar, sodass klar wird, dass die Umorganisation in den seltensten Fällen kostenneutral realisierbar ist.

Von den untersuchten Bedingungswerken gibt die überwiegende Mehrheit einen einheitlich formulierten Hinweis dahin gehend, dass eine Umorganisation „keinen erheblichen Kapitaleinsatz" erfordern darf, die restlichen Anbieter klammern das Thema vollständig aus.

Offenkundig dürfte sein, dass dem durchschnittlichen Versicherungsnehmer mit dieser Formulierung nicht weitergeholfen wird, da er keinerlei Anhaltspunkte dafür findet, bei welchem Kostenpunkt die Grenze zur „Erheblichkeit" über- bzw. unterschritten wird.

Auch in der Rechtsprechung lassen sich zu dieser Frage keine greifbaren Hinweise finden. In den bisher vom BGH dazu entschiedenen Fällen wird lediglich von der Unzumutbarkeit eines „erheblichen Kapitaleinsatzes" gesprochen, eine Formulierung, welche heute mehr als die Hälfte der Anbieter übernommen hat (siehe Tabelle, Anlage 11). Im sog. Waschstraßenurteil ging es dabei konkret um die Hinzuverpachtung bzw. den Hinzukauf neuer Unternehmensteile, wobei der BGH klarstellte, dass sowohl ein derartiges Ansinnen an den Unternehmer unzulässig ist[534], wie auch die Berufung auf eine erfolgreiche Umorganisation, wenn der Unternehmer derartige Investitionen überobligationsmäßig bereits getätigt hatte.[535] In der Literatur werden keine konkreten Vorschläge gemacht, wie mit dem Kriterium umzugehen ist.

Letztlich bleibt festzuhalten, dass die in den Bedingungswerken der BGH-Rechtsprechung entlehnte Formulierung vom „nicht erheblichen Kapitaleinsatz"

534 BGH, VersR 1988, 234 (Waschstraßenurteil).

535 BGH, VersR 1999, 958 (Spediteur); VersR 2007, 1260.

als intransparent anzusehen ist. Sie ermöglicht es vielmehr dem Versicherer, die Erheblichkeitsgrenze im Rahmen der Leistungsprüfung nach Gutdünken festzulegen und zwingt den Versicherungsnehmer im Zweifel in ein streitiges Verfahren, was inakzeptabel ist. Den Anbietern steht es frei, transparente und nachvollziehbare Formulierungen anzubieten, was jedoch nicht geschieht. So könnte z. B. auf einen bestimmten Prozentsatz des durchschnittlichen Unternehmensgewinns der letzten drei Jahre abgestellt werden und damit auch der in der Rechtsprechung immer wieder aufgestellten Forderung nach individueller Bestimmung der Einkommensverluste nachgekommen werden.

c) Fazit

Wenn der Versicherungsnehmer gezwungen werden soll, im Rahmen der Umorganisationsprüfung gewisse Einkommensverluste hinzunehmen, so kann der floskelhafte und unbestimmte Hinweis darauf, dass keine „auf Dauer ins Gewicht fallenden Einkommenseinbußen“ hinzunehmen sind, nicht ausreichen. Vielmehr müssen die Anbieter in ihren AVB einen klaren Berechnungsmodus vorgeben, wie das Einkommen eines Selbstständigen überhaupt bestimmt werden soll, was generell nicht geschieht. Darüber hinaus müssen eventuelle, dem Versicherungsnehmer zugemutete Einkommensverluste exakt beziffert werden, was aktuell nur in Ausnahmefällen geschieht.

Gleiches gilt letztlich auch für die immer wieder zu findende Formulierung vom „nicht erheblichen Kapitaleinsatz“, welche als intransparent anzusehen ist und dem Versicherungsnehmer keine Anhaltspunkte dafür liefert, in welcher Bandbreite er sich zu bewegen hat.

3. *Keine Verlegenheitsbeschäftigung*

Die durch eine angesonnene Umorganisation erlangte Position muss nach der obergerichtlichen Rechtsprechung der bisherigen Stellung des Betriebsinhabers entsprechen und ihm ein noch hinreichendes Betätigungsfeld bieten.[536] Dieser Anforderung versuchen alle Bedingungswerke mit verschiedenen Formulierungsvarianten nachzukommen, was im Wesentlichen auch gelingt; folgende Grundmuster kommen dabei zum Einsatz:

Die Mehrheit der Bedingungswerke gehen auf den bereits im Rahmen der abstrakten bzw. konkreten Verweisung verwendeten Begriff der Lebensstellung zurück.

---

536 OLG Koblenz, VersR 2013, 1296; OLG Hamm, ZfSch 2013, 217.

Für Selbstständige/Betriebsinhaber oder diesen Personen hinsichtlich ihrer Direktionsbefugnisse in einem Betrieb gleich gestellte Arbeitnehmer (z. B. Geschäftsführer, die den Betrieb faktisch wie ein Inhaber leiten), ist zusätzlich zu Abs. 1 Voraussetzung für die Anerkennung der Berufsunfähigkeit, dass auch nach einer wirtschaftlich angemessenen und zumutbaren Umorganisation des Arbeitsplatzes keine Möglichkeit mehr verbleibt, den Betrieb zu leiten in einer Weise, ***die ihrer Ausbildung, Erfahrung und bisherigen Lebensstellung*** *entspricht.*[537]

Ein weiterer Teil hebt darauf ab, dass die neue Position der bisherigen Stellung des Betriebsinhabers „angemessen" sein bzw. ein „sinnvolles Tätigkeitsfeld" verbleiben muss.

Bei Selbstständigen setzt vollständige Berufsunfähigkeit im Sinne von Satz 1 zusätzlich voraus, dass die versicherte Person auch nach einer zumutbaren Umorganisation des Betriebes außerstande ist, ihren Beruf auszuüben. Zumutbar ist eine Umorganisation nur, wenn der versicherten Person ein sinnvolles Tätigkeitsfeld verbleibt und ihre Lebensstellung als Betriebsinhaber gewahrt ist. Die Umorganisationsmaßnahmen müssen wirtschaftlich zweckmäßig sein und dürfen keinen erheblichen Kapitaleinsatz erfordern.[538]

Beide Formulierungen stellen zwar sicher, dass der bisherige Betriebsinhaber eine adäquate Stellung im Betrieb behalten muss, wenngleich nicht zwingend erforderlich ist, dass er auch künftig die zentrale, die Geschicke des Unternehmens bestimmende Stellung einnimmt. Es wäre z. B. vorstellbar, dass ein herzkranker Versicherungsnehmer in Zukunft als „Frühstücksdirektor" eher repräsentative Aufgaben übernimmt und damit gleichwohl seine Lebensstellung formal gewahrt wird. Ob es letztlich zum Kern der versicherten selbstständigen Tätigkeit gehört, zwingend der „Lenker" des Unternehmens zu bleiben, ist bisher nicht entschieden. In jedem Fall schützt eine Formulierung, welche auf diesen Gesichtspunkt hinweist, den Versicherungsnehmer am weitest gehenden.

Bei Selbstständigen ist die Berufsunfähigkeit unter Berücksichtigung der konkreten Betriebsgestaltung und der im Betrieb bestehenden zumutbaren Möglichkeit einer Umorganisation zu beurteilen. Eine Umorganisation ist zumutbar, wenn sie betrieblich sinnvoll (ist), evt(l). Einkommenseinbußen nach der Umorganisation nicht auf ***Dauer ins Gewicht fallen und der versicherten Person eine unveränderte Stellung hinsichtlich der Direktions- und Weisungsbefugnis verbleibt.***[539]

---

537 § 2 Abs. 2 Targo.

538 Nr. 1.3.1 c) Allianz.

539 § 2 Abs. 4 Itzehoher.

§ 4: Beweislast

Wie im Kapitel 6 § 2 I 2 gesehen, stellen bereits die Regelungen zur Verweisung, welche von der bisherigen Rechtsprechung ungerechtfertigterweise als Teil der Definition bedingungsgemäßer Berufsunfähigkeit und somit der primären Risikobeschreibung angesehen werden[540], letztlich nichts anderes als sekundäre Risikobegrenzungen dar. Für diese Risikoausschlüsse ist grundsätzlich der Versicherer in der Darlegungs- und Beweislast.[541] Wie ebenfalls gezeigt, besteht Anlass zur Annahme, dass der BGH künftig seine bisherige Rechtsprechung zur Beweislast im Verweisungsbereich ändert und diese sowohl für die Darlegungslast als auch für die Beweislast dem Versicherer zuschreibt.[542]

Diesen Ausblick gibt der BGH jedoch für den Bereich der Umorganisation aktuell nicht, hier wird weiter davon ausgegangen, dass der Versicherungsnehmer darlegen und beweisen muss, dass er nicht in der Lage ist, seinem bisher ausgeübten Beruf nach einer Umorganisation der Tätigkeit nachzugehen.[543]

Wie vorstehend allerdings nachgewiesen werden konnte, ist in der aktuellen Bedingungswirklichkeit die Umorganisation als „ungeschriebenes Tatbestandsmerkmal" der Berufsunfähigkeitsdefinition – so wie sie bisher vom BGH und der Literatur dogmatisch eingeordnet wurde – bis auf drei Ausnahmen nicht mehr existent (Tabelle, Anhang 11), sondern wird ausdrücklich erwähnt und differenziert ausgestaltet. Die bisherige Rechtsprechung des BGH, welche allein Bedingungswerke betraf, welche die Umorganisation nicht erwähnten, kann also in der aktuellen Bedingungswirklichkeit so keine Anwendung mehr finden. Es ist insofern geboten, die Einordnung der Umorganisation in Bezug auf ihre Darlegungs- und Beweislast neu zu bewerten, was letztlich allein anhand der konkreten Formulierung im Bedingungswerk geschehen kann.

I. Beweislast beim Versicherungsnehmer

Es bleibt den anbietenden Versicherern unbenommen, die Umorganisationsklausel so zu gestalten, dass die Darlegungs- und Beweislast dem Versicherungsnehmer zufällt. Dies ist bei einem Drittel (22 von 66) der Marktteilnehmer der Fall (Tabelle, Anhang 11).

---

540 BGH, VersR 1989, 579; BGH, VersR 1989, 903; BGH, VersR 1991, 1358; BGH, VersR 1994, 205; BGH, VersR 1996, 1090; BGH, VersR 2004, 98.

541 Prölss, in: Prölss/Martin, VVG, 26. Aufl., MBKK 94, § 4 Rn. 45 a.

542 Lehmann, Berufsunfähigkeitsversicherung, S. 36.

543 Ebenda.

Diese Gruppe von 22 Anbietern setzt die Lesart des BGH und der herrschenden Meinung vom Charakter der Umorganisation als Tatbestandsmerkmal der Berufsunfähigkeitsdefinition um und wählt Formulierungen, welche dem durchschnittlichen Versicherungsnehmer klarmachen, dass er es im Zweifel ist, der die fehlende Umorganisationsmöglichkeit darlegen und beweisen muss. Am deutlichsten kommt diese Verpflichtung mit folgender Klauselvariante zum Tragen:

> *Bei Selbstständigen, freiberuflich Tätigen und Gesellschaftern bzw. Angestellten mit Unternehmensleitungsbefugnis ist für Berufsunfähigkeit im Sinne von Satz 1* ***zusätzlich nachzuweisen****, dass die versicherte Person auch bei möglicher und zumutbarer betrieblicher Umorganisation zu mindestens 50 % außerstande sein wird, ihren Beruf auszuüben.*
>
> *Zumutbar ist eine Umorganisation, wenn sie wirtschaftlich und betrieblich zweckmäßig ist, keinen erheblichen Kapitalaufwand erfordert und die versicherte Person eine unternehmensleitende Stellung behält, die der bisherigen wirtschaftlichen und sozialen Lebensstellung (Absatz 6) entspricht. Bei weisungsgebundenen Arbeitnehmern verlangen wir keine Umorganisation.*[544]

Eine ähnliche, gebräuchliche Variante mit einem klaren Hinweis auf die Darlegungslast ist folgende Formulierung:

> *Für Selbstständige bzw. Betriebsinhaber oder diesen hinsichtlich ihrer Direktionsbefugnisse in einem Betrieb gleich gestellte Arbeitnehmer (z. B. Geschäftsführer, die den Betrieb faktisch wie ein Inhaber leiten) ist* ***zusätzlich für die Anerkennung der Berufsunfähigkeit Voraussetzung****, dass auch nach einer wirtschaftlich zumutbaren Umorganisation des Betriebes keine Betätigungsmöglichkeit mehr verbleibt, die ihrer Ausbildung und Erfahrung und ihrer bisherigen Lebensstellung entspricht.*[545]

Hier wird zwar nicht, wie in der Variante oben, klar die Verpflichtung zum Nachweis der fehlenden Umorganisationsmöglichkeit erwähnt, jedoch wird diese positiv als zusätzliche Voraussetzung für das Vorliegen von bedingungsgemäßer Berufsunfähigkeit bezeichnet, was letztlich inhaltlich keinen Unterschied macht.

II. Beweislast beim Versicherer

Zwei Drittel der Anbieter (44 von 66) verwenden hingegen Formulierungen, welche allein die beabsichtigte Deutung der Umorganisationsmöglichkeit als Risikoausschluss zulassen. Eine typische Formulierung in diesem Bereich lautet wie folgt:

---

544 § 3 Abs. 2 Öffentliche Berlin-Brandenburg (Feuersozietät).

545 § 2 Abs. 5 Inter.

Sofern bei Selbstständigen eine zumutbare Umorganisation der Betriebsstätte möglich ist, ***liegt keine Berufsunfähigkeit vor.*** *Eine Umorganisation ist zumutbar, wenn eine Ausübung gleichwertiger anderer Tätigkeiten der bisherigen Lebensstellung (siehe oben) der versicherten Person noch angemessen ist, sie ihre Lebensstellung vor Eintritt der gesundheitlichen Leistungsbeeinträchtigung wahren kann, erheblicher Kapitaleinsatz nicht notwendig ist und keine erheblichen Einkommenseinbußen damit verbunden sind.*[546]

Hier wird mit der Erwähnung des Umorganisationskriteriums positiv ein Ausschlusstatbestand i. S. einer sekundären Risikobeschreibung geschaffen, für den nach ständiger BGH-Rechtsprechung per se der Versicherer die Beweislast trägt.[547] Der Versicherungsnehmer kann also darauf warten, dass ihm der Versicherer die Umorganisationsmöglichkeit entgegenhält, was in der Konsequenz bedeutet, dass dieser den Einwand nicht nur darlegen, sondern auch beweisen muss.

Nach einer in der Literatur vertretenen Mindermeinung soll die Beweislastverteilung nicht nach der Formulierung einer Risikobeschreibung als primär oder sekundär, sondern vielmehr nach Sachkriterien beurteilt werden. Prölss weist darauf hin, dass es im Sinne der Sprachökonomie oft leichter sei, eine Risikobegrenzung durch einen Ausschluss zum Ausdruck zu bringen als durch die Beschreibung dessen, was vom Versicherungsschutz umfasst wird. Dies soll jedoch dann nicht gelten, wenn sich die als Risikoausschluss formulierte Klausel ohne Weiteres als primäre Risikobeschreibung hätte formulieren lassen.[548] Genau diese Situation ist jedoch bei Betrachtung der Bedingungswirklichkeit gegeben. Es steht jedem Versicherer frei, das Umorganisationskriterium als tatbestandsmäßige Risikobeschreibung in die Bedingungen einfließen zu lassen. Wie oben gesehen, machen ein Drittel der Marktteilnehmer von dieser Möglichkeit explizit Gebrauch, sodass sich der Rest der Anbieter die Konsequenzen eines einbezogenen Risikoausschlusses bei der Beweislast entgegenhalten lassen muss.[549]

Auch Neuhaus sieht das Problem, dass Versicherer die Umorganisation als Risikoausschluss formulieren, mit der Konsequenz, dass sie dafür dann theoretisch in der Beweislast stehen. Dieses Ergebnis wird von ihm jedoch mit dem Argument abgelehnt, dass der durchschnittliche Versicherungsnehmer wüsste,

---

546 § 2 Abs. 1 S. 3 SDK.

547 BGH, VersR 2012, 48; VersR 2009, 1213; VersR 2004, 1039; Prölss, in: Prölss/Martin, VVG, 26. Aufl., MBKK 94, § 4 Rn. 45 a.

548 Prölss, in: Baumgärtel/Prölss, Handbuch der Beweislast, § 49 Rn. 37 VVG.

549 Analog Müller-Frank, S. 75 dort allerdings für die Formulierung der konkreten Verweisungsmöglichkeit als Risikoausschluss.

„[...] dass der Beruf des Selbstständigen durch die besonderen Gestaltungsmöglichkeiten vom ‚Normalfall' abweicht und deshalb nicht davon ausgeht, dass der Versicherer durch eine solche Klausel zusätzliche Regelungen schaffen will, die er (der Versicherer) beweisen müsste".[550] Auf die Frage, wie viel „Überwissen" man dem durchschnittlichen Versicherungsnehmer in diesem Zusammenhang tatsächlich zuschreiben darf, wurde bereits unter § 3 I eingegangen. Im Ergebnis kommt es darauf aber gar nicht an, da auf das Verständnis des durchschnittlichen Versicherungsnehmers von der jeweiligen Klausel abzustellen ist. Wenn diese eindeutig als Risikoausschluss formuliert ist, spielt es keine Rolle, welche Gestaltungsmöglichkeiten der Versicherungsnehmer dem Selbstständigen beimisst, die Beweislast für die Umorganisation ist jedenfalls klar geregelt.

III. Konsequenzen aus der neuen Bedingungssituation

Angesichts der dargestellten Entwicklung in den Bedingungswerken erstaunt es, dass dieser bisher in der Rechtsprechung keine Rechnung getragen, sondern die Beweislastanforderungen weiterhin – wie selbstverständlich – einer BGH-Rechtsprechung entlehnt werden, welche aus der Zeit stammt, als der Umorganisationseinwand als Spielart der Verweisung betrachtet wurde bzw. in den Bedingungen unerwähnt blieb.

Wenn der BGH dem Versicherungsnehmer im Rahmen der Verweisungsprüfung zumindest noch mit einer zu seinen Gunsten abgestuften Darlegungs- und Beweislast entgegenkommt, soll ihn im Rahmen des Umorganisationserfordernisses nach allgemeiner Meinung die volle Darlegungs- und Beweislast treffen[551], der er – aus den dargestellten Gründen – in der Regel nicht in der Lage sein wird, nachzukommen. Obwohl der BGH bisher noch keine Möglichkeit hatte, sich mit einem Sachverhalt zu beschäftigen, in dem das vom Versicherer verwendete Bedingungswerk die Umorganisationsverpflichtung ausdrücklich regelt, lässt ein aktuelles Urteil des OLG Hamm[552] darauf schließen, dass die Rechtsprechung auch in Kenntnis dieser Konstellation an der hergebrachten Beweislastverteilung festhalten wird. Das Bedingungswerk, auf welches das genannte Urteil Bezug nimmt, benennt die Umorganisationsverpflichtung ausdrücklich und gibt im Übrigen keinerlei Hinweise auf eine Beweislastverteilung zuungunsten des Versicherungsnehmers:

---

550 Neuhaus, Berufsunfähigkeitsversicherung, Kap. V Rn. 116.

551 BGH, VersR 1989, 579; BGH, VersR 1989, 903; BGH, VersR 1991, 1358; BGH, VersR 1994, 205; BGH, VersR 1996, 1090; BGH, VersR 2004, 98.

552 OLG Hamm v. 06.12.2012, ZfS 2013, 219.

[...] Berufsunfähigkeit im Sinne dieser Bedingungen liegt ebenfalls nicht vor, wenn die versicherte Person ... als Selbstständiger oder Angestellter mit Weisungs- und Direktionsbefugnis nach wirtschaftlich angemessener Umorganisation innerhalb des Betriebes weiter tätig sein könnte.[553]

Zwar werden dem Versicherungsnehmer in der Entscheidung gewisse Erleichterungen in der Beweisführung eingeräumt, indem klargestellt wird, dass bei Kleinbetrieben die wirtschaftliche Unzumutbarkeit der Einstellung einer Ersatzkraft naheliegt[554], jedoch bedeutet das im Umkehrschluss, dass man an der grundsätzlichen Beweislastverteilung zum Nachteil des Versicherungsnehmers auch dann nichts ändern will, wenn die Umorganisation ausdrücklich als Risikoausschluss formuliert ist.

Aus der beschriebenen Situation ergeben sich für den Versicherungsnehmer eine Vielzahl von Problemen, welche dieser letztlich kaum zu meistern imstande sein wird. Selbst wenn er seine von der Rechtsprechung auferlegte umfassende Verpflichtung zur Darlegung seiner fehlenden Umorganisationsmöglichkeit erkennen könnte, wird es ihm – zumindest bei einem größeren Betrieb – ohne die Einschaltung externer Berater kaum möglich sein, dieser in dem geforderten, umfassenden Maße nachzukommen. Der Versicherungsnehmer muss letztlich – ähnlich wie der Arbeitgeber in einem Kündigungsschutzprozess[555] – nachweisen, dass im gesamten Unternehmen keine Möglichkeit einer leidensgerechten Beschäftigung besteht und darüber hinaus die Einstellung eines Ersatzmitarbeiters nicht zumutbar ist.[556]

Bei kleineren Betrieben liegt ein weiteres Problem darin, dass der Versicherungsnehmer seine Vortragspflicht womöglich gar nicht erkennt, zumindest dann nicht, wenn der Versicherer die Umorganisation in der Leistungsprüfung nicht erwähnt. Neuhaus geht in diesem Zusammenhang sogar so weit, dass er den Anspruch als nicht fällig nach § 14 VVG ansieht, solange der Versicherungsnehmer zur Frage seiner Umorganisationsmöglichkeiten außerprozessual nicht

---

553 § 1 Abs. 3 lit. b AVB-BUZ AachenMünchener.

554 Unter Berufung auf Rixecker, in: Beckmann/Matusche-Beckmann, Versicherungs-Handbuch, § 46 Rn. 29.

555 Zu den Beweislastanforderungen für das Fehlen einer Weiterbeschäftigungsmöglichkeit zuletzt BAG, BB 2013, 1268.

556 Dunkel, in: Handbuch Versicherungsrecht, § 15 Rn. 198.

hinreichend vorgetragen hat und der Versicherer seine Leistungsprüfung dann theoretisch nicht abschließen kann.[557]

Diesen Ansatz zu Ende gedacht, ergeben sich fatale Konsequenzen für den Versicherungsnehmer. Da § 173 Abs. 1 VVG dem Versicherer keine Begründungspflicht für eine Leistungsablehnung vorschreibt, bedeutet dies im Ergebnis, dass sich dieser in einem späteren Prozess u. U. erstmals auf einen im Rahmen der Leistungsprüfung zunächst überhaupt nicht angesprochenen Umorganisationseinwand berufen kann, ohne damit präkludiert zu sein. Das OLG Hamm bestätigt diese Rechtslage auch in Hinblick auf die üblicherweise verwendeten Bedingungswerke, welche allein fordern, dass der Versicherungsnehmer sich zu seiner Leistungspflicht äußert, aber in Bezug auf eine etwaige Begründung einer Leistungsablehnung keine Regelung treffen.[558]

Zwar wird – diese nachteilige Situation erkennend – z. T. vertreten, dass der Versicherer zumindest nach Treu und Glauben[559] oder aus „Transparenzgründen"[560] seine Ablehnungsentscheidung begründen sollte, jedoch bleibt auch eine derartig herbeigewünschte Begründungspflicht für den Versicherungsnehmer nicht justiziabel und damit ohne Wert. Im Gegenteil, sie ist im Zweifel sogar als kontraproduktiv anzusehen, da eine aus § 242 BGB hergeleitete Begründungspflicht den Versicherer jedenfalls nicht bindet und er im Prozess jederzeit seinen „aufgesparten" Ablehnungsgrund, nämlich den Einwand, dass die fehlende Umorganisationsmöglichkeit nicht dargelegt wurde, nachschieben kann. Neuhaus stellt darüber hinaus fest, dass sich „Versicherer mit der Entscheidung des OLG Hamm im Rücken aus rechtlicher Sicht eigentlich zurücklehnen" könnten, was letztendlich bedeutet, dass man den Versicherungsnehmer mühelos „auflaufen" lassen kann. Allein aus dem Gebot eines „partnerschaftlichen Verhaltens" gegenüber dem Kunden sei es letztlich „geboten", den Versicherungsnehmer auf die ihm obliegende Darlegungslast hinzuweisen.[561]

Diese Erwägungen können letztlich nur auf die Bedingungswerke zutreffen, welche die Darlegungs- und Beweislast für die Umorganisation zum Nachteil des Versicherungsnehmers regeln, für die große Mehrheit der aktuell angebotenen Vertragsvarianten gilt diese Lesart – wie gesehen – grundsätzlich nicht.

557 Neuhaus, jurisPR-VersR 9/2011.

558 OLG Hamm, VersR 2011, 384.

559 Klenk, in: Looschelders/Pohlmann, § 173 Rn. 10.

560 Müller-Frank, Aktuelle Rechtsprechung, S. 175.

561 Neuhaus, jurisPR-VersR 9/2011; a. A. OLG Hamm, ZfS 2013, 217, welches darauf hinweist, dass § 14 VVG dem Versicherer lediglich die Möglichkeit geben will, seine Eintrittspflicht angemessen zu prüfen.

Vielmehr wären in diesen Fällen die Versicherer in der Pflicht, die fehlende Umorganisation ggf. zunächst aktiv einzuwenden und im Streitfall zu beweisen. Auch ein „Nachschieben“ des Umorganisationseinwandes im Prozess wäre in diesen Fällen verbaut. Inwieweit sich diese Erkenntnis in der Rechtsprechung niederschlagen wird, bleibt einmal mehr abzuwarten.

8. Kapitel: Mitwirkungspflichten

§ 1: Darlegung des Versicherungsfalls durch den Versicherungsnehmer

Bereits die Anmeldung von Leistungen aus der Berufsunfähigkeitsversicherung stellt den durchschnittlichen Versicherungsnehmer nicht selten vor erhebliche Probleme, zumindest wenn er sich in den AVB über seine Mitwirkungspflichten im Zusammenhang mit einem Leistungsantrag informiert und diese ernst nimmt. Die Mehrheit der aktuell auf dem Markt befindlichen Bedingungswerke orientiert sich in diesem Zusammenhang an den MB-BUV/BUZ 2010, welche dazu folgendermaßen formulieren:

> *Welche Mitwirkungspflichten sind zu beachten, wenn Leistungen wegen Berufsunfähigkeit verlangt werden?*
>
> *(1) Werden Leistungen aus dieser Zusatzversicherung verlangt, **sind uns unverzüglich** auf Kosten des Anspruchserhebenden folgende Unterlagen einzureichen:*
>
> *a) ein amtliches Zeugnis über den Tag der Geburt der versicherten Person;*
>
> *b) **eine Darstellung der Ursache für den Eintritt der Berufsunfähigkeit;***
>
> ***c) ausführliche Berichte der Ärzte, die die versicherte Person gegenwärtig behandeln, bzw. behandelt oder untersucht haben, über Ursache, Beginn, Art, Verlauf und voraussichtliche Dauer des Leidens sowie über den Grad der Berufsunfähigkeit oder über die Pflegestufe;***
>
> ***d) Unterlagen über den Beruf der versicherten Person, deren Stellung und Tätigkeit im Zeitpunkt des Eintritts der Berufsunfähigkeit sowie über die eingetretenen Veränderungen;***
>
> *e) bei Berufsunfähigkeit infolge Pflegebedürftigkeit zusätzlich eine Bescheinigung der Person oder der Einrichtung, die mit der Pflege betraut ist, über Art und Umfang der Pflege.*[562]

Auch wenn zumindest in der aktuellen Version der MB-BUV/BUZ[563] die im Imperativ gefasste Aufforderung „[...] sind uns unverzüglich einzureichen", durch die Formulierung „[...] müssen uns vorgelegt werden" ersetzt worden ist, suggerieren beide Klauseln weiterhin, dass die aktive Beibringung der aufgezählten Unterlagen durch den Versicherungsnehmer zwingende Voraussetzung für den Beginn der Leistungsprüfung durch den Versicherer ist.

---

562 § 7 MB-BUV 2010.

563 § 7 MB-BUV 2013.

Nach der praktischen Erfahrung des Verfassers sehen sich viele potenzielle Anspruchsteller mit dieser Aufgabenstellung schlicht als überfordert an, was bedeutet, dass sie entweder von ihrem Unterfangen ablassen oder sich der Hilfe Dritter bedienen. Nach einer aktuellen Auswertung des Analysehauses Morgen & Morgen werden 32,5 % aller abgelehnten Leistungsanträge nicht weiter bearbeitet, weil keine Reaktion des Kunden mehr erfolgt.[564] Wie häufig der Versicherte bereits nach einem Blick in das Bedingungswerk davon absieht, überhaupt einen Leistungsantrag zu stellen, bleibt Spekulation.

Die Versicherungsnehmer, welche sich vor Antragstellung nicht mit dem Bedingungswerk befassen bzw. den Anforderungskatalog nicht als vorab zu erbringende notwendige Voraussetzung der weiteren Antragsbearbeitung ansehen, wenden sich i. d. R. schriftlich oder fernmündlich an ihren Makler oder Agenten bzw. an den Versicherer direkt und lassen sich die entsprechenden Antragsunterlagen des Versicherers zusenden. Es entspricht nach wie vor auch der überwiegenden, branchenüblichen Praxis, dass die Versicherungsunternehmen entsprechende Formulare für die Leistungsbeantragung vorhalten und diese dann an ihre Kunden verschicken.[565] Im Fragebogen werden dem Versicherungsnehmer die einzelnen Komplexe im Detail erläutert und es wird erklärt, welche weiteren Unterlagen der Versicherer tatsächlich benötigt. Dieses Prozedere stellt die notwendige Leitschnur und für den Versicherungsnehmer eine unverzichtbare Hilfe bei der Leistungsbeantragung dar.

Umso bedenklicher ist es, wenn dem Versicherungsnehmer diese Hilfestellung verwehrt wird. Aus der Erfahrung des Verfassers ist in der Regulierungspraxis ein Trend festzustellen, dass einzelne Versicherungsunternehmen bei Anmeldung des Leistungsfalls die Versendung von Fragebögen verweigern und auf ihre – in den AVB vereinbarten – Mitwirkungspflichten verweisen, denen angeblich klar zu entnehmen sei, welche Unterlagen der Versicherer zur Prüfung seiner Leistungspflicht zunächst benötige, bevor mit der Leistungsprüfung begonnen werden könne.

Interessanterweise verwenden vereinzelte Anbieter durchaus Formulierungen, welche von der eingangs gezeigten Darstellung der Mitwirkungspflichten abweichen und stattdessen darauf hinweisen, dass der Versicherer nach Anzeige des Leistungsfalls bestimmte Unterlagen vom Versicherungsnehmer abfordert, welche dann im Einzelnen aufgeführt werden.

564 Morgen & Morgen, LV-Win, Version 9.10, 11/2013.

565 Looschelders, in: Looschelders/Poolmann, § 31 Rn. 13.

Nachweis- und Mitwirkungspflichten, wenn Berufsunfähigkeitsleistungen verlangt werden

Werden Leistungen aus dieser Zusatzversicherung verlangt, ***informieren wir Sie umgehend*** *über die von uns zur Leistungsprüfung benötigten Unterlagen:*

a) eine Darstellung der Ursache für den Eintritt der Berufsunfähigkeit;

b) ausführliche Berichte der Ärzte, die die versicherte Person gegenwärtig behandeln bzw. behandelt oder untersucht haben, über Ursache, Beginn, Art, Verlauf und voraussichtliche Dauer des Leidens sowie die Auswirkungen auf die Berufsausübung oder Art und Umfang der Pflegebedürftigkeit;

c) Unterlagen über die berufliche Entwicklung der versicherten Person und die berufliche Tätigkeit zum Zeitpunkt des Eintritts der Berufsunfähigkeit; hierzu zählen auch Nachweise über die wirtschaftlichen und finanziellen Verhältnisse und ihre Veränderungen vor und nach Eintritt der Berufsunfähigkeit (z. B. Einkommensteuerbescheide, betriebswirtschaftliche Unterlagen).[566]

Allerdings hilft auch diese Formulierung nur bedingt weiter, da sie letztlich einem bösgläubigen Versicherer bzw. dessen Sachbearbeiter zumindest erlauben würde, das Leistungsbegehren des Antragstellers zwar zur Kenntnis zu nehmen, ihn dann aber unter Hinweis auf die Bedingungen pauschal aufzufordern, die dort genannten Unterlagen gleichwohl selbstständig beizubringen. Hinzu kommt, dass bei näherer Betrachtung des Katalogs keineswegs immer eine klare Handlungsanweisung erkennbar wird, welche Informationen zur Geltendmachung des Versicherungsfalls beizubringen sind.

Im Folgenden erscheint es notwendig, auf die wesentlichen – über die Beibringung von Urkunden und Bescheiden hinausgehenden – Anforderungen einzugehen.

I. „Unterlagen“ über den Beruf der versicherten Person

Der unter § 7 Abs. 1 d) MB-BUV 2013 erwähnte Komplex bezüglich einzureichender „Unterlagen über den Beruf der versicherten Person, deren Stellung und Tätigkeit im Zeitpunkt des Eintritts der Berufsunfähigkeit sowie über die eingetretenen Veränderungen“ soll zuerst betrachtet werden, da er an anderer Stelle – im Zusammenhang mit der Verpflichtung, dem Versicherer ggf. die Befragung des Arbeitgebers zu gestatten – noch einmal eine Rolle spielt.

Wenn Versicherer im Rahmen ihrer Leistungsprüfung auf die Herreichung derartiger „Unterlagen“ durch den Versicherungsnehmer – als Voraussetzung für

566 D. 1 1.1. Continentale; C 1 1.1. Europa.

den Beginn ihrer Leistungsprüfung – bestehen, wird eine Vielzahl von Versicherungsnehmern bereits an dieser Stelle an Grenzen stoßen. Zu beachten ist, dass unter dem Terminus „Unterlage" letztlich ein Schriftstück im Sinne eines Dokuments, einer Urkunde oder Akte verstanden werden muss, welches als Beweis, Beleg bzw. Bestätigung für etwas dient.[567] Insofern ist klar, dass mit „Unterlagen" nicht etwa Auskünfte oder Darlegungen des Versicherten selbst gemeint sind, sondern immer Urkunden oder Dokumente, welche aus dritter Hand stammen.

Im Unterschied zum Selbstständigen haben Angestellte zwar im Regelfall, wenn § 2 NachWG beachtet wurde, zumindest einen Arbeitsvertrag, den sie im Zweifel beibringen könnten. Wie hingegen darüber hinaus eine – zum Zeitpunkt des Eintritts der Berufsunfähigkeit – veränderte Stellung im Unternehmen durch „Unterlagen" belegt werden soll, dürfte im Unklaren bleiben. In den seltensten Fällen wird es eine Stellenbeschreibung der alten und ggf. sogar der neuen, veränderten Tätigkeit geben, die hier als „Unterlage" dienen könnte. Vielmehr kann der Versicherte seine Stellung und Tätigkeit meist nur selbst beschreiben. Dies gilt erst recht für den Selbstständigen, welcher in der Regel über noch weniger „Unterlagen" zur Beschreibung seiner Tätigkeit verfügen dürfte.

Eine Veränderung zum Positiven brachten in diesem Zusammenhang die MB-BUV/BUZ 2012, welche nicht mehr die „Einreichung von Unterlagen" fordern, sondern lediglich eine „Beschreibung des zuletzt ausgeübten Berufs der versicherten Person, deren Stellung und Tätigkeit im Zeitpunkt des Eintritts der Berufsunfähigkeit sowie über danach eingetretene Veränderungen" fordern, was für den durchschnittlichen Versicherungsnehmer zumindest bei entsprechender Anleitung bzw. Abfrage ein lösbares Problem darstellen sollte. Die Übernahme der neuen Vorgabe der MB-BUV/BUZ in die Bedingungen der einzelnen Anbieter erfolgt aktuell eher schleppend; im Bedingungsjahr 2013 haben nur 9 von 66 Anbietern davon Gebrauch gemacht (Tabelle, Anhang 15).

II. Darstellung der Ursache für den Eintritt der Berufsunfähigkeit

Wenn § 7 Abs. 1 b) MB-BUV eine „Darstellung der Ursache für den Eintritt der Berufsunfähigkeit" einfordert, wird der durchschnittliche Versicherungsnehmer mit dieser Aufgabenstellung ohne Hilfestellung ebenfalls nicht zurechtkommen. Nicht jeder Versicherte hat das zweifelhafte „Glück", etwa durch einen Unfall oder durch eine in Bezug auf Diagnose und Eintrittsdatum klar bestimmbare Erkrankung berufsunfähig geworden zu sein. In der Regel entwickelt sich eine Erkrankung und damit die einhergehende Berufsunfähigkeit schleichend und

567 Duden, Deutsches Universalwörterbuch, 7. Aufl.

Versicherungsnehmer sind im Zeitpunkt der Antragstellung nicht selten gezwungen, zunächst weiter zu arbeiten. Es bleibt somit für den durchschnittlichen Versicherungsnehmer häufig offen, was mit dem Begriff der „Ursache für den Eintritt der Berufsunfähigkeit" gemeint ist, etwa die Erkrankung selbst oder etwa die Auswirkungen dieser auf die Berufstätigkeit.

Weiterhin setzt die o. g. Anforderung voraus, dass sich der Versicherungsnehmer selbst über die „Ursache" für den Eintritt der Berufsunfähigkeit tatsächlich im Klaren ist und weiß, auf welcher Krankheit diese beruht, bzw. in der Lage ist, seine Berufsunfähigkeit konkret auf Körperverletzung oder Kräfteverfall zurückzuführen. All diese Erfordernisse entsprechen nicht dem, was man von einem durchschnittlichen Versicherungsnehmer tatsächlich von vornherein erwarten kann.

III. „Ausführliche Berichte" der Ärzte

Noch weitaus schwerer dürfte es fallen, die Forderung des § 4 Abs. 1 c) MB-BUZ zu erfüllen und „ausführliche Berichte der Ärzte, die die versicherte Person gegenwärtig behandeln bzw. behandelt oder untersucht haben, über Ursache, Beginn, Art, Verlauf und voraussichtliche Dauer des Leidens sowie die Auswirkungen auf die Berufsausübung oder Art und Umfang der Pflegebedürftigkeit" beizubringen.

Ein behandelnder Arzt wird zwar in der Regel über Ursache, Beginn, Art, Verlauf und voraussichtliche Dauer des Leidens seines Patienten berichten können, wobei letzteres Kriterium bereits unter einen Vorbehalt gestellt werden muss, da die Dauer einer Erkrankung häufig auch durch den Mediziner sehr schwer zu prognostizieren ist. Scheitern wird der Arzt jedoch regelmäßig, wenn er den Grad der Berufsunfähigkeit feststellen soll, ohne diesbezüglich eine klare Vorgabe zu haben.

Auch der Versicherungsnehmer selbst wird ihm diese Informationen nicht ohne Weiteres liefern können, da er – wie gesehen – die Methodik für die Ermittlung des Grades der Berufsunfähigkeit i. d. R. selbst nicht kennt. In diesem Zusammenhang ist eine spezielle Kenntnis von der Art und Weise der Darstellung der zuletzt ausgeübten beruflichen Tätigkeit erforderlich[568], welche man bei einem Versicherungsnehmer ohne Spezialkenntnisse voraussetzen kann. Dieser Anforderung gerecht zu werden, würde bedeuten, dass der Versicherte bereits im Vorfeld seine in gesunden Tagen ausgeübte Tätigkeit nach „Art eines Stundenplans" für den Arzt aufbereitet und dieser dann, die einzelnen Teiltätigkeiten

568 OLG Koblenz 2004, 989.

hinreichend würdigend, eine Aussage über den Grad der bedingungsgemäßen Berufsunfähigkeit trifft.

Auch an dieser Stelle ist insofern zunächst der Versicherer aufgefordert, das Leistungsbild bei seinem Versicherungsnehmer mit einem Fragebogen konkret zu ermitteln und dieses dann in einer Anfrage an den Arzt umsetzen. Nur so kann und wird dieser brauchbare Angaben gegenüber dem Versicherer erbringen können.

Hinzu kommen die ganz praktischen Widrigkeiten des Unterfangens. Ein Versicherungsnehmer, welcher seinen behandelnden Arzt auffordert, einen ausführlichen Bericht über Ursache, Beginn, Art, Verlauf und voraussichtliche Dauer des Leidens sowie über den Grad der Berufsunfähigkeit oder über die Pflegestufe abzugeben, wird bei diesem in der Regel auf wenig Verständnis stoßen. Falls der Arzt sich dazu überhaupt in der Lage sieht, wird er diese Bewertungen nur im Rahmen einer gutachterlichen Stellungnahme abgeben wollen, welche für Versicherungsnehmer empfindliche Mehrausgaben nach sich ziehen würden. Noch schwieriger wird es sein, diese Berichte von ehemaligen Behandlern zu erhalten.

Darüber hinaus ist zu beachten, dass sich – gerade im Bereich der psychischen Erkrankungen – ein nicht unerheblicher Teil der Versicherten zum Zeitpunkt der Antragstellung nicht in ärztlicher Behandlung befindet.[569] Natürlich ist eine solche Situation auch im Bereich anderer Krankheitsbilder denkbar. Nicht selten gelten Versicherungsnehmer als austherapiert und eine Behandlung wird ärztlicherseits als nicht mehr notwendig erachtet, da keine Verbesserung bzw. Linderung der gesundheitlichen Situation mehr zu erwarten ist. Die wörtliche Umsetzung des § 4 Abs. 1 c) MB-BUZ würde somit die Versicherten, welche sich nicht (mehr) in ärztlicher Behandlung befinden, möglicherweise von vornherein vom Leistungsanspruch ausschließen.

Die Beibringung derartiger Nachweise birgt für den Versicherungsnehmer auch deshalb Probleme, da behandelnde Ärzte – auch wenn sie grundsätzlich voll hinter der Beantragung von Berufsunfähigkeitsleistungen durch ihren Patienten stehen – sich nicht selten schwertun, derartige „bedingungsgerechte" Atteste auszustellen. Dies kann neben der bereits angesprochenen zeitlichen oder fachlichen Überforderungssituation des Arztes, der fehlenden Fähigkeit des Versicherungsnehmers, dem Arzt sein Anliegen korrekt zu kommunizieren, auch einem ggf. vorliegenden Missverständnis des Mediziners in Bezug auf

569 Hausotter/Eich, Die Begutachtung für die private Berufsunfähigkeitsversicherung, S. 7.

die juristischen Begrifflichkeiten, geschuldet sein. So sind durchaus Situationen denkbar, in denen behandelnde Ärzte davon überzeugt sind, ihren Patienten nur einen bestimmten Grad der Berufsunfähigkeit zuerkennen zu dürfen.

Hier sei folgendes Beispiel aus der anwaltlichen Praxis des Verfassers erwähnt:

Bsp. 5

Eine Lehrerin aus dem ländlichen Bereich war nach einem Unfall unstreitig auf einem Ohr vollständig taub, was es ihr nicht mehr erlaubte, Frontalunterricht zu geben. Berufsunfähigkeit lag in diesem Fall vor, was zu einem späteren Zeitpunkt – nach streitiger Auseinandersetzung – vom Versicherer auch anerkannt werden musste.

Zunächst verlangte der Versicherer von der Versicherungsnehmerin jedoch die Vorlage von ärztlichen Unterlagen, welche ihre Berufsunfähigkeit nachweisen, und verwies auf die im Bedingungswerk geregelten Mitwirkungspflichten. In der Folge bat die Versicherungsnehmerin ihre behandelnde HNO-Ärztin um ein entsprechendes Attest zur Bestätigung ihrer Berufsunfähigkeit. Die Ärztin billigte ihr jedoch nur einen Grad der Berufsunfähigkeit in Höhe von 20 % zu und teilte mit, dass es ihr leid täte, aber die gesetzlichen Vorschriften würden das so vorsehen und sie würde sich ggf. strafbar machen, wenn sie ihr etwas anderes testiere. Hintergrund der Auffassung der behandelnden Ärztin war, dass diese gegenüber der gesetzlichen Unfallversicherung die Minderung der Erwerbsfähigkeit (sog. MdE) zu beurteilen hatte und diesbezüglich auch bereits mit den entsprechenden Vorschriften[570] *konfrontiert worden war, welche für die Taubheit auf einem Ohr tatsächlich nur eine MdE von 20 v. H. vorsehen; hier jedoch zu beachten ist, dass es sich in der gesetzlichen Unfallversicherung um eine rein abstrakte Bemessung der Erwerbsfähigkeit handelte.*

Zu einem derartigen, für die Versicherungsnehmerin fatalen Missverständnis der Ärztin wäre es nicht gekommen, wenn der Versicherer direkt bei der Behandlerin erfragt hätte, welche einzelnen Tätigkeiten die Versicherte in welchem Grad noch ausüben kann.

Diese für den Versicherungsnehmer prekäre Situation erkennend, geht ein Teil der Literatur davon aus, dass der Versicherungsnehmer bei Anmeldung des Leistungsfalls allein die Arztberichte oder Gutachten, die ihm tatsächlich vorliegen, beizubringen hat.[571] Im Zweifel bedeutet das, dass der Versicherte, welcher überhaupt keine ärztlichen Befunde „zur Hand" hat, zunächst an den Versicherer herantritt und dieser im Nachgang dessen behandelnde Ärzte zu befragen hat.[572]

570 Anhaltspunkte für die Ärztliche Gutachtertätigkeit im sozialen Entschädigungsrecht und nach dem Schwerbehindertenrecht (Teil 2 SGB IX), http://www.bmas.de/SharedDocs/Downloads/DE/entschaedigung-gutachten-anhaltspunkte.pdf?__blob=publicationFile (15.02.2014).

571 Lücke, in: Prölss/Martin, VVG, § 11 Rn. 6 BU, – unter Aufgabe seiner gegenteiligen Auffassung in der Vorauflage.

572 Voit, Berufsunfähigkeitsversicherung, Rn. 572.

Rixecker hingegen weist unter Berufung auf den Wortlaut der Obliegenheit darauf hin, dass der Versicherungsnehmer die in den Bedingungen geforderten Unterlagen einzureichen und demzufolge auch vorher zu beschaffen hat.[573] Dabei wird nicht verkannt, dass diese Unterlagen dem Versicherten eben nicht vorliegen, aber gerade deswegen – so der Autor – gehe die Klausel notwendigerweise davon aus, dass sie vom Versicherungsnehmer zu beschaffen wären.[574]

Als noch weitreichender und überzogen deutet Gramse die Mitwirkungspflicht des Versicherten, in dem er darauf hinweist, dass es letztlich eine aus § 242 BGB resultierende Nebenpflicht des Behandlungsvertrages sei, dass der behandelnde Arzt des Versicherungsnehmers – über die Bereitstellung der reinen Behandlungsdokumentationen hinaus – auch Aussagen über Ursache, Beginn, Art, Verlauf und voraussichtliche Dauer des Leidens sowie über den Grad der Berufsunfähigkeit treffen muss und es insofern Sache des Versicherten sei, diese zu beschaffen.[575]

Zunächst dürfte in höchstem Maße fraglich sein, inwiefern den Arzt tatsächlich eine Nebenpflicht aus dem Behandlungsvertrag trifft, gutachterliche Äußerungen zum Grad der Berufsunfähigkeit seines Patienten zu treffen. Zwar ist der Arzt aus dem Behandlungsvertrag heraus zur Ausstellung von Attesten und Bescheinigungen verpflichtet, durch die dem Patienten bestimmte Krankheitszustände, Vorgänge und Behandlungssituationen bescheinigt werden.[576] Wird hingegen ein Werturteil über die infolge einer Erkrankung eingetretene Erwerbsminderung abgegeben, beschränkt sich der Arzt nicht mehr auf bloße Wahrnehmungen, sondern stellt vielmehr eine fachkundige Beurteilung der wahrgenommenen Tatsachen aufgrund von Schlussfolgerungen dar, sodass

---

573 Rixecker, in: Beckmann/Matusche-Beckmann, Versicherungsrechtshandbuch, § 46 Rn. 180; so i. E. auch Langheid/Wandt/Dörner, § 172 Rn. 210 sich zu Unrecht berufend auf Lücke, in: Prölss/Martin, VVG, § 11 Rn. 6 BU.

574 Rixecker, in: Beckmann/Matusche-Beckmann, Versicherungsrechtshandbuch, § 46 Rn. 180 – wenngleich diese Aussage an anderer Stelle wieder relativiert wird mit dem Hinweis, dass angesichts der damit für einen Laien verbundenen Schwierigkeiten von der Tiefe und Breite der Darlegung vor allem bei „klassischen" Krankheiten nicht zu viel abverlangt werden darf. Die Vorlage von, die Erkrankung ausweisenden, Attesten oder in sozialversicherungsrechtlichen Verfahren erstellten Auskünften und Gutachten soll regelmäßig genügen – mit Ausnahme von psychischen Erkrankungen, wo wiederum höhere Anforderungen an die Darlegung gestellt werden sollen, Rn. 136.

575 Gramse, in: FAKomm-VersR, § 11 Rn. 10 BUV 2008.

576 Uhlenbruck/Laufs, in: Laufs/Uhlenbruck, Handbuch des Arztrechts, § 53 Rn. 1.

er in diesem Fall zum Sachverständigen wird.[577] Eine derartige Nebenpflicht zur Abgabe sachverständiger Werturteile wird man einem Behandlungsvertrag nicht entnehmen können, sodass der Versicherte – entgegen der Auffassung von Gramse – bereits formaljuristisch nicht in der Position ist, auf ein entsprechendes Attest bestehen zu können. Darüber hinaus existieren natürlich die eingangs beschriebenen faktischen Schwierigkeiten, die es einem Versicherten unmöglich machen, einen Arzt zur Bewertung des Grades seiner Berufsunfähigkeit zu bewegen, wenn sich dieser dazu nicht in der Lage sieht.

Anknüpfend an eine Entscheidung des OLG Hamm aus dem Jahr 1995 geht aktuell auch Dunkel richtigerweise davon aus, dass der Versicherte regelmäßig Arztberichte nicht in der Hand habe und solche dann eben auch nicht einreichen kann. Üblicherweise übersendet der Versicherer deshalb dem Anspruchserhebenden oder unmittelbar den in Betracht kommenden Ärzten Fragebögen, aus denen sich dann die entsprechenden Feststellungen ergeben.[578] Nur ein derartiges Prozedere entspricht dem vom BGH geforderten lauteren und vertrauensvollen Zusammenwirken beider Vertragspartner.[579]

IV. Die Vorgaben des Gesetzgebers in §§ 30 f. VVG

Der Rechtsprechung und wohl h. M. in der Literatur entspricht auch die Situation, welche nunmehr durch das VVG selbst vorgegeben wird. Wie bereits dargelegt wurde, reduziert sich die Verpflichtung des Versicherungsnehmers bei Anmeldung des Versicherungsfalls gem. § 30 Abs. 1 VVG zunächst auf die Anzeige desselben. Weitergehende inhaltliche Anforderungen stellt der Gesetzgeber nicht. Sinn und Zweck der Anzeige ist es, dass der Versicherer aufgrund dieser Angaben in die Schadenermittlung eintreten kann; benötigt der Versicherer hingegen genauere Informationen, so wird er auf seine Rechte im Rahmen des Auskunftsverlangens nach § 31 VVG verwiesen.[580]

Aber auch nach § 31 Abs. 1 S. 1 VVG sind die Verpflichtungen des Versicherungsnehmers rein passiv ausgestaltet und beschränken sich darauf, dem Versicherer jede Auskunft zu erteilen, die zur Feststellung des Umfangs der Leistungspflicht erforderlich ist. Erst § 31 Abs. 1 S. 2 VVG begründet darüber

577 Schlund, in: Laufs/Uhlenbruck, Handbuch des Arztrechts, § 117 Rn. 16 m. w. N.

578 Dunkel, in: Handbuch Versicherungsrecht, § 15 Rn. 169, mit Hinweis auf OLG Hamm OLGR 1995, 92–93, diese Entscheidung nimmt wiederum Bezug auf Voit, Berufsunfähigkeitsversicherung, Rn. 572.

579 BGH, VersR 1993, 559.

580 Looschelders, in: Looschelders/Pohlmann, § 30 Rn. 15 VVG.

hinaus eine sog. Belegpflicht des Versicherungsnehmers und berechtigt den Versicherer, Nachweise insoweit verlangen zu dürfen, „[…] als deren Beschaffung dem Versicherungsnehmer billigerweise zugemutet werden kann". Von der Belegpflicht werden alle Dokumente erfasst, die als Beweismittel in Betracht kommen, weil sie Auskünfte des Versicherungsnehmers untermauern oder widerlegen können.[581]

Diese gem. § 32 S. 1 VVG nicht zum Nachteil des Versicherungsnehmers abdingbare Vorschrift setzt dem Verlangen des Versicherers nach Nachweisen und Belegen für den Eintritt des Versicherungsfalls von vornherein enge Grenzen und verlangt, dass die Frage der Zumutbarkeit durch eine umfassende Interessenabwägung im Einzelfall geklärt wird.[582]

Zwar wird dem Versicherungsnehmer abzuverlangen sein, alle in seinem Besitz befindlichen ärztlichen Unterlagen, welche für die Geltendmachung seiner Ansprüche relevant sind, herauszusuchen. Ebenfalls wird es ihm zumutbar sein, Dritte – z. B. Ärzte oder andere Versicherungsträger – zu bitten, entsprechende Dokumente zu offenbaren.[583] Keinesfalls ergibt sich jedoch aus der Belegpflicht, dass der Versicherungsnehmer – ggf. auf seine Kosten – „[…] ausführliche Berichte der Ärzte, die die versicherte Person gegenwärtig behandeln bzw. behandelt oder untersucht haben, über Ursache, Beginn, Art, Verlauf und voraussichtliche Dauer des Leidens sowie über den Grad der Berufsunfähigkeit oder über die Pflegestufe" herbeizuschaffen hat, als Voraussetzung dafür, dass der Versicherer überhaupt mit der Leistungsprüfung beginnen muss.[584]

Leitbild der §§ 30 f. VVG bleibt letztlich die kooperative Regulierung des Versicherungsfalls auf der Basis eines strukturierten, von Treu und Glauben beherrschten Informations- und Kommunikationsprozesses.[585] Dies bedeutet im Einzelnen, dass der Versicherungsnehmer zwar den Versicherungsfall anzuzeigen und dem Versicherer auch die umfassende Möglichkeit einzuräumen hat, seine Leistungspflicht zu prüfen. Umgekehrt heißt das aber auch, dass die Einzelheiten nur der Versicherer abfragen kann und muss. Denn er allein ist es, der über einen Informationsvorsprung in Hinblick auf seine eigene Regulierungspraxis verfügt

---

581 Brömmelmeyer, in: Bruck/Möller, § 31 Rn. 79 VVG.

582 Looschelders, in: Looschelders/Pohlmann, § 31 Rn. 22 VVG.

583 Brömmelmeyer, in: Bruck/Möller, § 31 Rn. 84 VVG, unter Berufung auf Langheid, in: Römer/Langheid, VVG, 2. Aufl., § 34, Rn. 10.

584 A. A. wohl Langheid, in: Römer-Langheid, VVG, 2. Aufl., § 34 Rn. 13, zumindest was die Beibringung „Ausführlicher Arztberichte" anbetrifft.

585 Brömmelmeyer, in: Bruck/Möller, § 31 Rn. 2, unter Berufung auf BGH, VersR 1987, 477.

und daher am besten beurteilen kann, welche Informationen zur Feststellung des Versicherungsfalls und zum Umfang seiner Leistungspflicht erforderlich sind.[586] Jede andere Lesart würde darüber hinaus die Gefahr in sich bergen, dass der Versicherer mit einer Fülle ggf. irrelevanter Informationen eingedeckt wird und der Versicherungsnehmer nicht erkennen kann, welche Punkte dem Versicherer bei der Leistungsprüfung wesentlich sind.[587]

Offen bleibt, auf welche Art und Weise der Versicherer seiner „Abfrageverpflichtung" in der Praxis nachzukommen hat.

V. Verpflichtung des VR zum Vorhalten eines Fragebogens?

Wie gezeigt, hat der Versicherungsnehmer ein Recht darauf, vom Versicherer durch inhaltlich klare Fragestellungen durch das Antragsverfahren geführt zu werden. Offen bleibt jedoch die Frage, ob der Versicherer darüber hinaus verpflichtet ist, einen entsprechenden Antragsfragebogen vorzuhalten und dem Versicherungsnehmer zur Verfügung zu stellen oder ob er ihn in der oben beschriebenen Art und Weise auf die Beibringung der Unterlagen nach § 4 MB-BUZ verweisen kann, ggf. unter Verwendung transparenter, individueller Handlungsanweisungen.

Wie gesehen, hat der Versicherungsnehmer gem. § 30 Abs. 1 VVG zunächst lediglich die Pflicht, den Eintritt des Versicherungsfalls gegenüber dem Versicherer unverzüglich anzuzeigen. Das weitere Prozedere regelt sich nach § 31 Abs. 1 S. 1 VVG, welcher die Mitwirkungspflichten des Versicherungsnehmers rein passiv ausgestaltet, indem er sie den Anforderungen des Versicherers unterordnet. Diese, dem Verlangen des Versicherers nachgeordnete passive Auskunftspflicht bezeichnet die Literatur als sog. „Verhaltene Obliegenheit"[588], welche in der Praxis regelmäßig durch Versendung eines entsprechenden Fragebogenformulars umgesetzt wird.[589] Der Versicherungsnehmer muss weitere Informationen zum Versicherungsfall – im Unterschied zur Anzeigepflicht – nicht spontan, sondern allein anknüpfend an ein konkretes Auskunftsverlangen des Versicherers abgeben.[590]

---

586 Bruck/Möller/Brömmelmeyer § 31 Rn. 4.

587 Ebenda, unter Berufung auf BGH, VersR 1976, 821.

588 Brömmelmeyer, in: Bruck/Möller § 31 Rn. 21 VVG, unter Berufung auf Möller in der Vorauflage.

589 Looschelders, in: Looschleders/Pohlmann, § 31 Rn. 13 VVG, unter Hinweis auf BGH.

590 Brömmelmeyer, in: Bruck/Möller, § 31 Rn. 22 VVG.

„Der Versicherungsnehmer braucht Erklärungen, die die Leistungspflicht des Versicherers betreffen, nicht unaufgefordert abzugeben. Er muss den Versicherer nicht von sich aus über alle für Grund und Höhe des Versicherungsanspruchs wesentlichen Umstände in Kenntnis setzen. Er darf vielmehr abwarten, bis der Versicherer an ihn herantritt und die Informationen anfordert, die er aus seiner Sicht zur Feststellung des Versicherungsfalles und des Umfangs der Leistungspflicht benötigt.“[591]

Eine weitergehende, unaufgefordert zu erfüllende Auskunftspflicht könnte sich hingegen aus den zugrunde liegenden AVB oder ausnahmsweise aus § 242 BGB ergeben.[592] Dörner kommt in diesem Zusammenhang offenbar zu dem Ergebnis, dass der Versicherer in seinen AVB bereits vor Eintritt des Versicherungsfalls – ein aufschiebend bedingtes – Auskunftsverlangen formulieren darf, wie es dann ggf. in § 7 MB-BUZ konkrete Gestalt annehmen könnte. Dagegen wird jedoch eingewandt, dass eine derartige Lesart bereits dem Wortlaut des § 31 Abs. 1 VVG widerspräche, wonach der Versicherer erst nach Eintritt des Versicherungsfalls verlangen kann, dass ihm der Versicherungsnehmer Auskunft erteilt.[593] Eine abweichende Formularvereinbarung, nach der der Versicherungsnehmer die Initiative ergreifen müsste, obwohl er nach allgemeiner Lebenserfahrung und im Einklang mit dem Leitbild der §§ 30 f. VVG die nächsten Schritte des Versicherers abwarten könnte, würde die Regelungen der §§ 305 c, 307 Abs. 2 Nr. 1 BGB berühren.[594]

Insofern muss es dabei bleiben, dass es nach Anzeige des Versicherungsfalls durch den Versicherungsnehmer die alleinige Aufgabe des Versicherers ist, die zur Regulierung erforderlichen Informationen beim Versicherungsnehmer anzufordern. Dies kann – so wie üblich – mithilfe standardisierter Fragebögen, aber auch durch individuelle und auf den Einzelfall bezogene Schriftsätze geschehen. Beide Vorgehensweisen stellen im Ergebnis sicher, dass das Leitbild der §§ 30 f. VVG von der kooperativen Regulierung des Versicherungsfalls auf der Basis eines strukturierten, von Treu und Glauben beherrschten Informations- und Kommunikationsprozesses[595] umgesetzt wird.

591 BGH, VersR 2006, 258; OLG Hamm, zfs 2013, 217.

592 Dörner, in: Berliner Kommentar § 34 Rn. 5, unter Berufung auf OLG Hamm, VersR 1991, 1168.

593 Brömmelmeyer, a. a. O., § 31 Rn. 31.

594 Ebenda.

595 Ebenda, § 31 Rn. 2, unter Berufung auf BGH, VersR 1987, 477.

VI. Fazit und eigener Vorschlag

Die in § 4 MB-BUZ verwendete Formulierung zum Anforderungskatalog an den Versicherungsnehmer im Rahmen seines Leistungsantrages muss im Ergebnis gem. § 307 Abs. 2 Nr. 1 BGB wegen des Verstoßes gegen den Grundgedanken einer gesetzlichen Regelung als unwirksam angesehen werden, da sie eine Reihe nicht existierender Verpflichtungen des Versicherungsnehmers suggeriert, welche der Gesetzgeber in §§ 30 f. VVG ausdrücklich dem Versicherer auferlegt hat. Vielmehr wäre es erforderlich, dass die Bedingungswerke einen Prüfungsablauf beschreiben, welcher die Rechtslage des VVG beachtet und klarstellt, welche Informationen der Versicherer zur Leistungsprüfung einfordern darf. Eine mit den gesetzlichen Vorgaben im Einklang stehende Formulierung müsste in folgenden Punkten von der Formulierung des § 4 MB-BUZ 13 abweichen:

Was ist zu beachten, wenn eine Leistung verlangt wird?

(a) Wird eine Leistung aus der Berufsunfähigkeits-Zusatzversicherung beansprucht, können wir verlangen, dass uns auf Kosten des Anspruchserhebenden folgende Auskünfte, die zur Feststellung unserer Leistungspflicht erforderlich sind, gegeben werden:

…

b) eine Darstellung der Ursache für den Eintritt der Berufsunfähigkeit ***aus Sicht des Anspruchserhebenden***

c) ausführliche Berichte der Ärzte, die die versicherte Person gegenwärtig behandeln bzw. behandelt oder untersucht haben, über Ursache, Beginn, Art, Verlauf und voraussichtliche Dauer des Leidens sowie über den Grad der Berufsunfähigkeit oder über die Pflegestufe, ***soweit diese dem Antragsteller vorliegen. Sollte der Anspruchserhebende keine entsprechenden Unterlagen beibringen können oder uns die vorgelegten Unterlagen nicht ausreichen, werden wir die behandelnden Ärzte selbst befragen. Der Antragsteller hat den Arzt dann ggf. von seiner ärztlichen Schweigepflicht zu entbinden. Auf die darüber hinaus bestehende Möglichkeit, auf unsere Kosten weitere ärztliche Untersuchungen bzw. Begutachtungen durch von uns beauftragte Ärzte zu verlangen, wird hingewiesen.***

Mit dieser Formulierung wäre ein für den Versicherungsnehmer transparentes und nachvollziehbares Verfahren sichergestellt, welches verhindert, dass auf Anbieterseite willkürliche Hürden aufgebaut werden, die den Versicherungsnehmer aufgrund seiner unterlegenen Sach- und Rechtskenntnis von vornherein benachteiligen. Sowohl die Musterbedingungen des GDV als auch die überwiegende Mehrheit der auf dem Markt befindlichen Bedingungswerke stellen in Hinblick auf den Anforderungskatalog bei Geltendmachung der Leistungen eine Überforderung des Versicherungsnehmers dar.

Gleichzeitig ist das berechtigte Informationsbedürfnis des Versicherers durch den Versicherungsfall selbst limitiert, sodass dessen Grenzen im Folgenden herauszuarbeiten sind.

§ 2: Kommunikation mit dem Versicherer

Im Zusammenhang mit der Leistungsprüfung nach einem angemeldeten Versicherungsfall geht eine Vielzahl von Unternehmen dazu über, neben der rein schriftlichen Kommunikation ihre Kunden auch persönlich anzusprechen, sei es telefonisch oder durch einen Besuch vor Ort, was dann häufig als „Außenregulierung" bezeichnet wird. Es werden darüber hinaus auch Fälle beschrieben, in denen Versicherer ihre Kunden einladen, Fragen des Leistungsantrages im Rahmen einer sog. „Innenregulierung" im Unternehmen selbst zu besprechen, wobei der Versicherer dann natürlich die Fahrtkosten übernimmt.[596] Einige Versicherer setzen zu diesem Zweck gezielt geschulte Sachbearbeiter ein; andere Unternehmen beauftragen damit spezialisierte, externe Dienstleistungsunternehmen.

Eine in der Praxis vermehrt vorkommende Variante der Leistungsprüfung besteht darin, dass der Versicherer bzw. das von ihm beauftragte Dienstleistungsunternehmen im Fragebogen des Leistungsantrages nur einen Teil der ihn interessierenden Fakten abfragt und gleichzeitig ankündigt, den anderen Teil im Rahmen einer telefonischen Befragung aufnehmen zu wollen. Bei den telefonisch abzuarbeitenden Themen handelt es sich i. d. R. um die für die Leistungsregulierung besonders relevanten „weichen" Daten, wie die individuelle Darstellung des Arbeitstages in gesunden Tagen und die Möglichkeiten der Umorganisation. Eine typische – aus der Praxis des Verfassers entnommene – Formulierung, um dieses Ansinnen gegenüber dem Versicherten zu kommunizieren, lautet folgendermaßen:

Bsp. 6

[...] Der Vorteil der Berufsunfähigkeitsabsicherung liegt darin, dass bei der Beurteilung der Berufsunfähigkeit auf das ganz persönliche Berufsbild mit all seinen Besonderheiten abgestellt wird. Jede Berufstätigkeit ist von vielen individuellen Merkmalen geprägt, sodass die Beurteilung, ob Sie Ihrem zuletzt ausgeübten Beruf ganz oder teilweise nicht mehr nachgehen können, von einer möglichst detaillierten Beschreibung der beruflichen Tätigkeit abhängt.

596 Expertengespräch Außenregulierung: Es gibt keinen Stillstand der Methoden, BUZaktuell 1/2009, 1.

Da diese Informationen erfahrungsgemäß im Wege der schriftlichen Befragung nur unzureichend erhoben werden können, halten wir es daher für sinnvoll, die notwendigen Informationen zu Ihrer beruflichen Tätigkeit in einem persönlichen Gespräch aufzunehmen. Diese Vorgehensweise erspart unnötige Rückfragen sowie Fehlbeurteilungen und führt ebenfalls zu einer schnelleren Entscheidung.

Hierzu werden wir uns noch einmal telefonisch mit Ihnen in Verbindung setzen und einen individuellen Termin vereinbaren. Für Rückfragen zu Ihrem Antrag auf Berufsunfähigkeitsversicherung stehen wir Ihnen jederzeit auch telefonisch zur Verfügung.

Das hier deutlich zum Ausdruck kommende Bedürfnis des Versicherers bzw. des von ihm beauftragten Dienstleisters, spezielle Fragestellungen der Leistungsprüfung mit seinem Versicherungsnehmer im persönlichen Gespräch zu klären, ist grundsätzlich als legitim anzusehen. Zweifellos lässt sich beispielsweise der durchschnittliche Arbeitstag des Versicherungsnehmers in gesunden Tagen – welcher fortan Maßstab der weiteren Beurteilung des Versicherungsfalls ist – im Rahmen einer zielführenden Kommunikation zwischen dem geschulten Sachbearbeiter und dem Versicherungsnehmer wesentlich schneller und exakter darstellen und aufklären, als wenn der Versicherungsnehmer diesen zunächst allein aufarbeiten muss. Der Sachbearbeiter kann dem Antragsteller wichtige Hinweise geben, worauf bei der Darstellung zu achten ist und so auch Unsicherheiten beim Versicherungsnehmer vermeiden helfen.

Derartige Hilfestellungen durch den Versicherer bzw. durch ihn beauftragte Dienstleister können auch in anderen Bereichen des Leistungsantrages erfolgen, vorausgesetzt es existiert eine vorbehaltlose und vertrauensvolle Atmosphäre zwischen beiden Parteien. Eine solche wird zwar von der Versicherungswirtschaft bzw. den von ihr beauftragten Dienstleistern als der Regelfall angesehen[597], nach den Erfahrungen des Verfassers kann ein solch unbefangenes Verhältnis jedoch nicht per se unterstellt werden. Vielmehr besteht im Nachgang derartiger Regulierungsgespräche nicht selten weiter Streit über den Inhalt der vom Versicherungsnehmer getroffenen Aussagen bzw. dieser fühlt sich durch die Art und Weise der Gesprächsführung des Vertreters der Versicherung falsch wiedergegeben, wenn nicht gar hintergangen.

Leitbild der §§ 30 f. VVG soll zwar die kooperative Regulierung des Versicherungsfalls auf der Basis eines strukturierten, von Treu und Glauben beherrschten Informations- und Kommunikationsprozesses sein, welcher vom berechtigten Interesse des Versicherers geprägt ist, Inhalt und Umfang seiner (angeblichen)

597 Ebenda; Gesprächsräume öffnen, Handlungsfelder schaffen, Interview mit einem Außenregulierer, BUZaktuell 2/2008, 7.

Leistungspflicht zu prüfen.[598] Es darf aber nicht darüber hinweggetäuscht werden, dass sich beide Parteien in einem Interessenskonflikt befinden, der auch nicht ohne Weiteres aufgelöst werden kann. Insofern wird ein Versicherungsnehmer regelmäßig grundsätzliche Vorbehalte gegen eine persönliche oder auch telefonische Ansprache durch geschulte Sachbearbeiter des Versicherers anmelden, da er anderenfalls erwarten muss, in eine Überforderungssituation zu geraten, welche sich zu einem späteren Zeitpunkt für ihn nachteilig auswirken kann.

Zu klären bleibt in diesem Kontext, ob sich der Versicherungsnehmer der Forderung des Versicherers nach einem persönlichen Kontakt in letzter Konsequenz auch verweigern darf. In der Praxis wird diese Fragestellung nicht selten kontrovers diskutiert und Versicherer drohen den Antragstellern für den Fall der Weigerung teilweise mit dem Abbruch der Leistungsprüfung. Inwiefern ein solches Verhalten nach den vereinbarten Bedingungen oder den Vorgaben des VVG gerechtfertigt ist, bleibt dabei in der Regel offen, da die Versicherungsnehmer – zumindest solange sie rechtlich nicht beraten sind – dazu neigen, einem derart formulierten Druck nachzugeben.

Wenn man die über die schriftliche Befragung hinausgehende Kommunikation zwischen Versicherer und Versicherungsnehmer eingehender betrachtet, muss zunächst grundsätzlich zwischen zwei Fallgruppen, nämlich der rein fernmündlichen und der persönlichen Kommunikationsaufnahme vor Ort unterschieden werden.

I. Fernmündliche Kommunikation/Telefoninterviews

Wie bereits herausgearbeitet worden ist, kann der Versicherungsnehmer im Rahmen der Leistungsprüfung grundsätzlich auf die Übersendung eines vom Versicherer erstellten Fragebogens für seinen Leistungsantrag bestehen. Dies könnte im Umkehrschluss gleichzeitig implizieren, dass er sich dem Ansinnen des Versicherers schlichtweg verweigern kann, Fragen zum Leistungsantrag im Rahmen eines Telefoninterviews zu beantworten.

Es ist zunächst grundsätzlich nachvollziehbar, dass sich der Versicherungsnehmer, welcher krankheitsbedingt Leistungen aus seiner Berufsunfähigkeitsversicherung beantragt, einer derartigen Interviewsituation ggf. entziehen möchte, da er sich der Professionalität eines Versicherers, welcher seine Mitarbeiter nicht selten in der Art der Gesprächsführung geschult hat, nicht gewachsen fühlt. In diesem Zusammenhang soll ein Aufsatz über professionelle Fragetechniken in der

598 Brömmelmeyer, in: Bruck/Möller, § 31 Rn. 2 VVG.

BUZ-Leistungsregulierung nicht unerwähnt bleiben, in dem eine Kriminalpsychologin erläutert, wie Versicherer den Erstkontakt und die weiteren Gespräche zur Leistungsregulierung mit dem Kunden für ihre Zwecke „optimieren“ können.[599] Hier wird dem Sachbearbeiter z. B. empfohlen, jedes Telefonat skizzenhaft mit zu stenografieren, damit der Informationsfluss von Anbeginn an nachvollzogen und „[…] bestenfalls sogar Widersprüche aktenkundig festgehalten werden“ können. Im Weiteren wird dem Sachbearbeiter geraten, die „erkennbare Verfassung“ des Versicherten zu „spiegeln“, d. h. für dessen u. U. bereits vorhandene negative Erlebnisse im Rahmen der Leistungsprüfung – hier ggf. bereits mehrfach durchgeführte medizinische Untersuchungen – Verständnis aufzubringen. „Der Gefragte freut sich meist sogar an dem so gezeigten Interesse, er holt weiter aus, begründet, argumentiert und gibt so jede Menge Informationen preis. Ein so befragter Mensch fühlt sich sehr ernstgenommen und bekommt die (eher seltene) Gelegenheit, sich zunächst ‚unbedroht‘ weiter mit der Situation zu beschäftigen und viele, vielleicht zunächst unwichtig erscheinende, Informationen preiszugeben, mit denen hinterher ‚weitergearbeitet‘ werden kann.“[600]

Derartige Empfehlungen lassen sicher nicht auf die Zielstellung von Versicherern hin zu einer vertrauensvollen Zusammenarbeit mit ihren Kunden schließen, sondern vielmehr auf eine Taktik des misstrauischen Abwartens, bis der andere „Fehler“ macht und unüberlegte Informationen preis gibt, die es dann gilt, „aktenkundig“ festzuhalten.

Wenn man sich darüber hinaus die prozessuale Beweissituation vor Augen hält, in der der Versicherte Partei, der Sachbearbeiter oder Beauftragte des Versicherungsunternehmens aber Zeuge ist, dessen schriftlich festgehaltene Notizen der Versicherer überdies als Beweis anbieten kann, wird schnell klar, wie nachteilig sich ein derartiges Interview für den Versicherungsnehmer im Zweifel auszuwirken vermag. Auf das Problem der sog. „Faktischen Beweiserschwerung“, welches bei Auseinandersetzungen zwischen einer natürlichen und einer juristischen Person auftreten kann und die Waffengleichheit der Prozessparteien berührt, hat zuletzt Kocher eindringlich hingewiesen.[601] Wenn im Prozess Tatsachen zu beweisen sind, die nur aus Vieraugengesprächen bekannt wurden, gewinnt das Versicherungsunternehmen, welches seinen Mitarbeiter, der das Gespräch geführt hat, als Zeugen gem. § 373 ZPO anbieten kann, einen

599 Dubbert, BUZaktuell 2/2007, 5.

600 Ebenda.

601 Kocher, in: Tamm/Tonner, Verbraucherrecht, § 31 Rn. 72, mit Hinweis auf die zu diesem Problem getätigten Hinweise des Europäischen Gerichtshofes für Menschenrechte: EGMR 27.10.1993, NJW 1995, 1413; EGMR 1996, ÖJZ 1997, 475.

prozessualen Vorteil. In der Prozessrechtswissenschaft werden zwar Lösungen zur Beseitigung dieses Ungleichgewichts diskutiert, i. E. macht die richterliche Praxis aber letztlich in aller Regel von der Parteianhörung nach § 141 ZPO Gebrauch[602], welche jedoch hinter dem Zeugenbeweis zurücksteht, da sie nur ergänzend zur Überzeugungsbildung beitragen und keinesfalls einen alleinigen Beweisgrund bilden kann.[603]

Neben das „natürliche“ Misstrauen, welches Versicherungsnehmer der telefonischen Kontaktaufnahme grundsätzlich entgegenbringen, tritt nicht selten die gesundheitliche Beeinträchtigung als solche, welche es dem erkrankten Versicherungsnehmer ggf. schwerfallen lässt, ein derartiges Telefoninterview durchzustehen. Es ist eine bekannte Tatsache, dass v. a. psychisch kranke Menschen, deren prozentualer Anteil am Gesamtaufkommen der Leistungsfälle in der privaten Berufsunfähigkeitsversicherung ständig steigt und aktuell bei knapp 29 Prozent liegt[604], erhebliche Defizite im Bereich des Antriebs und der Kommunikationsfähigkeit aufweisen. Als tragende Symptome einer Depression gelten die traurig-bedrückte Grundstimmung mit Interessenverlust, Freudlosigkeit und eine Verminderung des Antriebs; daneben führt der Mangel an Energie zu erhöhter Ermüdbarkeit und Aktivitätseinschränkung.[605] Es liegt insofern nicht selten in der Typik der psychischen Erkrankung des Versicherten begriffen, dass dieser sich einem Telefonat mit dem Sachbearbeiter des Versicherers, bei dem es u. U. um die Entscheidung seines Rentenanspruchs geht, ggf. nicht gewachsen fühlt.

In Rechtsprechung und Literatur wird diese praktisch zunehmend relevante Frage nur vereinzelt angesprochen. In einer Entscheidung des OLG Saarbrücken wird im obiter dictum erwähnt, dass ein Unterlassungsanspruch des Versicherungsnehmers auf der Grundlage einer rechtsanalogen Anwendung der §§ 1004 Abs. 1 S. 2, 862 Abs. 1, 12 S. 2 BGB i. V. m. Art. 1 Abs. 1, 2 Abs. 1 GG wegen drohender Verletzung des Persönlichkeitsrechts bestehen könnte, wenn eine Kontaktaufnahme gegen den erkennbaren Willen der angesprochenen Person oder unter belästigendem Eindringen in ihre Privatsphäre unter Missbrauch des Telekommunikationsverkehrs erfolgt.[606] Einmalige Anrufe als solche sollen das

---

602 Ebenda, unter Hinweis auf BGH, NJW, 1993, 1638; BGH, NJW 1999, 363.

603 MüKoZPO/Wagner, § 141 Rn. 4; Greger, in: Zöller, § 141 Rn. 1.

604 Morgen & Morgen, LV-Win, Version 9.10/2013 im Vergleich zu 8.04/2011 wo der Anteil noch bei 25 % lag.

605 Hausotter/Eich, Die Begutachtung für die private Berufsunfähigkeitsversicherung, S. 195.

606 OLG Saarbrücken, VersR 2007, 635, unter Hinweis auf Münchener Kommentar/Rixeder zum BGB, 5. Aufl., Anhang zu § 12 Rn. 97 ff.

Persönlichkeitsrecht des Angerufenen aber dann noch nicht berühren, wenn sie eine weitere Kontaktaufnahme nur ankündigen und einen zwar unerwünschten, aber sachlichen Inhalt haben. Sie gehörten zum typischen Risiko dessen, der einen Telefonanschluss – und sogar rechtliche Beziehungen zu dem Anrufer – unterhält. Seine rechtlich schutzwürdigen Interessen könne der Versicherte hinreichend wahren, indem er eine Wiederholung untersagt und das Gespräch beende.[607] Letztlich gibt das Gericht mit dieser Entscheidung jedoch klar zu erkennen, dass sich auch aus einer bestehenden vertraglichen Beziehung zwischen Versicherer und Versicherungsnehmer kein Anspruch der einen oder anderen Vertragspartei zur fernmündlichen bzw. generell verbalen Kommunikation ergibt.

Das Problem löst sich allerdings nicht aus dem Konstrukt des Unterlassungsanspruchs nach § 1004 BGB, sondern vielmehr durch die gesetzliche Situation, wie sie auch nach der VVG-Reform unverändert fortbesteht. § 31 Abs. 1 S. 1 VVG bestimmt zunächst, dass der Versicherungsnehmer dem Versicherer nach Eintritt des Versicherungsfalls auf dessen Verlangen jede Auskunft zu erteilen hat, die zur Feststellung dessen oder zum Umfang der Leistungspflicht des Versicherers erforderlich ist. Damit ist dem Wortlaut nach eine aktive Auskunftspflicht geschuldet, welche jedoch an keine Form gebunden ist und somit schriftlich, fernmündlich oder im persönlichen Gespräch erbracht werden kann.[608] Wenn das Gesetz keine Form vorschreibt, so obliegt letztlich die Auswahl der Kommunikationsform allein dem Versicherungsnehmer, als dem zur Auskunft Verpflichteten. Dieser kann sich im Zweifel darauf zurückziehen, nur schriftliche Auskünfte erteilen zu wollen, ohne sich darüber weiter erklären zu müssen, zumal die Schriftform der Rechtssicherheit und Klarheit sowie dem Beweissicherungsinteresse beider Parteien am weitesten entgegenkommt und das Fehlerrisiko bei der Informationsübermittlung reduziert.[609] Aus der Auskunftsverpflichtung des Versicherungsnehmers nach § 31 VVG kann eine Duldungspflicht in Bezug auf mögliche telefonische Befragungen jedenfalls nicht hergeleitet werden.

Schließlich käme eine entsprechende, in den Bedingungswerken verankerte, über die gesetzliche Situation hinausgehende Verpflichtung des Versicherungsnehmers in Betracht, welche sich jedoch aktuell auf dem Markt nicht finden lässt. Vielmehr lehnen sich alle Anbieter mehr oder weniger wortgleich an den GDV-Formulierungsvorschlag des § 7 MB-BUV 13 an.

---

607 OLG Saarbrücken, VersR 2007, 635.

608 Wandt, in: Langheidt/Wandt, § 31 Rn. 92 VVG.

609 Brömmelmeyer, in: Bruck/Möller, § 31 Rn. 40 VVG.

Was ist zu beachten, wenn eine Leistung verlangt wird?

…

Wir können außerdem auf unsere Kosten weitere ärztliche Untersuchungen durch von uns beauftragte Ärzte sowie notwendige Nachweise – auch über die wirtschaftlichen Verhältnisse und ihre Veränderungen – verlangen, insbesondere zusätzliche Auskünfte und Aufklärungen.[610]

Hier wird zwar zusammen mit der Verpflichtung, sich der Untersuchung durch beauftragte Ärzte zu stellen, auch die Bereitschaft verlangt, notwendige Nachweise über wirtschaftliche Verhältnisse und ihre Veränderungen zu erbringen und ggf. zusätzliche Auskünfte und Aufklärungen zu erteilen. All diese Mitwirkungspflichten kann der Versicherungsnehmer jedoch im Zweifel auch schriftlich erbringen und ist demnach gerade nicht verpflichtet, diese im fernmündlichen oder gar persönlichen Gespräch zu erteilen, wenn er nicht will.

Solange die Bedingungswerke lediglich vorschreiben, dass der Versicherte im Zweifel „zusätzliche Auskünfte und Aufklärungen" liefern muss, geht diese Forderung letztlich nicht über das hinaus, was § 31 VVG ohnehin statuiert. Auch wenn neben dem Begriff der „Auskünfte" zusätzlich von „Aufklärung" die Rede ist, bedeutet das keine Erweiterung der Pflichten des Versicherungsnehmers. Dieser kann sich auch hier – wie bei der bereits erörterten Auslegung von § 31 VVG – auf die Formfreiheit seiner Auskunftsverpflichtung zurückziehen.

Auch wenn die Vorschriften der §§ 30 f. VVG die kooperative Regulierung des Versicherungsfalls auf der Basis eines strukturierten, von Treu und Glauben beherrschten Informations- und Kommunikationsprozesses vorsehen[611], bleibt i. E. das Abfragerecht des Versicherers das alleinige Instrument, die zu seinen Ungunsten bestehende Informationsasymmetrie zu beseitigen. § 31 VVG postuliert über die Auskunftsverpflichtung nach Abfrage durch den Versicherer keine darüber hinausgehenden Aufklärungspflichten; diese wären vielmehr ausschließlich durch Allgemeine Versicherungsbedingungen auszugestalten, was aktuell nicht geschieht, obwohl die rechtliche Möglichkeit dazu durchaus besteht. Da die Auskunftsverpflichtung des Versicherungsnehmers nach § 31 Abs. 1 Satz 1 VVG dispositiv ausgestaltet ist, soll es e contrario möglich sein, dass die Parteien diese – unter Beachtung der §§ 305 ff. BGB – ausdehnen können.[612]

---

610 § 7 Abs. 2 MB-BUV 13.

611 Brömmelmeyer, in: Bruck/Möller, § 31, Rn. 2 VVG.

612 Brömmelmeyer, in: Bruck/Möller, § 31, Rn. 77 VVG; Prölss: in: Prölss/Martin, § 31 Rn. 15 VVG, unter Hinweis auf LG Köln, VersR 2006, 260 wo einem Sachver-

II. Vor-Ort-Prüfung/Außenprüfung/Außenregulierung

Eine weitere Facette der Leistungsprüfung stellt die sog. „Vor-Ort-Prüfung", auch „Außenprüfung" oder „Außenregulierung" genannt, dar. Hier belässt es der Versicherer nicht mehr bei der persönlichen Kontaktaufnahme am Telefon, sondern ein oder mehrere Sachbearbeiter oder Beauftragte des Versicherers suchen den Versicherten vor Ort, d. h. entweder an seiner Arbeits- oder Betriebsstätte oder zu Hause auf[613], um mit ihm u. U. bereits gemeinsam den Leistungsantrag aufzunehmen oder – was aktuell noch den Regelfall darstellen dürfte – darüber hinausgehende Fragestellungen zu klären, welche durch die bisherige Bearbeitung des Leistungsantrages entstanden sind. Überdies ist es regelmäßig die kommunizierte Zielstellung einer sog. Außenprüfung, dass der Versicherer in die Lage versetzt wird, sich ein Bild von der betrieblichen Situation des selbstständigen oder (eher seltener) des angestellten Versicherungsnehmers zu machen und ggf. dessen Angaben vor Ort zu überprüfen.

Die sog. Außenprüfung oder auch Außenregulierung als eine Spielart bzw. als ein Teil der Leistungsprüfung stellte ursprünglich eher eine Ausnahme in der Regulierungspraxis der Versicherer dar, wird jedoch seit einigen Jahren zunehmend als Prüfungsinstrument eingesetzt und von der Versicherungswirtschaft als ein äußerst effizienter Teil des modernen Schadensmanagements in der BU-Leistungsregulierung angesehen[614], welcher sich in den Unternehmen weiter in Aufbau befindet und sich flächendeckend am Markt durchsetzen soll.[615] Nach Darstellung der GenRe Business School, welche als Unternehmen eines Rückversicherers Weiterbildungsprogramme für die Versicherungswirtschaft anbietet, zählt die professionelle Außenregulierung in der BU „[…] zu den effektivsten Instrumenten des aktiven Schadenmanagements. Versicherer, die Außenregulierung systematisch und strukturiert einsetzen, profitieren auf vielfältige Weise

ständigen des Wohngebäudeversicherers der Zutritt zum Grundstück des Versicherungsnehmers((Satz unvollständig!!!)).

613 Es wird auch der umgekehrte Fall der sog. „Innenregulierung" beschrieben, in dem der Versicherer den Versicherungsnehmer zu einem Regulierungsgespräch einlädt, Expertengespräch Außenregulierung: Es gibt keinen Stillstand der Methoden, BUZaktuell 1/2009, 1.

614 Ebenda.

615 Gesprächsräume öffnen, Handlungsfelder schaffen, Interview mit einem Außenregulierer, BUZaktuell 2/2008, 7; Warsitz, BUZaktuell 2/2008, 1.

von diesem fortschrittlichen Regulierungsansatz und gewinnen ratingrelevante Wettbewerbsvorteile."[616]

Dabei wird empfohlen, im Rahmen der Außenregulierung so frühzeitig wie möglich an den Versicherten heranzutreten, da dessen Kommunikations- und Kooperationsbereitschaft erfahrungsgemäß umso ausgeprägter seien, je früher der direkte Kontakt aufgenommen wird.[617] In diesem Zusammenhang wird z. T. angestrebt, bereits direkt zu Beginn der Leistungsprüfung – also ohne vorherige Versendung eines Fragebogens – alle antragsrelevanten Daten vor Ort im Gespräch mit dem Versicherten zu erheben.[618]

So sinnvoll die Vor-Ort-Prüfung unter dem Blickwinkel einer schnellen und zielführenden Regulierung aus Sicht des Versicherers sein mag, bleibt es fraglich, ob dieser im Zweifel auch darauf bestehen darf, wenn sich der Versicherungsnehmer einer solchen letztlich verweigert. Die rechtlichen Risiken, welche sich einseitig für den Versicherungsnehmer in diesem Zusammenhang auftun, sind i. E. die gleichen, wie sie bereits im vorgehenden Abschnitt abgehandelt worden sind. Insofern stehen einer Verpflichtung des Versicherungsnehmers, sich einem solchen „Vor-Ort-Gespräch" zu stellen, ähnliche rechtliche Bedenken entgegen.

Wie im vorherigen Abschnitt herausgearbeitet, hat der Versicherungsnehmer nach § 31 VVG keine Verpflichtung, dem Versicherer fernmündlich oder in einem persönlichen Gespräch zur Verfügung zu stehen, sondern kann sich letztlich auf eine rein schriftliche Kommunikation beschränken. Obwohl die Auskunftsverpflichtung des Versicherungsnehmers nach § 31 VVG dispositiv ist und in Allgemeinen Versicherungsbedingungen vertraglich erweitert werden kann;[619] sind keine Versicherungsbedingungen auf dem Markt, welche den Versicherungsnehmer zur fernmündlichen oder persönlich-verbalen Kommunikation verpflichten würden.

Im Gegensatz dazu werden aber unterdessen in einer Reihe von Bedingungswerken sog. „Vor-Ort-Prüfungen" ausdrücklich erwähnt (siehe Tabelle, Anhang 12), ohne dass näher darauf eingegangen wird, was damit konkret gemeint ist.

---

616 http://de.genre.com/reinsurance-solutions/lifehealth/international/business-school/; (24.11.2013).

617 Gesprächsräume öffnen, Handlungsfelder schaffen, Interview mit einem Außenregulierer, BUZaktuell 2/2008, 7.

618 Expertengespräch Außenregulierung: Es gibt keinen Stillstand der Methoden, BUZaktuell 1/2009, 1.

619 Brömmelmeier, in: Bruck/Möller, § 31 Rn. 77 VVG.

Nachweis- und Mitwirkungspflichten, wenn Berufsunfähigkeitsleistungen verlangt werden

Weitere Nachweise, Entbindung von der Schweigepflicht

*Wir können außerdem weitere medizinische und berufskundliche Aufklärungen, **Vor-Ort-Prüfungen** und zusätzliche Untersuchungen sowie weitere notwendige Nachweise - auch über die wirtschaftlichen Verhältnisse und ihre Veränderungen - verlangen, wobei wir hierzu entsprechende Gutachter, Ärzte sowie sachverständige Dienstleister einsetzen können. Die Kosten werden von uns getragen. Wir können verlangen, dass die erforderlichen ärztlichen Untersuchungen in der Bundesrepublik Deutschland durchgeführt werden. In diesem Fall übernehmen wir die vorher mit uns abgestimmten Reise- und Aufenthaltskosten.*[620]

Wie oben gesehen, existieren aufseiten der Versicherer und der mit ihnen kooperierenden Dienstleistungsunternehmen sehr konkrete Vorstellungen, was unter einer sog. „Vor-Ort-Prüfung" zu verstehen ist, nämlich zu allererst der möglichst frühzeitige persönliche Kontakt zum Versicherungsnehmer mit dem Ziel der Erfassung aller, mit dem Leistungsantrag zusammenhängenden Fragestellungen.

Der durchschnittliche Versicherungsnehmer wird unter dem Begriff „Vor-Ort-Prüfung" dagegen zunächst eine Besichtigung seines Arbeitsplatzes bzw. seiner Betriebsstätte verstehen, möglicherweise verbunden mit ggf. weiteren Fragestellungen durch den „Prüfer". Wenngleich es paradox anmuten dürfte, dass sich der verbal nicht auskunftsverpflichtete bzw. -bereite Versicherungsnehmer und der Vertreter des Versicherers schweigend den Betrieb des Versicherten anschauen, könnte der Versicherer doch geneigt sein, zumindest auf dieser „Minimalforderung" zu bestehen.

Im Ergebnis wird klar, dass der Terminus der „Vor-Ort Prüfung" nicht geeignet ist, das Ansinnen des Versicherungsnehmers nach einer umfassenden persönlichen Aufklärung des Versicherungsfalls mit dem Versicherungsnehmer transparent zu vermitteln. Insofern müssen sich die Anbieter entscheiden, ob sie ein persönliches Gespräch, eine Betriebsbesichtigung oder beides wünschen.

In diesem Zusammenhang ist folgende interessante Klausel auf dem Markt:

*Wir können außerdem - dann allerdings auf unsere Kosten - weitere ärztliche Untersuchungen durch von uns beauftragte Ärzte sowie notwendige Nachweise verlangen, insbesondere zusätzliche Auskünfte und Aufklärungen **(z. B. Betriebsbesichtigungen).***[621]

Zwar wird hier konkret eine Betriebsbesichtigung angesprochen, allerdings lässt die beispielhafte Erwähnung vermuten, dass der Anbieter im Zweifel auch auf einem persönlichen Gespräch bestehen würde. Dies wird umso deutlicher, da

620 D 1 Continentale.

621 § 13 Abs. 2 S. 2 Debeka.

hier die § 7 Abs. 2 MB-BUV entnommene Standardklausel zunächst verkürzt wird, um im Nachgang gleichzeitig beispielhaft anzuführen, was mit der Formulierung „zusätzliche Auskünfte und Aufklärungen" unter anderem gemeint ist. In der Herausnahme des Einschubes „auch über die wirtschaftlichen Verhältnisse und ihre Veränderungen" könnte der Versuch liegen, den Kontext der Auskunftsverpflichtungen des Versicherungsnehmers zu erweitern.

Auf der anderen Seite dürfte es wohl kaum dem Leitbild von der kooperativen Regulierung entsprechen, wenn man Versicherern generell das Recht abspräche, auch in Bedingungswerken der Berufsunfähigkeitsversicherung derartige Regelungen zur Inaugenscheinnahme zu treffen. Allerdings wird im Rahmen der Leistungsprüfung in der Berufsunfähigkeitsversicherung kein Brand- oder Einbruchsschaden besichtigt, sondern ggf. der Arbeitsplatz des Versicherungsnehmers. Es ist darüber hinaus zu bedenken, dass die Prüfung in eine Situation fallen kann, in der ein Versicherungsnehmer auf dem weiter existierenden Arbeitsplatz – ggf. auch auf Kosten seiner Gesundheit – noch tatsächlich arbeitet. Dabei kommt es zunächst noch nicht einmal darauf an, ob es sich um einen angestellten Arbeitnehmer handelt oder um einen selbstständigen Unternehmer, dessen Interessen bei einer Außenprüfung ggf. genauso empfindlich tangiert sein können.

Man muss sich in diesem Zusammenhang nur einen kleinen Handwerksbetrieb vorstellen, wo der Versicherte als mitarbeitender Geschäftsinhaber tätig ist und in dem sich eine Abordnung der Versicherung ein Bild vom Unternehmen macht. Es ist anzunehmen, dass dieses Unterfangen bei Angestellten und ggf. auch Geschäftspartnern nicht verborgen bleiben wird und dass es gegen die Interessen des Unternehmers verstößt, wenn dessen Absicht bekannt wird, aus dem Beruf „auszusteigen". Eine ähnlich fatale Situation kann sich ergeben, wenn der Arbeitgeber eines angestellten Versicherungsnehmers mit dieser Situation konfrontiert wird. Mit derartigen Befragungen wird ganz sicher der Arbeitsplatz des Versicherungsnehmers unmittelbar in Gefahr gebracht. Für den Fall, dass der Versicherer im Ergebnis seine Leistungspflicht – vielleicht sogar aus ganz anderen Gründen ablehnt – bliebe er dann ggf. auch ohne Arbeitsplatz zurück.

Das durch den BGH geforderte lautere und vertrauensvolle Zusammenwirken der Vertragspartner in der Berufsunfähigkeitsversicherung, das auf Ergebnisse abzielen soll, die den Tatsachen und der Rechtslage entsprechen[622], wäre hier möglicherweise nicht mehr gegeben. Der BGH fordert, dass der Versicherer, gewissermaßen im Gegenzug zu den Obliegenheiten, die dem Versicherten aufgegeben

622 BGH, VersR 1993, 559.

sind, seinerseits dafür Sorge tragen muss, dass der Versicherte seine Rechte aus dem Versicherungsverhältnis sachgerecht wahren kann.[623] Sachgerecht hieße im vorliegenden Fall, dass dem Versicherungsnehmer nicht zugemutet wird, anderweitige Rechtsgüter – hier das Weiterbestehen des Arbeitsplatzes – in Gefahr zu bringen.

III. Fazit

Letztlich greifen sowohl Regelungen, welche den Versicherungsnehmer verpflichten, fernmündlichen oder persönlichen Gesprächen zur Verfügung zu stehen als auch Besichtigungen seines Arbeitsplatzes zu tief in die Sphäre seiner geschützten Rechtsgüter ein, sodass in diesem Bereich keine einseitig verpflichtenden Regelungen denkbar sind.

Ein in den AVB-BUZ wie auch immer ausgestaltetes Recht des Versicherers – ohne Zustimmung des Versicherungsnehmers – durch direkte Befragung oder Vorortbesichtigung der Betriebsstätte bzw. des Arbeitsplatzes an den Arbeitgeber oder an Mitarbeiter bzw. Geschäftspartner des Versicherungsnehmers heranzutreten, muss als unangemessene Benachteiligung nach § 307 Abs. 1 S. 1 BGB angesehen werden.

Zwar wird die Grenze zur Vertragszweckgefährdung i. S. v. § 307 Abs. 2 Nr. 2 BGB hier noch nicht überschritten sein[624], jedoch stellt die unangemessene Benachteiligung i. S. v. § 307 Abs. 1 Nr. 1 BGB nach h. M. den Auffangtatbestand dazu dar.[625]

Dieses Ergebnis berücksichtigend, sind für die Regulierungspraxis folgende Konsequenzen abzuleiten:

Versicherer dürfen an ihre Versicherungsnehmer im Rahmen der Antragsprüfung nur dann fernmündlich herantreten, wenn sie dieses Ansinnen vorab schriftlich an ihn herangetragen und ihn v. a. darauf hingewiesen haben, dass ein telefonischer Kontakt zum Versicherer auf rein freiwilliger Basis erfolgt und auch für den Fall, dass der Versicherungsnehmer diesen nicht wünscht, zu keinerlei Nachteilen bei der Regulierung bzw. bei der Leistungsentscheidung führen wird.

623 BGH, VersR 1993, 559.

624 Als solche wurde vom BGH u. a. die sog. Wissenschaftlichkeitsklausel in der privaten Krankenversicherung eingeordnet, welche die Leistungspflicht des Versicherers auf wissenschaftlich anerkannte Behandlungs- bzw. Untersuchungsmethoden beschränkte.

625 Fuchs, in: Ulmer/Brandner/Hensen, AGB-Recht, § 307 Rn. 2. BGB.

Gleiches gilt für den Vor-Ort-Termin im Rahmen der Außenprüfung. Dieser wird der Natur der Sache nach immer angekündigt; jedoch muss auch hier zwingend auf die strikte Freiwilligkeit hingewiesen werden.

Unterbleiben die geforderten Hinweise, unterliegen i. E. alle durch Telefonbefragung oder Außenprüfung gewonnenen Erkenntnisse einem Verwertungsverbot, welches mit dem Verbot der unzulässigen Rechtsausübung nach § 242 BGB zu begründen ist. Wie bereits dargestellt, ist der Versicherer im Bereich der Berufsunfähigkeitsversicherung nach Treu und Glauben in besonderer Weise gehalten, seine überlegene Sach- und Rechtskenntnis nicht zum Nachteil des Versicherungsnehmers auszunutzen.[626] Dieser Grundsatz wäre verletzt, wenn eine Außenprüfung oder Telefonbefragung ohne Hinweis auf deren strikte Freiwilligkeit erfolgen würde.

§ 3: Erhebung personenbezogener Daten

Im Rahmen der Prüfung seiner Leistungspflicht ist es für den Versicherer essenziell, verschiedenste personenbezogene Daten seines Versicherungsnehmers zu erlangen. Dabei handelt es sich zum einen um den Bereich der sog. personenbezogenen Gesundheitsdaten sowie andererseits um Informationen zu den beruflichen und wirtschaftlichen Verhältnissen des Versicherten.

Die Regelung der MB-BUV/BUZ zur Verpflichtung des Versicherungsnehmers, entsprechende Daten zur Verfügung zu stellen, stammt aus der Zeit des regulierten Marktes und muss als intransparent angesehen werden.

> *Wir können außerdem auf unsere Kosten weitere ärztliche Untersuchungen durch von uns beauftragte Ärzte sowie* ***notwendige Nachweise*** *– auch über die wirtschaftlichen Verhältnisse und ihre Veränderungen – verlangen, insbesondere* ***zusätzliche Auskünfte und Aufklärungen****.*[627]

Regelmäßig dürfte der durchschnittliche Versicherungsnehmer keine Vorstellung davon haben, was unter „notwendige Nachweise“ bzw. „zusätzliche Auskünfte und Aufklärungen“ zu verstehen ist.[628] Insofern ist zu untersuchen, welche Verpflichtungen der aktuelle Bedingungsmarkt vorsieht und wie sich die Situation nach der VVG-Reform grundsätzlich darstellt.

---

626 BGH, VersR 2011, 655 m. w. N.

627 § 7 Abs. 2 MB-BUV 13.

628 Lücke, in: Prölss/Martin, § 11 Rn. 12 BU – wenn auch relativierend; Mertens, in: Rüffer/Halbach/Schimikowski, § 4 Rn. 12 BB-BUZ, mit Hinweis auf LG Dortmund 22.01.2009 – 2 O 365/08, welches als Auskünfte in Abgrenzung zum Nachweis nur solche Informationen ansieht, welche vom Versicherungsnehmer selbst stammen.

Die Erhebung personenbezogener Gesundheitsdaten bei Dritten wird seit der VVG-Reform nunmehr ausdrücklich durch § 213 VVG geregelt, wobei bereits umstritten ist, ob die Regelung zwingendes oder abdingbares Recht darstellt.[629] Im Ergebnis ist den von Eberhardt[630] angeführten systematischen Argumenten zu folgen und mit der h. M. von einem zwingenden Charakter des § 213 VVG auszugehen, was letztlich weitreichende Konsequenzen für die Ausgestaltung der AVB hat.

I. Zur Überprüfung der Angaben vor Vertragsannahme

Die Leistungsprüfung eines Versicherers nach Geltendmachung bedingungsgemäßer Berufsunfähigkeit vollzieht sich grundsätzlich in zwei Phasen.

Zunächst prüft dieser die korrekte Beantwortung der bei Vertragsschluss gestellten Fragen zu den gesundheitlichen und wirtschaftlichen Verhältnissen des Versicherungsnehmers mit dem Ziel, Möglichkeiten für die Ausübung der Gestaltungsrechte nach §§ 19 VVG bzw. 22 VVG, 123 BGB auszuloten. Erst wenn klar ist, dass der Vertrag unverändert Bestand haben wird, beginnt in einem zweiten Schritt die eigentliche Prüfung, ob ggf. bedingungsgemäße Berufsunfähigkeit tatsächlich vorliegt.

Nach einer aktuellen Analyse des Ratingunternehmens Morgen & Morgen bleiben die Versicherer in ca. 23 % aller Versicherungsfälle bereits nach der ersten Phase leistungsfrei; wobei in 10 % der Fälle Gestaltungsrechte nach § 19 VVG ausgeübt und in weiteren 13 % die Verträge wegen arglistiger Täuschung nach §§ 22 VVG, 123 BGB angefochten werden.[631] Diese Zahlen betrachtend wird klar, welch immenses Interesse aufseiten der Versicherer an der Erlangung möglichst umfassender personenbezogener Gesundheitsdaten aus der Zeit vor Vertragsschluss besteht.

Die Rechte des Versicherers bei der Einholung personenbezogener Gesundheitsdaten werden seit der VVG-Reform durch § 213 Abs. 1 VVG dahin gehend limitiert, dass diese ausschließlich zur Beurteilung des zu versichernden Risikos oder der Leistungspflicht eingeholt werden dürfen. Umstritten ist jedoch die

---

629 Ohne Begründung bejahend: Marlow/Spuhl, Das Neue VVG kompakt, Rn. 1454; abwägender und i. E. auch bejahend Langheid/Wandt/Eberhardt, § 213 Rn. 34; ebenso Klär, in: Schwintowski/Brömmelmeyer, § 213 Rn. 4 – allerdings mit dem Hinweis, dass § 213 VVG verfassungswidrig sei; ablehnend Neuhaus, Berufsunfähigkeitsversicherung, Kap. P Rn. 8; mit Einschränkungen Rixecker, in: Römer/Langheid, § 213 Rn. 27.

630 Eberhardt a. a. O.

631 Morgen & Morgen, 4/2013, Version 9.10.

Auslegung von § 213 Abs. 1 VVG dahin gehend, ob sich die Beurteilung der Leistungspflicht nur auf den aktuellen oder – darüber hinaus – auch auf den vorvertraglichen Gesundheitszustand des Versicherungsnehmers erstreckt.

Eine Auffassung will die Prüfungskompetenz vorbehaltlos auch auf den vorvertraglichen Zeitraum erstrecken[632], wobei die hierzu vertretenen Argumente nicht überzeugen.

Schulze[633] stützt sich dabei auf eine nicht einschlägige – weil zum alten VVG ergangene – Entscheidung des OLG Hamburg und verweist darüber hinaus unzulässigerweise auf die Entscheidung des BVerfG v. 23.10.2006[634], die jedoch in eine andere Richtung argumentiert. Das BVerfG geht in seiner nochmals bestätigten Rechtsprechung grundsätzlich vom Paradigma der Sachdienlichkeit der Ermittlungen des Versicherers als Voraussetzung für die Informationserhebung aus, wie weit gefasst dieses auch immer sein mag.[635]

Auch die Begründung von Fricke[636] überzeugt nicht, welcher v. a. damit argumentiert, dass der ehrliche Versicherungsnehmer durch eine uneingeschränkte Prüfungsbefugnis nicht benachteiligt würde. Dieses Argument wird durch die praktischen Erfahrungen des Verfassers widerlegt, die zeigen, dass in einer Vielzahl von Anfechtungsfällen Informationen durch Abfragen des Versicherers bei Ärzten und anderen Versicherungen generiert wurden, welche nicht der Wahrheit entsprachen und häufig erst in einem Klageverfahren ad absurdum geführt werden konnten. Der Versicherungsnehmer hat also ein nicht unerhebliches Risiko ggf. eine streitige Auseinandersetzung, wenn nicht gar einen Prozess führen zu müssen, wenn er den Versicherer ermächtigen muss, einschränkungslos vorvertragliche Daten erheben zu dürfen.[637]

Schließlich führt auch das systematische Argument von Rixecker[638], dass sich bei vergleichender Betrachtung der Formulierung des § 31 VVG für § 213 VVG ein weiterer Anwendungsbereich ergäbe, nicht weiter – im Gegenteil. Richtig ist zwar, dass sich § 31 VVG vom Wortlaut her allein auf Auskünfte zur Feststellung des Versicherungsfalls beschränkt; allerdings will die weitere

---

632 Muschner, in: Rüffer/Halbach/Schimikowski, HK-VVG, § 213 Rn. 22; Wolf, in: Looschelders/Pohlmann, § 213 Rn. 8.

633 OLG Hamburg, VersR 2010, 749 mit Anm. Schulze.

634 BVerfG, VersR 2006, 1669.

635 BVerfG v. 17.07.2013, 1 BvR 3167/08 welche ein eher enges Verständnis des Kriteriums der Sachdienlichkeit nahelegt; ähnlich Albrecht, jurisPR-ITR 22/2013.

636 VersR 2009, 297.

637 So auch Egger, VersR 2012, 810.

638 Rixecker, in: Römer/Langheid, § 213 Rn. 12.

Tatbestandsalternative des § 213 Abs. 1 VVG „[…] für die Beurteilung des zu versichernden Risikos" nicht – wie von Rixecker offenbar angenommen – die behauptete Kompetenz zur Prüfung von vorvertraglichen Anzeigepflichtverletzungen geben, sondern allein zur Prüfung von Gesundheitsdaten bei Vertragsschluss.

Eine zweite, unterdessen wohl herrschende Rechtsauffassung sieht die Erhebung von vorvertraglichen Gesundheitsdaten zur Prüfung des Bestehens von Rücktritts- und Anfechtungsrechten zwar grundsätzlich durch § 213 VVG als gedeckt an, allerdings werden aufgrund der vom Gesetzgeber vorgesehenen „Erforderlichkeit" verschiedene Einschränkungen geltend gemacht.[639]

Zunächst limitiert § 213 Abs. 1 VVG durch die Prämisse der „Erforderlichkeit" die Abfragemöglichkeiten des Versicherers auf solche Anfragen, die mit den im Leistungsfall geltend gemachten gesundheitlichen Beeinträchtigungen des Versicherungsnehmers in einem kausalen Zusammenhang stehen.[640]

Das in der Regel weitergehende Interesse an einer generellen Abfrage aller vorvertraglichen Gesundheitsdaten des Versicherungsnehmers zur Prüfung anderweitiger Anfechtungsgründe, welche in keinem Kausalzusammenhang mit der geltend gemachten Berufsunfähigkeitsversicherung stehen, ist insofern von § 213 Abs. 1 VVG nicht gedeckt. Neuhaus bringt in diesem Zusammenhang das Beispiel, dass bei einer aufgrund eines Bandscheibenvorfalls geltend gemachten Berufsunfähigkeit, unzulässige Datenabfragen bei einem Psychiater vorgenommen werden.[641]

Darüber hinaus wird neben der Kausalität der Abfrage eine hinreichend konkrete Verdachtslage gefordert.[642] Spuhl macht insofern zu Recht geltend, dass der Versicherer in der Hoffnung, sich vom Vertrag lösen zu können, Gesundheitsdaten nicht ins Blaue hinein erheben darf. Die Anforderungen an eine konkrete Verdachtslage dürfen nach Spuhl jedoch nicht überspannt werden und sollen bereits bei einem engen zeitlichen Zusammenhang zwischen dem Auftreten einer für die Berufsunfähigkeit ursächlichen Erkrankung, die für gewöhnlich eine langfristige Entstehungsgeschichte hat, und dem Vertragsschluss angenommen

639 Voit, in: Prölss/Martin, § 213 Rn. 25; Klär, in: Schwintowski/Brömmelmeyer, § 213 Rn. 19.

640 Neuhaus, Berufsunfähigkeitsversicherung, Kap. V Rn. 35.

641 Neuhaus/Kloth, Gesundheitsdaten(schutz) im Versicherungsrecht – Der aktuelle Stand, NJW 2009, 1707.

642 LG Berlin, Urteil v. 12.06.2013, 23 O 341/12 (nicht rechtskräftig); Marlow/Spuhl, Das neue VVG kompakt, Rn. 1461; Höra, in: Bruck/Möller, § 213 Rn. 36 (anders noch in r+s 2008, 89); Egger, VersR 2012, 810.

werden können.[643] Hier wird das Beispiel gebildet, in dem der Versicherungsnehmer nach zwei Jahren Vertragslaufzeit eine degenerative Bandscheibenerkrankung geltend macht, die bei Vertragsschluss jedoch negiert wurde.

Eine ähnliche Konstellation liegt einer Entscheidung des LG Berlin zugrunde, in der der Kläger bereits ein Jahr nach Vertragsschluss Ansprüche aufgrund einer depressiven bzw. sog. „Burn-out"-Erkrankung geltend machte und das Gericht eine konkrete Verdachtslage annahm, da derartige Krankheitsbilder typischerweise einen längeren zeitlichen Vorlauf aufweisen.[644]

Weitaus höhere Anforderungen an eine konkrete Verdachtslage stellt im Ergebnis Egger und weist darauf hin, dass in dem von Spuhl gebildeten Beispiel der degenerativen Bandscheibenerkrankung keine konkrete, sondern allenfalls eine auf Vermutungen basierende abstrakte Verdachtslage zu sehen ist, welche sich an allgemeinen Überlegungen und generellen Plausibilitätserwägungen orientiere.[645] Vielmehr sei es gerade im Bereich der degenerativen Veränderungen bekannt, dass diese oft jahrelang klinisch stumm und vom Versicherungsnehmer unbemerkt bleiben können.

Die gleichen Argumente müssen der o. g. Entscheidung des LG Berlin entgegengehalten werden. Auch eine sog. „Burn-out"-Erkrankung indiziert nicht zwangsläufig, dass sich der Versicherungsnehmer dieser bereits über Jahre bewusst gewesen ist oder sich gar deswegen in Behandlung begeben hat. Im Gegenteil, es liegt eher in der Typik dieses Erkrankungsbildes, dass Patienten die Symptome der Krankheit bis zum eigentlichen „Zusammenbruch" nicht wahrnehmen bzw. diese bewusst ausblenden.

Im Ergebnis ist Egger zu folgen und eine abstrakte Verdachtslage für einen sachlichen Grund nicht als ausreichend zu erachten, sondern zu fordern, dass sich diese hinreichend konkretisiert hat. Dies könnte beispielsweise der Fall sein, wenn sich dem Versicherer durch ordnungsgemäß in seinen Besitz gelangte Unterlagen im Rahmen der Leistungsprüfung Hinweise auf eine vorvertragliche Anzeigepflicht ergeben.

---

643 Marlow/Spuhl, Das neue VVG kompakt, Rn. 1461; analog Höra, in: Bruck/Möller, § 213 Rn. 36 (ders. anders, d. h. ohne Forderung einer konkreten Verdachtslage noch in r+s 2008, 89).

644 LG Berlin, Urteil v. 12.06.2013, 23 O 341/12 (nicht rechtskräftig).

645 Egger, Auskunftspflicht und Schweigerecht in privater Berufsunfähigkeits- und Krankheitskostenversicherung, VersR 2012, 810.

II. Durch Befragung anderer „Behandler“

Die Möglichkeit des Versicherers im Rahmen der Leistungsprüfung – über die Angaben des Versicherungsnehmers hinaus – Dritte zu dessen Gesundheitszustand zu befragen, wird seit Geltung des neuen VVG durch die neu geschaffene Vorschrift des § 213 VVG geregelt, welche nach h. M. zwingendes Recht darstellt.[646] Obwohl nach dem Gesetzeswortlaut diesbezüglich keine Anordnung getroffen wird, muss davon ausgegangen werden, dass die Regelungssystematik in Bezug auf die Schlussvorschriften des VVG (§ 209–215 VVG) generell eine zwingende Ausgestaltung vorsieht und nur im Ausnahmefall (z. B. § 215 Abs. 3 VVG) ausdrücklich abweichende Vereinbarungen zugelassen werden sollen. Darüber hinaus soll die Tatsache, dass es sich bei § 213 VVG sachlich um eine datenschutzrechtliche Spezialregelung für das Versicherungsrecht handelt, ebenfalls für den zwingenden Charakter der Norm sprechen.[647]

Die Erkenntnismöglichkeiten des Versicherers bei der Erhebung personenbezogener Gesundheitsdaten beschränken sich insofern zunächst auf Ärzte, Krankenhäuser und sonstige Krankenanstalten, Pflegeheime und Pflegepersonen, andere Personenversicherer und gesetzliche Krankenkassen sowie Berufsgenossenschaften und Behörden. Nicht selten geht jedoch das Informationsbedürfnis der Versicherer über den Numerus clausus des vom Gesetz vorgegebenen Adressatenkreises hinaus, was insbesondere die Heilpraktiker, Physio- und Psychotherapeuten anbetrifft. Da diese Heilberufe zuweilen einen nicht unbeträchtlichen Teil der medizinischen Versorgung des Versicherungsnehmers verantworten, dürften die Versicherer ein erhebliches und berechtigtes Interesse an der Informationsgewinnung auch bei diesen Personengruppen haben.

Der Wortlaut des § 213 Abs. 1 VVG sieht jedoch ausdrücklich die Erhebung von Daten allein bei Ärzten vor und verstärkt diese Aussage durch Verwendung des Wortes „nur“, sodass kein Zweifel darüber bestehen kann, dass es sich etwa um ein Redaktionsversehen des Gesetzgebers gehandelt haben könnte. Eine Datenabfrage bei anderen Behandlergruppen scheidet insofern grundsätzlich aus.[648]

Diese, den Versicherer in seinem Informationsbedürfnis limitierende Situation wird von Teilen der Literatur als unbefriedigend angesehen und mit der

646 Ohne Begründung bejahend: Marlow/Spuhl, Das Neue VVG kompakt, Rn. 1454; abwägend, i. E. aber auch bejahend Langheid/Wandt/Eberhardt, § 213 Rn. 34.

647 Langheid/Wandt/Eberhardt, § 213 Rn. 34, beipflichtend Kaldenbach, Informationsgewinnung, S. 206.

648 Klär, in: Schwintowski/Brömmelmeyer, § 213 Rn. 12; Wolf, in: Looschelders/Pohlmann, § 213 Rn. 6; Voit, in: Prölss/Martin, § 213 Rn. 18.

Forderung nach einer Klarstellung durch den Gesetzgeber[649] bzw. einer verfassungskonformen Auslegung verbunden.[650]

Eine andere Auffassung sieht eine analoge Anwendung des § 213 Abs. 1 VVG auf diese Behandlergruppen als legitim an.[651] Nach Meinung von Rixecker soll eine Datenerhebung analog bei den anderen heilberuflich Tätigen, v. a. Physiotherapeuten, Psychologen und Psychotherapeuten, möglich sein, da eine erkennbar planwidrige Regelungslücke existiere und die beiderseitige Interessenlage bei Datenerhebung durch diesen Personenkreis keine andere sei als bei den im Gesetz genannten Personen.[652]

Dem ist zu widersprechen, da der Gesetzgeber bei der Aufzählung der Stellen, bei denen Daten erhoben werden dürfen, ausdrücklich eine Auswahl getroffen hat, die sich an der bislang gängigen Praxis orientieren soll. Ob die vom Gesetzgeber wahrgenommene „gängige Praxis" tatsächlich der Lebenswirklichkeit entspricht, mag zwar dahingestellt bleiben; festzuhalten ist jedoch, dass der Kreis der Datenquellen nach dem erkennbaren Willen des Gesetzgebers – „darf nur" – abschließend ist und nicht zur Disposition steht. Der einzige Bereich, welcher den Parteien zur individualvertraglichen Regelung überlassen bleiben soll, sind ggf. Kostenregelungen insbesondere für die Fälle, in denen eine Einzeleinwilligung vorgesehen ist.

Eine unreflektiert geforderte verfassungskonforme Auslegung von § 213 VVG[653] muss bereits an den, diesem Rechtsinstitut immanenten, Schranken scheitern. Diese liegen einerseits im objektivierten Willen des Gesetzgebers und andererseits im Wortlaut der jeweils einfachgesetzlichen Vorschrift, welche – wie gesehen – beide als gegeben anzusehen sind.

Es bleibt insofern – wenn man § 213 VVG für verfassungswidrig hält – zunächst bei dem Appell an den Gesetzgeber, für Klarstellung zu sorgen[654] bzw. an die erkennenden Gerichte, durch Vorlage gemäß Art. 100 GG, § 13 Nr. 11

---

649 Wolf, a. a. O.

650 Klär, in: Schwintowski/Brömmelmeyer § 213 Rn. 14; Höra, in: Bruck/Möller § 213 Rn. 29; Voit, in: Prölss/Martin, § 213 Rn. 16.

651 Muschner, in: Halbach/Schimikowski/Muschner, HK-VVG, § 213 Rn. 19; Marlow/Spuhl, Rn. 1464; Prölss/Martin/Voit, § 213 Rn. 16; Neuhaus, NJOZ 2009, 1370; Langheid/Wandt/Eberhardt, § 213 Rn. 3.

652 Rixecker, in: Römer/Langheid, § 213 Rn. 10; ähnlich Neuhaus/Kloth, NJW 2009, 1707.

653 Klär, in: Schwintowski/Brömmelmeyer, § 213 Rn. 14; Höra, in: Bruck/Möller, § 213 Rn. 29; Voit, in: Prölss/Martin, § 213 Rn. 16.

654 Wolf, in: Looschelders/Pohlmann, § 213 Rn. 6.

BVerfGG eine Entscheidung des BVerfG bzgl. der eingewandten Verfassungswidrigkeit zu erwirken. Bis dahin ist das Gesetz anzuwenden, sodass Versicherer, welche Gesundheitsdaten bei Stellen einholen wollen, die nicht in § 213 Abs. 1 VVG genannt sind, sich – unter Hinweis auf die strikte Freiwilligkeit dieser Auskunftserteilung – an den Versicherungsnehmer wenden müssen, damit dieser die Auskunftserteilung für den Versicherer besorgt und an diesen weiterleitet.

In der Bedingungswirklichkeit stellt die Vermehrung der Adressaten über die gesetzliche Regelung hinaus bisher noch die Ausnahme dar (siehe Tabelle, Anhang 15), muss aber, aus den vorgenannten Erwägungen heraus, als unzulässig angesehen werden, da § 213 VVG – wie gesehen – zwingendes Recht darstellt.

Auffällig ist, dass die Masse der Anbieter die Regelung des § 213 Abs. 1 VVG zwar nicht erwähnen, deren Wortlaut aber gleichwohl – wenn auch unvollständig – zitieren. Diese Vorgehensweise ist wohl von der Erwägung getragen, dem Versicherungsnehmer die Limitierungen durch das Gesetz nicht offenbar werden zu lassen, um besser agieren zu können. Auch diese Variante der Bedingungsgestaltung dürfte unzulässig sein.

Wenn Versicherer den Wortlaut des § 213 Abs. 1 VVG vollständig oder sinngemäß übernehmen, hat das zur Folge, dass die Ermittlungskompetenzen auf den numerus clausus der Adressaten beschränkt bleiben, da eine analoge Anwendung auf andere Behandlergruppen ausgeschlossen ist und – wie in Kapitel 3 § 1 VII gesehen – der Versicherer bei einer Verwendung einer deklaratorischen Klausel in der Formulierungsverantwortung bleibt.[655]

III. Befragung des Arbeitgebers

Zwar definiert § 213 VVG nicht, was unter personenbezogenen Gesundheitsdaten zu verstehen ist. Jedoch soll die Vorschrift nach allgemeiner Ansicht enger zu fassen sein, als die in § 3 Abs. 1 BDSG verwendete Formulierung „Personenbezogene Daten“, sodass sich die Abfrage von Informationen beim Arbeitgeber des Versicherungsnehmers nach BDSG richtet. Eine Erhebung von Daten beim Arbeitgeber des Versicherungsnehmers ist nach § 4 Abs. 1 BDSG nur mit der Einwilligung des Betroffenen zulässig, da eine anderweitige gesetzliche Erlaubnisnorm nicht existiert.[656]

Während die MB-BUZ/BUV traditionell keine weitergehenden Regelungen enthalten, verpflichtet seit einigen Jahren eine nicht unbeachtliche Zahl von

655 So auch Klär, in: Schwintowski/Brömmelmeyer, § 213 Rn. 17.

656 Gola/Schomerus, BDSG, § 4 Rn. 27; Gola/Wronka, Handbuch Arbeitnehmerdatenschutz, Rn. 887 f.

Anbietern ihre Versicherungsnehmer, im Rahmen der Antragsprüfung direkt an deren Arbeitgeber herantreten zu dürfen, um sich dort zusätzliche Informationen über Art und Inhalt des Arbeitsverhältnisses zu beschaffen (siehe Tabelle 12).

Welche Mitwirkungspflichten sind zu beachten, wenn Leistungen wegen Berufsunfähigkeit verlangt werden?

Die versicherte Person hat Ärzte, Krankenhäuser und sonstige Krankenanstalten sowie Pflegeheime, bei denen sie in Behandlung oder Pflege war oder sein wird, sowie Sachverständige, Pflegepersonen, andere Personenversicherer und Behörden sowie ***wegen des Berufs auch den Arbeitgeber*** *zu ermächtigen, uns auf Verlangen Auskunft zu erteilen.*[657]

Was ist zu beachten, wenn eine Versicherungsleistung verlangt wird, und welche Mitwirkungspflichten bestehen?

... Weiterhin hat die versicherte Person ihre bisherigen Arbeitgeber zu ermächtigen, uns auf Verlangen Auskunft über die finanziellen Gegebenheiten und über die Ausgestaltung der konkreten Tätigkeit zu erteilen.[658]

Die Forderung nach direkter Kontaktaufnahme mit dem Arbeitgeber des Versicherungsnehmers zur Informationsbeschaffung stellt einen äußerst weitreichenden Eingriff in dessen Privatsphäre dar, welche im Zweifel eine hohe Rechtfertigungsschwelle erfordert.

Das Interesse des Versicherers, Informationen bzgl. Art und Inhalt des Arbeitsverhältnisses seines Versicherten zu bekommen, liegt auf der Hand und es erscheint zunächst legitim, dass derartige Obliegenheiten in Versicherungsbedingungen vereinbart werden. Da § 213 VVG allein die Erhebung gesundheitsbezogener Daten anbetrifft, kann auch nicht davon ausgegangen werden, dass der Gesetzgeber hier eine abschließende Regelung treffen wollte. Insofern stehen Regelungen über die Informationsbeschaffung bei Dritten – wie hier beim Arbeitgeber – dem Leitbild des VVG zunächst nicht entgegen.

Gleichwohl überwiegen die Bedenken gegen eine derartige Obliegenheit. Auch wenn mit der o. g. Klausel zunächst nur verlangt wird, dass der Versicherer ermächtigt werden soll, an den Arbeitgeber des Versicherten schriftlich heranzutreten, ist hier die Grenze überschritten, welche noch vom Informationsbedürfnis des Versicherers gedeckt wäre. Mit derartigen Befragungen wird letztlich der Arbeitsplatz des Versicherungsnehmers unmittelbar in Gefahr gebracht. Es darf

---

657 § 15 Abs. 2 E 355 der Allianz Lebensversicherung AG, Stand 06/2011.

658 § 4 Abs. 2 S. 3 der Allgemeinen Bedingungen für die Berufsunfähigkeits-Zusatzversicherung der Berufsgruppen 1+ bis 3 und K sowie der Heilberufe der Axa Lebensversicherung AG, Stand 04.2011.

nicht außer Betracht bleiben, dass bei einem Großteil der angemeldeten Leistungsfälle das Arbeitsverhältnis des Versicherungsnehmers weiter fortbesteht und an eine Auflösung auch nicht gedacht ist. Insoweit haben Versicherungsnehmer regelmäßig keinerlei Interesse daran, dass der Arbeitgeber ggf. von ihrer geltend gemachten Berufsunfähigkeit erfährt, da sie anderenfalls ggf. mit gravierenden Belastungen des Arbeitsverhältnisses bis hin zu dessen Beendigung durch den Arbeitgeber rechnen müssen.

Die Berechtigung des Versicherers, im Rahmen der Leistungsprüfung an den Arbeitgeber seines Versicherten herantreten zu dürfen, würde dem vom BGH geforderten lauteren, vertrauensvollen und auf Ergebnisse abzielenden Zusammenwirken der Vertragspartner in der Berufsunfähigkeitsversicherung[659] entgegenstehen. Vielmehr hat der Versicherer gewissermaßen im Gegenzug zu den Obliegenheiten, die dem Versicherten in seinem Interesse aufgegeben worden sind, seinerseits dafür Sorge zu tragen, dass dieser seine Rechte aus dem Versicherungsverhältnis sachgerecht wahren kann.[660] Davon kann keine Rede mehr sein, wenn der Versicherungsnehmer bei Anmeldung seiner vertraglich zugesicherten Ansprüche gleichzeitig riskiert, ein bestehendes Beschäftigungsverhältnis in Gefahr zu bringen.

Hinzu kommt ein weiteres Problem, welches sich nicht selten im Rahmen der Leistungsregulierung auftut. Bekanntermaßen ist der Versicherungsnehmer in der vollen Beweislast für den Nachweis seiner in gesunden Tagen ausgeübten Tätigkeit.[661] Es obliegt ihm insofern, eine Darstellung dieses Tätigkeitsprofils nach „Art eines Stundenplanes" zu fertigen und dafür im Bestreitensfall auch Beweis anzutreten.[662] Dabei kommt es durchaus vor, dass das tatsächliche Arbeitszeitpensum des Versicherungsnehmers stark von der vertraglich vereinbarten (und durch den Arbeitgeber bezahlten) Arbeitszeit abweicht; z. B., weil der Versicherungsnehmer regelmäßig in erheblichem Maße unbezahlte Überstunden erbracht hatte. Wenn dieser dann seinen Arbeitgeber bittet, ihm das tatsächlich erbrachte Arbeitspensum zu bestätigen, führt das nicht selten zu Differenzen, weil der Arbeitgeber lediglich bereit ist, die vertragliche Arbeitszeit zu bestätigen (z. B. aus der diffusen Sorge heraus, ggf. Überstunden im Nachhinein abfinden zu müssen). Gibt man dem Versicherer die Möglichkeit, derartige Informationen direkt und ungefragt beim Arbeitgeber gegenprüfen zu lassen, ist die beschriebene Auseinandersetzung vorprogrammiert, weil dem Versicherten

659 BGH, VersR 1993, 559.

660 Ebenda.

661 BGHZ, VersR 1992, 1386; BGH, VersR 1996, 1090.

662 OLG Koblenz 2004, 989.

bereits im Vorfeld die Möglichkeit genommen wäre, diese Fragen mit seinem Arbeitgeber vorab zu besprechen.

Letztlich muss es also dem Versicherungsnehmer überlassen bleiben, in welcher Form er dafür Sorge trägt, die von ihm vorgetragenen Tatsachen in Bezug auf seine zuletzt ausgeübte Tätigkeit – im Bestreitensfall – unter Beweis zu stellen. Ob und wann er hierfür den Arbeitgeber als Zeugen benennt oder ggf. auch Dritte, wie z. B. seine Arbeitskollegen bzw. Kunden etc. in die Beweisführung einbezieht, bleibt ihm vorbehalten. Dem Versicherer die Möglichkeit zu geben, in diese Auswahl der Beweismittel vorab einzugreifen, wäre unbillig, sodass o. g. Regelungen letztlich als eine unangemessene Benachteiligung des Versicherungsnehmers gem. § 307 Abs. 1 Nr. 1 BGB anzusehen sind.

Eine unproblematische Formulierung könnte hingegen wie folgt lauten:

Welche Mitwirkungspflichten sind zu beachten, wenn Leistungen wegen Berufsunfähigkeit verlangt werden?

Die versicherte Person hat Ärzte, Krankenhäuser und sonstige Krankenanstalten sowie Pflegeheime, bei denen sie in Behandlung oder Pflege war oder sein wird, sowie Sachverständige, Pflegepersonen, andere Personenversicherer und Behörden zu ermächtigen, uns auf Verlangen Auskunft zu erteilen. Weiterhin kann unsererseits das Interesse bestehen, Auskünfte von Ihrem Arbeitgeber zu erhalten. In diesem Fall würden wir im Vorfeld um eine entsprechende Einwilligung nachsuchen, welche Sie allerdings nicht verpflichtet sind, zu erteilen.

IV. Beibringung der Unterlagen durch den Versicherungsnehmer selbst

Das BVerfG sieht es als eine zulässige Alternative an, dass der Versicherungsnehmer, welcher der Informationserhebung durch den Versicherer vollständig widersprochen hat, die erforderlichen Informationen selbst beschafft.[663] Wenn in den Versicherungsbedingungen Regelungen in Bezug auf die Kompetenzen zur Datenerhebung getroffen werden, ist der Versicherungsnehmer auf diese Möglichkeit auch explizit hinzuweisen, wovon unterdessen eine Reihe von Anbietern ausdrücklich Gebrauch machen (siehe Tabelle, Anhang 15).

Auch Rixecker erachtet diese Art der Informationsbeschaffung als zulässiges Minus bei grundsätzlichem Widerspruch des Versicherungsnehmers in jede Art der Einwilligung, lässt aber ausdrücklich offen, ob sich der Versicherer mit einer auf diese Weise zustande gekommenen Tatsachengrundlage zufriedenstellen

663 BVerfG, VersR 2006, 1669.

muss.[664] Unter Umständen wird der Versicherer diesem Modus misstrauen, da hier die Möglichkeit der Absprache bzw. gefälligen Beurteilung erhöht ist. Auch die Möglichkeit, bei dieser Art der Informationsbeschaffung ggf. auf Anfechtungsgründe zu „stoßen", dürfte eher gering sein.

Auf der anderen Seite ist aus der Praxis des Verfassers bekannt, dass einige Versicherer am Markt generell diesen Weg gehen und offenbar kein grundsätzliches Misstrauen gegen ihre Versicherungsnehmer hegen.

V. Fazit

Die Neuregelung des § 213 VVG bringt eine Vielzahl von noch ungeklärten Fragen mit sich, wobei klar wird, dass die Rechte des Versicherungsnehmer letztlich sehr weitgehend ausgestaltet worden sind. Eine Ausdehnung der Kompetenzen über die Limitierungen durch den Gesetzgeber hinaus bleibt dem Versicherer verwehrt, sowohl in Bezug auf Datenerhebung vor Vertragsschluss als hinsichtlich einer gewünschten Erweiterung des Kreises der auskunftsbefugten Stellen.

In der Konsequenz wird sich der Versicherungsnehmer immer auch auf die nicht gesetzlich geregelte, aber durch das BVerfG zugestandene Alternative der eigenständigen Beibringung aller vom Versicherer geforderten Daten zurückziehen können.

§ 4: Einwilligung in die Untersuchung durch beauftragte Ärzte

Wenn der Versicherungsnehmer die Voraussetzungen seines Anspruchs bedingungsgemäß dargelegt hat, soll dem Versicherer das Recht zustehen, diesen Vortrag durch eigene sachverständige Personen prüfen zu lassen. Auch in diesem Zusammenhang treten in der Praxis eine Reihe von Fragen auf, auf die die Bedingungswerke keine Antwort geben und welche auch von der Rechtsprechung nur rudimentär behandelt werden.

Die Formulierung des MB-BUV/BUZ, welche am Markt auch die am weitesten verbreitete ist (Tabelle, Anhang 12), sieht zur Prüfung der vom Versicherungsnehmer bedingungsgemäß erbrachten Nachweise der Berufsunfähigkeit aufseiten des Versicherers sowohl „Untersuchungen" durch von diesem beauftragte Ärzte als auch „zusätzliche Auskünfte und Aufklärungen".

664 Rixecker, in: Römer/Langheid, § 213 Rn. 16.

Was ist zu beachten, wenn eine Leistung verlangt wird?

(2) Wir können außerdem auf unsere Kosten weitere ärztliche ***Untersuchungen durch von uns beauftragte Ärzte*** *sowie notwendige Nachweise – auch über die wirtschaftlichen Verhältnisse und ihre Veränderungen – verlangen, insbesondere* ***zusätzliche Auskünfte und Aufklärungen****.*[665]

Diese, in der Literatur als „misslungen“ bezeichnete[666] Formulierung soll das Prozedere der Leistungsprüfung durch den Versicherer regeln und dessen Kompetenzen abgrenzen, wirft in der Praxis jedoch mehr Fragen auf, als sie Antworten gibt.

I. Untersuchung oder Begutachtung?

Wenn die MB-BUV/BUZ von „weiteren ärztlichen Untersuchungen durch von uns beauftragte Ärzte“ sprechen, ist letztlich nichts anderes, als eine oder mehrere Begutachtungen gemeint.[667] Im Unterschied zu den gesetzlichen Rentenversicherungen und Krankenkassen unterhalten private Berufsunfähigkeitsversicherer keinen sog. Medizinischen Dienst, welcher mit Untersuchungen und Begutachtungen der Versicherten beauftragt wird. Wenn die Versicherer dennoch sog. Gesellschafts- oder Beratungsärzte beschäftigen bzw. zurate ziehen, dann meist mit dem alleinigen Zweck, vom Versicherungsnehmer beigebrachte medizinische Unterlagen auszuwerten. Sollten die Auswertungen dieser Ärzte zu dem Ergebnis gelangen, dass die vom Versicherten vorgelegten bzw. bei dessen Behandlern abgefragten medizinischen Unterlagen eine bedingungsgemäße Berufsunfähigkeit nicht nachweisen, kommt es im Nachgang regelmäßig zur Beauftragung von externen Gutachtern.

Hier drängt sich die Frage auf, warum in den AVB überhaupt von „Untersuchungen“ die Rede ist, wenn letztlich Begutachtungen gemeint sind.

Es könnte eingewandt werden, dass am Anfang jeder Begutachtung immer die Untersuchung steht und es im Ergebnis dem Versicherer überlassen bleiben muss, in welcher Form er sich die Auswertung einer solchen präsentieren lässt. Jedoch dürfte klar sein, dass der durchschnittliche Versicherungsnehmer einer ärztlichen Untersuchung im Gegensatz zur Begutachtung einen wesentlich geringeren Stellenwert beimisst. Während er die Untersuchung durch einen vom Versicherer beauftragten Arzt von vornherein als dessen legitime Möglichkeit ansehen wird, seinen Gesundheitszustand zu prüfen, impliziert der Begriff der

---

665 § 7 Abs. 2 MB-BUV 13.

666 Lücke, in: Prölss/Martin, § 11 Rn. 12 BU; ähnlich Mertens, in: Rüffer/Halbach/Schimikowski, HK-VVG, § 4 Rn. 12 BB-BUZ.

667 Mertens, in: Rüffer/Halbach/Schimikowski, HK-VVG, § 4 Rn. 10 BB-BUZ.

Begutachtung im Verständnis des durchschnittlichen Versicherungsnehmers grundsätzlich Feststellungen durch einen unabhängigen Arzt, der zur Neutralität zwischen dem Auftraggeber (Versicherer) und dem Versicherungsnehmer verpflichtet ist, d. h. eigenverantwortlich und nicht weisungsgebunden arbeitet.[668] Wenn also der Versicherungsnehmer bei Vertragsanbahnung erkennt, dass der Versicherer ihn im Leistungsfall nicht nur durch Ärzte seiner Wahl untersuchen, sondern auch begutachten lassen kann, wird er ggf. befürchten, dass der Versicherer es mit seinem Auswahlrecht bzgl. des Gutachters von vornherein in der Hand hat, ein vorweggenommenes Schiedsgutachten zu generieren, gegen das im Ergebnis schwer anzukommen sein wird. Insofern kommt die Formulierung in § 7 Abs. 2 MB-BUV eher den Versicherern entgegen, da sie das Prozedere der Leistungsprüfung und Entscheidung nicht hinreichend transparent darstellt.

Die Praxis lehrt darüber hinaus, dass Versicherer den Einsatz tatsächlich unabhängiger Gutachter eher selten gewährleisten können. Es geschieht zwar durchaus, dass Gutachtenaufträge nach den o. g. Kriterien vergeben und z. B. gezielt Universitätskliniken beauftragt werden, welche meist in dem Ruf stehen, wissenschaftlich auf höherem Niveau und unabhängig zu arbeiten. Im Regelfall kommen jedoch privat tätige Gutachter bzw. vermehrt sog. Gutachteninstitute zum Einsatz, die überwiegend oder ausschließlich für Versicherer arbeiten bzw. bei diesen gelistet sind und keineswegs Gewähr dafür bieten, unabhängig zu sein. Aus diesem Grund bleiben v. a. private Gutachteninstitute bei der Sachverständigenauswahl durch Gerichte nicht selten prinzipiell außen vor.[669]

Letztlich muss den Versicherungsbedingungen, welche klarstellen, dass der Versicherer sowohl ärztliche Untersuchungen als auch Begutachtungen nach seiner Wahl anordnen kann, der Vorzug gegeben werden (Tabelle, Anhang 12).

Für medizinische Untersuchungen beauftragen wir Ärzte, die nicht in ständigen vertraglichen Bindungen zu uns stehen – also keine Vertragsärzte.[670]

Mitwirkung bei weiteren Untersuchungen und weiteren Nachweisen
Wir können verlangen, dass [...] die versicherte Person von Ärzten und Sachverständigen unserer Wahl und auf unsere Kosten untersucht wird.[671]

---

668 Hausotter/Eich, Die Begutachtung in der privaten Berufsunfähigkeitsversicherung, S. 79, unter Berufung auf eine Ausarbeitung des Ausschusses für Ärztefragen und Versicherungsmedizin des GDV zur Qualitätssicherung von medizinischen Gutachten in der Berufsunfähigkeitsversicherung, VersMed 2006, 146.

669 LG Köln, Beschluss v. 15.01.2004 – 23 T 1/04.

670 3.1.2. Swiss Life.

671 5.1.3. Allianz.

Eine derartige Formulierung beugt von vornherein Missverständnissen über die Art und Weise der Informationsgewinnung vor, da sie klar anspricht, dass der Versicherer im Rahmen der Leistungsprüfung nicht allein eine „ärztliche Untersuchung", sondern im Zweifel auch Beauftragungen nach seiner Wahl in Auftrag geben kann.

II. Zumutbarkeit der Untersuchung

Die im Gesetz geregelten Verpflichtungen des Versicherungsnehmers im Leistungsfall richten sich nach § 31 Abs. 1 VVG, welcher die Untersuchung bzw. Begutachtung einer versicherten Person grundsätzlich nicht vorsieht. Da diese Vorschrift jedoch als dispositiv angesehen wird, dürfen Auskunftsverpflichtungen unter Beachtung der §§ 305 ff. BGB in den Bedingungswerken ausgedehnt werden, wobei dann von sog. erweiterten Aufklärungs- bzw. Mitwirkungspflichten gesprochen wird.[672] Auch § 151 VVG steht der Vereinbarung einer derartigen Obliegenheit nicht entgegen.[673]

Die Verpflichtung des Versicherungsnehmers, sich einer – vom Versicherer angeordneten – Begutachtung oder Untersuchung zu unterziehen, steht jedoch wie alle erweiterten Mitwirkungspflichten unter dem Vorbehalt der Zumutbarkeit[674], welcher insofern deren Umfang und Ausmaß begrenzt. Keineswegs kann angenommen werden, dass die Vorschrift des § 4 Abs. 2 AVB-BUZ dem Versicherer per se „weitgehende"[675] oder gar „umfassende"[676] Befugnisse" einräumt, vielmehr ist deren Ausmaß immer von der in § 31 VVG normierten Erforderlichkeit bzw. Sachdienlichkeit[677] zur Vorbereitung einer eigenen Leistungsentscheidung durch den Versicherer sowie vom Grundsatz der Verhältnismäßigkeit nach § 242 BGB bestimmt.

Diese Prämissen zur Kenntnis nehmend, müssen für die Praxis folgende Ableitungen getroffen werden:

---

672 Brömmelmeyer, in: Bruck/Möller, § 31 Rn. 77.

673 Lücke, in: Prölss/Martin, § 12 Rn. 9 BU, unter Berufung auf § 176 VVG.

674 Höra, in: MAH Versicherungsrecht, § 126 Rn. 166, unter Berufung auf OLG Karlsruhe, VersR 1997, 439; Lücke, in: Prölss/Martin, § 12 Rn. 9 BU.

675 So aber Benkel/Hirschberg, § 4 Rn. 30 BUZ 2008, unter Berufung auf OLG Hamm, VersR 1988, 793.

676 Lücke, in: Prölss/Martin, § 12 BU Rn. 9, unter irriger Berufung auf BGH, VersR 2000, 841.

677 Rixecker, in: Römer/Langheid, § 31 Rn. 6, setzt Erforderlichkeit mit Sachdienlichkeit gleich.

1. *Anfahrt zum Gutachter*

Bereits die Beauftragung von Gutachtern, welche weit entfernt vom Wohnort der Versicherten praktizieren, stellt für diese in der Praxis regelmäßig ein wiederkehrendes Problem dar, wenn geltend gemacht wird, dass die Fahrt zum Gutachter – auch wenn sie vom Versicherer zu finanzieren ist – unzumutbar sei.

In diesen Fällen eine generelle Zumutbarkeitsgrenze zu finden, dürfte aufgrund der äußerst vielfältigen Einzelfallumstände schwierig sein. Von entscheidender Bedeutung ist zunächst die Niederlassungsdichte der im Zweifel zur Verfügung stehenden Fachärzte. Hier ist zu berücksichtigen, dass es für einen Versicherer im ländlichen Raum wesentlich schwieriger sein wird, einen geeigneten Gutachter zu finden, als in großstädtischen Ballungsgebieten. Umso „ausgedünnter" letztlich ein Gebiet in Bezug auf das Vorkommen geeigneter Ärzte ist, umso mehr Zugeständnisse müssen beide Parteien machen, d. h. der Versicherte hat in diesem Fall Wegstrecken in Kauf zu nehmen, und der Versicherer muss im Gegenzug verstärkte Bemühungen bei der Suche nach geeigneten Gutachtern nachweisen können.

Auch wenn dem Versicherer unbestritten das Auswahlrecht zusteht, kann es nicht angehen, dass er auf „lieb gewordenen" Gutachtern besteht, wenn diese Hunderte von Kilometern vom Wohnort des Versicherungsnehmers entfernt residieren. Es ist den Versicherern in diesen Fällen durchaus zumutbar, in Wohnortnähe der versicherten Person nach Gutachtern zu suchen, die ggf. noch nicht auf ihrer „Liste" stehen. Leider bietet die Judikatur hier bisher keine handhabbaren Vorgaben an.

2. *Ausmaß und Umfang der Begutachtung*

Zuweilen bestehen Versicherer auf dem Einverständnis des Versicherungsnehmers, sich im Rahmen der Feststellung der bedingungsgemäßen Leistungspflicht einer mehrtägigen stationären Untersuchung zu unterziehen.

Während das OLG Bremen ein solches Verlangen offenbar ohne Einschränkungen in das Ermessen des Versicherers stellt und in der Weigerung des Versicherungsnehmers eine vorsätzliche, zumindest aber grob fahrlässige Verletzung der ihn nach § 4 Nr. 2 MB-BUZ treffenden Obliegenheit mit der Konsequenz der Leistungsfreiheit zumindest bis zur Nachholung der Untersuchung sieht[678], geht das OLG Hamm richtigerweise davon aus, dass der mit einer geforderten

678 OLG Bremen, VersR 2003, 1429.

stationären Untersuchung verbundene Eingriff in die Privatsphäre zumutbar, d. h. gerechtfertigt sein muss.[679]

Angesichts der Tatsache, dass weder die MB-BUV/BUZ noch andere auf dem Markt befindlichen Bedingungen die Obliegenheit, im Zweifel auch in stationäre Untersuchungen einzuwilligen erwähnen, kann diese nur eine ultima ratio für die Fälle darstellen, in denen der Versicherer nachweisen kann, dass die Feststellung der Leistungspflicht nicht anders möglich ist.

3. *Medizinische Notwendigkeit der Untersuchung?*

Neben dem zeitlichen Umfang einer Mitwirkungsobliegenheit stellt sich die Frage nach der medizinischen Notwendigkeit von anlässlich einer Begutachtung vorgenommenen Eingriffen. Bekanntlich sind Begutachtungen zuweilen mit einem nicht unerheblichen gesundheitlichen Risiko für den Versicherungsnehmer verbunden, sodass deren Zumutbarkeit nicht selten bezweifelt werden muss.

Die hierzu bisher bekannten Urteile stellen klar, dass sich aus der Beweislast des Versicherungsnehmers letztlich auch dessen Verpflichtung ergibt, sich ggf. schmerzhaften oder riskanten Untersuchungen zu unterziehen, da anderenfalls die Versicherungsleistung nicht fällig werden kann.[680]

Wo am Ende die Grenze der Zumutbarkeit liegt, ist bisher offengeblieben. Jedoch wird sich ein Versicherungsnehmer keiner Untersuchung unterziehen müssen, welche mit einer erhöhten oder gar überwiegenden Wahrscheinlichkeit gesundheitliche Schäden nach sich ziehen wird. Sollte eine solche Situation eintreten, kommt die bereits in Kapitel 4 § 1 erwähnte Rechtsprechung zum Tragen, wonach der ärztliche Nachweis nicht zwingend in Befunden der Apparatemedizin oder der sonstigen Zusatzdiagnostik bestehen muss, sondern der Nachweis der Erkrankung im Zweifel auch dadurch geführt werden kann, dass sich die Diagnose allein auf die Beschwerdeschilderung des Versicherten stützt.[681]

Bedingung für die Mitwirkungsobliegenheit bei risikobehafteten Untersuchungen muss insofern sein, dass die Untersuchung die einzige Möglichkeit darstellt, die vorgetragene tatsächliche Erkrankung nachzuweisen. Sollten gleichwertige, wissenschaftlich ebenfalls anerkannte Methoden zur Verfügung stehen, müssen

---

679 OLG Hamm, VersR 1983, 1177.

680 OLG Hamm, VersR 1983, 1177 (Leberpunktion zum Nachweis einer Hepatitis in der Krankentagegeldversicherung); LG Bielefeld, r+s 2012, 613 (Liquorpunktion zum Nachweis einer Neuroborreliose); Lücke, in: Prölss/Martin, § 12 Rn. 9 BU, unter Berufung auf ÖOGH, VersR 90, 1139 (Arthroskopie in der Unfallversicherung).

681 BGH, VersR 1999, 838.

diese bevorzugt in Betracht gezogen werden, auch wenn sie ggf. erheblich aufwendiger oder kostenintensiver sind. Ebenso muss feststehen, dass die geforderten Untersuchungen dem wissenschaftlich anerkannten Standard entsprechen, um einen unabdingbaren und sicheren Nachweis der Erkrankung liefern zu können.[682] Im Umkehrschluss besteht für den Versicherungsnehmer keine Obliegenheit, sich Untersuchungen zu stellen, welche nach der herrschenden wissenschaftlichen Meinung nicht geeignet sind, valide Erkenntnisse zu liefern, unabhängig davon, ob damit auch ein Eingriff in die Persönlichkeitsrechte des Versicherungsnehmers verbunden ist.

III. Erforderlichkeit einer „informierten" Einwilligung

Merten weist zu Recht darauf hin, dass es aktuell keinen Konsens darüber gibt, ob und wieweit eine ausdrückliche und schriftliche, sog. „informierte Einwilligung" des Versicherten (informed consent) Voraussetzung für die Begutachtung sein muss. Vielmehr wird nach seiner Erfahrung das Einverständnis des Versicherten in die Untersuchung und die Weitergabe der Ergebnisse an den Versicherer bereits als gegeben unterstellt, wenn dieser zur Begutachtung erscheint.[683]

Bei dieser in der Begutachtungspraxis weit verbreiteten Art des Vorgehens wird jedoch verkannt, dass auch die ärztliche Begutachtung dem Regelungsbereich des § 213 VVG unterfällt, da sie letztlich – zumindest in der Phase der Exploration und Untersuchung des Probanden – nichts anderes als eine Erhebung personenbezogener Daten im Sinne dieser Vorschrift darstellt. Unter dem Begriff des „Erhebens" ist gem. § 3 Abs. 3 BDSG das Beschaffen von Daten über den Betroffenen zu verstehen.[684] Dabei kann es keine Rolle spielen, ob bei einem Arzt bereits vorhandene Daten verwendet oder ob diese Daten im Rahmen der Begutachtung erstmals generiert und im Anschluss weitergegeben werden. Vielmehr wird unter dem Erheben von Daten gem. § 3 Abs. 4 BDSG das aktive Beschaffen durch Befragen, Anfordern von Unterlagen, Anhören und Beobachten verstanden; was medizinische Untersuchungen selbstverständlich einschließt.[685]

Merten empfiehlt insofern zu Recht, vor jeder Begutachtung deren Rahmenbedingungen schriftlich zu fixieren, um damit ggf. spätere Rechtsunsicherheiten

682 LG Bielefeld, r+s 2012, 613.

683 Merten, in: Dohrenbusch/Merten/Kutzner, Psychologische Begutachtung in der Berufsunfähigkeitsversicherung, S. 111.

684 Langheid/Wandt/Eberhardt, § 213 Rn. 27 m. w. N.

685 Gola/Schomerus, BDSG, § 4 Rn. 18.

von vornherein ausschließen zu können.[686] So sehr dieser Hinweis grundsätzlich zu begrüßen ist, sind einige inhaltliche Vorschläge für die informierte Einwilligung näher zu hinterfragen.

1. *Information über die Stellung des Gutachters*

Nach Auffassung von Merten sollte die vor der Begutachtung vom Versicherten zu unterschreibende Einwilligungserklärung einen Passus über die Unparteilichkeit des Gutachters beinhalten.[687] Wie auch immer die Formulierung am Ende lautet, muss in diesem Unterfangen der Versuch gesehen werden, den Parteigutachter der Versicherung zum beiderseits akzeptierten Schiedsgutachter emporzuheben.

Bekanntermaßen ist der Versicherungsnehmer nicht berechtigt, durch den Versicherer anberaumte Begutachtungen mit der Befürchtung abzulehnen, der Gutachter sei nicht objektiv. Seine in den AVB geregelte Mitwirkungspflicht dient nicht dazu, bindende Feststellungen im Sinne eines Schiedsgutachtens herbeizuführen, „[...] sondern hat allein den Zweck, dem Versicherer die Grundlagen für seine Entscheidung und die nach § 5 BB-BUZ abzugebende Erklärung, ob und in welchem Umfang und ab welchem Zeitpunkt er seine Leistungspflicht anerkennen will, zu verschaffen".[688]

Auch wenn somit klar ist, dass die von Merten vorgeschlagene „Vereinbarung" über die unparteiische Stellung des Gutachters einer gerichtlichen Überprüfung nicht standhalten würde, dient sie doch der Beeinflussung des Versicherungsnehmers, in dessen Bewusstsein der Eindruck haften bleiben soll, er habe quasi in eine Schiedsgutachterklausel eingewilligt.

2. *Information über das Urheberrecht des Gutachters*

Als weiteren notwendigen Bestandteil der informierten Einwilligung sieht Merten die Anerkennung des Eigentums- und Urheberrechts des Gutachters durch den Versicherungsnehmer an, verbunden mit dem Hinweis auf die Zustimmungsbedürftigkeit der Verwendung durch den Versicherungsnehmer in einem anderen Kontext.[689]

686 Merten, in: Dohrenbusch/Merten/Kutzner, Psychologische Begutachtung in der Berufsunfähigkeitsversicherung, S. 111.

687 Ebenda.

688 OLG Karlsruhe, VersR 1997, 439.

689 Merten, in: Dohrenbusch/Merten/Kutzner, Psychologische Begutachtung in der Berufsunfähigkeitsversicherung, S. 11.

Hier ist zu beachten, dass die Frage, inwiefern der Gutachter tatsächlich auf einem Urheberrecht bestehen kann, allein der vertraglichen Vereinbarung zwischen ihm und seinem Auftraggeber (Versicherer) unterliegt.[690] Der Versicherer wiederum muss im Interesse seines Versicherungsnehmers – welcher die Beauftragung des Gutachters bereits durch die Prämie bezahlt hat – darauf achten, dass dessen Interessen so wenig als möglich tangiert werden.

Entgegen der einheitlichen BGH- und obergerichtlichen Rechtsprechung, welche die Versicherer verpflichtet, von ihnen eingeholte Gutachten zur Gewährleistung der Nachvollziehbarkeit ihrer Leistungsentscheidung dem Versicherungsnehmer vollständig und unverkürzt zugänglich zu machen[691], entspricht es der praktischen Erfahrung des Verfassers, dass Versicherer Gutachten an ihre Versicherten selbst – ohne dass eine Forderung nach Drittverwendung im Raume stünde – z. T. nur sehr zögerlich herausgeben bzw. deren Herausgabe unter Berufung auf ein angebliches Urheberrecht des Gutachters verweigern.

Schließlich soll nicht unerwähnt bleiben, dass die Verpflichtung des Versicherers, auf Verlangen des Versicherungsnehmers zumindest einem beauftragten Arzt oder Rechtsanwalt Einsicht in die Gutachten oder Stellungnahmen zu geben, welche als Grundlage von Leistungsentscheidungen herangezogen worden sind, für die private Krankenversicherung in § 202 VVG positiv geregelt worden ist. Dass diese Regelung des § 178 m VVG (alt), deren Exklusivität sich zunächst aus der nachträglichen Einfügung der Regelungen zur privaten Krankenversicherung in das alte VVG erklären ließ, nach der Reform nicht auf die anderen Personenversicherungssparten ausgeweitet worden ist, kann nur als Redaktionsversehen des Gesetzgebers und damit als planwidrige Regelungslücke bezeichnet werden, womit § 202 S. 1 VVG auf die Berufsunfähigkeitsversicherung analog anzuwenden ist.[692]

3. *Information über den Gang testpsychologischer Begutachtungen*

An dieser Stelle ist es erforderlich, auf einige Besonderheiten einzugehen, welche insbesondere im Rahmen von psychiatrischen Begutachtungen zutage treten, die jedoch durchaus auch in anderen Begutachtungsfeldern von Bedeutung sein können.

Aktuell halten trotz der bereits beschriebenen signifikanten Zunahme der psychischen Erkrankungen als Ursache der Berufsunfähigkeit alle Versicherer – bis

690 Schickedanz, Zur Mehrfachnutzung ärztlicher Gutachten, MedSach 2011, 141.
691 BGH, VersR 1996, 958; BGH, VersR 1993, 559; OLG München, NJW-RR 2010, 1619, KG, r+s 2006, 515; OLG Frankfurt, VersR 1992, 224.
692 So i. E. wohl auch Rogler, in: Rüffer/Halbach/Schimikowski, HK-VVG, § 202 Rn. 2.

auf eine Ausnahme[693] – daran fest, dieses Risiko weiterhin zu versichern. Im Gegensatz zu den meisten anderen Krankheitsbildern besteht jedoch bei der Beurteilung psychischer Erkrankungen das Problem, dass Gutachter hier in besonderem Maße auf die subjektiven Beschwerdeschilderungen des Versicherten angewiesen sind, was eine gewisse Gefahr von Simulations- bzw. Aggravationstendenzen beim Probanden zwangsläufig nach sich zieht.[694] Trotz dieser nicht zu leugnenden Möglichkeit einer Antwortverzerrung durch den Versicherungsnehmer in der Begutachtungssituation mit dem Resultat, das Ergebnis in seinem Sinne günstig zu beeinflussen, haben es Rechtsprechung und Literatur gleichermaßen akzeptiert, dass im Bereich der psychiatrischen Erkrankungen letztlich kein sicherer Nachweis, sondern nur ein hoher Grad an Gewissheit möglich ist, dass beim Versicherungsnehmer die geklagten Beschwerden tatsächlich vorliegen. Dieser herabgesetzte Beweismaßstab ist durch das OLG Hamm bei mindestens 80–90 % angesetzt worden und hat keinen Widerspruch gefunden.[695]

Ob diese Restunsicherheit in der Beweisführung beseitigt werden kann, bleibt fraglich. Während eine Auffassung bei Zweifeln an einer ausreichenden Verifizierung ggf. die Hinzuziehung eines weiteren Sachverständigen (gleicher Fachrichtung) für geboten hält[696], sehen andere Stimmen die Lösung in der Heranziehung alternativer bzw. ergänzender Verfahren, welche ggf. zusätzlichen Aufschluss über die psychische Leistungsfähigkeit des Versicherungsnehmers bringen können.[697]

So räumt das OLG Saarbrücken zwar ein, dass die Annahme von Berufsunfähigkeit nicht zwingend das Vorliegen objektivierbarer Beschwerden und „objektiver" Befunde der Apparatemedizin oder der sonstigen Zusatzdiagnostik voraussetzt und der in § 2 Abs. 1 MB-BUZ geforderte ärztliche Nachweis einer Krankheit auch auf der Grundlage einer sachverständigen Begutachtung der Beschwerdeschilderung durch den Betroffenen erfolgen kann (vgl. BGH, VersR 1999, 838), dieses Ergebnis jedoch dann einer eingehenden Überprüfung mit den hierfür zur Verfügung stehenden Methoden und testpsychologischen Verfahren bedarf.[698] Dieser Versuch, letztlich die BGH-Rechtsprechung zu konterkarieren,

693 InterRisk, Tarif S-M.A.R.T.

694 Stevens, in: Psychologische Begutachtung in der Berufsunfähigkeitsversicherung, S. 35, geht von einer Quote in einem Bereich von 45–82 % der Antragsteller aus.

695 OLG Hamm, VersR 1997, 817; Mangen, BUZaktuell 2/2006, 1.

696 Ebenda, unter Hinweis auf Voit/Knappmann, in: Prölss/Martin, § 2 Rn. 17 BUZ.

697 Mertens, in: Rüffer/Halbach/Schimikowski, HK-VVG, § 172 Rn. 50, unter Berufung auf OLG Saarbrücken, VersR 2011, 249; OLG Schleswig v. 02.06.2010 - 16 U 28/10.

698 OLG Saarbrücken, VersR 2011, 249, unter Berufung auf Rixecker, in: Beckmann/Matusche-Beckmann, § 46 Rn. 63; Gramse, FAKomm-VersR, § 172 Rn. 84 VVG.

in dem der Beschwerdeschilderung des Versicherten letztlich nur dann objektiver Beweiswert beigemessen wird, wenn sie durch testpsychologische Verfahren belegt ist, muss auf mehreren Ebenen hinterfragt werden. Zunächst bleibt festzuhalten, dass bei diesen Überlegungen die Methoden der Testpsychologie ausdrücklich als „objektive" Befunde auf einer Ebene mit den diagnostischen Möglichkeiten der Apparatemedizin eingeordnet werden.[699]

In diesem Zusammenhang muss man sich vor Augen führen, um welche Verfahren es sich hier handelt. Die in der Praxis der BU-Begutachtung regelmäßig eingesetzten neuropsychologischen Testverfahren werden unter dem Oberbegriff der sog. Beschwerdevalidierungstests zusammengefasst und von einem Teil der medizinischen Literatur als unverzichtbar für die Überprüfung der Kooperation und der Authentizität von geklagten Beschwerden angesehen, da ein behaupteter Anteil von 45–82 % der Antragsteller in der Berufsunfähigkeitsversicherung nicht authentische Beschwerden vortragen soll.[700] Dabei wird die Anwendung unterschiedlicher Testverfahren (sog. Testbatterien) als nötig erachtet, da so die Chance, mangelnde Kooperation oder Beschwerdeübertreibung beim Versicherungsnehmer zu entdecken, beträchtlich steigen soll.[701]

Der Auffassung, dass sog. Beschwerdevalidierungstests unabdingbare Voraussetzung für die Überprüfung auf Aggravation und Simulation darstellen, wird von der wohl maßgebenden Meinung in der medizinischen Wissenschaft widersprochen. Nach dieser Auffassung in der psychiatrischen Forschung kann der Einsatz von Beschwerdevalidierungstests bei der Begutachtung letztlich nur feststellen, ob das Anstrengungsverhalten des Probanden den Erwartungen entspricht. Inwiefern in einem zweiten Schritt dann die Zuordnung eines solchen Befundes zur Rubrik „Simulation" oder „Aggravation" möglich ist, soll nur in einem klinischen Gesamtkontext bewertbar sein.[702]

---

699 Rixecker, in: Beckmann/Matusche-Beckmann, Versicherungsrechts-Handbuch, § 46 Rn. 63.

700 Stevens, in: Psychologische Begutachtung in der Berufsunfähigkeitsversicherung, S. 37; Stevens/Fabra/Merten, Anleitung für die Erstellung psychiatrischer Gutachten, MedSach 2009, 100.

701 Stevens, in: Psychologische Begutachtung in der Berufsunfähigkeitsversicherung, S. 37, unter Berufung auf Merten/Dettenborn, Diagnostik der Beschwerdevalidität (2009).

702 Stellungnahme der Deutschen Gesellschaft für Psychiatrie, Psychotherapie und Nervenheilkunde (DGPPN) v. 28.01.2011 zur Anwendung von Beschwerdenvalidierungstests in der psychiatrischen Begutachtung; http://www.dgppn.de/publikationen/stellungnahmen/detailansicht/browse/1/select/stellungnahmen-2011/article/141/zur-anwendun.html. (15.02.2014).

Hinzu kommt, dass die sog. Beschwerdevalidierungstests zur Begutachtung nach Schädel-Hirn-Verletzungen entwickelt worden sind, d. h. allein neurokognitive Störungen untersuchen können. Bei psychiatrischen Begutachtungen von Probanden, die keine derartigen Probleme geltend machen, versagen diese Tests zwangsläufig.[703] Tatsache ist jedoch, dass diese Testverfahren in der Praxis nicht nur bei den relativ selten zu begutachtenden Schädel-Hirn-Traumen, sondern unreflektiert bei allen Varianten von psychischen Erkrankungen eingesetzt werden, was wissenschaftlich fragwürdig sein dürfte.

Schließlich wird kritisiert, dass es bisher in der Begutachtungspraxis in Deutschland auch keinen Konsens darüber gibt, welche und wie viele der zahlreich verfügbaren Tests sinnvollerweise zum Einsatz kommen sollten. „... Solange die Auswahl der BVT aber dem Belieben des Gutachters überlassen bleibt, kann der Einsatz solcher Tests auch kein Qualitätsmerkmal eines sozialmedizinischen Gutachtens oder gar ein einzufordernder obligatorischer Standard sein."[704]

Nach Feststellung des OLG Bremen gibt es in der psychiatrischen und psychotherapeutischen Diagnostik keine verlässliche Methode, Störungen von Befinden und Erleben durch bestimmte Messergebnisse zu objektivieren, sodass es für die Feststellung der Berufsunfähigkeit eines psychisch Erkrankten entscheidend auf den psychischen Befund ankommt, der sich aus den Angaben des Betroffenen zu seinem Erleben und Befinden und der Beobachtung seines Verhaltens ergibt. Der Untersucher wiederum muss sich sicher sein, dass die psychischen Beschwerden nicht vorgetäuscht sind.[705]

Wenn der Versicherer zum Nachweis einer bedingungsgemäßen Berufsunfähigkeit ausführliche Berichte von Ärzten über Ursache, Beginn, Art und Verlauf sowie voraussichtliche Dauer der Erkrankung verlangt, hat er damit einen wissenschaftlichen Standard vorgegeben, den er auch im Rahmen seiner eigenen Überprüfungsmethoden nicht verlassen darf, selbst wenn er in den Bedingungen auch Untersuchungen durch nichtärztliche sachverständige Personen zulässt. Angesichts der kontrovers geführten Diskussion in der psychiatrischen

---

703 Dreßing/Widder/Förster, VersMed 2010, 163.

704 Stellungnahme der Deutschen Gesellschaft für Psychiatrie, Psychotherapie und Nervenheilkunde (DGPPN) v. 28.01.2011 zur Anwendung von Beschwerdevalidierungstests in der psychiatrischen Begutachtung; http://www.dgppn.de/publikationen/stellungnahmen/detailansicht/browse/1/select/stellungnahmen-2011/article/141/zur-anwendun.html. (15.02.2014).

705 OLG Bremen, r+s 2012, 610; analog LG Heidelberg, Urteil v. 22.01.2013, Az. 2 O 395/09 (nicht veröffentlicht).

Wissenschaft und der offenbar überwiegenden Ablehnung der Testpsychologie als probates Mittel der Beschwerdevalidierung kann es nicht als gesichert angesehen werden, dass diese Verfahren dem geforderten wissenschaftlich anerkannten Standard zum sicheren Nachweis einer Erkrankung entsprechen[706], sodass sich der Versicherungsnehmer diesen im Zweifel verweigern können muss, ohne dass der Versicherer in der Folge leistungsfrei wird.

Es hat sich in der Praxis unterdessen als Usus durchgesetzt, dass v. a. private Gutachteninstitute, welche regelmäßig und wohl auch überwiegend für Versicherungsunternehmen tätig sind, im Rahmen der Abarbeitung von Gutachtenaufträgen im Bereich der psychischen Erkrankung zunächst eine testpsychologische Begutachtung anberaumen, welche darin besteht, dass der Versicherungsnehmer u. U. über mehrere Stunden hinweg am Computer sog. Testbatterien beantworten muss, die anschließend von einem Psychologen ausgewertet werden. Wenn diese Auswertung vorliegt, wird im Nachgang die zeitlich meist wesentlich kürzere ärztliche Exploration durch den vom Versicherer beauftragten psychiatrischen Gutachter vorgenommen. Ein ganz typisches und in der anwaltlichen Praxis regelmäßig anzutreffendes Ergebnis besteht letztlich darin, dass das testpsychologische (Zusatz-)Gutachten den Vorwurf einer negativen Antwortverzerrung durch den Probanden postuliert, während das psychiatrische (Haupt-) Gutachten diesen durch scheinbar objektive Messergebnisse herausgearbeiteten Simulations- bzw. Aggravationsvorwurf lediglich übernimmt und letztlich als Grundlage einer, für den Versicherungsnehmer negativen Leistungsentscheidung dient.

Bei einem derartigen methodischen Vorgehen besteht generell die Gefahr, dass der Versicherte aufgrund von wissenschaftlich fragwürdigen Untersuchungsmethoden von vornherein als Simulant stigmatisiert wird und sich diese Ansicht auch in der anschließenden ärztlich-psychiatrischen Begutachtung nicht mehr ändert.

Gramse vertritt zwar die Auffassung, dass im Einzelfall auch auf eine Symptomvalidierung durch standardisierte Testverfahren verzichtet werden kann; z. B. wenn der erfahrene Sachverständige bei der Erhebung der Eigenanamnese keine Hinweise auf Simulation und Aggravation findet, weil etwa die Eigenangaben des Versicherten den Behandlungsberichten aus vorprozessualer Zeit und seinem eigenen – etwa durch Leidensdruck geprägten – Verhalten entsprechen.[707] Dies bedeutet im Ergebnis aber aus den o. g. Gründen, dass nicht der

706 LG Bielefeld, r+s 2012, 613.

707 Gramse, in: FAKomm-VersR, § 172 Rn. 84 VVG.

ärztlichen Einschätzung, sondern einem wissenschaftlich fragwürdigen Testverfahren die primäre Bedeutung bei der Beurteilung des Leistungsvermögens des Versicherers zukommt, was nicht hingenommen werden muss.

Richtig wäre vielmehr, dieses von Gramse und Rixecker beschriebene Regel-Ausnahme-Verhältnis umzukehren. Wenn der psychiatrische Gutachter nach der Untersuchung des Versicherten zum Ergebnis gelangt, dass zur Validierung von Aussagen des Probanden standardisierte Testverfahren erforderlich sind, so kann das im begründeten Einzelfall sinnvoll erscheinen.[708] Sollte das Ergebnis des Beschwerdevalidierungstests dann unterhalb der erwarteten Norm liegen, begründet das aber keineswegs zwingend einen Aggravations- bzw. Simulationsvorwurf, sondern wäre in einem zweiten Schritt vom Gutachter im klinischen Gesamtkontext zu betrachten, was dann durchaus wieder zu veränderten Bewertungen führen kann.[709]

Über die bereits im Abschnitt § 4 III besprochenen allgemeinen Probleme der sog. informierten Einwilligung (informed consent) hinaus kommt im Rahmen der testpsychologischen Zusatzbegutachtungen die zusätzliche Fragestellung auf, inwieweit der Auftraggeber über den Kontext der Begutachtung und den Inhalt neuropsychologischer Untersuchungen, welche mit der Erfassung von Veränderungen des Verhaltens oder Störungen der geistigen Leistungen zusammenhängen sowie über die – für ihn ggf. nachteiligen – Folgen eingeschränkter Mitwirkung informieren muss.[710]

Wie gesehen, schlägt Merten vor, den Versicherten über diese Sachverhalte aufzuklären, was zu begrüßen ist. Allerdings würde es ebenso zur informierten Einwilligung gehören, den Versicherungsnehmer darüber aufzuklären, dass es sich bei den testpsychologischen Untersuchungen um Methoden handelt, welche wissenschaftlich keinem gesicherten Standard entsprechen, nur so kann der Versicherungsnehmer beurteilen, ob die gutachterliche Erhebung personenbezogener Gesundheitsdaten aus seiner Sicht erforderlich ist und entscheiden, ob er in diese gem. § 213 Abs. 1 VVG einwilligt.

Während bei sonstigen Testverfahren eingeräumt wird, dass deren Ergebnisse gegenüber dem Versicherungsnehmer im Detail, d. h. unter Offenlegung der sog. „Rohwerte“ und Prozentränge, konkret bekannt zu machen sind, soll dies für den Bereich der Beschwerdevalidierungstests ausdrücklich nicht gelten. „Diese können dem Auftraggeber bzw. dem Gericht unter bestimmten Vorbehalten benannt

---

708 So letztlich auch Dreßing/Widder/Förster, VersMed 2010, 163.

709 Ebenda.

710 Merten, in: Dohrenbusch/Merten/Kutzner, Psychologische Begutachtung in der Berufsunfähigkeitsversicherung, S. 111.

werden, sollten allerdings keinesfalls namentlich oder gar unter Erklärung ihres Funktionsprinzips im Zusatzgutachten aufgeführt werden. Der Grund liegt darin, dass Informationen über solche ‚Mogeltests' sehr rasch öffentliches Interesse hervorrufen und zu einschlägigen Instruktionen von Antragstellern durch Rentenberater, Websites von Interessenverbänden oder Anwälten führen – dann können diese Testverfahren ihre Aufgabe nicht mehr erfüllen, ihre Integrität ist verletzt".[711] Es soll hier nicht vertieft werden, inwiefern dieser Appell angesichts der Zugänglichkeit derartiger Informationen im modernen Medienzeitalter ohnehin bloße Wunschvorstellung bleibt; festzuhalten ist vielmehr, dass eine Verweigerung der Herausgabe von Gutachten unter dem Vorwand der Wahrung einer angeblichen Testintegrität genauso wenig rechtlich haltbar ist, wie unter Berufung auf ein angebliches Urheberrecht des Gutachters.

IV. Qualifikation der Untersuchungsperson

Im Zusammenhang mit testpsychologischen Begutachtungen gerät ein in der Diskussion bisher unbeachtet gebliebener Gesichtspunkt besonders ins Blickfeld, nämlich die Frage nach der erforderlichen Qualifikation des vom Versicherer beauftragten Gutachters.

Während die MB-BUV/BUZ lediglich von „durch uns beauftragte Ärzte" sprechen,

> *Wir können außerdem auf unsere Kosten* ***weitere ärztliche Untersuchungen durch von uns beauftragte Ärzte*** *sowie notwendige Nachweise – auch über die wirtschaftlichen Verhältnisse und ihre Veränderungen – verlangen, insbesondere zusätzliche Auskünfte und Aufklärungen.*[712]

sind auf dem Bedingungsmarkt noch weitere Formulierungen anzutreffen, sodass im Ergebnis vier Varianten auszumachen sind (Tabelle, Anhang 12):

1. Weitere ärztliche Untersuchungen durch von uns beauftragte Ärzte,
2. Untersuchung durch von uns beauftragte Ärzte und sonstige Sachverständige/Gutachter,
3. Untersuchung durch von uns beauftragte Ärzte, insbesondere auch zusätzliche Auskünfte und Aufklärungen durch Angehörige von nichtärztlichen Heilberufen,
4. zusätzliche Untersuchungen.

---

711 Stevens, in: Psychologische Begutachtung in der Berufsunfähigkeitsversicherung, S. 37.

712 § 7 Abs. 2 MB-BUV 2013.

1. *Arzt oder Facharzt?*

Sowohl die MB-BUV/BUZ als auch sämtliche auf dem Markt befindliche Bedingungen grenzen die fachlichen Anforderungen an die ärztliche Untersuchungsperson nicht näher ein, d. h. der Versicherer kann im Zweifel die Untersuchung grundsätzlich bei jedem approbierten Arzt beauftragen, unabhängig von dessen fachlicher Qualifikation.

Obwohl ein derartiges Vorgehen aktuell eher nicht als gängige Praxis bezeichnet werden kann und sich Versicherer vielmehr regelmäßig bemühen, für die von ihnen beauftragten Begutachtungen entsprechend qualifizierte Fachärzte zu gewinnen, wäre die Festschreibung entsprechender Standards, wie sie in der Literatur durchaus beschrieben und gefordert werden, auch in den Bedingungswerken wünschenswert. So könnte sichergestellt werden, dass der Leistungsanspruch des Versicherungsnehmers durch fachkompetente Ärzte geprüft wird, was im Ergebnis dazu beitragen würde, dass auch Gutachten, welche durch den Versicherer beauftragt und bezahlt werden, in vielen Fällen eine größere Akzeptanz finden und Rechtsstreitigkeiten vermeiden helfen.

Hausotter/Eich stellen folgende fachliche Mindestanforderungen an einen ärztlichen Gutachter in der privaten Berufsunfähigkeit auf:[713]

Wenn der Gutachtenauftrag an eine Klinik vergeben wird, so hat die Anfertigung mindestens auf Oberarztebene zu erfolgen. Sollten Weiterbildungsassistenten mit der Begutachtung beauftragt werden, muss zwingend eine Fortbildung auf gutachterlichem Gebiet nachgewiesen werden. Darüber hinaus sollten klinische und nichtklinische Gutachter über folgendes fachliches Profil verfügen:

- Facharzt für das erforderliche Fachgebiet,
- Allgemeine Fortbildungsnachweise auf seinem Fachgebiet,
- Fortbildungsnachweise zum Thema Begutachtung,
- Praktische Erfahrung auf dem Gebiet der Begutachtung,
- Arbeitsmedizinische Kenntnisse bei Fragen zur Berufsunfähigkeit.

Die Erfahrungen des Verfassers zeigen, dass dieser Anforderungskatalog in der Praxis nicht selten unterlaufen wird. Wenn Versicherungsnehmer von diesen Standards jedoch Kenntnis hätten, würden sie im Rahmen der Leistungsprüfung ganz sicher mehrheitlich darauf bestehen.

---

713 Hausotter/Eich, Die Begutachtung für die private Berufsunfähigkeitsversicherung, S. 80.

2. Arzt, Psychologe oder sonstige Gutachter

Wenn es im Rahmen von psychiatrischen Begutachtungen zur Beauftragung von testpsychologischen Zusatzgutachten kommt, so werden diese regelmäßig von niedergelassenen oder auch klinischen Diplom-Psychologen verantwortet, welche für diese Art von Begutachtungen im Zweifel auch originär zuständig sind. Problematisch ist allerdings, dass die allermeisten marktüblichen Bedingungswerke – ebenso wie § 7 Abs. 2 MB-BUV/BUZ 13 – ausschließlich ärztliche Untersuchungen bzw. Begutachtungen vorsehen.

Interessanterweise verstärkt die Formulierung in § 7 Abs. 2 MB-BUV den Eindruck, dass ausschließlich Ärzte infrage kommen, noch dadurch, dass man „[...] weitere ärztliche Untersuchungen durch von uns beauftragte Ärzte" in Betracht zieht, sodass der durchschnittliche Versicherungsnehmer dies durchaus als ausdrückliches Versprechen ansehen kann. Wenn letztlich – wie im Bereich der psychischen Erkrankung mittlerweile durchaus üblich – eine durch Diplom-Psychologen durchgeführte testpsychologische Begutachtung als Grundlage für die Leistungsentscheidung herangezogen wird, kann sich der Versicherungsnehmer einer derartigen Begutachtung verweigern bzw. ist diese im Zweifel bedingungswidrig eingeholt worden.

Unterdessen reagieren verschiedene Anbieter, indem keine Festlegungen hinsichtlich der Profession bzw. Qualifikation des Gutachters bzw. des Untersuchenden getroffen werden (Tabelle, Anhang 12). Wenn von einer „Untersuchung durch von uns beauftragte Ärzte und sonstige Sachverständige/Gutachter" die Rede ist, wird man unter den Begriff der sonstigen Sachverständigen/Gutachter sicherlich auch einen Psychologen fassen dürfen. Gleiches gilt, wenn von „Auskünften und Aufklärungen durch Angehörige von nichtärztlichen Heilberufen"[714] gesprochen wird, wenngleich die Bandbreite der „nichtärztlichen Heilberufe" an Definitionsschärfe zu wünschen übrig lässt und zumindest die Gefahr einer Überdehnung des Personenkreises besteht.

Noch weiter gehen Bedingungswerke, nach denen sich der Versicherungsnehmer im Zweifel „zusätzlichen Untersuchungen" zur Verfügung stellen muss.

> *Wir können außerdem weitere medizinische und berufskundliche Auskünfte, Aufklärungen, Vor-Ort-Prüfungen und* ***zusätzliche Untersuchungen*** *sowie weitere notwendige Nachweise – auch über die wirtschaftlichen Verhältnisse und ihre Veränderungen – verlangen, wobei wir hierzu entsprechende Gutachter, Ärzte und sachverständige Dienstleister einsetzen können.*[715]

---

714 § 6 Abs. 2 Axa/Deutsche Ärzteversicherung.

715 D 1.2 Europa Premium.

Völlig offen bleibt, was von dem Begriff der zusätzlichen Untersuchungen umfasst sein könnte.

Auch in der Praxis des Verfassers ist es bereits vorgekommen, dass Versicherer im Rahmen ihrer Leistungsprüfung darauf bestanden haben, den Versicherungsnehmer einer sog. EFL-Testung zu unterziehen. Dabei handelt es sich um ein in den 80er Jahren von Susan Isernhagen in den USA entwickeltes, heute in Deutschland vorwiegend im Bereich der beruflichen Rehabilitation von den gesetzlichen Unfallversicherungen (Berufsgenossenschaften) eingesetztes Verfahren. Im Rahmen einer zweitägigen Untersuchung wird mit 29 standardisierten Einzeltests (Beweglichkeit, Koordinationsvermögen u. s. w.) v. a. die Leistungs- und Kooperationsbereitschaft des Versicherten geprüft. Wenn die tatsächliche Leistungsfähigkeit – wegen unterstellter mangelnder Mitarbeit des Probanden – nicht ermittelt werden konnte, wird im Testbericht ausdrücklich darauf hingewiesen.[716]

Derartige Testverfahren dürften auch den privaten Berufsunfähigkeitsversicherungen zur Validierung des behaupteten Leistungsvermögens ihrer Versicherungsnehmer, ähnlich wie die besprochenen testpsychologischen Verfahren, mehr als interessant erscheinen, sind aber nach den mehrheitlich verwendeten Bedingungswerken, welche nur ärztliche Untersuchungen gestatten, letztlich unzulässig. Ob der Begriff „zusätzliche Untersuchungen" dem durchschnittlichen Versicherungsnehmer hinreichend transparent beschreibt, dass davon im Zweifel auch gezielt bis an die physische und psychische Leistungsgrenze[717] des Probanden gehende Verfahren umfasst sind, darf bezweifelt werden.

Das LG Berlin sieht die Weigerung des Versicherungsnehmers, sich einer sog. EFL-Testung zu unterziehen, bereits deswegen nicht als Obliegenheitsverletzung an, weil deren Durchführung bei Patienten mit Beschwerden oder reduzierter Belastbarkeit das Risiko für die Auslösung/Verschlimmerung von weiteren Beschwerden in sich birgt.[718]

Die Erstellung von Gutachten stellt eine Datenerhebung i. S. v. § 213 VVG dar und steht damit unter dem Vorbehalt der ausdrücklichen, informierten Einwilligung durch den Versicherungsnehmer. Sie setzt daher voraus, dass dieser über die Ziele und den Ablauf der Begutachtung genauso informiert wird, wie über deren Dauer und ggf. gesundheitliche Risiken.

---

716 Grosser, Trauma und Berufskrankheit, 2007, 87.

717 Kaiser/Kersting/Schian/Jacobs/Kasprowski, Die Rehabilitation 2000, 297.

718 LG Berlin, Beschluss v. 29.06.2011, Az. 7 O 194/11.

V. Fazit

Wenn die Mehrheit der auf dem Markt befindlichen Bedingungswerke die Mitwirkungspflicht des Versicherungsnehmers auf „weitere ärztliche Untersuchungen durch von uns beauftragte Ärzte" limitiert, so kann sich der Versicherungsnehmer im Zweifel auf den Wortlaut der Formulierung berufen und Untersuchungen bzw. Begutachtungen durch nichtärztliches Personal ablehnen. Dies steht im Einklang mit der zwingenden Vorschrift des § 213 Abs. 1 VVG, welche die Datenerhebung und damit auch die Begutachtung allein Ärzten vorbehält, sodass eine Begutachtung durch Psychologen oder Vertreter anderer medizinischer Hilfswissenschaften im Zweifel ausscheidet, wenn der Versicherungsnehmer nicht ausdrücklich zustimmt. Bedingungswerke, welche die Qualifikation der Begutachtungsperson offen lassen, eröffnen dem Versicherer wegen des zwingenden Charakters von § 213 Abs. 1 VVG keine zusätzlichen Möglichkeiten.

Um seine – freiwillige – Zustimmung korrekt treffen zu können, benötigt der Versicherungsnehmer alle notwendigen Informationen über den Gang der Begutachtung und die dabei geplanten Untersuchungsmethoden. Dies gilt auch für ärztliche Begutachtungen, denen sich der Versicherte im Übrigen grundsätzlich zu unterziehen hat.

Die Vorschrift des § 7 Abs. 2 MB-BUV wird in der Literatur als misslungen bezeichnet[719], ohne dass man daran Konsequenzen knüpft, welche letztlich nur in der Feststellung einer Intransparenz dieser Vorschrift liegen könnten.

Auch die wenigen alternativen Formulierungen auf dem Markt offenbaren – wie gesehen – weiter erhebliche Unklarheiten, welche es dem durchschnittlichen Versicherungsnehmer nicht ermöglichen, seine Rechtsposition konkret einzuschätzen. Es besteht somit nach wie vor die Gefahr, dass Versicherer ihre Prüfungsmöglichkeiten überdehnen und auf Bereiche ausweiten, denen der informierte Versicherungsnehmer im Zweifel weder zuzustimmen bereit noch verpflichtet wäre.

§ 5: Erhaltung bzw. Wiederherstellung der Berufsfähigkeit

I. Durch berufliche Rehabilitation

Grundsätzlich stehen dem Versicherer nur sehr eingeschränkte Möglichkeiten der Einflussnahme auf den Versicherungsnehmer zur Verfügung, wenn es darum

719 Lücke, in: Prölss/Martin, § 11 Rn. 12 BU; ähnlich Mertens, in: Rüffer/Halbach/Schimikowski, § 4 Rn. 12 BB-BUZ.

geht, diesen wieder in den Arbeitsprozess einzugliedern. Der Versicherungsnehmer hat, anders als in der Schadenversicherung, keine Verpflichtung, bei Eintritt des Versicherungsfalls nach Möglichkeit für die Abwendung und Minderung des Schadens zu sorgen. Die in § 82 Abs. 1 VVG für die Schadenversicherung[720] geregelte Obliegenheit findet in der Berufsunfähigkeitsversicherung keine Anwendung, jedenfalls solange diese als Summenversicherung ausgestaltet ist.

Wenn über Mitwirkungspflichten des Versicherten bei der Wiederherstellung bzw. Erhaltung seines Gesundheitszustandes gesprochen wird, so betrifft dies letztlich dessen gesundheitliche Rehabilitation. Eine aus dem Sozialversicherungsrecht bekannte Verpflichtung zur Mitwirkung an berufsfördernden Maßnahmen gem. § 64 SGB I ist in der aktuellen Bedingungslandschaft der privaten Berufsunfähigkeitsversicherung nicht zu finden.

Aus diesem Grund wird bereits seit Langem darauf hingewiesen, dass die Versicherungswirtschaft, wenn sie den Versicherungsnehmer in den Prozess der Genesung bzw. der beruflichen Rehabilitation aktiv einbinden will, explizit die notwendigen vertraglichen Voraussetzungen in den Bedingungswerken schaffen muss.[721]

Auch der VVG-Gesetzgeber wollte an dieser Situation nichts ändern und hat ausdrücklich darauf hingewiesen, dass es sich bei der Vereinbarung einer Umschulungs- oder Rehabilitationsobliegenheit auch weiterhin um eine Frage des durch den Versicherer zu regelnden allgemeinen Obliegenheitsrechts handelt und es einer besonderen Regelung für die Berufsunfähigkeitsversicherung nicht bedürfe.[722]

Gleichwohl sind im Zusammenhang mit beruflichen Rehabilitationsmaßnahmen auf dem Markt lediglich vereinzelt Ansätze zu finden, mit denen Anbieter die von ihren Versicherungsnehmern in Eigeninitiative eingeleiteten Umschulungen oder Qualifizierungen entweder finanziell honorieren, wenn sie zu einem erfolgreichen Wiedereinstieg in den Beruf führen oder sich selbst – bzw. von ihnen beauftragte Rehabilitationsdienstleister – auf freiwilliger Basis anbieten, die berufliche Wiedereingliederung bzw. Neuorientierung aktiv zu unterstützen. Beide Varianten der Umsetzung des in der Versicherungswirtschaft propagierten sog. „Managed Care Gedankens" sind legitim und letztlich im redlichen Interesse beider Vertragsparteien.

Als in höchstem Maße fragwürdig und überdies wettbewerbswidrig ist es dagegen anzusehen, wenn sich Versicherer in ihrer Eigenwerbung damit rühmen,

---

720 Schmidt-Kessel, in: Looschelders/Pohlmann, § 82 Rn. 1060 VVG.

721 Oster, VersMed 1994, 1; ähnlich Franke, BUZaktuell 1/2007, 13.

722 Regierungsentwurf zum VVG, BT-Drucks. 16/3945.

keine Verpflichtung zur beruflichen Rehabilitation in ihren Bedingungswerken zu vereinbaren, obwohl das ausnahmslos dem Marktstandard entspricht.[723]

Die im VVG-Regierungsentwurf angesprochene Auffassung, dass es sich bei der Vereinbarung einer Rehabilitationsverpflichtung des Versicherungsnehmers um eine Frage des durch den Versicherer zu regelnden allgemeinen Obliegenheitsrechts handelt, lässt sich auf alle ggf. zu regelnden Mitwirkungspflichten des Versicherten an seiner medizinischen Genesung bzw. Gesunderhaltung übertragen, sodass sämtlich derartigen Regelungskomplexe in den Blick zu nehmen sind.

II. Durch medizinische Maßnahmen (Arztanordnungsklausel)

Einen ganz wesentlichen, ebenfalls im Abschnitt Mitwirkungspflichten abzuhandelnden Komplex stellen Obliegenheitsregelungen dar, welche Versicherer im Zusammenhang mit der Befolgung medizinischer Ratschläge an die Versicherungsnehmer richten und traditionell mit der Bezeichnung „Arztanordnungsklausel" umschrieben werden.

Die Regelungstechnik in diesem Bereich ist seit der Deregulierung einem stetigen Wandel unterworfen, läuft aber bis heute im Kern darauf hinaus, dass den Versicherten gewisse Pflichten treffen sollen, an der Erhaltung seiner medizinischen Leistungsfähigkeit bzw. an deren Wiedergewinnung mitzuwirken. Obwohl – wie zu zeigen ist – die von den Anbietern in den letzten Jahren vorgenommenen Veränderungen in der Literatur und bei den Ratingunternehmen eine positive Resonanz erfahren haben, bleibt zu hinterfragen, ob sich die Bedingungslage in diesem Bereich tatsächlich grundlegend zum Positiven verändert hat.

Während die klassische sog. Arztanordnungsklausel in der letzten amtlich genehmigten Fassung der MB-BUZ 90[724] noch enthalten war, wurde diese in späteren Verbandsempfehlungen nach der Jahrtausendwende bereits nicht mehr verwandt.[725] Seit Inkrafttreten des neuen VVG verzichten die MB-BUV/BUZ generell auf die Verwendung einer sog. Arztanordnungsklausel. Aus diesem Umstand wird in der Literatur zuweilen geschlossen, dass Obliegenheitsklauseln, nach denen der Versicherte verpflichtet wird, gesundheitliche Beeinträchtigungen durch geeignete medizinische Maßnahmen zu beseitigen oder zu mindern,

723 z. B. Produktbroschüre der LVM Berufsunfähigkeitsvorsorge (02/2013), http://static.lvm.de/alfcondeli/media/pdf/081-berufsunfaehigkeitsversicherung-w81103.pdf (26.01.2014).

724 § 4 Abs. 4 MB-BUZ 90.

725 MB-BUZ, Stand 15.07.2002.

in der Praxis nicht mehr vereinbart würden[726], was jedoch vollständig an der Realität vorbeigeht.

Von den hier untersuchten 66 Gesellschaften bieten aktuell lediglich 8 Unternehmen Tarife an, welche – entsprechend dem Verbandsvorschlag – tatsächlich vollständig auf eine sog. Arztanordnungsklausel verzichten (siehe Tabelle, Anlage 13). Die geäußerte Hoffnung, dass sich die „Probleme" mit der Arztanordnungsklausel in absehbarer Zeit – „hoffentlich" – erledigt haben mögen[727], erfüllt sich augenscheinlich nicht. Vielmehr sieht man sich bei analytischer Betrachtung der Bedingungslage einer zunehmend inhomogenen Situation gegenüber, welche keineswegs davon geprägt ist, dass die Mitwirkungspflichten des Versicherten in diesem Bereich in der Tendenz abnehmen oder gar verschwinden würden.

1. Verträge mit Arztanordnungsklausel

Wie bereits dargestellt, verwendet die absolute Mehrheit der auf dem Markt befindlichen Bedingungswerke Klauseln, welche Mitwirkungspflichten der Versicherungsnehmer in Bezug auf die Erhaltung und Wiedererlangung ihrer medizinischen Leistungsfähigkeit enthalten.

Im Folgenden ist zu zeigen, dass es keinen Unterschied macht, ob derartige Regelungen über Mitwirkungspflichten mit dem traditionellen Begriff „Arztanordnungsklauseln" oder ggf. anderweitig umschrieben werden, da es auch in den Fällen, in denen ausdrücklich nicht von Anweisungen des Arztes die Rede ist, letztlich darum geht, medizinische Auflagen zu erfüllen, wobei dann zusätzlich unklar bleibt, wer die darüber entscheidende Person ist. Insofern dürfte es durchaus legitim sein, den hergebrachten Begriff der „Arztanordnungsklausel" weiter als Oberbegriff zu verwenden.

Festzuhalten ist zunächst, dass die klassische Arztanordnungsklausel, wie sie noch durch § 4 Abs. 4 MB-BUZ 90 vorgegeben wurde, in der heutigen Bedingungslandschaft nicht mehr zu finden, sondern vielmehr ausdifferenzierteren Regelungen gewichen ist.

Grundsätzlich können heutige Bedingungswerke in zwei Gruppen unterschieden werden. Zum einen in den Teil der Anbieter, welche den Versicherten konkret in Bezug auf Mitwirkungsverpflichtungen hinsichtlich medizinischer

726 Langheid/Wandt/Dörner, § 172 Rn. 140; Lücke, in: Prölss/Martin, § 11 Rn. 21 BU; wohl auch Mertens, in: Rüffer/Halbach/Schimikowski, HK-VVG, § 4 Rn. 13 BB-BUZ; Rixecker, ZfS 2003, 251.

727 Lücke, in: Prölss/Martin, § 12 Rn. 21 BU.

Maßnahmen ansprechen und andererseits den Teil, welcher zunächst darauf abhebt, dass der Versicherte keine Verpflichtungen in Bezug auf das Befolgen ärztlicher Anordnungen hat, im Nachgang aber klarstellt, welche medizinische Maßnahmen gleichwohl als zumutbar angesehen werden.

Zunächst soll auf die erste Variante eingegangen werden, welche knapp die Hälfte der Marktteilnehmer in verschiedenen Varianten verwendet und die – da sie den Versicherungsnehmer direkt auf seine Mitwirkungspflichten bei der Erhaltung seiner Leistungsfähigkeit anspricht – als „Echte Arztanordnungsklausel" bezeichnet werden soll.

a) Echte Arztanordnungsklausel

Bei der Betrachtung der Gesamtheit echter Arztanordnungsklauseln sind wiederum zwei Aspekte von Interesse. Einerseits geht es um die Arten von medizinischen Maßnahmen, welche dem Versicherungsnehmer im Einzelnen zugemutet werden können und andererseits darum, welche natürliche oder juristische Person diese Maßnahmen anordnen darf.

a) Art der zumutbaren medizinischen „Maßnahmen"

Ein Ratingunternehmen suggeriert in seiner Analyse des Bedingungsmarktes, dass man die Mitwirkungspflichten des Versicherungsnehmers in Bezug auf die Schwere der ärztlichen Anordnungen unterscheiden könne und stellt in diesem Zusammenhang die bewertungsrelevante Frage: „Beschränkt der Versicherer die Mitwirkungspflicht des Versicherungsnehmers auf zumutbare ärztliche Anweisungen?"[728] Die dazu gebildeten Kategorien lauten: „Ja, aber ärztlichen Anweisungen mit Reaktivierungschance ist Folge zu leisten" (positiv bewertet); „Ja, aber bestimmten ärztlichen Anweisungen ist Folge zu leisten" (neutral bewertet) sowie „Nein, zumutbaren ärztlichen Anweisungen ist Folge zu leisten" (negativ bewertet).[729]

Die auf diese Art suggerierte Klassifizierbarkeit von Arztanordnungsklauseln ist jedoch praktisch kaum möglich zu treffen, was nachfolgendes Beispiel zweier unterschiedlich eingeordneter Klauseln zeigt.

> *Werden Leistungen wegen Berufsunfähigkeit verlangt oder erbringen wir solche, ist die versicherte Person verpflichtet, geeignete Hilfsmittel (z. B. Sehhilfen, Prothesen) zu verwenden und zumutbare ärztliche Heilbehandlungen vornehmen zu lassen, die eine wesentliche Besserung ihres Gesundheitszustandes erwarten lassen. Zumutbar sind Heilbehandlungen,*

728 Morgen & Morgen, LV-Win, Version 9.10.

729 Morgen & Morgen, Version 9.10, Ratingfrage R13.

die gefahrlos und nicht mit besonderen Schmerzen verbunden sind. Nicht zumutbar sind insbesondere operative Behandlungen.[730]

Das Befolgen von ärztlichen Anordnungen, um die Heilung zu fördern oder die Berufsunfähigkeit zu mindern (insbesondere operative Eingriffe), ist nicht Voraussetzung für die Anerkennung unserer Leistungspflicht. Somit verzichten wir auf eine sogenannte Arztanordnungsklausel. Hiervon ausgenommen ist der Einsatz von einfachen Hilfsmitteln des täglichen Lebens (z. B. das Tragen einer Brille, einer Hörhilfe oder orthopädischer Einlagen) sowie einfache und gefahrlose Heilbehandlungen, die mit keinen besonderen Schmerzen verbunden sind, wenn dadurch eine wesentliche Verbesserung der gesundheitlichen Beeinträchtigung zu erwarten ist bzw. die Berufsunfähigkeit zuverlässig vermieden oder beseitigt wird (z. B. das Verwenden einer Salbe oder regelmäßige Gymnastik in Arbeitspausen).[731]

Das o. g. Ratingunternehmen bewertet die erste Formulierung positiv; d. h., hier soll der Versicherungsnehmer angeblich nur ärztlichen Anweisungen mit Reaktivierungschance Folge leisten müssen. Die zweite Formulierung wird hingegen nur neutral bewertet, da hier „bestimmten" ärztlichen Anweisungen – auch ohne „Reaktivierungschance" – Folge zu leisten sein soll. Bei genauer Betrachtung stellt sich heraus, dass beide Maßnahmenkataloge gleichermaßen nur dann zulässig sind, wenn sie eine wesentliche Verbesserung der gesundheitlichen Beeinträchtigung erwarten lassen; eine greifbare Unterscheidungsmöglichkeit besteht insofern nicht.

Tatsächlich unterscheiden die marktüblichen Bedingungswerke in Bezug auf die Art der zumutbaren medizinischen Mitwirkung des Versicherungsnehmers grundsätzlich nur zwei Varianten von Maßnahmen. Zum einen handelt es sich dabei um Heilbehandlungen, die gefahrlos und nicht mit besonderen Schmerzen verbunden sind und Aussicht auf Besserung des Gesundheitszustandes bieten. Zum anderen gibt es die zweite Gruppe von – meist invasiven – Maßnahmen, die darüber hinausgehen und ggf. auch mit einem medizinischen Risiko für den Versicherten verbunden sind, wozu im Extremfall auch insbesondere operative Behandlungsmaßnahmen zur Heilung oder Minderung der Berufsunfähigkeit gezählt werden. Von dieser Maßnahmengruppe grenzen sich alle untersuchten Bedingungswerke mehr oder weniger eindeutig ab, sodass die früher vorherrschende Anschauung, dass von der klassischen Arztanordnungsklausel im Zweifel durchaus auch „einfache und gefahrlose" operative Maßnahmen gedeckt

730 § 10 Abs. 4 mamax macura.

731 § 13 Abs. 3 LV 1871-Classic.

wären[732], aktuell von der Bedingungsrealität vollständig überholt worden ist und keine Rolle mehr spielt.

b) Anordnungskompetenz in Bezug auf die medizinische Maßnahme

Wenn im Ergebnis klar ist, dass alle Bedingungswerke letztlich übereinstimmend nur zumutbare Maßnahmen fordern, welche einfach, gefahrlos und nicht mit besonderen Schmerzen verbunden sind und überdies auch noch eine wesentliche Verbesserung des Gesundheitszustandes erwarten lassen, so gewinnt eine zweite Problemstellung, nämlich wer über die Anordnung solcher Maßnahmen entscheiden soll, zentrale Bedeutung, welche von den Ratingagenturen allerdings nicht untersucht wird.

In Bezug auf die Anordnungskompetenz medizinischer Maßnahmen sind mehrere Szenarien denkbar. So kann es sich dabei um Empfehlungen des behandelnden Arztes handeln, welcher im Rahmen der Betreuung des Patienten konkrete diagnostische Anordnungen trifft. Des Weiteren kommen Empfehlungen in Betracht, welche ein Arzt ausspricht, der entweder vom Versicherer oder aber auch von einem Dritten mit der Untersuchung bzw. Begutachtung des Versicherten befasst ist. Schließlich kann es sich auch um Hinweise handeln, welche ein fiktiver Arzt bzw. in letzter Konsequenz auch der Leistungsprüfer auf Versichererseite geben würde, d. h., es wird mehr oder weniger auf einen allgemeinen schulmedizinischen Standard zurückgegriffen.

Die Fragestellung ist in der Praxis von hoher Relevanz, da die Empfehlungen, durch welche Art von medizinischen Maßnahmen der Versicherungsnehmer eine bedingungsgemäße Berufsunfähigkeit ggf. abwenden kann, in der Regel nicht vom behandelnden Arzt kommen, sondern von Ärzten getroffen werden, welche entweder vom Versicherer mit einer Begutachtung beauftragt worden sind, oder u. U. auch von Einschätzungen anderer Leistungsträger abhängen. Denkbar sind in diesem Zusammenhang verschiedene Konstellationen. So kommt es z. B. nicht selten vor, dass neben der Berufsunfähigkeitsversicherung andere – ggf. auch gesetzliche – Personenversicherer die Gewährung von Leistungen prüfen; BU-Versicherer fragen das im Leistungsantrag regelmäßig ab und holen in der Folge von den parallel prüfenden Versicherern die entsprechenden Berichte, Gutachten oder sonstige Informationen ein.

---

732 LG Hamburg, VersR 1992, 1122 m. w. N.; Benkel/Hirschberg, 1. Aufl. 1990, § 4 Rn. 31 BUZ, mit Hinweisen auf die (überholte) Rechtsprechung.

Die Regelung in der klassischen „Arztanordnungsklausel“ des § 4 Abs. 4 MB-BUZ 90, welche wie selbstverständlich den „untersuchenden Arzt“ ausdrücklich mit in den Kreis der Anordnungsberechtigten einbezog und offenbar lange Zeit als unbestritten galt[733], wurde zunächst von Voit[734] mit dem Argument abgelehnt, eine derartige Klausel greife i. E. in die Persönlichkeitssphäre des Versicherten ein und sei überdies wegen Verstoßes gegen das Transparenzgebot unwirksam. Die Erteilung ärztlicher Anordnungen gehöre einerseits nicht zur Untersuchung, sondern zur Behandlung und zum anderen dürfe der Versicherer in die Auswahl des Behandlers durch den Versicherungsnehmer auch nicht eingreifen.

Diese Auffassung wurde unterdessen auch von der Rechtsprechung bestätigt.[735] Auch wenn in Versicherungsbedingungen von „untersuchenden“ oder „behandelnden“ Ärzten die Rede sei, so müssen diese Begriffe einschränkend dahin gehend ausgelegt werden, dass hier gleichwohl nur Ärzte gemeint sind, welche der Versicherte selbst im Rahmen seiner freien Arztwahl in Anspruch genommen hat. Zum einen wird unter Berufung auf Voit[736] darauf hingewiesen, dass die Erteilung von ärztlichen Anordnungen nicht zur Untersuchung, sondern zur Behandlung gehört, mit der ein Versicherer einen von ihm beauftragen Arzt gerade nicht beauftragen darf, selbst wenn eine derartige Klausel vereinbart wäre. Eine derartige Befugnis würde dem Art. 2 Abs. 1 GG folgenden Recht des Versicherten auf freie Arztwahl widersprechen.[737]

Zum anderen soll nach Auffassung des OLG Saarbrücken eine Regelung, welche vom untersuchenden und/oder behandelnden Arzt spricht, nach den Verständnismöglichkeiten eines durchschnittlichen Versicherungsnehmers nur den Arzt erfassen, zu dem sich der Versicherte selbst in Behandlung begeben hat und der ihn auch untersucht hat, um feststellen zu können, welche Therapiemög-

733 Benkel/Hirschberg, 1. Aufl., § 4 Rn. 30 BUZ, welcher noch darüber hinaus geht und die Auffassung vertritt, dass den Anordnungen des vom Versicherer beauftragten Arztes auch dann Folge zu leisten sei, wenn dadurch die Therapie des behandelnden Arztes geändert wird.

734 Voit, Berufsunfähigkeitsversicherung, Rn. 579; zustimmend Lücke, in: Prölss/Martin, § 11 Rn. 18 BU, welcher einen unzulässigen Eingriff in die Persönlichkeitssphäre des Versicherten und Verstoß gegen § 307 BGB annimmt.

735 OLG Saarbrücken, VersR 2002, 1013; LG Heidelberg, r+s 2011, 306.

736 Ebenda.

737 Zacher/Peltner, FS 25 Jahre BSG, S. 709, dieses ist zumindest dann aus Art. 2 Abs. 1 GG abzuleiten, solange der Patient die Behandlungskosten selbst trägt.

lichkeiten bestehen.[738] In der Literatur schließt man sich dem OLG Saarbrücken undifferenziert an, i. d. R. mit der überdies unzutreffenden Bemerkung, dass es sich um ein überholtes Problem handele, da die aktuellen Bedingungswerke keine Arztanordnungsklauseln mehr vorsähen.[739]

Diese Auffassung ist aus mehreren Gründen nicht haltbar.

Zum einen entspricht es nicht der Praxiserfahrung, dass der durchschnittliche Versicherungsnehmer unter dem „untersuchenden Arzt“ immer auch einen behandelnden Arzt versteht. Vielmehr wird aus der Formulierung „untersuchender oder behandelnder Arzt“ für den durchschnittlichen Versicherungsnehmer deutlich, dass zwei verschiedene Kategorien angesprochen sind, nämlich der „untersuchende“ oder auch gutachterlich tätige Arzt und der „behandelnde“, sprich der eigene Arzt. Auch die vom OLG Saarbrücken angesprochene, sich dem durchschnittlichen Versicherungsnehmer angeblich erschließende Zusammenschau mit § 4 Abs. 1 S. 1–c MB-BUZ 90 überzeugt nicht. Auch dort können – insoweit der Wortlaut dieser Regelung von modernen Bedingungen überhaupt noch gebraucht wird – Untersuchungsberichte gemeint sein, die von Ärzten im Auftrag anderer Versicherer oder Leistungsträger erstellt worden sind und ggf. das Leistungsbild des Versicherten bestätigen.

Versicherer nutzen in der täglichen Regulierungspraxis durchaus gezielt die Möglichkeit, über die von ihnen beauftragten Gutachter dem Versicherungsnehmer ihre Therapievorschläge aufzunötigen. In der anwaltlichen Praxis ist es durchaus nicht unbekannt, dass vom Versicherer bestellte Gutachter bestimmte Therapien empfehlen, deren Durchführung dann zur Vorbedingung für eine eventuelle Leistungsbereitschaft durch die Versicherung gemacht wird. Konsequenterweise empfiehlt Müller-Frank in diesem Zusammenhang sogar ausdrücklich, dass der Versicherer insofern bereits im Auftragsschreiben an den ärztlichen Gutachter die Frage nach konkreten Behandlungsvorschlägen stellen sollte.[740] Mit derartigen Maßnahmen können Versicherer im Ergebnis dafür sorgen, dass die nicht maßgebliche Auffassung des untersuchenden/begutachtenden Arztes gleichwohl zum Gegenstand der Leistungsprüfung und zum Verhaltensmaßstab für den Versicherungsnehmer wird.

Es kommt also weiterhin ganz wesentlich darauf an, wie die Bedingungen in Bezug auf die Kompetenzperson zur Anordnung bestimmter medizinischer

---

738 OLG Saarbrücken, VersR 2002, 1013; ähnlich: OLG Karlsruhe, VersR 2004, 98; OLG Nürnberg, VersR 1998, 43.

739 Lücke, in: Prölss/Martin, § 11 Rn. 17 BU; Klenk, in: Looschelders/Pohlmann, § 172 Rn. 73.

740 Müller-Frank, Aktuelle Rechtsprechung, S. 163.

Maßnahmen im Einzelnen formuliert sind. Von den untersuchten 66 Gesellschaften gestehen insgesamt 4 Anbieter in den von ihnen verwendeten Bedingungswerken den Versicherungsnehmern ausdrücklich zu, allein Anordnungen bzw. Ratschläge ihrer behandelnden Ärzte befolgen zu müssen (Tabelle, Anhang 13). Weitere 21 Anbieter sprechen von Anordnungen „des Arztes“ ohne darauf einzugehen, ob es sich dabei um einen untersuchenden oder einen behandelnden Arzt handeln soll. Schließlich sprechen nach wie vor 23 Versicherer vom „untersuchenden und/oder behandelnden Arzt“ und beziehen so im Zweifel den beauftragten Gutachter der Versicherung ausdrücklich mit in den Therapeutenkreis ein.

Auffällig ist, dass eine erhebliche Zahl von weiteren 12 Anbietern überhaupt keinen Entscheider benennt, sondern vielmehr in indirekter Rede allein von „zumutbaren Maßnahmen“ spricht.

> *Die versicherte Person ist dazu verpflichtet, geeignete Hilfsmittel (z. B. Sehhilfe, Prothese) zu verwenden und zumutbare Heilbehandlungen vorzunehmen, die eine wesentliche Besserung ihrer gesundheitlichen Beeinträchtigung erwarten lassen. Zumutbar sind Heilbehandlungen, die gefahrlos und nicht mit besonderen Schmerzen verbunden sind. Heilbehandlungen, die mit einem operativen Eingriff verbunden sind, sehen wir in diesem Zusammenhang als nicht zumutbar an.*[741]

Die entscheidende Schwäche einer solchen Formulierung liegt darin, dass aus Sicht des durchschnittlichen Versicherungsnehmers hier nur noch von „zumutbaren Maßnahmen“ gesprochen wird, deren Erforderlichkeit damit letztendlich in das Ermessen des Leistungsprüfers rsp. Sachbearbeiters der Versicherung gestellt wird, da niemand benannt wird, der letztlich über die Sinnhaftigkeit der Maßnahme entscheidet. Eine solche Regelung muss folgerichtig als intransparent i. S. v. § 307 Abs. 1 S. 2 BGB und darüber hinaus als unangemessene Benachteiligung des Versicherungsnehmers gem. § 307 Abs. 1 S. 1 BGB angesehen werden.

Als besonders problematisch ist es in diesem Zusammenhang anzusehen, wenn der oben zitierte Anbieter sein Produkt überdies mit dem Hinweis bewirbt, dass der Versicherungsnehmer die „Freie Arztwahl“ hätte.[742] Ohne dass diese Worthülse in der Produktbewerbung näher umrissen würde, suggeriert sie dem Versicherungsnehmer doch, dass dieser sich für die Beurteilung einer

---

741 § 7 Abs. 5 die Bayerische, BU Protect Prestige.

742 http://www.diebayerische.de//unser_angebot/von_a_bis_z/berufsunfaehigkeitsversicherung/vorteile/, 23.11.2013, „Keine Bindung an Vertragsärzte (freie Arztwahl)“.

bedingungsgemäßen Leistungspflicht einen Arzt seiner Wahl aussuchen kann, was natürlich nicht der Fall ist. Eine derartige „Effekthascherei" wird auch von einigen anderen Anbietern in der Produktwerbung betrieben, was der Tabelle, Anhang 13 entnommen werden kann.

Diese Kritik ist umso mehr angebracht, als die Anforderungen an eine ärztliche Anordnung i. S. v. § 4 Nr. 4 MB-BUZ 90 durch die Rechtsprechung bereits hinreichend konkretisiert worden sind. Danach sollen darunter nicht etwa bereits „allgemeine, jedermann bekannte medizinische Ratschläge" fallen, sondern vielmehr nur konkrete Empfehlungen für detailliert vorgegebene Verhaltensweisen und konkrete Behandlungsvorschläge.[743] Die o. g. Formulierung hingegen lässt dem Versicherer jeden denkbaren Spielraum, medizinische Ratschläge nach Gutdünken selbst festzulegen, was natürlich nicht hinnehmbar ist und den Versicherungsnehmer weitaus schlechter stellt, als die klassische Arztanordnungsklausel.

b) Unechte Arztanordnungsklausel

Umso mehr die sog. Arztanordnungsklausel in den Fokus der Ratingunternehmen und auch der Rechtsprechung gerückt ist, hat eine Regelungstechnik Verbreitung am Markt gefunden, welche dem Versicherungsnehmer zunächst suggeriert, die Leistungspflicht des Versicherers würde nicht von ärztlichen Anordnungen oder Empfehlungen abhängig gemacht.

> ***Verzicht auf die Arztanordnungsklausel***
> *Grundsätzlich ist die Befolgung von ärztlichen Anordnungen nicht Voraussetzung für die Anerkennung von Berufsunfähigkeitsleistungen. Insbesondere ist die versicherte Person nicht verpflichtet, operative Behandlungsmaßnahmen, die der untersuchende oder behandelnde Arzt anrät, durchführen zu lassen.*
>
> *Die versicherte Person ist jedoch verpflichtet, geeignete Hilfsmittel (z. B. Seh- und Hörhilfen, Stützstrümpfe) zu verwenden und zumutbare Heilbehandlungen vornehmen zu lassen, die eine wesentliche Besserung der gesundheitlichen Beeinträchtigung erwarten lassen. Zumutbar sind Heilbehandlungen, die gefahrlos und nicht mit besonderen Schmerzen verbunden sind.*[744]

Ca. die Hälfte der 66 untersuchten Gesellschaften (Tabelle, Anhang 13) stellen einen derartigen Obersatz ihren Regelungen in Bezug auf Mitwirkungspflichten zur Befolgung ärztlicher Anweisungen voran, während in den nachfolgenden Absätzen verschiedene Ausnahmen wieder eingeschlossen werden, wann und

---

743 OLG Hamm, r+s 1988, 345; OLG Karlsruhe, VersR 2004, 98.

744 D. 4 der Bedingungen für die Berufsunfähigkeits-Zusatzversicherung BU-Vorsorge Premium der Continentale Lebensversicherung AG.

in welcher Form ärztlichen Anweisungen dennoch Folge zu leisten ist. Im o. g. Beispiel wird sogar so weit gegangen, dass die gesamte Regelung mit „Verzicht auf die Arztanordnungsklausel" überschrieben wird, obwohl nicht mehr als der Marktstandard angeboten wird. Andere Anbieter werben in ihren Produktbeschreibungen mit einem „Verzicht auf die Arztanordnungsklausel" (Tabelle, Anhang 13), obwohl sie ebenfalls nur marktübliche Regelungen anbieten.

Bei der Formulierung einer unechten Arztanordnungsklausel wird überdies von der üblichen Regelungstechnik einer primären Risikobeschreibung und eines nachfolgenden sekundären Risikoausschlusses abgewichen und stattdessen umgekehrt aufgebaut, indem man die primäre Risikobeschreibung, welche den Regelfall bezeichnen soll, tatsächlich als Ausnahmesituation darstellt. Dies mag grundsätzlich zulässig sein, dient allerdings ganz offensichtlich nur dazu, den Versicherungsnehmer zu verwirren und ihm glauben zu machen, es gäbe im Grunde keine Verpflichtung, ärztlichen Ratschlägen zu folgen.

c) Fazit

Wenn die Marktteilnehmer Arztanordnungsklauseln verwenden, beschränken diese sich durchgehend auf einfache und gefahrlose Maßnahmen, welche konkrete Aussichten auf Besserung versprechen. Unterschiede bestehen hingegen in Hinblick auf die Instanz, welche die Maßnahmen anordnet. Diese Problematik wird jedoch weder von den Ratingunternehmen noch von der Literatur in den Blick genommen.

Das Recht auf freie Arztwahl leitet sich aus dem grundgesetzlich verankerten Allgemeinen Persönlichkeitsrecht ab und kann nach allgemeiner Auffassung in Rechtsprechung und Literatur nicht durch AVB eingeschränkt werden. Gleichwohl stellen allein 4 von 59 Anbietern, welche Arztanordnungsklauseln verwenden, in ihren Bedingungswerken ausdrücklich klar, dass es dabei einzig auf die Anordnungen des behandelnden Arztes ankommt.

In allen anderen Fällen besteht nach wie vor die Gefahr, dass Versicherer der Versuchung unterliegen, von ihnen eingesetzte Gutachter als Anordnungsinstanz für geeignet erscheinende medizinische Maßnahmen zur Rehabilitation des Versicherungsnehmers zu missbrauchen oder am Ende gar den Sachbearbeiter darüber entscheiden zu lassen, worin im Zweifel „zumutbare Maßnahmen" zur Abwendung der Berufsunfähigkeit bestehen können.

2. Verträge ohne Arztanordnungsklausel

Neben den zunächst untersuchten Vertragsvarianten mit Arztanordnungsklausel existiert eine eher kleine Gruppe von 7 Anbietern, welche gänzlich auf eine solche verzichtet und damit dem aktuellen Verbandsvorschlag der MB-BUV/BUZ folgt (Tabelle, Anhang 13).

Obwohl man zunächst annehmen müsste, dass derartige Bedingungswerke unter Verbraucherschutzgesichtspunkten am besten bewertet werden, begegnen die Ratingunternehmen diesen Anbietern eher mit Misstrauen. So wird von einem Unternehmen der Verzicht auf die Befolgung ärztlicher Anweisungen in den Bedingungen als nicht ausreichend angesehen, da ein solcher keine grundsätzliche Entsagung in Bezug auf Mitwirkungspflichten bedeuten soll, welche nach dieser Lesart für den Versicherungsnehmer aus Treu und Glauben ohnehin bestünden. Vielmehr gehe es um die transparente Darstellung vorhandener Mitwirkungspflichten, sodass erwartete Schadenminderungspflichten insofern klar zu benennen seien.[745] Ein anderes Ratingunternehmen bedenkt den Verzicht auf eine Arztanordnungsklausel zwar nicht mit einem Malus, sieht deren Verwendung aber eher ambivalent; d. h., der Entfall einer derartigen Klausel wird genauso positiv gesehen, wie eine ausführliche, transparente Darstellung der Mitwirkungspflichten.[746]

In diesem Zusammenhang weist Kirsch auf eine sich angeblich durchsetzende Erkenntnis hin, dass Versicherungsnehmer im Rahmen einer allgemeinen Schadenminderungspflicht zumutbaren ärztlichen Anweisungen zur Besserung der gesundheitlichen Verhältnisse per se Folge zu leisten hätten. Insofern würden transparente Formulierungen zu zumutbaren Maßnahmen in den Versicherungsbedingungen nunmehr von den Ratingagenturen zu Recht positiv bewertet.[747]

Auffällig ist, dass die Behauptung einer angeblich bestehenden allgemeinen Schadenminderungspflicht dogmatisch nicht begründet, sondern vielmehr als per se gegeben angesehen wird. Insofern sollen die Begründungsansätze, welche durch die Rechtsprechung und Literatur geliefert werden, nachfolgend auf ihre Tragfähigkeit näher hinterfragt werden.

a) Schadenminderungspflicht aus § 82 VVG analog

Eine Erklärung gründet sich darauf, dass den Versicherten analog § 82 VVG eine allgemeine Schadenminderungspflicht träfe, welche sich nicht allein auf die Einleitung und Duldung von ärztlichen Behandlungen beschränkt, sondern den Versicherungsnehmer auch verpflichten soll, sich bereits während oder unmittelbar

745 Bewertungsgrundsätze BU-Produktrating, Franke & Bornberg GmbH, Stand 02/2008, S. 10.

746 Morgen & Morgen, Version 8.10, Fragenerläuterung R13; ähnlich PremiumSoftware Version 8.1, Fachinhalte Berufsunfähigkeitsversicherung 1.4 Arztanordnungsklausel.

747 Kirsch, BUZaktuell 1/2007, 8 (12).

nach dem Eintritt der Berufsunfähigkeit so zu verhalten, dass der Grad der Berufsunfähigkeit möglichst gering gehalten wird.[748]

Während Benkel diese Rechtsauffassung zunächst auf nicht einschlägige Entscheidungen zum deliktischen Haftungsrecht stützte, wo eine Schadenminderung freilich bereits gesetzlich normiert ist[749], wird darüber hinaus eine Entscheidung des OLG Düsseldorf[750] herangezogen, welche zwar im Bereich der Berufsunfähigkeitsversicherung ergangen ist, jedoch eine allgemeine Schadenminderungspflicht gem. § 62 Abs. 1 VVG (alt) bzw. § 82 VVG (neu) analog genauso wenig zu begründen vermag. Vielmehr hatte das OLG Düsseldorf einen Sachverhalt zu entscheiden, dem noch die klassische Arztanordnungsklausel des § 4 Abs. 4 MB-BUZ 90 zugrunde lag, welche das Gericht als eine Schadenminderungsobliegenheit analog § 62 Abs. 1 VVG (alt) ansah und dabei – entgegen der Interpretation von Benkel – richtigerweise antizipierte, dass diese Vorschrift in der Personenversicherung keine Anwendung finden kann.

Die Auffassung von Benkel bleibt insofern weiterhin nicht haltbar und ist als systemwidrig anzusehen, da sich die Anwendung von § 82 VVG nach bisher einhelliger Auffassung[751] auf die Schadenversicherung beschränkt, worauf noch einzugehen ist. Eine „Allgemeine Schadenminderungspflicht" aus dem Rechtsgedanken des § 82 VVG abzuleiten ist daher fernliegend.[752]

b) „Allgemeine" Schadenminderungsobliegenheit

Insgesamt 23 von 66 untersuchten Anbietern (Tabelle 13), welche Regelungen zu medizinischen Maßnahmen treffen, begründen diese zusätzlich mit einer angeblich bestehenden Schadenminderungspflicht des Versicherten, wobei wahlweise auch von einer „allgemeinen Schadenminderungspflicht" oder mehrheitlich sogar von einer „allgemeinen, gesetzlichen Schadenminderungspflicht" gesprochen wird.

Bei einzelnen Marktteilnehmern herrscht zudem nicht nur Verunsicherung bzgl. der Festlegung auf einen feststehenden Terminus, sondern darüber hinaus auch auf die Einordnung der Schadenminderungspflicht als solche.

---

748 Benkel/Hirschberg § 4 Rn. 46 BUZ, nunmehr unter Berufung auf OLG Düsseldorf, r+s 2000, 125; aber auch schon genauso falsch in der Vorauflage, dort § 4 Rn. 32 BUZ.

749 Benkel/Hirschberg, 1. Auflage 1990, § 4 Rn. 32 BUZ, mit Hinweis auf OLG Celle, VersR 1984, 90 (Entscheidung auf dem Arzthaftungsrecht).

750 OLG Düsseldorf, r+s 2000, 125.

751 Koch, in: Bruck/Möller, § 82 Rn. 9 VVG.

752 So auch Rixecker, Versicherungsrechtshandbuch, Rn. 176.

So weist ein Anbieter nur im Rahmen seines Basistarifes darauf hin, dass die versicherte Person verpflichtet sei, zur Schadenminderung beizutragen und sich damit allen zumutbaren ärztlichen Behandlungsmaßnahmen zu stellen, während eine solche Verpflichtung im Premiumtarif keine Erwähnung findet.[753] Ein anderer Anbieter verzichtet im Basistarif vollständig auf eine Arztanordnungsklausel, während der Komfort-Tarif diesbezüglich eine sehr ausdifferenzierte Regelung enthält. Ganz offensichtlich erhofft man sich bei fehlender Regelung unter Hinweis auf die Schadenminderungspflicht zusätzlichen Handlungsspielraum zum Nachteil des Versicherungsnehmers.[754]

Die am Markt zu findenden Regelungen erwecken überdies den Anschein, als ob die behauptete Schadenminderungspflicht zum Vorteil des Versicherungsnehmers auf das unbedingt Notwendige eingegrenzt würde, was dann – wie oben gesehen – bei den Ratingunternehmen zu einer durchaus positiven Bewertung führt.

> *Lässt die versicherte Person operative Behandlungen, die der untersuchende oder behandelnde Arzt anordnet, um die Heilung zu fördern oder die Berufsunfähigkeit zu mindern, nicht durchführen, steht dies einer Anerkennung der Leistungen aus der Berufsunfähigkeitsversicherung nicht entgegen.*
>
> *Sie ist allerdings aufgrund der* ***allgemeinen gesetzlichen Schadenminderungspflicht*** *verpflichtet, zumutbaren ärztlichen Anweisungen zur Besserung ihrer gesundheitlichen Verhältnisse Folge zu leisten. Zumutbar sind dabei Maßnahmen, die gefahrlos und nicht mit besonderen Schmerzen verbunden sind und die außerdem Aussicht auf zumindest Besserung (bis zur Leistungsgrenze) bieten. Hierbei handelt es sich um Maßnahmen wie z. B. das Einhalten von Diäten, Suchtentzug, die Verwendung von orthopädischen oder anderen Heil- und Hilfsmitteln (z. B. Tragen von Prothesen, Verwendung von Seh- und Hörhilfen), die Durchführung von logopädischen Maßnahmen oder das Tragen von Stützstrümpfen.*[755]

Gleichwohl bleibt weiter offen, woraus sich eine „allgemeine gesetzliche Schadenminderungspflicht" ergeben soll. Richtigerweise kann die Vorschrift des § 254 Abs. 2 BGB nicht durchgreifen, da es sich hier um eine Regelung aus dem Schadensersatzrecht handelt, welche auf vertragliche Ansprüche keine Anwendung findet.[756]

753 § 4 Abs. 3 Gothaer Basisvorsorge; § 6 III 4 Gothaer Berufsunfähigkeitsversicherung Premium.
754 § 4 Abs. 7 Condor „Comfort" gegenüber der Tarifvariante „Classic".
755 § 5 Abs. 5 Tarifbedingungen Nürnberger SBU/SBU Comfort.
756 Lücke, in: Prölss/Martin, § 11 Rn. 20 BU.

Der im gleichen Atemzug von Lücke gemachte Vorschlag, dann zumindest die zu § 254 Abs. 2 BGB entwickelten Grundsätze analog anzuwenden[757], hilft hier ebenso wenig weiter wie der Rückgriff auf angeblich „ungeschriebene Mitwirkungspflichten des Versicherungsnehmers" nach Treu und Glauben gem. § 242 BGB.[758]

Auch wenn in den Bedingungen keine Anordnungen über zumutbare Maßnahmen getroffen werden, soll nach überwiegender Ansicht der Literatur im Zweifel eine „Kooperationsobliegenheit" für den Versicherten bestehen, welche aus einer allgemeinen, jedem Vertragsverhältnis zugrunde liegenden Rücksichtnahmepflicht nach §§ 241 Abs. 2, 242 BGB entspringt. Diese Kooperationsobliegenheit soll den Versicherungsnehmer dann – wenn auch in engen Grenzen – bei der Geltendmachung seiner Rechte dazu anhalten, auch den Interessen der Gegenseite Rechnung zu tragen. Insofern soll es im Ergebnis rechtsmissbräuchlich sein, wenn der Versicherte sich einfachen, gefahrlosen, nicht mit Schmerzen verbundenen, sichere Aussicht auf Erfolg bietenden oder eine wesentliche Besserung versprechenden medizinischen Maßnahmen verweigert, mittels derer er die Berufsunfähigkeit vermeiden kann.[759]

Letztlich ist eine derartige Argumentation – welche sich im Ergebnis auf die Generalklausel des § 242 BGB zurückfallen lässt – nicht haltbar. Wenn eine Obliegenheit zur Beseitigung oder Minderung der Berufsunfähigkeit in den Bedingungen fehlt, so kann sie im Zweifel nicht hilfsweise aus § 242 BGB bzw. § 254 Abs. 2 BGB analog entwickelt werden.[760] Dies wird umso mehr deutlich, wenn man beachtet, dass der Gesetzgeber im VVG eine die BGB-Vorschriften verdrängende Spezialregelung zur Schadenminderung geschaffen, diese aber explizit auf den Bereich der Sachversicherung begrenzt hat.

---

757 Ebenda, unter Hinweis auf OLG Hamm, r+s 91, 389.

758 Langheid/Wandt/Dörner, § 172 Rn. 140; Klenk, in: Looscheiders/Pohlmann, §172 Rn. 24, mit Hinweisen auf die obergerichtliche Rechtsprechung; ähnlich aber mit Einschränkungen Neuhaus, Berufsunfähigkeitsversicherung, Kap. K Rn. 84; Rixecker, ZfS 2003, 251; jedoch nehmen auch Bedingungswerke auf den Grundsatz von Treu und Glauben direkt Bezug, um eine Schadenminderungspflicht des Versicherungsnehmers zu statuieren, siehe § 7 Abs. 4 Generali und § 6 Abs. 4 Volksfürsorge.

759 Langheid/Wandt/Dörner, a. a. O.

760 Rixecker, in: Beckmann/Matusche-Beckmann, Versicherungsrechts-Handbuch, Versicherungsrechtshandbuch, Rn. 176.

c) Fehlende Kausalität

§ 172 Abs. 2 VVG formuliert durch das Wort „infolge", dass die Gesundheitsbeeinträchtigung ursächlich dafür sein muss, dass der Versicherungsnehmer seinen Beruf ganz oder teilweise nicht mehr ausüben kann. Dieses Kausalitätserfordernis, welches seit jeher Bestandteil der Bedingungswerke war, wird neuerdings vereinzelt zum Anlass genommen, an dieser Stelle Rechtsfragen zu diskutieren, welche hier dogmatisch nicht zu Hause sind.

So wird die Ursächlichkeit verneint, wenn durch eine einfache, gefahrlose und nicht mit besonderen Schmerzen verbundene, sichere Aussicht auf Heilung oder wesentliche Besserung versprechende medizinische Maßnahmen Berufsunfähigkeit vermieden werden kann.[761]

Rixecker führt eine ähnliche Begründung an und argumentiert mit dem Schutzzweck des Vertrages, welcher in den Bedingungen angelegt sei, wenn diese davon sprechen, dass der Versicherte „infolge" seines gesundheitlichen Zustandes berufsunfähig sein muss. Dies wäre er bei einem „loyalen Verhalten" nicht, wenn er sich so verhielte, wie es ein anderer in gleicher Lage, aber ohne Versicherungsschutz tun würde.[762]

Dieser grundsätzlich nachvollziehbare Gedanke lässt sich jedoch dogmatisch nicht mit einem Kausalitätserfordernis begründen, bleibt doch zunächst die Krankheit gleichwohl die unbestrittene Ursache der bedingungsgemäßen Berufsunfähigkeit. Inwieweit der Versicherte verpflichtet ist, zunächst Möglichkeiten der Therapie auszuschöpfen, ist – wie gesehen – vielmehr eine Frage seiner im Bedingungswerk definierten Mitwirkungspflichten.

Eine ähnliche Problematik wird aktuell durch ein Urteil des OLG Saarbrücken wieder in den Fokus gerückt. Das Gericht hatte einmal mehr den Fall eines sog. Post-Borreliose-Syndroms zu entscheiden[763], welches durch Fibromyalgie- oder Fatique-Syndrom-artige Beschwerden beim Versicherungsnehmer gekennzeichnet ist. Dieses Beschwerdebild ist in der Fachwelt hoch umstritten und schwer objektivierbar.[764] Dementsprechend haben die vom Gericht beauftragten Gutachter auch keine Einschränkungen der Leistungsfähigkeit des Versicherten feststellen können, gleichzeitig aber auch zugestanden, dass keine bewusste Simulation bzw. Aggravation vorlag. Das Gericht hatte drüber hinaus festgestellt, dass der Versicherte die geklagten Einschränkungen durchaus als erheblich empfunden haben

---

761 Lücke, in: Prölss/Marin, § 172 Rn. 43, mit Hinweis auf weitere Rechtsprechung.

762 Rixecker, in: Beckmann/Matusche-Beckmann, Versicherungsrechts-Handbuch, § 46 Rn. 85 ff., zitiert von Müller-Frank, Aktuelle Rechtsprechung, S. 29.

763 OLG Saarbrücken, r+s 2011, 77.

764 Hausotter, BUZ-Begutachtung der Lyme Borreliose, BUZaktuell 1/2008.

mag, diese aber i. E. aufgrund der gutachterlichen Aussagen objektiv nicht vorlagen. Dieses vom Versicherungsnehmer quasi selbst erschaffene Krankheitsbild sei dann nicht mehr Folge einer Erkrankung: „Sähe man dies anders, unterläge es der alleinigen, nicht zu kontrollierenden Definitionsmacht des Versicherungsnehmers, sich für berufsunfähig zu halten oder nicht.“[765] Das OLG Saarbrücken stellt sich damit offenbar ganz bewusst gegen die Rechtsprechung des BGH und beginnt nach dem Motto „was nicht sein darf, das nicht sein kann“, längst sicher geglaubte Grundfesten der Bewertung von psychischen Krankheiten wieder aufzuweichen. Mit der in diesem Zusammenhang bemühten Rechtsfrage der Kausalität zwischen Krankheit und geltend gemachter Berufsunfähigkeit hat die Argumentation des OLG Saarbrücken jedenfalls nichts zu tun.

Bekanntlich hat der BGH in seinem Urteil v. 14.04.1999[766] festgestellt, dass bei Fehlen objektiver Befunde der geforderte ärztliche Nachweis einer bedingungsgemäßen Krankheit auch auf der Grundlage einer sachverständigen Begutachtung der Beschwerdeschilderung des Betroffenen erfolgen kann. Dass diese Feststellungen nur dann Entscheidungsgrundlage sein können, wenn sie widerspruchsfrei und ohne den Verdacht von Aggravation und Simulation vorgetragen werden, hat der BGH vorausgesetzt, und dies wurde auch im Fall des OLG Saarbrücken bestätigt. In dieser Konstellation bleibt dann aber i. E. nur die Entscheidung, die Leistung zu gewähren.

d) Keine tatbestandsmäßige Berufsunfähigkeit

Wenn im Ergebnis klar geworden ist, dass letztlich keine allgemeine gesetzliche Schadenminderungspflicht existiert, welche den Versicherungsnehmer bei fehlendender positiver Regelung in den AVB gleichwohl zur Befolgung medizinischer Ratschläge zwingt und auch eine schlichte Kausalitätsbetrachtung keine handhabbaren Ergebnisse bringt, bleibt die von Müller-Frank thematisierte Möglichkeit, das Problem mithilfe einer „tatbestandsmäßigen Betrachtung“ der bedingungsgemäßen Berufsunfähigkeit in den Griff zu bekommen.[767]

In der sog. „Fahrlehrentscheidung“ kommt das OLG Saarbrücken zu dem Zwischenergebnis, dass im Fall der Verweigerung einer zumutbaren Therapie durch den Versicherungsnehmer bei wertender Betrachtung bereits das Vorliegen von Berufsunfähigkeit „infolge“ der Krankheit fraglich sei, da diese letztlich

765 OLG Saarbrücken, r+s 2011, 77.

766 BGH, VersR 1999, 838.

767 Müller-Frank, BUZaktuell 1/2005, 25, unter Berufung auf Voit, Berufsunfähigkeitsversicherung 1994; ähnlich auch schon Rixecker, ZfS 2003, 251.

aufgrund eines krankheitsunabhängigen und unverständlichen Verhaltens des Versicherten eingetreten sein soll. In jedem Fall sei es aber dem Versicherten dann (hilfsweise nach Treu und Glauben) genommen, den Versicherer auf die bei Berufsunfähigkeit versprochenen Leistungen in Anspruch zu nehmen.[768]

Diesen Grundgedanken der Entscheidung aufnehmend, vertritt Müller-Frank die Auffassung, dass die „rechtliche Verortung" des Problems des Unterlassens von zumutbaren Therapiemöglichkeiten durch den Versicherten im Recht der Obliegenheiten eine verengte Sichtweise darstellt und bezweifelt, dass man – um zum Ergebnis des OLG Saarbrücken zu gelangen – die Grundsätze von Treu und Glauben überhaupt bemühen müsse. Vielmehr sei es naheliegend, im Fall der Ablehnung der sichere Aussicht auf Heilung oder wesentliche Besserung versprechenden, gefahrlosen medizinischen Maßnahme durch den Versicherten bereits das zentrale Tatbestandsmerkmal des § 2 MB-BUV/BUZ, nämlich das „Außerstandesein zur Berufsausübung", von vornherein abzulehnen.[769]

Diese Argumentation erscheint schlüssig, wenngleich es im Ergebnis auf die wertende Betrachtung im Einzelfall ankommt, wann tatsächlich eine gefahrlose medizinische Maßnahme gegeben ist. An dieser Stelle soll der Versuch unternommen werden, grundlegende Fallgruppen zu unterscheiden:

a. medizintechnische Hilfsmittel

Als nächstliegende Möglichkeit, eine drohende Berufsunfähigkeit abzuwenden, kommen zunächst medizinische bzw. medizinisch-technische Hilfsmittel in Betracht, welche entweder vom Arzt bereits verordnet sind oder deren Verordnung es noch nicht einmal bedarf und die dem Versicherungsnehmer nachgewiesenermaßen die Ausübung seines Berufs ermöglichen, sobald er sie anwendet (Brillen, Kontaktlinsen, Schuheinlagen, Handschuhe etc.). Die erfolgreiche Anwendung derartiger Hilfsmittel lässt eine tatbestandsmäßige Berufsunfähigkeit zwangsläufig entfallen. Sollte ein Versicherungsnehmer die Benutzung derartiger einfacher Hilfsmittel als überobligationsmäßige Anstrengung ansehen, kann zu Recht keine tatbestandsmäßige Berufsunfähigkeit angenommen werden.[770] Natürlich sind auch Hilfsmittel denkbar, deren Einsatz dem Versicherungsnehmer nicht per se schnelle Abhilfe seines Leidens verschafft, sondern eine längere Phase der Gewöhnung und Anpassung erfordert (z. B. Hörgeräte, Prothesen

768 OLG Saarbrücken, VersR 2005, 63.

769 Müller-Frank, BUZaktuell 1/2005, 25.

770 Rixecker, zfs 2003, 250; Anmerkung zum sog. „Ausbeinerurteil" des OLG Koblenz v. 01.12.2000, welches bedingungsgemäße BU ablehnte, da der VN sein Kontaktekzem durch das Tragen von Gummihandschuhen hätte vermeiden können.

u. s. w.); derartige – nicht „sofort wirkende“ – technische Hilfsmittel, sind von dieser Fallgruppe nicht umfasst.

b. Therapiemaßnahmen

Weit differenzierter sind Therapiemaßnahmen zu betrachten. In einem vom OLG Saarbrücken zu entscheidenden Sachverhalt hatte der gerichtliche Sachverständige zur Überzeugung des Gerichts ausgeführt, dass die Versicherungsnehmerin ihr psychisches Leiden zu jeder Zeit willentlich beherrschen und ihre beruflichen Anforderungen unter Begleitung einer ambulanten Psychotherapie bewältigen könne.[771] Das Gericht hatte im Ergebnis das tatbestandsmäßige Vorliegen einer kausal auf einer Erkrankung beruhenden bedingungsgemäßen Berufsunfähigkeit verneint und die Versicherungsnehmerin nicht „durch Krankheit außerstande“ gesehen, ihre berufliche Tätigkeit weiter auszuüben. Dabei wäre bei rein formaler Betrachtung das regelwidrige psychische Befinden der Versicherten durchaus eine nicht hinwegzudenkende Bedingung (conditio sine qua non) für ihre beruflichen Einschränkungen gewesen. Mit einer solchen „schlichten Kausalitätsbetrachtung“ soll es jedoch, wie das OLG Saarbrücken formuliert, in Hinblick auf die im Versicherungsverhältnis gegenseitig geschuldete besondere Loyalität und den Zweck einer Versicherung gegen Berufsunfähigkeit nicht sein Bewenden haben. Vielmehr soll nach Auffassung des Gerichts der materiellen Risikoverteilung des Versicherungsvertrages entnommen werden können, „[…] dass sich eine versicherte Person bei wertender Betrachtung nicht auf ihre gesundheitlichen Beeinträchtigungen und deren Folgen berufen darf, wenn sie selbst in völlig ungewöhnlicher und unsachgemäßer Weise in den Fortgang der Dinge eingegriffen oder einzugreifen unterlassen hat, […]“.[772]

aa. Psychotherapiemaßnahmen

Wie dem o. g. Urteil des OLG Saarbrücken entnommen werden kann, soll die „schlichte Willensanstrengung“ des Versicherungsnehmers selbstverständlich zum Pflichtenkreis des Versicherungsnehmers bei der Erhaltung seiner Berufsfähigkeit gehören.[773] Dieser Auffassung kann unumwunden zugestimmt werden, gleichwohl sie eigentlich keiner Erwähnung bedarf.

Ob jedoch die Aufnahme einer (berufsbegleitenden) Psychotherapie i. E. auch dazugehört, ist dogmatisch sicher differenzierter zu betrachten.[774] In dem,

771 OLG Saarbrücken, r+s 2006, 293.

772 Ebenda.

773 Anknüpfend an LG Köln 2002, 1365.

774 Zweifelnd OLG Karlsruhe, VersR 2004, 98 obiter dictum.

durch das Gericht betrachteten Sachverhalt stand – gutachterlich bestätigt – zunächst fest, dass eine begleitende Psychotherapiemaßnahme neben der beruflichen Tätigkeit die Berufsfähigkeit der Versicherten erhalten würde, diese also bis dato noch nicht entfallen war. Grundsätzlich dürften Psychotherapiemaßnahmen (bei denen es sich im Regelfall um Sitzungsbatterien von ca. 20–80 Einheiten handelt) schon allein wegen des erheblichen Aufwandes, der damit für den Versicherungsnehmer verbunden ist, nicht mehr als zumutbar angesehen werden. Darüber hinaus kann eine Psychotherapie schon allein wegen der Vorbehalte, die gegen derartige Behandlungsmethoden in der Bevölkerung existieren, auch nicht als gängige, von jedermann akzeptierte Maßnahme angesehen werden. Darüber hinaus werden Psychotherapiemaßnahmen – wegen der mit ihr regelmäßig verbundenen Offenlegung von Intimität – in der Literatur z. T. als unzumutbar angesehen.[775]

bb. Medikamenteneinnahme

Solange die Einnahme von Medikamenten der Erhaltung der Berufsfähigkeit dient und keine ernsthaften bzw. gesundheitsgefährdenden Nebenwirkungen für den Versicherungsnehmer nach sich zieht, muss diese als zumutbar angesehen werden.[776]

Sollte der Versicherungsnehmer jedoch bereits berufsunfähig sein, kann er allerdings nicht mehr gezwungen werden, durch die Einnahme scheinbar harmloser Medikamente an der Wiederherstellung seiner Leistungsfähigkeit mitzuwirken, wenngleich diese Fallkonstellation ohnehin konstruiert erscheint, da vollständig risikolose Medikamente nicht bekannt sind.

cc. Physiotherapiemaßnahmen

Ebenfalls zum zumutbaren Pflichtenkreis wird vom OLG Saarbrücken die Durchführung einer Physiotherapie angesehen, da diese als gefahrlose und nicht mit besonderen Schmerzen verbundene, sichere Aussicht auf Heilung oder wesentliche Besserung versprechende medizinische Maßnahme angesehen wird (unter Berufung auf OLG Hamm, VersR 1992, 1120).[777] Auch hier kann nach der vorgeschlagenen Unterscheidungsmethode verfahren werden. Wenn eine

775 Rixecker, Versicherungsrechtshandbuch, § 46 Rn. 178.

776 OLG Saarbrücken, VersR 2002, 877, Behandlung eines an Mehlstauballergie leidenden Pizzabäckers mit einem inhalativen Kortikoid, welches keine Nebenwirkungen hat.

777 OLG Saarbrücken, VersR 2005, 63, unter Berufung auf OLG Hamm. VersR 1992, 1120.

begleitende Physiotherapie den im genannten Urteil angesprochenen Fahrschullehrer in die Lage versetzt, seine Tätigkeit – zu einem Zeitpunkt, an dem er diese noch nicht aufgegeben hat – weiterzuführen, ist diese als zumutbar anzusehen. Sollte die Maßnahme hingegen dazu dienen, einen bereits berufsunfähigen Patienten zu kurieren, so stellt sie einen Therapieversuch dar, dem der Versicherungsnehmer nicht mehr nachkommen muss.

dd. Sonstige Maßnahmen, welche mit einem gesundheitlichen Risiko oder mit einem unvertretbar hohen Aufwand verbunden sind

Unter diese Kategorie sind i. E. alle Arten von Operationen zu zählen und zwar nicht nur jene, welche mit erhöhten medizinischen Risiken verbunden sind. Vielmehr sind davon generell alle Eingriffe, welche die körperliche Unversehrtheit des Versicherungsnehmers beeinträchtigen, allein wegen des Verfassungsrangs dieses Schutzgutes nach Art. 2 Abs. 2 S. 1 GG umfasst. Wenn – wie gesehen – von der Prämisse auszugehen ist, dass es grundsätzlich keine Schadenminderungspflicht für den Versicherungsnehmer zur Vermeidung bzw. Abwendung des Versicherungsfalls gibt, so kann in diesem Zusammenhang erst recht kein Rechtfertigungsgrund für einen Eingriff in die körperliche Unversehrtheit des Versicherten statuiert werden.

Natürlich müssen auch alle weiteren, die Berufsfähigkeit erhaltenden Behandlungsmaßnahmen (z. B. Kuren etc.) unter dem Vorbehalt stehen, dass es sich um im Alltag selbstverständliche, keine gesundheitlichen Risiken bergenden und auch nicht aus sonstigen Gründen unzumutbaren Hilfen zur Beherrschung von physischen oder psychischen Beschwerden handelt.[778]

ee. Bereits erfolgreich durchgeführte (überobligationsmäßige) Maßnahmen

Fraglich ist, wie überobligationsmäßige Therapiemaßnahmen zu behandeln sind, welche der Versicherte bereits erfolgreich durchgeführt hat, sodass die Berufsfähigkeit letztlich erhalten blieb.

Nach einer Ansicht sind diese auch dann zu berücksichtigen und führen zum Wegfall der Berufsunfähigkeit, wenn eine Verpflichtung zur Durchführung grundsätzlich nicht bestanden hat.[779] Der BGH verneint die Zumutbarkeit, da sich der Versicherte eine nachträglich entstandene Umorganisationsmöglichkeit dann nicht zu seinem Nachteil anrechnen lassen muss, wenn er diese durch eine eigene Anstrengung geschaffen hat und dem Versicherer gegenüber weder

778 OLG Saarbrücken, r+s 2006, 293.

779 Klenk, in: Looschelders/Pohlmann, § 172 Rn. 23 bezogen auf das Umorganisationsargument unter wohl nicht haltbarer Berufung auf OLG Hamm, VersR 1995, 1040.

aufgrund einer vertraglich vereinbarten Obliegenheit noch aufgrund seiner Schadensminderungspflicht verpflichtet war. Eine solche überobligationsmäßige Anstrengung soll nach Auffassung des BGH z. B. dann vorliegen, wenn der Versicherte durch Kapitaleinsatz sein Unternehmen erweitert hat. Es wäre dann unbillig, den Versicherer, obwohl er an dem unternehmerischen Risiko des Versicherten nicht beteiligt ist, davon profitieren zu lassen, in dem er Leistungsfreiheit erhält.[780]

Die Situation ist – angewendet auf die Zumutbarkeit überobligater medizinischer Maßnahmen – letztlich keine andere. Hat ein Versicherungsnehmer ein medizinisches Risiko auf sich genommen und eine Querschnittslähmung durch eine OP erfolgreich beseitigt, so kann ihm dieses Verhalten i. E. nicht zum Nachteil gereichen.

e) Fazit

Wenn in den Versicherungsbedingungen keine Regelung zu Schadenminderungsobliegenheiten getroffen wird, kann diese weder durch einen Rückgriff auf § 242 BGB noch über den Kunstgriff der Kausalitätsbetrachtung ersetzt werden.

Insofern kann nicht hingenommen werden, dass Versicherer, welche – den MB-BUV/BUZ entsprechend – generell auf die Verwendung einer Arztanordnungsklausel verzichten, von einigen Ratingunternehmen und Teilen der Literatur schlechter bewertet werden als Anbieter mit angeblich transparent formulierten Arztanordnungsklauseln, die überdies nicht selten wiederum eine angebliche „allgemeine gesetzliche Schadenminderungspflicht“ ansprechen.

Da eine solche – wie gezeigt – nicht existiert und auch nicht analog herleitbar ist, kann bei Verträgen ohne Arztanordnungsklausel die Prüfung, ob der Versicherungsnehmer gewisse Mitwirkungspflichten bei der Erhaltung bzw. Wiederherstellung seines Gesundheitszustandes hat, nur auf der sog. Tatbestandsebene erfolgen, wobei auch diese Überlegung ohne eine wertende Betrachtung im Einzelfall nicht auskommt.

---

780 BGH, VersR 1999, 958.

9. Kapitel: Nachprüfungsverfahren

Der Gesetzgeber hat sich entschlossen, das sog. Nachprüfungsverfahren, welches in allen untersuchten Bedingungswerken mit einem eigenen Regelungsabschnitt bedacht wird, im VVG nicht zu behandeln. Keinesfalls kann der Auffassung von Neuhaus[781] gefolgt werden, dass – sollte sich eine Nachprüfungsklausel in AVB als unwirksam erweisen – der Versicherer immer noch nach § 174 VVG zur Nachprüfung berechtigt sei.[782] Vielmehr werden durch § 174 VVG lediglich die formalen Wirksamkeitsvoraussetzungen einer festgestellten Leistungsfreiheit geregelt; die Entscheidung hingegen, ob und in welcher Form der Versicherer ein Nachprüfungsverfahren in seinen AVB regelt und ausgestaltet, bleibt ihm überlassen.[783] Ob die rudimentäre Befassung des Gesetzes mit der Nachprüfung einer anerkannten Leistungspflicht der praktischen Relevanz gerecht wird, welche diese für beide Parteien des Versicherungsvertrages einnimmt, darf allerdings bezweifelt werden.

Grundsätzlich ist festzuhalten, dass das Nachprüfungsverfahren dem legitimen Interesse des Versicherers dient, sich bei nicht mehr bestehender, bedingungsgemäßer Berufsunfähigkeit von seinem Leistungsversprechen zu lösen. In diesem Zusammenhang werden dem Versicherungsnehmer nach Auffassung des BGH aber eine Reihe „ungewöhnlicher Mitwirkungsobliegenheiten" bei der Beweisführung des Versicherers zugemutet, welche allein wegen der Besonderheiten des Versicherungsrechts und der speziellen Ausgestaltung der Berufsunfähigkeitsversicherung im Besonderen für erklärbar angesehen werden.[784]

Gerade wegen dieser, von den Grundsätzen der zivilprozessualen Beweisregeln abweichenden Situation, fordert der BGH ein „lauteres und vertrauensvolles Zusammenwirken der Vertragspartner, das auf Ergebnisse abzielt, die den Tatsachen und der Rechtslage entsprechen".[785]

Dieser Appell an die Vertragspartner muss angesichts der widerstreitenden Interessenlage, bei der es zumindest für den Versicherungsnehmer um „Alles oder Nichts" geht, wirklichkeitsfern anmuten und kann letztlich überhaupt nur dann sanktioniert werden, wenn die Rechtsprechung die Möglichkeit erhält, das

---

781 Neuhaus, Berufsunfähigkeitsversicherung, Kap. M Rn. 10.

782 Siehe dazu auch unten unter Abschnitt II 2 b).

783 Schwintowski, in: Schwintowski/Brömmelmeyer, § 174 Rn. 5; Klenk, in: Looschelders/Pohlmann, § 174 Rn. 9.

784 BGH, VersR 1993, 470.

785 Ebenda.

Verhalten der Vertragspartner zu überprüfen. Für die tagtägliche Auseinandersetzung, welche nicht an den Gerichten, sondern in der Korrespondenz zwischen Versicherungsnehmer und Sachbearbeiter geführt wird, helfen letztlich nur klare und transparente Regelungen in den Bedingungswerken weiter, welche im folgenden Abschnitt näher betrachtet werden sollen.

§ 1: Gegenstand des Nachprüfungsverfahrens

Das Nachprüfungsverfahren dient der Prüfung des Fortbestehens der bedingungsgemäßen Berufsunfähigkeit des Versicherten. Dies betrifft die Kontrolle, ob dieser weiterhin gesundheitlich nicht in der Lage ist, seinem zuletzt in gesunden Tagen ausgeübten Beruf in der bedingungsgemäß vereinbarten Art und Weise nachzugehen bzw. eine veränderte berufliche Tätigkeit oder Qualifikation dem Versicherer ggf. eine abstrakte oder konkrete Verweisung erlaubt.

I. Nachweis einer Änderung des Gesundheitszustandes

Sollte eine Verbesserung des Gesundheitszustandes über die bedingungsgemäß festgelegte Schwelle der Berufsunfähigkeit festzustellen sein, darf sich der Versicherer von seinem Leistungsversprechen lösen. Auch wenn die Beweislast dafür, dass künftig keine bedingungsgemäße Berufsunfähigkeit mehr vorliegt – im Unterschied zum Erstprüfungsverfahren – nun ausschließlich beim Versicherer liegt[786], steht diesem weiterhin das gesamte „Arsenal“ an Prüfungsmöglichkeiten bis hin zu einer erneuten – ggf. im jährlichen Rhythmus durchzuführenden – ärztlichen Begutachtung zur Verfügung. Spätestens, wenn ein vom Versicherer beauftragter, ärztlicher Gutachter feststellt, dass eine bedingungsgemäße Berufsunfähigkeit nicht mehr vorliegt, wird der Versicherer versuchen, seine Leistungen unter Berufung auf das Gutachten einzustellen.

§ 174 VVG bindet die Leistungseinstellung darüber hinaus an die formale Voraussetzung, dass dem Versicherungsnehmer die Veränderung seiner Leistungsfähigkeit in Textform „dargelegt“ wird. Alle geprüften Anbieter wiederholen diese Forderung wörtlich in ihren Bedingungswerken, sodass grundsätzlich von einer einheitlichen, die gesetzlichen Vorgaben aufnehmenden Bedingungslage gesprochen werden kann. Offen lassen jedoch sowohl das Gesetz als auch alle Bedingungswerke, welche konkreten Anforderungen an die Darlegung und die Nachvollziehbarkeit der Einstellungsmitteilung durch den Versicherer zu stellen sind.

---

786 BGH, VersR 1987, 808.

1. *Nachvollziehbare Begründung*

Die Rechtspraxis vor der VVG-Reform war in diesem Bereich von der Rechtsprechung des BGH geprägt, welcher – als Äquivalent zu den weitreichenden Mitwirkungsobliegenheiten des Versicherungsnehmers im Nachprüfungsverfahren – hohe formale Anforderungen an die Nachvollziehbarkeit der Einstellungsmitteilung des Versicherers stellt.[787]

Maßgebend soll dabei der Vergleich des Gesundheitszustands, wie ihn der Versicherer seinem Anerkenntnis zugrunde gelegt hat, mit dem Gesundheitszustand zu einem späteren Zeitpunkt sein, wobei die aus der Vergleichsbetrachtung abgeleiteten Folgerungen aufgezeigt werden müssen.[788] Als weitere Mindestvoraussetzung der Nachvollziehbarkeit sieht der BGH die unverkürzte Zugänglichmachung von Gutachten an, aus dem der Versicherer seine Leistungsfreiheit herleiten will, sofern es der Versicherungsnehmer nicht bereits in seinen Händen hält. „Ist in einem solchen Gutachten nur zu dem gegenwärtigen Gesundheitszustand des Versicherten Stellung genommen, so ist die Mitteilung – auch bei gleichzeitiger Übersendung des Gutachtens – nur dann hinreichend nachvollziehbar, wenn der Versicherer aufzeigt, dass die Gegenüberstellung der Ergebnisse des Gutachtens mit den Feststellungen und Bewertungen, die er seinem Anerkenntnis zugrunde gelegt hat, eine nach den Versicherungsbedingungen maßgebliche Besserung ergeben hat."[789] Beide vom BGH aufgestellten Anforderungen sind Mindestvoraussetzungen dafür, dass die „Dreimonateschonfrist" des § 174 Abs. 2 VVG überhaupt zu laufen beginnt.[790]

2. *Darlegung in Textform*

Da § 174 Abs. 1 VVG nicht, wie der BGH, von einer „nachvollziehbaren Begründung", sondern von einer „Darlegung der Veränderungen in Textform" spricht, sieht Mertens darin eine vom Gesetzgeber gewollte Abmilderung der bisherigen, vom BGH aufgestellten Anforderungen an die Einstellungsentscheidung, da in dem Wort „Darlegung" bereits begrifflich weniger als in einer „nachvollziehbaren Begründung" liegen soll.[791]

Diese abgemilderten Anforderungen könnten der Intention des OLG Koblenz gleichkommen, welches – entgegen der o. g. BGH-Rechtsprechung – festgestellt

787 BGH, VersR 1993, 470, 559, 562.

788 BGH, VersR 1996, 958; VersR 2006, 102.

789 BGH, VersR 1996, 958.

790 Neuhaus, Berufsunfähigkeitsversicherung, L Rn. 41.

791 Mertens, in: Rüffer/Halbach/Schimikowski, HK-VVG, § 174 Rn. 13.

hat, dass die Nachvollziehbarkeit der Einstellungsmitteilung keine explizite Darstellung erfordert, welche konkreten Tätigkeiten der Versicherte ursprünglich nicht und nunmehr doch wieder ausführen kann.[792] Vielmehr sieht das Gericht die Voraussetzung einer nachvollziehbaren Begründung der Leistungseinstellung bereits als gegeben an, wenn sich der Versicherer auf ein Sachverständigengutachten bezieht, in dem der Gesundheitszustand des Versicherten bei Leistungsanerkenntnis beschrieben und nachgewiesen wird, dass sich dieser verbessert hat.

Letztlich kann die Auffassung von Mertens bei genauerem Hinsehen einer Nachprüfung jedoch nicht standhalten. Warum der von § 174 Abs. 2 VVG gewählte Begriff der „Darlegung" im Unterschied zum Terminus „Nachvollziehbare Begründung" geringere Anforderungen an den Rechtfertigungsaufwand stellen soll, bleibt offen. Vielmehr wird das Wort „darlegen" gemeinhin mit „ausführlich erläutern, erklären" bzw. „in aller Deutlichkeit ausführen" umschrieben[793], sodass für die erwähnte Interpretation kein Anhaltspunkt gefunden und vielmehr mit der h. M. festzuhalten bleibt, dass sich die hohen Anforderungen an die Nachprüfungsentscheidung durch Einführung des § 174 Abs. 2 VVG nicht geändert haben.[794]

3. *Praktische Konsequenzen*

Um den o. g. Anforderungen jedoch tatsächlich nachkommen zu können, ist zwingend ein Vergleich zwischen der Situation bei Anerkennung der Berufsunfähigkeit und der bei Überprüfung im Nachprüfungsverfahren notwendig.[795]

Bei der Vergleichsbetrachtung muss nicht nur der Gesundheitszustand des Versicherten zum Zeitpunkt der Nachprüfungsentscheidung jenem gegenübergestellt werden, den der Versicherer zum Zeitpunkt seines Anerkenntnisses zugrunde gelegt hat. Darüber hinaus müssen dem Versicherungsnehmer auch die aus der Vergleichsbetrachtung abgeleiteten Folgerungen aufgezeigt werden. Dazu sollen auch die aus den medizinischen Erkenntnissen gezogenen

---

792 OLG Koblenz, VersR 2008, 1254.

793 Duden, Deutsches Universalwörterbuch.

794 So auch Rixecker, in: Römer/Langheid, § 174 Rn. 8, Marlow/Spuhl, Das Neue VVG kompakt, Rn. 1218.

795 OLG Koblenz, VersR 2008, 1254; OLG Karlsruhe, VersR 2010, 653, unter Berufung auf BGH, VersR 1993, 562.

berufsbezogenen Schlussfolgerungen gehören, die dann ebenfalls vergleichend darzulegen sind.[796]

Diesen formalen Voraussetzungen bereits bei Leistungsanerkenntnis Genüge zu tun, wird von den Versicherern nicht selten vertan, was weitreichende Folgen haben kann.[797] Es entspricht einer verbreiteten Praxis, dass Versicherer im Rahmen ihrer Leistungsentscheidung darauf verzichten, dem Versicherungsnehmer den Grad der anerkannten Berufsunfähigkeit mitzuteilen.[798] Die Gründe hierfür mögen vielgestaltig sein, in der Hauptsache werden sie wohl darin liegen, dass die ärztlichen oder auch gutachterlichen Unterlagen, welche zur Leistungsentscheidung herangezogen worden sind, zwar klarstellen, dass eine mehr als fünfzigprozentige Berufsunfähigkeit des Versicherten vorliegt, jedoch letztlich keine exakte Zuordnung auf die einzelnen Tätigkeitsfelder ermöglichen. In diesen Fällen mag der Sachbearbeiter, vielleicht um aufwendige Rückfragen zu vermeiden oder aber aus reinem Pragmatismus eine positive Leistungsentscheidung treffen, welche sich jedoch als folgenschwer, weil unumkehrbar, erweisen kann. In einem späteren Nachprüfungsverfahren wird es dem Versicherer bei einer solchen Verfahrensweise nämlich mehr oder weniger unmöglich, die von der Rechtsprechung geforderte Gegenüberstellung zwischen dem – auf die einzelnen Tätigkeitsbereiche bezogenen – Grad der Berufsunfähigkeit zum Zeitpunkt des Anerkenntnisses und zum Zeitpunkt der Einstellung vorzulegen, was letztlich dazu führt, dass eine Leistungseinstellung im Nachprüfungsverfahren im Grunde für immer ausgeschlossen ist.[799]

Diese zugegebenermaßen harte Konsequenz betrachtet Rixecker kritisch und wendet ein, dass bei dieser Lesart eine v. a. auf Versicherungsnehmerseite geforderte, schnelle und pragmatische Leistungsentscheidung unmöglich würde und stattdessen langwierige Untersuchungen zur Feststellung des genauen Grades der

796 OLG Karlsruhe, VersR 2010, 653, unter Berufung auf Rixecker, in: Beckmann/Matusche-Beckmann, Versicherungsrechts-Handbuch, § 46 Rn. 159 ff.

797 Müller-Frank, BUZaktuell 1/2007, S. 7; ähnlich Glauber, „Subjektive Kulanz“ in der Berufsunfähigkeitsversicherung, VersR 1994, 1405.

798 Rixecker, in: Beckmann/Matusche-Beckmann, Versicherungsrechts-Handbuch, § 46 Rn. 167.

799 Müller-Frank, BUZaktuell 1/2007, S. 7.

Berufsunfähigkeit durchgeführt werden müssten.[800] Dies mag vom praktischen Ansatzpunkt her richtig sein, hilft im Ergebnis jedoch keiner Seite weiter, da sich der scheinbare Vorteil einer schnellen und pragmatischen Leistungsentscheidung spätestens im Nachprüfungsverfahren in sein Gegenteil verkehren und sich der Versicherer ebenso schnell und pragmatisch von seinem Leistungsversprechen lösen kann.

Wie in Kapitel 5 § 4 gesehen, erlaubt der Gesetzgeber in § 173 Abs. 2 VVG Regelungen zu befristeten Anerkenntnissen und will auch die Möglichkeiten zu außervertraglichen Vereinbarungen nicht einschränken, sodass weiterhin genügend Möglichkeiten bestehen, dem Versicherungsnehmer „schnell und pragmatisch" zu helfen und gleichwohl den Befristungszeitraum für eine genaue Prüfung der Leistungsvoraussetzungen zu nutzen.

Der Vorschlag von Rixecker, in den Fällen einer nicht genau vorgenommenen Bestimmung des Grades der Berufsunfähigkeit zumindest nicht von einer vormals 100%igen Berufsunfähigkeit auszugehen, sondern lediglich zu prüfen, ob es überhaupt zu einer „Besserung" dahin gehend gekommen ist, dass der Berufsunfähigkeitsgrad nunmehr unter 50 % liegt, ist zumindest bei Betrachtung der aktuellen Bedingungswirklichkeit – welche, wie gesehen, dem Leitbild des § 174 VVG entspricht – rechtlich nicht haltbar, da eben nicht von einer „Besserung", wie Rixecker offenbar meint, sondern vielmehr von der Prüfung des Fortbestehens der Berufsunfähigkeit und der Darlegung der Veränderungen in Textform die Rede ist. Dies kann letztlich nur in der Art und Weise geschehen, dass man einen Zustand ex ante mit einem Zustand ex post – jeweils bezogen auf die konkreten Einzelverrichtungen der letzten Tätigkeit – genau vergleicht, so wie es von der BGH-Rechtsprechung auch gefordert wird.

Noch eklatanter tut sich das Problem auf, wenn die Leistungsentscheidung des Versicherers von vornherein auf einer gänzlich falschen Einschätzung der gesundheitlichen Situation des Versicherungsnehmers beruht hat, d. h. eine bedingungsgemäße Berufsunfähigkeit möglicherweise nie vorgelegen hat und der Versicherer dies erst im Nachprüfungsverfahren erkennt.

Es kommt in der Praxis nicht selten vor, dass vom Versicherer beauftragte Gutachter im Nachprüfungsverfahren feststellen, dass der Versicherungsnehmer weder zum Zeitpunkt der Begutachtung im Nachprüfungsverfahren noch im Moment der ersten Leistungsentscheidung berufsunfähig gewesen ist oder

---

800 Rixecker, in: Beckmann/Matusche-Beckmann, Versicherungsrechts-Handbuch, § 46 Rn. 167; ähnlich Lücke, in: Prölss/Marin, § 174 Rn. 27, welcher eine Darlegung von Verbesserungen dann für überflüssig hält, wenn klar ist, dass der Versicherungsnehmer wieder vollständig genesen ist.

war. Müller-Frank beschreibt die Gefahr einer „Immerwährenden Berufsunfähigkeit", in der die Bindungswirkung des Anerkenntnisses zwingend fortwirkt und auch im Nachprüfungsverfahren nicht mehr rückgängig zu machen ist, als ein unbefriedigendes Ergebnis für den Versicherer.[801] Unter Hinweis darauf, dass unter der Geltung der neuen §§ 174, 175 VVG eine bis dato nicht erfolgte Bedingungsänderung auch nicht mehr möglich sein soll, mahnt er die Versicherer zu Recht an, bereits mit einer besonders sorgfältigen Erstprüfung das notwendige Fundament für ein ggf. erfolgreiches Nachprüfungsverfahren zu schaffen.

4. *Fazit*

Wie dargelegt, sind die formalen Anforderungen an die Begründung der Nachprüfungsentscheidung des Versicherers weiterhin hoch und werden durch die Regelung des § 174 Abs. 2 VVG nicht abgemildert. Auch die in der Literatur entwickelten Ideen, die daraus folgenden negativen Konsequenzen für die Versicherer abzumildern, können letztendlich nicht überzeugen. Diese haben die Instrumentarien in der Hand, in jeder Leistungsphase die erforderlichen Erhebungen anzustellen und sorgfältig zu dokumentieren, sodass eine den Anforderungen entsprechende Leistungsentscheidung jederzeit möglich bleibt, ohne dass im Sinne einer „pragmatischen" Lösung vorschnelle Entscheidungen getroffen werden müssten.

II. Verweisung im Nachprüfungsverfahren

1. *Konkrete Verweisung*

Neben der Frage, ob der Versicherungsnehmer seine alte, in gesunden Tagen ausgeübte Tätigkeit aufgrund einer Verbesserung seiner gesundheitlichen Situation ggf. wieder ausüben kann, soll das Nachprüfungsverfahren gleichzeitig dazu dienen zu prüfen, ob der Versicherungsnehmer eine andere Tätigkeit ausübt, auf die er ggf. konkret verwiesen werden kann. Diese in § 6 Abs. 1 MB-BUZ vorgesehene Möglichkeit wird von allen Marktteilnehmern übernommen.[802] In diesem Zusammenhang kann auf die Ausführungen zur konkreten Verweisung im Kapitel 6 § 3 verwiesen werden.

---

801 Müller-Frank, BUZ-aktuell 1/2007, 7, unter Berufung auf Knappmann, in: Prölss/Martin, VVG, 27. Aufl., § 7 Rn. 13 BUZ.

802 Außer HDI, welche ausschließlich bei neu erworbenen Kenntnissen eine konkrete Verweisung zulässt.

Übt der Versicherungsnehmer eine Tätigkeit aus, welche von seinem alten Berufsbild verschieden ist und die er allein aufgrund neu erlangter Kenntnisse oder Qualifikationen ausüben kann, so darf er auf diese nur dann verwiesen werden, wenn die Bedingungen eine Berücksichtigung neu erworbener Kenntnisse und Fähigkeiten vorsehen.[803] Dies ist bei 46 der 66 geprüften Bedingungswerke der Fall (Tabelle, Anhang 14).

2. *Abstrakte Verweisung*

a) Zulässigkeit der Prüfung im Nachprüfungsverfahren

Eine Untersuchung im Jahr 2004 kam zu dem Ergebnis, dass zum damaligen Zeitpunkt offenbar Anbieter existierten, welche in der Erstprüfung auf die abstrakte Verweisung verzichteten, diese für das Nachprüfungsverfahren allerdings zuließen, was zu Recht als überraschend angesehen werden musste.[804] In der aktuellen Bedingungswirklichkeit sind keine Anbieter mehr auszumachen, welche trotz Verzichts auf die abstrakte Verweisung in der Erstprüfung diese im Nachprüfungsverfahren vorsehen.

Anders fällt die Beurteilung der Bedingungswerke aus, welche bereits in der Erstprüfung die abstrakte Verweisung vorsehen. Wenn diese Anbieter im Nachprüfungsverfahren das „Fortbestehen der bedingungsgemäßen Berufsunfähigkeit" prüfen wollen, dann bedeutet das inzident auch, die erneute Prüfung einer abstrakten Verweisungsmöglichkeit. Allerdings weist die Mehrheit dieser Anbieter auch in den Regelungen zum Nachprüfungsverfahren ausdrücklich darauf hin, dass die abstrakte Verweisung weiterhin Gegenstand der Prüfung ist (Tabelle, Anhang 14).

> *Nach Anerkennung oder Feststellung unserer Leistungspflicht sind wir berechtigt, das Fortbestehen der Berufsunfähigkeit gemäß § 2 nachzuprüfen, jedoch nicht bei zeitlich befristeten Anerkenntnissen gemäß § 14 Abs. 2. Dabei können wir auch prüfen, ob die versicherte Person eine andere Tätigkeit ausübt oder ausüben kann, die ihrer früheren Lebensstellung entspricht.*[805]

In Einzelfällen wird von dieser Übung jedoch abgewichen und die Möglichkeit der abstrakten Verweisung, welche im Rahmen der Beschreibung des versicherten Risikos geregelt ist, für das Nachprüfungsverfahren nicht erneut ausdrücklich erwähnt.

---

803 Lücke, in: Prölss/Martin, § 174 Rn. 16.

804 Glissmann/Schulz, Versicherungswirtschaft, 2004, 685.

805 § 16 Abs. 1 Basler.

Nach Anerkennung oder Feststellung unserer Leistungspflicht sind wir berechtigt, das Fortbestehen der Berufsunfähigkeit und deren Grad nachzuprüfen. Dabei können wir erneut prüfen, ob der Versicherte eine andere Tätigkeit im Sinne von § 2 Abs. 1 ausübt. Beim Tarif BZ sind neu erworbene Kenntnisse und Fähigkeiten nur zu berücksichtigen, wenn der Versicherte einen entsprechenden Arbeitsplatz in einem Vergleichsberuf auch tatsächlich erlangt hat oder er sich um einen solchen nicht in zumutbarer Weise bemüht hat. Beim Tarif BZ-Plus sind auch Tätigkeiten zu berücksichtigen, die der Versicherte aufgrund neu erworbener Kenntnisse und Fähigkeiten ausübt.[806]

Obwohl positiv geregelt ist, dass das „Fortbestehen der (bedingungsgemäßen) Berufsunfähigkeit" nachgeprüft wird, wozu dann auch die Regelung der abstrakten Verweisung gehört, muss man bei dieser Regelung beachten, dass der Anbieter die Möglichkeit der konkreten Verweisung ebenfalls ausdrücklich erwähnt und lediglich die abstrakte Verweisung weglässt. Zumindest wegen dieser unterschiedlichen Behandlung der beiden Verweisungsvarianten wäre der Verwender hier mit einer Prüfung der abstrakten Verweisung im Nachprüfungsverfahren ausgeschlossen.

Eine bei der Bewertung von Versicherungsbedingungen durch Ratingunternehmen im Mittelpunkt stehende Frage lautet, ob der Versicherer im Nachprüfungsverfahren auf sein Recht auf abstrakte Verweisung verzichtet.[807] Bedingungswerke unter einem derartigen Ansatz zu „raten", erscheint jedoch praxisfern und damit verfehlt. Wie bereits gesehen, haben sich ca. ein Viertel der untersuchten Anbieter dazu entschlossen, zumindest eine ihrer Tarifvarianten weiter mit abstrakter Verweisung anzubieten. Es erscheint insofern stringent, dass darauf dann auch im Nachprüfungsverfahren nicht verzichtet wird, was auch bei allen Gesellschaften der Fall ist. Diese Anbieter deshalb mit einem Malus zu bedenken, weil sie im Nachprüfungsverfahren das Gleiche wie im Erstprüfungsverfahren tun, erscheint unnötig. Vielmehr wird ein Versicherungsnehmer, welcher einen Vertrag mit abstrakter Verweisung einkauft, auch im Nachprüfungsverfahren damit rechnen müssen, dass der Versicherer diese Option prüfen will.

b) Prüfung „neu erworbener Kenntnisse"

Auch wenn die abstrakte Verweisung im Nachprüfungsverfahren geprüft werden darf, spielen neu erworbene Kenntnisse grundsätzlich nur dann eine Rolle, wenn deren Prüfung ausdrücklich vereinbart ist, was die Mehrheit der Anbieter jedoch vorsieht (siehe Tabelle, Anhang 14).

---

806 § 7 Abs. 1 Hannoversche Leben.

807 Morgen & Morgen, LV-Win 8.17, Bedingungsrating Frage 10 (Gewichtung: wichtig, Mindestkriterium für 5 Punkte).

Neuhaus vertritt nunmehr unter Berufung auf Rixecker die Auffassung, dass sich auch bei Fehlen einer derartigen vertraglichen Vereinbarung die Prüfungsmöglichkeit neu erworbener Fähigkeiten im Geltungsbereich des VVG n. F. bereits aus § 174 VVG selbst ergäbe, da im Gesetz nur darauf abgestellt würde, ob die „Voraussetzungen der Leistungspflicht nicht mehr vorliegen".[808] Nach Rixecker soll das Gesetz „unabhängig von einer vertraglichen Regelung (und schon gar nicht auf ihrer Grundlage)" erlauben, „im Rahmen einer Nachprüfungsentscheidung neu erworbene berufliche Kenntnisse und Fähigkeiten zu berücksichtigen".[809]

Diese Auffassung ist grundsätzlich abzulehnen[810], da sie der ausdrücklich formulierten Intention des Gesetzgebers zuwider läuft, in Kapitel 6 VVG lediglich Regelungen zur Berufsunfähigkeitsversicherung vorschlagen aber keine originären Vertragsinhalte begründen zu wollen.[811] Daraus folgt, dass § 174 VVG ebenso wenig ein eigenständiges Nachprüfungsrecht des Versicherers begründet[812], wie § 173 Abs. 2 VVG etwa ein selbstständiges gesetzliches Befristungsrecht.[813]

Gleichwohl kann die Situation eintreten, dass der Versicherungsnehmer, welcher Leistungen bezieht, im Rahmen einer – z. B. durch das Arbeitsamt finanzierten – Umschulung neue Fähigkeiten erwirbt, im Anschluss an die Qualifizierung aber keine Arbeit findet. In diesen Fällen wäre der Versicherer berechtigt, jetzt von der Möglichkeit der abstrakten Verweisung Gebrauch zu machen. Hier will der BGH dem Versicherungsnehmer zu Hilfe kommen und schließt eine abstrakte Verweisung so lange nach Treu und Glauben aus, wie der Versicherungsnehmer nachweisen kann, sich fortlaufend um eine angemessene Arbeitsstelle bemüht

808 Neuhaus, Berufsunfähigkeitsversicherung, Kap. M Rn. 42; interessanterweise hat der Autor in der Vorauflage, Kap. L Rn. 35, noch ausdrücklich die gegenteilige Meinung vertreten und festgestellt, dass § 174 VVG die Berücksichtigung neu erworbener beruflicher Fähigkeiten nicht erwähne, eine entsprechende vertragliche Vereinbarung sich aber nicht so „über alle Maßen vom gesetzlichen Leitbild" entferne, sodass eine solche nicht nach § 307 BGB als unwirksam anzusehen sei.

809 Rixecker, in: Römer/Langheid, § 174 Rn. 14, unter Aufgabe seiner bisherigen Auffassung in Beckmann/Matusche-Beckmann, Versicherungsrechts-Handbuch, § 46 Rn. 168.

810 So auch die h. M, welche immer eine vertragliche Vereinbarung fordert: Lücke, in Prölss/Martin, § 174 Rn. 16; Schwintowski, in: Schwintowski/Brömmelmeyer, § 174 Rn. 5; Klenk, in: Looschelders/Pohlmann, § 174 Rn. 9; Langheid/Wandt/Dörner, § 174 Rn. 14; Mertens, in: Rüffer/Halbach/Schimikowski, § 174 Rn. 6.

811 Regierungsentwurf zu Kapitel 6 VVG, BT-Drucks. 16/3945, S. 106.

812 So aber Neuhaus, Berufsunfähigkeitsversicherung, Kap. M R. 10.

813 Siehe auch Kapitel 5 § 4 I m. w. N.

zu haben. Nach Ansicht des BGH widerspricht es den, auch einen Vertrag über eine Berufsunfähigkeitszusatzversicherung beherrschenden, Grundsätzen von Treu und Glauben, wenn sich der Versicherer in dieser Situation auf den Wegfall seiner anerkannten Leistungspflicht berufen könne. Da die Bedingungen den Versicherungsnehmer weder zur Fortbildung noch zur Umschulung verpflichten, hängt die Möglichkeit des Versicherers, von seinem Leistungsanerkenntnis loszukommen, allein vom freiwilligen und überobligationsmäßigen Erwerb neuer beruflicher Fähigkeiten durch den Versicherten ab. Insofern soll der Versicherte auf der anderen Seite nicht fürchten müssen, bei einem freiwilligen Erwerb neuer beruflicher Fähigkeiten seinen Leistungsanspruch gegen den Versicherer auch dann schon zu verlieren, wenn es ihm trotz neu erworbener Fähigkeiten und zumutbarer Bemühungen noch nicht gelungen ist, ein adäquates Beschäftigungsverhältnis einzugehen.[814]

aa) Fehlende Umsetzung der BGH-Rechtsprechung

In der Literatur wird es zu Recht kritisch betrachtet, wenn die Voraussetzungen der konkreten Verweisung nach Erwerb neuer Fähigkeiten, wie sie durch den BGH gesetzt worden sind, in den Versicherungsbedingungen nur unzulänglich dargestellt werden.[815] Letztlich ist legitim, dass der durchschnittliche Versicherungsnehmer entsprechende Betrachtungen anstellen dürfen soll, ob es sich für ihn lohnt, sich zu qualifizieren und gleichzeitig zu riskieren, dass im Nachhinein die Leistungspflicht entfällt.

Allein ein Anbieter setzt die von der BGH-Rechtsprechung aufgestellten Anforderungen in seinem Bedingungswerk um, was nicht unerwähnt bleiben soll.

> *Nach Anerkennung oder Feststellung unserer Leistungspflicht sind wir berechtigt, das Fortbestehen der Berufsunfähigkeit und deren Grad nachzuprüfen. Dabei können wir erneut prüfen, ob der Versicherte eine andere Tätigkeit im Sinne von § 2 Abs. 1 ausübt. Beim Tarif BZ sind neu erworbene Kenntnisse und Fähigkeiten nur zu berücksichtigen, wenn der Versicherte einen entsprechenden Arbeitsplatz in einem Vergleichsberuf auch tatsächlich erlangt hat oder er sich um einen solchen nicht in zumutbarer Weise bemüht hat.*[816]

bb) Anforderungen an die neue Tätigkeit

Wenn die Rechtsprechung fordert, dass der Versicherungsnehmer, welcher sich überobligationsmäßig um eine neue Tätigkeit bemüht hat, eine solche zunächst innehaben muss, bevor eine Verweisung greift, bleibt offen, welche

---

814 BGH, VersR 2000, 171; analog OLG Karlsruhe, VersR 2006, 59.

815 Schwintowski, in: Tamm/Tonner, Verbraucherrecht, § 23 Rn. 367.

816 § 7 Abs. 1 Hannoversche Leben.

Anforderungen an die neue Tätigkeit zu knüpfen sind. Hier kann letztlich nichts anderes gelten, wie bereits in Kapitel 6 § 3 I festgestellt: der Versicherungsnehmer muss eine Festanstellung besitzen und somit zumindest über die arbeitsvertraglich geregelte Probezeit bzw. über die Sechsmonatsfrist des Kündigungsschutzgesetzes hinausgekommen sein.

III. Umorganisation

Auch im Nachprüfungsverfahren stellt sich, ebenso wie bei der Erstprüfung, die Frage, inwieweit bei einem selbstständigen Versicherungsnehmer eine entstandene Umorganisationsmöglichkeit des Betriebes zu berücksichtigen ist. Rixecker weist darauf hin, dass es problematisch sei, Veränderungen, die weder auf eine Besserung des Gesundheitszustandes noch auf den Erwerb neuer Fertigkeiten zurückzuführen seien, in das Konzept der Nachprüfung einzuordnen[817] und diskutiert dieses Problem in Hinblick auf eine in sich nicht konsistente BGH-Rechtsprechung, welche die Frage stellt, ab welcher Investitionshöhe dem Versicherungsnehmer eine von ihm selbst geschaffene Umorganisationsmöglichkeit entgegengehalten werden darf.[818] Während der BGH den nachträglichen Erwerb einer Mietwerkstatt mit Waschanlage durch einen KfZ-Meister als zumutbare und anzurechnende Umorganisationsmöglichkeit angesehen hat[819], soll dem Spediteur, dem sich mit dem Erwerb eines weiteren Speditionsunternehmens eine Umorganisationsmöglichkeit auftut, diese nicht entgegengehalten werden dürfen, da er diese durch eine eigene Anstrengung geschaffen hat, zu der er dem Versicherer gegenüber nicht verpflichtet war. Wegen der durch eigenen Kapitaleinsatz erbrachten überobligationsmäßigen Anstrengung ist es nach Auffassung des BGH in diesem Fall unbillig, den Versicherer, obwohl er an dem unternehmerischen Risiko des Versicherten nicht beteiligt ist, davon profitieren zu lassen, indem er Leistungsfreiheit erhält.[820]

Die vom BGH in der zweiten vorgestellten Entscheidung vertretene Argumentation mag richtig sein, lässt jedoch die eigentlich interessante Frage bei dieser Diskussion außer Betracht. Letztlich dürfte es auch in diesem Zusammenhang zunächst darauf ankommen, ob das zugrunde liegende Bedingungswerk die Berücksichtigung einer Umorganisationsmöglichkeit vorsieht. Da alle Bedingungswerke

817 Rixecker, in: Beckmann/Matusche-Beckmann, Versicherungsrechts-Handbuch, § 46 Rn. 172, Müller-Frank, Aktuelle Rechtsprechung, S. 212 f.

818 BGH. VersR 2000, 171.

819 Ebenda.

820 BGH v. 28.04.1999, VersR 1999, 958.

im Nachprüfungsverfahren von einem Fortbestehen der bereits bei der Erstprüfung definierten Berufsunfähigkeit sprechen, kann hier auf die Ausführungen im Abschnitt 6 verwiesen werden. D. h., wenn die Umorganisationsmöglichkeit im Rahmen der Definition der Berufsunfähigkeit nicht hinreichend transparent ausgestaltet worden ist, darf sie auch im Nachprüfungsverfahren keine Rolle spielen. Eine erneute ausdrückliche Erwähnung der Umorganisation im Abschnitt des Nachprüfungsverfahrens hingegen dürfte – wie bereits bei der abstrakten Verweisung gesehen – nicht erforderlich sein, wenngleich einige Anbieter gleichwohl diesen Weg gehen (siehe Tabelle, Anhang 14).

IV. Fazit

Während sich die Prüfung neu erworbener Kenntnisse und Fähigkeiten – insoweit geregelt – bei der konkreten Verweisung im Nachprüfungsverfahren unproblematisch darstellt, bereitet die Regelung in den Fällen, in denen Anbieter die abstrakte Verweisung (auch im Nachprüfungsverfahren) vorsehen, weiter Schwierigkeiten, da die Prämissen der BGH-Rechtsprechung von den Anbietern – bis auf eine Ausnahme – nicht umgesetzt werden und die Bedingungen in diesem Bereich intransparent bleiben.

§ 2: Mitwirkungspflichten des Versicherten

Eine praktisch nicht zu unterschätzende Problematik stellt die Frage nach einer Meldepflicht des Versicherungsnehmers in Bezug auf Veränderungen seiner beruflichen bzw. gesundheitlichen Situation dar.

Es entspricht der Übung aller Berufsunfähigkeitsversicherer, dem Versicherungsnehmer im Rahmen des Leistungsanerkenntnisses mitzuteilen, dass er fortan verpflichtet sei, sowohl eine Veränderung seiner gesundheitlichen Situation als auch die Aufnahme oder Veränderung seiner beruflichen Tätigkeit unverzüglich und ungefragt dem Versicherer mitzuteilen. Mertens empfiehlt den Versicherern ausdrücklich, diesen Hinweis mit einer Belehrung nach § 28 Abs. 4 VVG sanktionierbar auszugestalten.[821]

Das dringende Interesse des Versicherers an derartigen Informationen, welche im Zweifel die sofortige Einleitung eines Nachprüfungsverfahrens zur Folge haben werden, ist nachvollziehbar. Fraglich ist aber, woraus sich eine derartige spontane Anzeigepflicht ergeben soll. Weiterhin ist die Frage zu klären, ob und wie eine derartige Verpflichtung in den Bedingungswerken auch wirklich festgeschrieben

821 Mertens, in: Rüffer/Halbach/Schimikowski, HK-VVG, § 6 Rn. 7 BB-BUZ.

wird, da nur dann eine Sanktion an die Verletzung gebunden werden kann. Die Ausgestaltung dieser Regelungen bedarf einer genauen Analyse.

I. Regelungssystematik

Die Verortung von Obliegenheitsregelungen für das Nachprüfungsverfahren ist aktuell einem gewissen Wandel unterworfen, welche mit der Umstellung der Verbandbedingungen von der Generation 2010 zu 2012 in Zusammenhang zu bringen ist. Über die, an die AVB-BU angelehnten Bedingungsvarianten hinaus, existieren jedoch noch weitere Varianten, sodass sich folgende Systematik bilden lässt.

1. Keine Regelung – spontane Meldepflicht nach § 242 BGB?

Wie der Tabelle 15 entnommen werden kann, existieren immerhin drei Anbieter, welche keinerlei Mitwirkungspflichten in Bezug auf die Meldung von Veränderungen der gesundheitlichen oder beruflichen Situation in ihren Bedingungen vorsehen. In derartigen Fällen läuft die von Mertens empfohlene Belehrung nach § 28 Abs. 4 VVG ins Leere, da diese Norm ausschließlich auf vertraglich vereinbarte Obliegenheiten Anwendung findet.[822] Fehlen ausdrückliche Vereinbarungen, so kann auch keine konkludent bestehende Obliegenheit angenommen werden.[823] Auch das OLG Saarbrücken geht davon aus, dass der Versicherungsnehmer zumindest die Wiederaufnahme einer Tätigkeit nicht ungefragt anzeigen muss.[824]

Die Gegenauffassung sieht es als eine, aus dem Grundsatz von Treu und Glauben gem. § 242 BGB hergeleitete vertragliche Nebenpflicht an, dass der Versicherungsnehmer detailliert anzuzeigen hat, wenn sich sein Gesundheitszustand verbessert oder er – bei Vereinbarung einer Verweisung – eine andere Tätigkeit aufnimmt. Auch ohne entsprechende vertragliche Vereinbarung soll der Versicherer bei Verletzung dieser konkludenten Anzeigepflicht leistungsfrei werden, da niemand mehr Leistungen beanspruchen darf, wenn die Voraussetzungen dafür weggefallen sind.[825]

Dieser Ansatz von Neuhaus erscheint gleichwohl zu weitgehend. Zum einen erinnert er an das obsolete versicherungsrechtliche Bereicherungsverbot. Darüber hinaus bedingt eine Besserung des Gesundheitszustandes bzw. die Wieder-

822 Heiss, in: Bruck-Möller, § 28 Rn. 9.

823 Ebenda, unter Berufung auf Berliner Kommentar/Schwintowski § 6 Rn. 37.

824 OLG Saarbrücken, VersR 2009, 344.

825 Neuhaus, in: Voit/Neuhaus: Berufsunfähigkeitsversicherung, Kap. L Rn. 30.

aufnahme oder Änderung der Tätigkeit des Versicherten keineswegs zwingend die Veränderung dessen bedingungsgemäßen Status. Vielmehr kann sich dieser auch bei verändertem Gesundheitszustand bzw. beruflicher Situation durchaus weiterhin in der Bandbreite der bedingungsgemäßen Berufsunfähigkeit befinden.

Wenn es der BGH bereits als ungewöhnliche Mitwirkungsobliegenheit ansieht, dass der Versicherungsnehmer im regulären Nachprüfungsverfahren an der Beweisführung seines Gläubigers mitzuwirken hat[826], so lässt sich darüber hinaus eine ungefragte bzw. spontane Meldeobliegenheit außerhalb eines Nachprüfungsverfahrens nicht auch noch aus § 242 BGB herleiten.

2. *Regelung im Abschnitt Nachprüfungsverfahren*

Bis zur vorletzten Generation der MB-BUV/BUZ wurde vorgeschlagen, die in Rede stehenden Obliegenheiten wie folgt zu vereinbaren:

> *§ 6 Was gilt für die Nachprüfung der Berufsunfähigkeit?*
>
> *(1) Nach Anerkennung oder Feststellung unserer Leistungspflicht sind wir berechtigt, das Fortbestehen der Berufsunfähigkeit und ihren Grad oder die Pflegestufe nachzuprüfen. Dabei können wir erneut prüfen, ob die versicherte Person eine andere Tätigkeit im Sinne von § 2 ausüben kann, wobei neu erworbene berufliche Fähigkeiten zu berücksichtigen sind.*
>
> *(2) Zur Nachprüfung können wir auf unsere Kosten jederzeit sachdienliche Auskünfte und einmal jährlich umfassende Untersuchungen der versicherten Person durch von uns zu beauftragende Ärzte verlangen. Die Bestimmungen des § 4 Absätze 2 und 3 gelten entsprechend.*
>
> ***(3) Eine Minderung der Berufsunfähigkeit oder der Pflegebedürftigkeit und die Wiederaufnahme bzw. Änderung der beruflichen Tätigkeit müssen Sie uns unverzüglich mitteilen.***[827]

Wie der Tabelle 15 zu entnehmen ist, verwendet die übergroße Mehrheit der Anbieter nach wie vor diesen, den GDV-Bedingungen aus dem Jahr 2010 entlehnten Vorschlag. Die Regelung liest sich für den durchschnittlichen Versicherungsnehmer allerdings so, dass ihn Meldepflichten gegenüber dem Versicherer nur dann treffen, wenn dieser selbst bereits ein bedingungsgemäßes Nachprüfungsverfahren eingeleitet hat, was in der Praxis so vonstattengeht, dass der Versicherer einen Fragebogen verschickt, in dem die ihn interessierenden Veränderungen einzeln abgefragt werden. Dass der Versicherungsnehmer ggf. weitere, über die Phase des Nachprüfungsverfahrens hinausgehende „spontane" Meldepflichten hätte, ergibt sich aus dieser Regelung jedenfalls nicht.

---

826 BGH, VersR 1993, 470.

827 § 6 MB-BUZ 10.

3. *Regelung als generelle Obliegenheit*

Unterdessen schlägt der GDV eine veränderte Regelungsvariante zum Nachprüfungsverfahren vor, welche auch die Mitwirkungspflicht des Versicherungsnehmers in Bezug auf dessen Meldepflichten anders gestaltet:

> *§ 6 Was gilt nach Anerkennung der Berufsunfähigkeit?*
>
> *Nachprüfung*
> *(1) Wenn wir unsere Leistungspflicht unbefristet anerkannt haben oder sie gerichtlich festgestellt worden ist, sind wir berechtigt, das Fortbestehen der Berufsunfähigkeit oder die Pflegestufe nachzuprüfen. Dabei können wir erneut prüfen, ob die versicherte Person (das ist die Person, auf deren Berufsunfähigkeit die Versicherung abgeschlossen ist) eine andere Tätigkeit im Sinne von § 2 ausübt, wobei neu erworbene berufliche Fähigkeiten zu berücksichtigen sind.*
>
> *(2) Zur Nachprüfung können wir jederzeit sachdienliche Auskünfte anfordern und einmal jährlich verlangen, dass sich die versicherte Person durch von uns beauftragte Ärzte umfassend untersuchen lässt. Hierbei anfallende Kosten sind von uns zu tragen. Die Bestimmungen des § 4 Absatz 2 und 3 gelten entsprechend.*
>
> *Mitteilungspflicht*
> *(3) Sie müssen uns unverzüglich (d. h. ohne schuldhaftes Zögern) mitteilen, wenn sich die Berufsunfähigkeit oder die Pflegebedürftigkeit mindern oder wegfallen oder eine berufliche Tätigkeit wiederaufgenommen wird bzw. sich ändert.*[828]

Mit dieser Veränderung im Bedingungswerk ist die vom Versicherungsnehmer geforderte spontane Meldepflicht nunmehr bedingungsmäßig unterlegt worden, da sich der Regelungsabschnitt jetzt auf den gesamten Zeitraum ab Anerkennung der Berufsunfähigkeit durch den Versicherer bezieht und nicht mehr ausschließlich auf ein tatsächlich eingeleitetes Nachprüfungsverfahren. Diese Regelungstechnik, welche in der Praxis bereits seit geraumer Zeit existierte[829], ist jetzt durch Verbandsvorschlag aufgegriffen worden; es bleibt abzuwarten, inwiefern sie nun auch von der Mehrheit der Anbieter übernommen wird.

Einige Anbieter haben darüber hinaus gänzlich eigene Regelungen außerhalb des Nachprüfungsverfahrens entwickelt:

> *Wann stellen wir unsere Berufsunfähigkeitsleistungen ein und welche Mitteilungspflichten sind während des Bezuges dieser Leistungen zu beachten?*
>
> …

828 § 6 MB-BUZ 13 (so auch bereits § 6 MB-BUZ 12).

829 § 6 Abs. 3 Axa Leben, 2/2003.

(3) Eine Besserung des Gesundheitszustandes oder die Wiederaufnahme oder Änderung der beruflichen Tätigkeit muss uns unverzüglich angezeigt werden.[830]

II. Anlass der Meldeverpflichtung

Wenn in den AVB eine Mitteilungsverpflichtung des Versicherungsnehmers über Änderungen seiner persönlichen Situation vereinbart ist, ist zu unterscheiden, welche konkrete Veränderung diese Meldepflicht auslösen soll:

1. Wegfall bzw. Minderung der Berufsunfähigkeit

Die Mehrzahl aller Anbieter sieht dann eine Verpflichtung des Versicherungsnehmers zur Meldung vor, wenn sich dessen Berufsunfähigkeit „mindert" oder ggf. ganz wegfällt (Tabelle, Anhang 15). Diese Formulierung setzt voraus, dass der durchschnittliche Versicherungsnehmer es tatsächlich rechtlich ermessen kann, wann eine Minderung oder ein Wegfall seiner bedingungsgemäßen Berufsunfähigkeit gegeben ist.

Wie unter § 1 I gesehen, scheitern Versicherer nicht selten bereits im Rahmen der konkreten Festlegung, in welchem Grad Berufsunfähigkeit beim Versicherungsnehmer vorliegt und teilen im Leistungsanerkenntnis lediglich mit, dass bedingungsgemäße Berufsunfähigkeit anerkannt wird. Aus diesem Grund ist es dem Versicherungsnehmer in den meisten Fällen bereits aus tatsächlichen Gründen unmöglich, einen „Wegfall" seiner Berufsunfähigkeit anzuzeigen, da er die Ausgangslage nicht kennt und somit nicht einschätzen kann, wie viel Besserung bei seiner gesundheitlichen Situation erforderlich ist, um die 50-%-Grenze der Berufsunfähigkeit wieder zu unterschreiten. Anders liegt es selbstverständlich in den eher seltenen Fällen, in denen sich der Versicherungsnehmer subjektiv für vollständig genesen und einsatzbereit in seiner alten Tätigkeit ansieht.

Nach einer Auffassung soll vom Wortlaut der Formulierung jede Minderung der Berufsunfähigkeit oder der Pflegebedürftigkeit und nicht nur ein Absinken unter 50 % erfasst sein, um zu verhindern, dass dem Versicherungsnehmer eine Wertung über das Ausmaß des Absinkens abverlangt wird.[831] Dabei wird jedoch außer Acht gelassen, dass es eine „Minderung" der Berufsunfähigkeit bei den marktüblichen Bedingungswerken begrifflich gar nicht geben kann. Da eine solche bedingungsgemäß gegeben ist, wenn der Versicherungsnehmer mindestens 50 % seiner zuletzt ausgeübten Tätigkeit nicht mehr zu erbringen in der Lage

830 § 16 Abs. 2 AachenMünchener.
831 Dunkel, in: Handbuch Versicherungsrecht, § 15 Rn. 385.

ist, kann sie bei Unterschreitung dieser Marke nur wegfallen, sich aber nicht „mindern".

2. Verbesserung der gesundheitlichen Verhältnisse

Letztlich wirft aber auch die Verpflichtung, „Verbesserungen der gesundheitlichen Verhältnisse" zu melden, Probleme auf, da diese Formulierung keinen objektiven Maßstab vorgibt, sondern lediglich an das subjektive Empfinden des Versicherungsnehmers anknüpft, welcher von seiner gesundheitlichen Situation nicht selten ein vom Versicherer abweichendes Bild haben wird.

Es sind zwar keine Bedingungswerke auf dem Markt, welche ausdrücklich auf alle denkbaren Obliegenheitsregelungen bzgl. Veränderungsmeldungen verzichten, jedoch haben einige Anbieter (Tabelle, Anhang 15) zumindest die Meldepflicht in Bezug auf gesundheitliche Veränderungen bewusst weggelassen. Die ist sicherlich der Erkenntnis geschuldet, dass hier ein schuldhaftes Unterlassen solcher Meldungen dem Versicherungsnehmer im Regelfall nicht nachgewiesen werden kann; der ausdrückliche Verzicht auf derartige Obliegenheiten jedoch ggf. eine bessere Ratingbewertung zur Folge haben wird.

III. Ausmaß der Mitwirkungsverpflichtung

Die allermeisten Anbieter beschränken sich in ihren Bedingungswerken darauf, dass der Versicherte „jederzeit sachdienliche Auskünfte" zu erbringen hätte, ohne dazu weiter auszuführen.

Wie weit diese Auskunftspflicht, die im Ergebnis die Interessen des Versicherungsnehmers empfindlich tangiert, tatsächlich geht, bleibt jedoch offen. Klar ist, dass der Versicherer ein Interesse daran besitzt, möglichst jede Veränderung in der Lebenssituation des Versicherungsnehmers wahrzunehmen, um daraus Erkenntnisse für den Ablauf des Nachprüfungsverfahrens zu sammeln. Praktische Erfahrungen zeigen, dass Versicherer in ihren Nachprüfungsfragebögen unterdessen dazu neigen, sehr ausufernde Fragen – u. a. nach dem Freizeitverhalten oder zur finanziellen Situation des Versicherten – zu stellen. Derartigen Nachfragen wird z. T. bereits in den Bedingungswerken der Boden bereitet.

> *Nach Anerkennung oder Feststellung unserer Leistungspflicht sind wir berechtigt, das Fortbestehen der Berufsunfähigkeit sowie das Fortleben der versicherten Person nachzuprüfen. Zur Nachprüfung können wir auf unsere Kosten jederzeit sachdienliche Auskünfte und einmal jährlich umfassende Untersuchungen der versicherten Person durch von uns zu beauftragende Ärzte verlangen. Zu den sachdienlichen Auskünften zählen insbesondere Erklärungen zu:*

- Beginn, Ursache, Art, Verlauf der Krankheit, Störungen des Heilungsprozesses,
- medizinischen Behandlungen und ***gesundheitsrelevanten Lebensumständen,***
- der beruflichen Tätigkeit und den ***wirtschaftlichen und steuerlichen Verhältnissen*** *der versicherten Person sowohl vor dem Eintritt der Berufsunfähigkeit als auch deren Veränderungen bis zur aktuellen Nachprüfung. Die Bestimmungen des § 4 gelten entsprechend.*[832]

Andere Anbieter definieren die sachdienlichen Auskünfte ebenfalls und offenbaren wesentlich geringere Anforderungen:

Zur Nachprüfung können wir auf unsere Kosten jederzeit sachdienliche Auskünfte (z. B. ausführliche Berichte der behandelnden Ärzte, Unterlagen über eine ausgeübte Tätigkeit der versicherten Person sowie Einkünfte aus dieser Tätigkeit) und einmal jährlich umfassende Untersuchungen der versicherten Person durch von uns beauftragte Ärzte verlangen.[833]

Der BGH bezeichnet die Mitwirkungsobliegenheit des Gläubigers bei einer Beweisführung seines Schuldners, die darauf abzielt, wieder von einer anerkannten Leistungspflicht loszukommen, zumindest als ungewöhnlich und nur mit den Besonderheiten des Versicherungsrechts und der speziellen Ausgestaltung einer Berufsunfähigkeitsversicherung erklärlich. Die Klausel sieht nach Ansicht des BGH im Kern vor, dass der Versicherte dem Versicherer dabei behilflich zu sein hat, seiner Beweislast im Nachprüfungsverfahren nachkommen zu können.[834]

Gleichwohl muss die gängige Formulierung des § 6 Abs. 2 MB-BUZ, dass der Versicherer vom Versicherungsnehmer „jederzeit sachdienliche Auskünfte" verlangen kann, aus Sicht des durchschnittlichen Versicherungsnehmers ausgelegt werden, welcher im Zweifel nur die Informationen als für den Versicherer sachdienlich ansehen wird, die mit einer tatsächlichen Veränderung der beruflichen oder gesundheitlichen Verhältnisse im Zusammenhang stehen. Wenn sich die Situation in diesen beiden Bereichen im Vergleich zum Zeitpunkt des Leistungsanerkenntnisses nicht verändert hat, darf der Versicherungsnehmer passiv bleiben. Die Forderung nach weitergehenden Informationen, etwa nach dem Freizeitverhalten, dürfte dann unzulässig und auch nicht mit der Forderung des BGH nach einem lauteren und vertrauensvollen Zusammenwirken der Vertragspartner[835] zu begründen sein.

832 § 6 Abs. 1 Axa.
833 § 11 Abs. 2 BayernVersicherung.
834 BGH, VersR 1993, 470.
835 Ebenda.

IV. Fazit

Die begrüßenswerte Veränderung der MB-BUV/BUZ in Bezug auf die sog. „spontane Meldepflicht“ im Nachprüfungsverfahren wird vom Markt nur sehr langsam zur Kenntnis- bzw. angenommen. Insofern bleibt es in der Regel dabei, dass aufgrund der systematischen Verortung der Meldepflichten in den Bedingungswerken Versicherungsnehmer diese mehrheitlich nur dann wahrnehmen müssen, wenn ein derartiges Verfahren tatsächlich eingeleitet wird.

Darüber hinaus bleiben die Bedingungswerke in der Regel intransparent, wenn dem Versicherungsnehmer auferlegt wird, eine „Minderung“ oder den „Wegfall“ der Berufsunfähigkeit zu melden, da es diesem regelmäßig nicht möglich ist, eine solche Situation überhaupt zu erkennen. Konsequenterweise gehen einige Anbieter – wie gesehen – deshalb dazu über, lediglich die Wiederaufnahme einer beruflichen Tätigkeit zu fordern.

10. Kapitel: Schlussbemerkungen

§ 1: Zusammenfassung

1. Die Untersuchung hat gezeigt, dass der Bedingungsmarkt in der privaten Berufsunfähigkeit nicht „zur Ruhe“ gekommen ist, sondern sich weiterhin dynamisch und in durchaus unterschiedliche Richtungen entwickelt.
2. Bei der Betrachtung des Begriffs der Berufsunfähigkeit in den einzelnen Sparten des Sozial- und Privatversicherungsrechts stellte sich heraus, dass eine Vielzahl von inhaltlichen Gemeinsamkeiten besteht, welche die in § 2 Abs. 4 S. 2 VVG-InfoV statuierte Hinweispflicht des BU-Versicherers auf eine fehlende Übereinstimmung der Begrifflichkeiten problematisch erscheinen lassen. Dies betrifft insbesondere die in der Praxis bedeutsamste Parallelverwendung des Begriffs in der privaten Krankentagegeldversicherung. Durch die Analyse der einzelnen Tatbestandsmerkmale des BU-Begriffs konnte nachgewiesen werden, dass – bis auf die theoretische Möglichkeit der Vereinbarung einer abstrakten Verweisung in der Berufsunfähigkeitsversicherung – letztlich Deckungsgleichheit der Begriffe in beiden Sparten besteht, sodass sich die Hinweispflicht des BU-Versicherers nach § 2 Abs. 4 S. 2 VVG-InfoV in Bezug auf das intendierte Ziel des Gesetzgebers, den Versicherungsnehmer zu schützen, in ihr Gegenteil verkehrt. Die sich mit der VVG-Reform gebotene Chance, zumindest in dem wichtigen Teilbereich zwischen privater Berufsunfähigkeits- und Krankentagegeldversicherung qua Gesetz einen einheitlichen Berufsunfähigkeitsbegriff zu konstituieren, wurde insofern versäumt.
3. Bereits Erhebungen seitens der Versicherungswirtschaft haben ergeben, dass der Begriff des „Berufs“ vom durchschnittlichen Versicherungsnehmer anders verstanden wird, als in den AVB und von § 172 Abs. 2 VVG bezweckt; was durch den BGH unterdessen bestätigt worden ist. Die Formulierung des gesetzlichen Leitbildes in § 172 Abs. 2 VVG ist insofern als unklar i. S. v. § 305 c Abs. 2 BGB anzusehen. In der Konsequenz können sich die Versicherer nicht darauf zurückziehen, die missglückte Formulierung des Gesetzes in ihre Bedingungen zu übernehmen, sondern bleiben in der Formulierungsverantwortung. Durch die Analyse des Anbietermarktes konnte aufgezeigt werden, dass die Bedingungssituation in diesem Bereich keineswegs vollständig homogen ist und einzelne Marktteilnehmer mit transparenten Formulierungen durchaus positiv von der Vorgabe des VVG-Leitbildes abweichen.

Die unterdessen von Rechtsprechung und Literatur mehrheitlich geforderte Mindestausübungsdauer einer Tätigkeit als Voraussetzung für den Leistungsanspruch des Versicherten hat in der Bedingungswirklichkeit bisher keinen Niederschlag gefunden und ist somit aus sich selbst heraus ebenso wenig zu rechtfertigen, wie das Anknüpfen an eine frühere Tätigkeit, wenn ein leidensgerechter Berufswechsel des Versicherungsnehmers bereits längere Zeit zurückliegt.

Auf der anderen Seite hat sich gezeigt, dass die am Markt verwendeten, sog. „Berufswechselklauseln" zu Unrecht teilweise kritisch betrachtet werden, da sie durchweg keine Nachteile für den Versicherungsnehmer beinhalten, sondern lediglich tatsächlichen Missbrauch verhindern wollen, was im Interesse aller Vertragspartner liegen dürfte.

4. Während der zuweilen auftretenden Versuche von Anbietern, den Begriff der „Krankheit" als bedingungsgemäße Ursache auf „objektivierbare" oder „allgemein anerkannte" Erkrankungen einzuschränken, auch im Geltungsbereich des aktuellen VVG am Transparenzgebot des § 307 Abs. 1 S. 2 BGB scheitert, müssen sog. Ausschnitts- bzw. Ausschlussdeckungen hingegen als zulässig erachtet werden. Diese eröffnen der Assekuranz u. a. die Möglichkeit, psychische Erkrankungen aus dem versicherten Risiko herauszunehmen, was im legitimen Interesse beider Vertragsparteien liegen kann. Wenn dies gleichwohl am Markt – bis auf eine Ausnahme – aktuell nicht geschieht, ist das letztlich dem Wettbewerb, nicht jedoch – wie vielfach behauptet – rechtlichen Zwängen geschuldet.

   Mit Einführung des neuen VVG gewinnt neben der „Krankheit" auch der altersentsprechende „Kräfteverfall" als bedingungsgemäße Ursache zunehmend eigenständige Bedeutung. Die Analyse des Marktes hat gezeigt, dass aktuell etwa 30 % der Anbieter eine vom Leitbild des § 172 Abs. 2 VVG abweichende Formulierung gebrauchen und damit die Entscheidung getroffen haben, neben krankhaften Prozessen auch eine normale, dem menschlichen Alterungsprozess geschuldete Minderung der Leistungsfähigkeit abzusichern.

5. Im Zusammenhang mit dem tatbestandlichen Leistungsbeginn in der Berufsunfähigkeitsversicherung bringt das Leitbild des § 172 Abs. 2 VVG sowohl begrüßenswerte als intransparente Neuerungen.

   Das Gesetz verzichtet erfreulicherweise auf die traditionell verwendete, aber unklare Formulierung von der Notwendigkeit des „ärztlichen Nachweises" der Berufsunfähigkeit, was in die Bedingungswirklichkeit bis auf drei Ausnahmen jedoch nicht übernommen worden ist.

   Vom Gesetzgeber übernommen wurde hingegen die intransparente Formulierung bzgl. der notwendigen Prognose einer Berufsunfähigkeit „voraussichtlich

auf Dauer". Hier haben die Anbieter seit Jahren bereits konkrete und handhabbare Lösungen gefunden – eine nennenswerte Rückkehrtendenz zum „VVG-Standard" konnte nicht beobachtet werden.
Das erklärte Ziel des Gesetzgebers, den Versicherer zu verpflichten, sich möglichst bald und bindend über seine Leistungspflicht zu erklären, wird durch § 173 Abs. 1 VVG – welcher letztlich nur auf die Fälligkeitsregelung des § 14 VVG abstellt – nicht erreicht. Gleichwohl sind auf dem Bedingungsmarkt fast durchgängig brauchbare Lösungen anzutreffen, welche jedoch nicht selten ambitionierte, dem Wettbewerb geschuldete Selbstverpflichtungen der Anbieter enthalten.
Die Vorschrift des § 173 Abs. 2 VVG mag zwar aufeinander folgende, zeitlich begrenzte Leistungszusagen der Versicherer verhindern, jedoch war diese Möglichkeit auch vor der VVG-Reform in den wenigsten Bedingungswerken überhaupt vereinbart. Bei genauer Betrachtung stärkt die Norm jedoch v. a. die Position der Versicherer, welche nunmehr sowohl – bisher unzulässige – befristete Anerkenntnisse abgeben als auch darüber hinaus weiterhin sog. „außervertragliche Vereinbarungen" schließen dürfen.

6. Die bloße Erwähnung des Begriffs „Lebensstellung" im Rahmen der Verweisungsregelung, ohne jede Erläuterung, ist als intransparente Verwendung anzusehen, die am Markt nur noch in Einzelfällen zu finden ist. Gleichwohl perpetuiert § 172 Abs. 3 VVG diese Formulierung durch Übernahme in das gesetzliche Leitbild.
Auf der anderen Seite konnte herausgearbeitet werden, dass die in § 172 Abs. 3 VVG vorgeschlagene Verweisungsregelung, welche auf das Begriffspaar „Ausbildung und Fähigkeiten" abhebt, gegenüber der tradierten Verwendung „Ausbildung und Erfahrung" eine speziellere Regelung darstellt, die letztlich die Verweisungsmöglichkeiten zugunsten des Versicherten einengt, da nunmehr immer auch dessen Anlagen zu berücksichtigen sind.
Die Analyse des Bedingungsmarktes ergibt, dass eine überschaubare, weiter zurückgehende Anzahl von Anbietern die Möglichkeit der abstrakten Verweisung des Versicherungsnehmers vorsieht. Angesichts dieser Tatsache muss festgehalten werden, dass der Gesetzgeber durch seine ausdrückliche Erwähnung der abstrakten Verweisung in § 172 Abs. 3 VVG diese gegenüber anderen marktüblichen Einschränkungsmöglichkeiten systemwidrig herausstellt.
Schließlich muss festgehalten werden, dass die abstrakte Verweisungsmöglichkeit in fast allen Versicherungsbedingungen in Gestalt der sog. Ausscheideklausel weiterlebt. Diese „Verweisung durch die Hintertür" muss zumindest dann als unzulässig und für den Versicherungsnehmer überraschend i. S. v. § 305 c

Abs. 1 BGB angesehen werden, wenn der Verwender zuvor entweder bei der Definition der Berufsunfähigkeit oder auch in seiner Produktbeschreibung auf die Vereinbarung einer abstrakten Verweisungsregelung verzichtet hat.

7. Die nähere Betrachtung des sog. Umorganisationskriteriums ließ erkennen, dass dieses von der Rechtsprechung des BGH ohne eine schlüssige dogmatische Herleitung entwickelt wurde. Die herausragende Bedeutung, welche dieses Rechtsinstitut unterdessen in der Praxis erfährt, hätte eine Erwähnung im neuen VVG, ggf. anstelle der abstrakten Verweisung, nahegelegt. Auch wenn sich der Gesetzgeber dazu nicht entschlossen hat, lässt sich die bisherige rechtliche Qualifizierung als ungeschriebenes Tatbestandsmerkmal des BU-Begriffs nicht länger aufrechterhalten. Die Verpflichtung des selbstständigen Versicherungsnehmers, die Unmöglichkeit einer Umorganisation seines Unternehmens nachzuweisen, kann vom Versicherer nur dann eingewandt werden, wenn diese im Bedingungswerk nicht nur erwähnt, sondern ausdrücklich geregelt ist; anderenfalls verzichtet der Anbieter bewusst auf diesen Einwand. Bei der Analyse der Bedingungswirklichkeit wurde deutlich, dass das Umorganisationskriterium auf der Anbieterseite zwar bereits sehr umfassend ausgestaltet ist, sich jedoch auf den verschiedensten Ebenen intransparente Regelungen finden, welche es dem durchschnittlichen Versicherungsnehmer nicht ermöglichen zu erkennen, wer genau zum Adressatenkreis der Umorganisationsregel gehört und welche Bandbreite bei Einkommensverlust bzw. Eigenkapitaleinsatz zu beachten ist. Entscheidend bleibt jedoch auch bei der Geltendmachung des Umorganisationseinwandes die Frage nach der Beweislastverteilung, welche sich in analoger Weise wie bei der abstrakten Verweisung stellt. Die Betrachtung des Bedingungsmarktes lässt erkennen, dass die Mehrzahl der Anbieter das Umorganisationsmerkmal explizit als sekundäre Risikobeschreibung formuliert, sodass in diesen Fällen die Verwender die Beweislast für den Umorganisationseinwand zu tragen haben.
8. Sowohl die MB-BUV/BUZ als auch die marktüblichen Bedingungen stellen Regeln für die Mitwirkung des Versicherungsnehmers im Leistungsfall auf, welche diesen überfordern und bereits zum Zeitpunkt der Antragstellung in eine nachteilige Situation bringen. Es kann herausgearbeitet werden, dass allein der Versicherer in der Verpflichtung ist und bleibt, die Leistungsprüfung aktiv lenkend zu betreiben und sich keineswegs – womöglich unter Androhung der Einstellung der Antragsbearbeitung – darauf berufen kann, dass ihm der Versicherte zunächst alle Informationen und Dokumente, die er zur Regulierung für erforderlich erachtet, beibringt.

In einem weiteren Abschnitt sind die neuen, von den Versicherern zunehmend angewandten Methoden der Sachverhaltsermittlung von der fernmündlichen bis zur persönlichen Befragung vor Ort auf den Prüfstand zu stellen. Es wird deutlich, dass nach dem VVG eine Verpflichtung des Versicherungsnehmers zu einer derartigen Kooperation nicht zu entnehmen ist und auch die am Markt zu findenden MB-BUZ/BUV keine transparenten Regelungen beinhalten, welche die derartigen Interessen der Versicherer rechtssicher umsetzen. Als Zulässigkeitsvoraussetzung für eine persönliche oder fernmündliche Kontaktaufnahme mit dem Versicherungsnehmer muss insofern die vorherige schriftliche Ankündigung des Versicherers unter ausdrücklichem Hinweis auf deren Freiwilligkeit angesehen werden.

In Bezug auf die Erhebung von personenbezogenen Daten bleibt den Versicherern eine Ausdehnung ihrer Kompetenzen über die Limitierungen des § 213 Abs. 1 VVG hinaus verwehrt, sowohl in Bezug auf Datenerhebung vor Vertragsschluss als auch hinsichtlich einer gewünschten Erweiterung des Kreises der auskunftsbefugten Stellen. Darüber hinaus kann der Versicherungsnehmer auf einer eigenständigen Beibringung aller vom Versicherer geforderten Daten bestehen und ist auch auf diese Möglichkeit hinzuweisen. Gleiches gilt auch in Bezug auf die begutachtenden oder untersuchenden Personen, welche im Auftrag des Versicherers tätig werden, um die geltend gemachten Einschränkungen des Versicherungsnehmers zu prüfen. Auch hier steht der zwingende Charakter von § 213 Abs. 1 VVG, welcher die Datenerhebung und damit auch die Begutachtung allein Ärzten vorbehält, Weiterungen entgegen, sodass eine Begutachtung durch Psychologen oder Vertreter anderer medizinischer Hilfswissenschaften im Zweifel ausscheidet. Darüber hinaus ist der Versicherungsnehmer umfassend über den Gang der Untersuchung und ggf. bestehende gesundheitliche Risiken aufzuklären. Die Vorschrift des § 7 Abs. 2 MB-BUV wird in der Literatur zwar als misslungen bezeichnet, entsprechende Konsequenzen werden daran allerdings nicht geknüpft, welche letztlich nur in der Feststellung einer Intransparenz dieser Vorschrift liegen können.

Wenn die Marktteilnehmer Arztanordnungsklauseln verwenden, beschränken sich diese durchgehend auf einfache und gefahrlose Maßnahmen, welche konkrete Aussichten auf Besserung versprechen. Unterschiede bestehen hingegen in Hinblick auf die Instanz, welche die Maßnahmen anordnet. Hier bleiben die marktüblichen Bedingungswerke meist unklar, sodass im Ergebnis nur vier Anbieter ausdrücklich klarstellen, dass es dabei einzig auf die Anordnungen des behandelnden Arztes ankommt. In allen anderen Fällen besteht nach wie vor die Gefahr, dass der vom Versicherer eingesetzte Gutachter als Anordnungsinstanz für geeignet erscheinende medizinische Maßnahmen zur Rehabilitation des Versicherungsnehmers angesehen wird, was unzulässig ist.

Versicherungsbedingungen, welche – den MB-BUV/BUZ entsprechend – generell auf die Verwendung einer Arztanordnungsklausel verzichten, werden von einigen Ratingunternehmen und Teilen der Literatur zu Unrecht mit dem Argument schlechter gestellt, dass bestehende Mitwirkungspflichten nicht transparent dargestellt würden. Es konnte gezeigt werden, dass eine immer wieder angesprochene „allgemeine gesetzliche Schadenminderungspflicht" nicht besteht. Wenn in den Versicherungsbedingungen keine Regelung zu Schadenminderungsobliegenheiten getroffen wird, kann diese weder durch einen Rückgriff auf § 242 BGB noch über den Kunstgriff der Kausalitätsbetrachtung ersetzt werden.

9. Die von der Rechtsprechung aufgestellten formalen Anforderungen an die Begründung der Nachprüfungsentscheidung des Versicherers bleiben weiterhin hoch und werden durch die Regelung des § 174 Abs. 2 VVG nicht verändert. Auch die in der Literatur entwickelten Ideen, die daraus folgenden negativen Konsequenzen für die Versicherer abzumildern, greifen nicht durch, da diese es in der Hand haben, durch exakte Sachbearbeitung gegenzusteuern.
   Wenn die Prüfung neu erworbener Kenntnisse des Versicherungsnehmers im Bedingungswerk vorgesehen ist, wird bis auf eine Ausnahme von allen Anbietern die in der Rechtsprechung seit langem aufgestellte zusätzliche Voraussetzung einer gleichzeitig erlangten Festanstellung nicht erwähnt, was eine Überforderung des Versicherungsnehmers darstellt.
   Schließlich wird eine den Versicherern entgegenkommende Veränderung der MB-BUV/BUZ in Bezug auf die sog. „spontane Meldepflicht" des Versicherungsnehmers im Nachprüfungsverfahren vom Markt nur sehr langsam angenommen.

§ 2: Thesen

1.
Die Entwicklung des Bedingungsmarktes in der Berufsunfähigkeitsversicherung ist seit Einführung des neuen VVG nicht, wie vielfach vermutet, zum Stehen gekommen, sondern setzt sich fort. Allerdings ist festzustellen, dass sich die Veränderungen weitgehend unbemerkt oder unbeachtet von der rechtswissenschaftlichen Literatur, der Rechtsprechung und den Ratingunternehmen vollziehen.

2.
Die erstmalige Kodifikation der Berufsunfähigkeitsversicherung im Rahmen der VVG-Reform hat keinen positiven Einfluss auf die Entwicklung des Bedingungs-

marktes nehmen können. Der Gesetzgeber hat Teile der bis dahin geltenden MB-BUV/BUZ unkritisch in das gesetzliche Leitbild des § 172 Abs. 2 VVG übertragen, ohne zur Kenntnis zu nehmen, dass die tatsächliche Entwicklung auf dem Bedingungsmarkt dem Standard der Musterbedingungen bereits weit voraus war. Dieses Vorgehen hat nicht zur Lösung der bestehenden Verständnis- bzw. Transparenzprobleme beigetragen, sondern durch die gesetzliche „Konservierung" intransparenter Regelungen die Entwicklung zu mehr Verbraucherfreundlichkeit eher verlangsamt.

3.
Ebenfalls ist es nicht gelungen, handhabbare Regularien für die Schnittstelle zwischen privater Berufsunfähigkeits- und Krankentagegeldversicherung zu schaffen. Obwohl der Begriff der Berufsunfähigkeit in den beiden Sparten nahezu vollständig kongruent verwendet wird, statuiert § 2 Abs. 4 S. 2 VVG-InfoV eine Hinweispflicht in Bezug auf einen angeblich unterschiedlichen Bedeutungsgehalt und erzeugt damit eher das Gegenteil der beabsichtigten Wirkung.

4.
Die vom Gesamtverband der Deutschen Versicherungswirtschaft e. V. herausgegebenen Musterbedingungen für die Berufsunfähigkeits- und die Berufsunfähigkeitszusatzversicherung nehmen Neuerungen des Bedingungsmarktes nicht oder nur sehr verzögert auf und laufen somit der Entwicklung eher hinterher als voran. Wohl v. a. aus diesem Grund werden umgekehrt die von den MB-BUV/BUZ ausgehenden positiven Impulse am Markt nur sehr vereinzelt wahrgenommen und resorbiert.

5.
Ratingunternehmen können die Qualität von Versicherungsbedingungen der jeweiligen Marktteilnehmer nur bedingt abbilden. Zum einen fließen eine Reihe von regulierungsentscheidenden Kriterien nicht in deren Betrachtungen ein bzw. werden zu Unrecht als unbeachtlich eingestuft, was letztlich zu einer ungerechtfertigten Benotung führen kann. Zum anderen bleiben Einordnung und Bewertung der einzelnen Bedingungsmerkmale unklar, weil keine direkten Bezüge zu den konkreten Bedingungen hergestellt, sondern lediglich pauschale, nicht prüfbare Benotungen vorgenommen werden. Schließlich erfolgt aufgrund der Zusammenfassung der Kriterien zu einem Gesamtergebnis die Bewertung einer Vielzahl von Anbietern mit gleich guten Ergebnissen, ohne dass dabei die Unterschiede in den Leistungsmerkmalen offenbar werden.

6.
Die rechtswissenschaftliche Literatur reflektiert nahezu ausschließlich die jeweils aktuellen GDV-Musterbedingungen und die dazu ergangene Rechtsprechung. Die in der Bedingungswirklichkeit tatsächlich existierende Regelungsvielfalt der von den MB-BUV/BUZ abweichenden Angebote des Marktes wird dagegen nicht oder nur am Rande zur Kenntnis genommen. Diese fehlende Rückkopplung führt dazu, dass eine Vielzahl von Rechtsproblemen anhand einer oft nur theoretisch existierenden Rechtsgrundlage, nämlich anhand der MB-BUV/BUZ, abgehandelt werden und gefundene Lösungen in der praktischen Rechtsanwendung nicht übertragen werden können.

7.
Die Berufsunfähigkeitsversicherung ist traditionell durch die Rechtsprechung der Obergerichte und des BGH geprägt; daran hat die Einführung des neuen VVG nichts geändert. Gleichwohl hatte die Assekuranz seit der ZPO-Reform im Jahr 2002 nicht selten die Gelegenheit, durch einfaches Anerkenntnis Grundsatzurteile des BGH und damit z. T. auch die Fortentwicklung einer einheitlichen Judikatur in der Berufsunfähigkeitsversicherung zu verhindern. Diese oft beklagte Situation kann sich seit der Einführung des § 555 Abs. 3 ZPO am 01.01.2014 nun ändern, sodass der BGH verstärkt die Gelegenheit bekommen wird, sowohl Neuerungen in den Versicherungsbedingungen auf den Prüfstand zu stellen als auch ungelöste Rechtsfragen der Regulierung aufzugreifen.

8.
Abschließend ist festzuhalten, dass nach wie vor v. a. der Wettbewerb zwischen den anbietenden Versicherungsunternehmen neue Entwicklungen am Bedingungsmarkt der privaten Berufsunfähigkeitsversicherung hervorbringt. In der Summe betrachtet, zeichnen die Veränderungen aus Sicht des Versicherungsnehmers zwar ein eher positives Bild; jedoch bleibt eine Vielzahl von praktischen Problemen weiterhin offen, sowohl in Bezug auf die Transparenz der am Markt angebotenen Bedingungswerke als auch bzgl. darin vollständig ausgeklammerter, aber gleichwohl regelungsbedürftiger Fragen. Diese Probleme in den Fokus der Diskussion zu rücken, will die vorliegende Arbeit einen Beitrag leisten.

Anhang

Anhang 1, Tabelle: Beruf und Kräfteverfall

1. es wird allein auf den „Beruf" abgestellt
2. zuletzt bzw. „zuletzt vor Eintritt des Versicherungsfalls ausgeübter Beruf" ist maßgebend
3. „zuletzt ausgeübte berufliche Tätigkeit" ist maßgebend
4. „zuletzt ausgeübte Tätigkeit" ist maßgebend
5. „Kräfteverfall" wird berücksichtigt
6. „mehr als altersentsprechender Kräfteverfall" wird berücksichtigt

	Tarif	1	2	3	4	5	6
1. AachenMünchener			+			+	
2. Allianz			+				+
3. Alte Leipziger			+			+	
4. Arag			+				+
5. Asstel			+				+
6. Axa	BG 1–3		+			+	
	BG 4		+				+
7. Barmenia			+				+
8. Basler			+				+
9. Bayern Versicherung			+				+
10. Concordia	Plus		+				+
	(Basis)		+				+
11. Condor	Comfort		+			+	
	Classic		+			+	
12. Conti			+			+	
13. Cosmos	Comfort		+				+
	Basis		+				+
14. Credit Life			+				+
15. DBV	BG 1–3		+			+	
	BG 4		+				+
16. Debeka			+				+
17. Deutsche Ärzteversicherung	BUV		+			+	
	BUZ BG 4		+				+
18. DEVK	o.a.V				+		+
	m.a.V				+		+

	Tarif	1	2	3	4	5	6
19. Dialog			+			+	
20. die Bayerische	Prestige		+			+	
	Smart		+			+	
21. Ergo			+				+
22. Ergo Direkt	Premium		+			+	
	Basis		+			+	
23. Europa	Premium		+			+	
	(Basis)		+			+	
24. Familienfürsorge			+			+	
25. Generali	Klassik		+			+	
	Basis		+			+	
26. Gothaer	Premium		+				+
	Basis		+				+
27. Hannoversche Leben	Comfort		+				+
	Basis		+				+
28. Hanse Merkur	Profi care		+			+	
	Basis care		+			+	
29. HDI			+				+
30. Heidelberger Leben		+				+	
31. Helvetia			-	+			+
32. Huk Coburg	Premium		+			+	
	(Basis)		+			+	
33. Iduna	Premium		+				+
	(Basis)		+				+
34. Inter			+				+
35. InterRisk	XXL		+				+
	S-M.A.R.T.		+				+
36. Itzehoer			+				+
37. LV 1871	Golden BU		+			+	
	(Basis)		+				+
38. LVM	Plus		+				+
	(Basis)		+				+
39. Mamax			+			+	
40. Mecklenburgische	Komfort		+				+
	(Basis)		+				+
41. Münchener Verein	Premium		+				+
	Classic		+				+
42. Neue Leben			+				+

	Tarif	1	2	3	4	5	6
43. Nürnberger	Comfort		+				+
	(Basis)		+				+
44. Oeco Capital	Plus		+				+
	(Basis)		+				+
45. Öffentliche Berlin-Brbg.			+				+
46. Öffentliche Braunschweig			+				+
47. Provinzial Nordwest	m.e.L.		+				+
	(Basis)		+				+
48. Provinzial Rheinland			+				+
49. R+V Leben			+			+	
50. Rheinland			+				+
51. Saarland			+				+
52. Standard Life			+				+
53. Stuttgarter			+			+	
54. Süddeutsche Leben			+				+
55. Sparkassenversicherung	TOP		+				+
	(Basis)		+				+
56. Swiss Life			+				+
57. Targo			+				+
58. Universa			+				+
59. VGH			+				+
60. VHV			+				+
61. Volkswohl Bund			+				+
62. VPV				+			+
63. WGV			+				+
64. Württembergische			+			+	
65. WWK	Komfort		+				+
	Basis		+				+
66. Zurich			+				+

Anhang 2, Tabelle: Berufswechsel

1. Vertrag enthält Berufswechselklausel (Dauer)
2. Wechsel wird nur berücksichtigt, wenn die gesundheitlichen Gründe bekannt oder absehbar waren
   a) Gründe für die Regelung werden erläutert (zur Vermeidung von Missbrauch)
   b) zusätzlich Verzicht auf Berücksichtigung eines Berufswechsels bei ärztlichem Anraten
   c) zusätzlich Verzicht auf Berücksichtigung eines Berufswechsels wegen unfreiwilligem Wegfall (z. B. Arbeitslosigkeit)
3. Vertrag sieht abstrakte Verweisung vor
4. Werbung: gleichbleibender Versicherungsschutz bzw. Keine Meldepflicht oder Beitragserhöhung bei späterem Wechsel in gefahrerhöhende Berufe

	Tarif	1	2	2 a	2 b	2 c	3	4
1. AachenMünchener								
2. Allianz			+					
3. Alte Leipziger		12	+	+	+	+		
4. Arag		24	+	+	+	+		
5. Asstel		12			+	+		
6. Axa	BG 1–3							
	BG 4						+	
7. Barmenia		24	+	+	+	+		
8. Basler								
9. Bayern Versicherung		24	+		+			
10. die Bayerische	Prestige							+
	Smart						+	+
11. Concordia	Plus							
	(Basis)						+	
12. Condor	Comfort							
	Classic						+	
13. Conti								+
14. Cosmos	Comfort							
	Basis						+	
15. Credit Life								+
16. DBV	BG 1–3							+
	BG 4						+	+
17. Debeka								+

	Tarif	1	2	2 a	2 b	2 c	3	4
18. Deutsche Ärzteversicherung	BUV							
	BG4						+	
19. DEVK	o.a.V							
	m.a.V						+	
20. Dialog								
21. Ergo								
22. Ergo Direkt	Premium							
	Basis							
23. Europa	Premium							
	(Basis)						+	
24. Familienfürsorge		12	+	+	+	+		
25. Generali	Klassik							+
	Basis							+
26. Gothaer	Premium							+
	Basis	12			+	+		+
27. Hannoversche Leben	Comfort	24	+		+	+		
	Basis	24	+		+	+	+	
28. Hanse Merkur	Profi care							
	Start care						+	
29. HDI								
30. Heidelberger Leben								+
31. Helvetia		12	+					
32. Huk Coburg	Premium	6	+	+	+			
	(Basis)	6	+	+	+			
33. Iduna								
34. Inter								
35. InterRisk	XXL							
	S-M.A.R.T.	12	+					
36. Itzehoer		24	+		+	+		
37. LV 1871	Golden BU							+
	(Basis)						+	
38. LVM	Plus							+
	(Basis)						+	+
39. Mamax								+
40. Mecklenburgische	Komfort	6	+					
	(Basis)						+	
41. Münchener Verein	Premium							
	Classic						+	
42. Neue Leben								

	Tarif	1	2	2 a	2 b	2 c	3	4
43. Nürnberger	Comfort	24	+		+	+		+
	(Basis)						+	+
44. Oeco Capital	Plus							
	(Basis)						+	
45. Öffentliche Berlin-Brbg.	optimal							+
46. Öffentliche Braunschweig		24	+					+
47. Provinzial Nordwest	m.e.L.	24	+					+
	(Basis)	24	+					+
48. Provinzial Rheinland		24	+					+
49. R+V Leben								
50. Rheinland								
51. Saarland		24	+					+
52. Standard Life								
53. Stuttgarter								+
54. Süddeutsche Leben								+
55. Sparkassenversicherung	Top	12	+	+				+
	(Basis)	24	+	+	+			+
56. Swiss Life								+
57. Targo								
58. Universa								+
59. VGH		24	+	+	+			+
60. VHV		24	+		+			
61. Volkswohl Bund								+
62. VPV								+
63. WGV								
64. Württembergische								+
65. WWK	Komfort							
	Basis						+	
66. Zurich								

Anhang 3, Tabelle: Ausbildung u. Erfahrung/Kenntnisse u. Fähigkeiten

Verwendung der Begriffspaare:

AE	Ausbildung + Erfahrung
AF	Ausbildung + Fähigkeiten
KF	Kenntnisse + Fähigkeiten
LS	(nur) Lebensstellung

1. bei konkreter Verweisung, außerhalb der Erläuterung der Lebensstellung
2. bei abstrakter Verweisung, außerhalb der Erläuterung der Lebensstellung
3. bei Erläuterung der Lebensstellung
4. bei Abstrakter Verweisung im Rahmen der Ausscheidensregelung (neben der Lebensstellung)
5. Beweislast für Konkrete Verweisung bei VR oder VN
6. Beweislast bei abstrakter Verweisung bei VR oder VN

	Tarif	**1**	**2**	**3**	**4**	**5**	**6**
1. AachenMünchener		AF			AF	VR	
2. Allianz		LS			KF	VN	
3. Alte Leipziger		AE				VR	
4. Arag		AE			KF	VN	
5. Asstel		AF			FK	VN	
6. Axa	BG 1–3	AE+KF		KF	KF	VR	
	BG 4		AE+KF	KF	AE		VN
7. Barmenia		LS			AE	VR	
8. Basler		AF			AE	VR	
9. Bayern Versicherung		LS			AF	VN	
10. Concordia	Plus	LS		AF	AF	VN	
	(Basis)		AF	AF	AF		VN
11. Condor	Comfort	AF			(-)	VR	
	Classic		AF		(-)		VN
12. Conti		AF		AE+KF	AE	VR	
13. Cosmos	Comfort	KF+AE			KF	VR	
	Basis	KF+AE			KF	VR	
14. Credit Life		LS			AF	VN	
15. DBV	BG 1–3	AE+KF		KF	KF	VR	
	BG 4		AE+KF	KF	AE		VN
16. Debeka		LS			AF	VR	

	Tarif	1	2	3	4	5	6
17. Deutsche Ärztevers.	BUV	AE+KF		KF	KF	VR	
	BUZ BG 4	AE+KF		KF	AE		VN
18. DEVK	o.a.V	LS			AF	VR	
	m.a.V		AF		AF		VN
19. Dialog		AE		KF		VN	
20. die Bayerische	Prestige	AF		KF	KF	VR	
	Smart		AF	KF	KF		VN
21. Ergo		AF			AF	VR	
22. Ergo Direkt	Premium	AE				VN	
	Basis		AF				VN
23. Europa	Premium	AE			AE	VR	
	(Basis)		AE		AE		VN
24. Familienfürsorge		AF			KF	VN	
25. Generali	Klassik	LS			AE	VR	
	Basis	LS			AE	VR	
26. Gothaer	Premium	LS				VN	
	Basis	LS			FK	VN	
27. Hannoversche	Comfort	LS		KF	FK+AF	VN	
	Basis		AF	KF	FK+AF		VN
28. Hanse Merkur	Profi care	AE			KF	VR	
	Basis care	AE			KF	VR	
29. HDI							
30. Heidelberger Leben		KF			KF	VN	
31. Helvetia		AF		KF	KF	VN	
32. Huk Coburg	Premium	AF				VR	
	(Basis)	AF				VR	
33. Iduna	Premiun	AF			AE	VR	
	(Basis)	AF			AE	VR	
34. Inter		LS				VN	
35. InterRisk	XXL	AF				VN	
	S-M.A.R.T.	AF			AE	VN	
36. Itzehoer		LS			AF	VN	
37. LV 1871	Golden	LS				VN	
	(Basis)		AF		AF	VN	
38. LVM	Plus	AE			AE	VR	
	(Basis)		AE		AE		VN
39. Mamax		LS				VN	
40. Mecklenburgische	Komfort	LS			AE	VN	
	(Basis)		AE		AE		VN

	Tarif	1	2	3	4	5	6
41. Münchener Verein	Premium	AF			LS	VR	
	Classic		AF		AF		VN
42. Neue Leben		LS			KF	VN	
43. Nürnberger	Comfort	AF			KF	VN	
	(Basis)		AF		KF		VN
44. Oeco Capital	Plus	LS		F	AF+KF	VN	
	(Basis)		AF	F	AF+KF		VN
45. Öffentliche Berlin-Brbg.		LS			AF	VN	
46. Öffentliche Braunschw.		LS			AF	VR	
47. Provinzial Nordwest	m.e.L.	LS			AF	VR	
	(Basis)	LS			AF	VR	
48. Provinzial Rheinland		LS			AF	VR	
49. R+V Leben							
50. Rheinland		LS			AF	VN	
51. Saarland		LS			AF	VN	
52. Standard Life		AF				VR	
53. Stuttgarter		AE			AE	VN	
54. Süddeutsche Leben		LS			AF	VN	
55. Sparkassenvers.	Top	LS			AF	VR	
	(Basis)	LS			AF	VR	
56. Swiss Life		LS			KF	VR	
57. Targo		LS		KF	AE	VN	
58. Universa		AF		KF		VN	
59. VGH		LS			AF	VR	
60. VHV		LS		KF	FK+AE	VN	
61. Volkswohl Bund		KF				VR	
62. VPV		LS			AE	VR	
63. WGV		LS			AF	VN	
64. Württembergische		AE				VR	
65. WWK	Komfort	AF+KF			KF	VN	
	Basis		AF		KF		VN
66. Zurich BG 1–2		AE			FK	VN	

Anhang 4, Tabelle: Prognose- und Fiktionsregelung

1. ***Regelung zum Prognosezeitaum***
   a) in Monaten (Zahlenangabe) oder „auf Dauer“ (D)
   b) Erfordernis des ärztlichen Nachweises
2. ***Bei bereits andauernder, mindestens sechsmonatiger Berufsunfähigkeit***
   a) wird rückwirkend geleistet
   b) gilt die Fortdauer rückwirkend bzw. von Beginn an als BU
   c) gilt die Fortdauer für die Zukunft (alternativ: gilt der Zustand für die Zukunft) als BU
   d) Erfordernis des ärztlichen Nachweises

	Tarif	1 a	1 b	2 a	2 b	2 c	2 d
1. AachenMünchener		6	+	+			
2. Allianz		6	+	+			+
3. Alte Leipziger		6	+		+		+
4. Arag		6	+	+			+
5. Asstel		6	+		+		+
6. Axa	BG 1–3	6	+		+		
	BG 4	36	+			+	
7. Barmenia		6	+	+			
8. Basler		6	+		+		
9. Bayern Versicherung		6	+	+			+
10. Concordia	Plus	6	+		+		+
	(Basis)	6	+		+		+
11. Condor	Comfort	6	+	+			+
	Classic	D	+	(-)			
12. Conti		6	+	+			
13. Cosmos	Comfort	6	+	+			
	Basis	D	+			+	+
14. Credit Life		6	+	+			+
15. DBV	BG 1–3	6	+		+		
	BG 4	36	+			+	
16. Debeka		36	+			+	+
17. Deutsche Ärztevers.	BUV	6	+		+		
	BUZ BG 4	36	+			+	
18. DEVK	o.a.V	18	+			+	+
	m.a.V	18	+			+	+
19. Dialog		6	+	+			

	Tarif	1 a	1 b	2 a	2 b	2 c	2 d
20. die Bayerische	Prestige	6	+		+		
		D	+			+	+
21. Ergo		6	+	+			
22. Ergo Direkt	Premium	6	+	+			
Ergo Direkt	Basis	6	+			+	
23. Europa	Premium	6	+	+			
	(Basis)	36	+			+	+
24. Familienfürsorge		6	+	+			
25. Generali	Klassik	6	+	+			+
	Basis	6	+	+			+
26. Gothaer	Premium	6	+		+		+
	Basis	6	+		+		+
27. Hannoversche Leben	Comfort	6	+		+		+
	Basis	36	+			+	+
28. Hanse Merkur	Profi care	6	+	+			
	Basis care	6	+	+			
29. HDI		6	(-)	+			
30. Heidelberger Leben		6	+	+			+
31. Helvetia		6	+	+			+
32. Huk Coburg	Premium	6	+		+		+
	(Basis)	36	+			+	+
33. Iduna	Premium	6	+	+			+
	(Basis)	24	+			+	+
34. Inter		6	+			+	+
35. InterRisk	XXL	6	+	+			+
	S-M.A.R.T.	6	+	+			+
36. Itzehoer		6	+		+		+
37. LV 1871	Golden BU	6	+	+			+
	(Basis)	D	+	+			+
38. LVM	Plus	6	+	+			+
	(Basis)	36	+			+	+
39. Mamax		6		+			
40. Mecklenburgische	Komfort	D	+		+		+
		D	+			+	+
41. Münchener Verein	Premium	6	+	+			+
	Classic	24	+			+	+
42. Neue Leben		6	+		+		+
43. Nürnberger	Comfort	6	+	+			+
	(Basis)	6	+	+			+

	Tarif	1 a	1 b	2 a	2 b	2 c	2 d
44. Oeco Capital	Plus	6	+		+		+
	(Basis)	6	+		+		+
45. Öffentliche Berlin-Brbg.		6	+	+			+
46. Öffentliche Braunschweig		6	+	+			
47. Provinzial Nordwest	m.e.L.	6	+	+			
	(Basis)	36	+			+	
48. Provinzial Rheinland		6	+	+			
49. R+V Leben		6	+	+			+
50. Rheinland plus		6	+	+			+
51. Saarland		6	+	+			+
52. Standard Life		6	+	+			
53. Stuttgarter		6	+	+			
54. Süddeutsche Leben		6	+	+			+
55. Sparkassenversicherung	Top	6	+	+			
	(Basis)	36	+			+	
56. Swiss Life		6	+	+			
57. Targo		6	(-)	+			+
58. Universa		6	+	+			+
59. VGH		6	+	+			
60. VHV		6	+		+		+
61. Volkswohl Bund		6	(-)	+			
62. VPV		6	+	+			
63. WGV		6	+	+			
64. Württembergische		6	+	+			+
65. WWK	Komfort	6	+		+		+
	Basis	36	+		+		+
66. Zurich		6	+	+			+

Anhang 5, Tabelle: Prognose- und Fiktionsregelung

1. von Beginn der bedingungsgemäßen BU an – ohne Beschränkungen
2. maximal … Jahre rückwirkend
3. maximal … Monate rückwirkend
4. Exkulpationsmöglichkeit bei fehlendem Verschulden wird erwähnt

	Tarif	1	2	3	4
1. AachenMünchener			3		+
2. Allianz		+			
3. Alte Leipziger		+			
4. Arag		+			
5. Asstel			3		+
6. Axa	BG 1–3	+			
	BG 4	+			
7. Barmenia		+			
8. Basler			3		+
9. Bayern Versicherung			3		+
10. die Bayerische	Prestige	+	-		
	Smart			3	+
11. Concordia	Plus		3		+
	(Basis)		3		+
12. Condor	Comfort	+			
	Classic	+			
13. Conti		+			
14. Cosmos	Comfort		3		+
	Basis		3		+
15. Credit Life		+			
16. DBV	BG 1–3	+			
	BG 4	+			
17. Debeka			2		+
18. Deutsche Ärzteversicherung	BUV	+			
	BUZ BG 4	+			
19. DEVK	o.a.V		3		
	m.a.V		3		
20. Dialog		+			
21. Ergo		+			
22. Ergo Direkt	Premium	+			
	Basis			3	+

	Tarif	1	2	3	4
23. Europa BUZ	Premium	+			
	(Basis)			3	+
24. Familienfürsorge			3		+
25. Generali	Klassik	+			
	Basis		3		
26. Gothaer	Premium	+			
	Basis		3		+
27. Hannoversche Leben	Comfort		3		+
	Basis		3		+
28. Hanse Merkur	Profi care	+			
	Basis care	+			
29. HDI		+			
30. Heidelberger Leben		+			
31. Helvetia			3		
32. Huk Coburg	Premium		3		+
	(Basis)			6	+
33. Iduna	Premium	+			
	(Basis)			3	+
34. Inter		+			
35. InterRisk	XXL	+			
	S-M.A.R.T.	+			
36. Itzehoer			3		
37. LV 1871	Golden BU	+			
	(Basis)			3	+
38. LVM	Plus			3	+
	(Basis)			3	+
39. Mamax		+			
40. Mecklenburgische	Komfort		3		
	(Basis)			6	
41. Münchener Verein	Premium	+			
	Classic			12	+
42. Neue Leben		+			
43. Nürnberger	Comfort	+			
	(Basis)	+			
44. Oeco Capital	BUZ plus		3		+
	BUZ		3		+
45. Öffentliche Berlin-Brbg.			3		+
46. Öffentliche Braunschweig			3		+

	Tarif	1	2	3	4
47. Provinzial Nordwest	m.e.L.		3		+
	(Basis)			12	+
48. Provinzial Rheinland			3		+
49. R+V Leben		+			
50. Rheinland		+			
51. Saarland			+		+
52. Standard Life		+			
53. Stuttgarter		+			
54. Süddeutsche Leben		+			
55. SV Sparkassenversicherung	Top	+			
	(Basis)			12	+
56. Swiss Life BG 1–3		+			
57. Targo		+			
58. Universa		+			
59. VGH			3		+
60. VHV			3		+
61. Volkswohl Bund		+			
62. VPV		+			
63. WGV			3		+
64. Württembergische		+			
65. WWK	Komfort	+			
	Basis		3		+
66. Zurich		+			

Anhang 6, Tabelle: Fälligkeit

1. Dauer der zugesicherten max. Bearbeitungsdauer in
   M = Monaten
   W = Wochen
   T = Tagen
2. Beginn der Bearbeitungsfrist
   a) ab Eingang (**E**) bzw. Vorliegen der Unterlagen beim Versicherer (**V**)
   b) Beginn der Bearbeitungsfrist nach Prüfung (**P**) durch den Versicherer
3. durch den Versicherer zugesicherte Informationspflicht über den Bearbeitungsstand während der Leistungsprüfung in einem zeitlichen Turnus von … bzw. „regelmäßig" (**R**)

	Tarif	**1**	**2 a**	**2 b**	**3**
1. AachenMünchener		4W	E		(-)
2. Allianz		4W	V		4W
3. Alte Leipziger		10T	E		6W
4. Arag		10T	(-)	P	6W
5. Asstel		4W	E		6W
6. Axa	BG 1–3	3W	V		6W
	BG 4	3W	V		6W
7. Barmenia		4W	E		6W
8. Basler		5T	E		6W
9. Bayern Versicherung		4W	E		6W
10. Concordia	Plus	1M	E		1M
	(Basis)	1M	E		1M
11. Condor	Comfort	10T	E		6W
	Classic	10T	E		3M
12. Conti		1W	(-)	P	(-)
13. Cosmos	Comfort	4W	V		4W
	Basis	4W	V		4W
14. Credit Life		4W	V		6W
15. DBV	BG 1–3	3W	V		6W
	BG 4	3W	V		6W
16. Debeka		(-)	P		(-)
17. Dt. Ärzteversicherung	BUV	3W	V		6W
	BUZ BG 4	3W	V		6W
18. DEVK	o.a.V	4W	V		(-)
	m.a.V	4W	V		(-)

	Tarif	1	2 a	2 b	3
19. Dialog		10T	E		6W
20. die Bayerische	Prestige	4W	E		4W
21.	Smart	4W	E		4W
22. Ergo		3W	V		3W
23. Ergo Direkt	Premium	10T	V		6W
	Basis	10T	V		6W
24. Europa	Premium	1W	(-)	P	4W
	(Basis)	1W	(-)	P	4W
25. Familienfürsorge		10T	E		6W
26. Generali	Klassik	1W	V		1M
	Basis	1W	V		1M
27. Gothaer	Premium	3W	E		4W
	Basis	4W	E		6W
28. Hannoversche Leben	Comfort	15T	E		-
	Basis	15T	E		-
29. Hanse Merkur	Profi care	4W	V		4W
	Basis care	4W	V		4W
30. HDI		2W	(-)	P	4W
31. Heidelberger Leben		4W	V		6W
32. Helvetia		4W	V		4W
33. Huk Coburg	Premium	10T	E		6W
	(Basis)	1T0	E		6W
34. Iduna	Premium	4W	V		6W
	(Basis)	(-)			(-)
35. Inter		10T	E		6W
36. InterRisk	XXL	10	E		1M
	S-M.A.R.T.	10	E		1M
37. Itzehoer		20	E		R
38. LV 1871	Golden	3W			6W
		(-)			(-)
39. LVM	Plus	4W	E		8W
	(Basis)	(-)			(-)
40. Mamax		10T	(-)	P	6W
41. Mecklenburgische	Komfort	(-)			(-)
		(-)			(-)
42. Münchener Verein	Premium	2W	V		4W
	Classic	2W	V		4W
43. Neue Leben		4W	V		6W

	Tarif	1	2 a	2 b	3
44. Nürnberger Leben	Comfort	2W	V		4W
	(Basis)	2W	V		4W
45. Oeco Capital	Plus	1M	E		-
	(Basis)	1M	E		-
46. Öffentliche Berlin-Brbg.	optimal	4W	E		6W
47. Öffentliche Braunschweig		4W	E		4W
48. Provinzial Nordwest		4W	E		6W
		4W	V		6W
49. Provinzial Rheinland		4W	E		6W
50. R+V Leben		4W	E		6W
51. Rheinland plus		4W	E		6W
52. Saarland		4W	V		6W
53. Standard Life		4W	E		6W
54. Stuttgarter		10T	E		6W
55. Süddeutsche Leben		(-)			(-)
56. SV Sparkassenversicherung	Top	4W	V		(-)
	(Basis)	4W	V		(-)
57. Swiss Life		4W	E		6W
58. Targo	-	4W	E		6W
59. Universa	-	3W	E		6W
60. VGH	-	4W	E		6W
61. VHV		15T	E		1M
62. Volkswohl Bund	-	3W	V		6W
63. VPV	-	4W	V		(-)
64. WGV	-	(-)			(-)
65. Württembergische	.	4W	E		6W
66. WWK Komfort	Komfort	4W	E		4W
	Basis	4W	E		4W
67. Zurich		4W	E		6W

Anhang 7, Tabelle: Befristung

1. Vertrag enthält keine Regelung zur Befristung
2. Vertrag verzichtet **A**usdrücklich oder nur **G**rundsätzlich auf befristete Anerkenntnisse
3. einmalige Befristung für max. zwölf Monate zulässig
4. einmalige Befristung für max. 18 Monate zulässig
5. einmalige Befristung für max. 24 Monate zulässig
6. einmalige Befristung für max. 36 Monate zulässig
7. einmalige Befristung ohne zeitliches Limit zulässig
8. einmalige Befristungsmöglichkeit wird zusätzlich auf begründete Ausnahmefälle begrenzt
9. Befristung ist darüber hinaus an konkret benannte Gründe geknüpft
   AV = abstrakte Verweisung
   KV = konkrete Verweisung
   zB = beispielhafte Aufzählung bzw.
   en = enumerative Aufzählung von Gründen (Verweisung oder Umorganisation;
   medizinische oder berufliche Rehabilitation; absehbare Änderung der Umstände; keine abschließende Möglichkeit der Beurteilung der medizinischen oder beruflichen Gegebenheiten)

	Tarif	**1**	**2**	**3**	**4**	**5**	**6**	**7**	**8**	**9**
1. AachenMünchener					+					en
2. Allianz			A							
3. Alte Leipziger			A							
4. Arag				+						
5. Asstel				+					+	
6. Axa	BG 1–3			+					+	
	BG 4						+		+	
7. **Barmenia**				**+**						**zB**
8. Basler				+						
9. Bayern Versicherung			A							
10. Concordia	Plus		A							
	(Basis)						+			AV
11. Condor	Comfort			+					+	
	Classic			+					+	
12. Conti				+						KV
13. Cosmos	Comfort							+		
	Basis							+		

	Tarif	1	2	3	4	5	6	7	8	9
14. Credit Life								+		
15. DBV	BG 1–3			+					+	
	BG 4						+		+	
16. Debeka						+			+	
17. Deutsche Ärzteversicherung	BUV			+					+	
	BUZ BG 4						+		+	
18. DEVK	o.a.V							+		
	m.a.V							+		
19. Dialog				+						KV
20. die Bayerische	Prestige			+						zB
	Smart						+			zB
21. Ergo		+								
22. Ergo Direkt	Premium		A							
	Basis		A							
23. Europa	Premium			+						KV
	(Basis)		G							
24. Familienfürsorge			A							
25. Generali	Klassik			+					+	
	Basis			+					+	
26. Gothaer	Premium			+					+	zB
	Basis			+					+	
27. Hannoversche Leben	Comfort		A							
	Basis		A							
28. Hanse Merkur	Profi care			+						KV
	Start care			+						KV
29. HDI			A							
30. Heidelberger Leben			A							
31. Helvetia				+					+	
32. Huk Coburg	Premium				+				+	
	(Basis)				+				+	
33. Iduna				+					+	
34. Inter		+								
35. InterRisk	XXL			+					+	
	S-M.A.R.T.			+					+	
36. Itzehoer								+		
37. LV 1871	Golden BU			+					+	
	(Basis)						+		+	
38. LVM	Plus						+			
							+			

	Tarif	1	2	3	4	5	6	7	8	9
39. Mamax				+					+	
40. Mecklenburgische	Komfort	+								
		+								
41. Münchener Verein	Premium			+					+	
	Classic			+					+	
42. Neue Leben				+					+	
43. Nürnberger Leben	Comfort			+					+	
	(Basis)			+					(-)	
44. Oeco Capital	Plus		A							
	(Basis)						+		+	
45. Öffentliche Berlin-Brbg.			A							
46. Öffentliche Braunschweig								+	+	
47. Provinzial Nordwest	m.e.L.		A							
	(Basis)		A							
48. Provinzial Rheinland			A							
49. R+V Leben		-	-	+	-				+	
50. Rheinland		+								
51. Saarland			A							
52. Standard Life				+					+	
53. Stuttgarter				+					+	
54. Süddeutsche Leben								+		
55. Sparkassenversicherung	TOP		A							
	(Basis)		A							
56. Swiss Life				+					+	zB
57. Targo		+								
58. Universa			A							
59. VGH			A							
60. VHV			A							
61. Volkswohl Bund				+					+	zB
62. VPV				+					+	
63. WGV					+					
64. Württembergische				+					+	zB
65. WWK	Komfort			+					+	
	Basis			+					+	
66. Zurich					+				+	

Anhang 8, Tabelle: Abstrakte Verweisung

1. Abstrakte Verweisung wird in der Tarifbezeichnung erwähnt
2. Abstrakte Verweisung (der Begriff) wird im Bedingungswerk ausdrücklich erwähnt
3. Lebensstellung wird erläutert
4. Einkommensgrenze wird erwähnt (Hinweis auf Rechtsprechung)
5. Einkommensgrenze wird ausdrücklich benannt (konkrete Prozentzahl)
6. Ausbildung und Erfahrung
7. Ausbildung und Fähigkeiten
8. Kenntnisse und Fähigkeiten
9. nur bis 55

	Tarif	1	2	3	4	5	6	7	8	9
1. Axa	BG 4			+	+		+		+	+
2. die Bayerische	Smart			+	+			+	+	
3. Concordia	BUZ		+	+	+			+		+
4. Condor	Classic							+		
5. DBV	BG 4			+	+		+		+	+
6. Deutsche Ärzteversicherung	BG 4			+	+		+		+	+
7. DEVK	m.a.V	+		+				+		+
8. Ergo Direkt	Basis		+	+	+	+		+		
9. Europa	BUV			+	+	+			+	+
10. Hannoversche Leben	Basis			+	+	+		+	+	+
11. LV 1871	(Basis)			+	+	+		+		
12. LVM	(Basis)			+	+	+	+			+
13. Mecklenburgische	(Basis)						+			
14. Münchener Verein	Classic							+		+
15. Nürnberger Leben	(Basis)		+	+				+		+
16. Oeco Capital	(Basis)		+	+	+			+		+
17. WWK	Basis			+	+	+		+	+	+

Anhang 9, Tabelle: Lebensstellung

1. Lebensstellung wird nicht erläutert
2. beschränkt sich auf Erwähnung von Einkommen bzw. Vergütung
3. Erwähnung von Einkommensgrenzen (aktuelle, obergerichtliche oder BGH-Rechtsprechung)
4. Erwähnung von Einkommensgrenzen (Prozentangabe)
5. Erwähnung, dass Lebensstellung auch „in sozialer Sicht“ gemeint ist
6. Wertschätzung
7. Soziale Wertschätzung
8. Ansehen
9. soziales Ansehen
10. gesellschaftliches Ansehen

	Tarif	1	2	3	4	5	6	7	8	9	10
1. AachenMünchener				+	20	+					
2. Allianz				+				+			
3. Alte Leipziger				+	20			+			
4. Arag				+	25		+				
5. Asstel				+				+			
6. Axa	BG 1–3			+	20		+				
	BG 4			+			+				
7. Barmenia				+				+			
8. Basler				+	20		+			+	
9. Bayern Versicherung			+					+			
10. Concordia	Plus			+			+				
				+			+				
11. Condor	Comfort			+	20		+				
	Classic	+									
12. Conti					20			+			
13. Cosmos	Comfort			+							+
	Basis			+							+
14. Credit Life				+		+					
15. DBV	BG 1–3			+	20		+				
	BG 4			+			+				
16. Debeka				+		+	+				
17. Deutsche Ärzteversicherung	BUV			+	20		+				
	BG 4			+			+				

	Tarif	1	2	3	4	5	6	7	8	9	10
18. DEVK	o.a.V		+				+				
	m.a.V		+				+				
19. Dialog				+	20		+				
20. die Bayerische	Prestige			+	15–30		+				
	Smart			+	15–30						
21. Ergo		+									
22. Ergo Direkt	Premium			+	20						+
	Basis			+	20						+
23. Europa BUZ	Premium				20			+			
	(Basis)	+									
24. Familienfürsorge			+					+			
25. Generali	Klassik			+	20			+			
	Basis			+	(-)			+			
26. Gothaer	Premium			+	20			+			
	Basis			+	(-)			+			
27. Hannoversche Leben	Comfort			+	(-)		+				
	Basis			+	(-)		+				
28. Hanse Merkur	Profi care			+	20	+					
	Basis care			+	20	+					
29. HDI				+	20						
30. Heidelberger Leben				+	20		+				
31. Helvetia			+				+				
32. Huk Coburg	Premium		+					+			
	(Basis)		+					+			
33. Iduna	Premium				10–30	+					
	(Basis)				10–30	+					
34. Inter					20						
35. InterRisk	XXL				20	+				+	
	S-M.A.R.T.				20	+				+	
36. Itzehoer				+				+			
37. LV 1871	Golden BU				20			+			
	(Basis)				20			+			
38. LVM	Plus			+				+			
	(Basis)			+	20			+			
39. Mamax			+			+					
40. Mecklenburgische	Komfort	+									
	(Basis)	+									
41. Münchener Verein	Premium				20		+			+	
	Classic		+				+			-	

	Tarif	1	2	3	4	5	6	7	8	9	10
42. Neue Leben				+				+			
43. Nürnberger Leben	Comfort				20		+				
			+				+				
44. Oeco Capital	Plus			+			+				
	(Basis)			+			+				
45. Öffentliche Berlin-Brbg.			+				+				
46. Öffentliche Braunschweig			+				+				
47. Provinzial Nordwest			+					+			
			+					+			
48. Provinzial Rheinland			+					+			
49. R+V Leben				+				+			
50. Rheinland				+		+					
51. Saarland			+					+			
52. Standard Life				+			+				
53. Stuttgarter					20		+			+	
54. Süddeutsche Leben			+								+
55. Sparkassenversicherung	TOP		+					+			
	(Basis)		+					+			
56. Swiss Life				+	20	+					
57. Targo			+	-			+				
58. Universa				+			+				
59. VGH				+			+				
60. VHV exclusive				+			+				
61. Volkswohl Bund					20		+				
62. VPV					10–30	+					
63. WGV			+			+					
64. Württembergische				+						+	
65. WWK Komfort	Komfort			+	20	+					
	Basis			+	20	+					
66. Zurich				+			+				

Anhang 10, Tabelle: Ausscheiden und Abstrakte Verweisung

1. Vertrag enthält ***keine*** Regelung
2. der Ausgeschiedene wird ausdrücklich gleichbehandelt (ohne zeitliche Begrenzung); d. h. auch nach Ausscheiden ist der zuletzt ausgeübte Beruf immer Anknüfungspunkt
   K = Keine Tätigkeit
   O = es von vorübergehendem **oder** dauerendem Ausscheiden
3. Ausscheiden wird erwähnt aber ohne korrekte Trennung
   A= es wird nur vom **A**usscheiden gesprochen
   D= dauerhaftes und vorübergehendes Ausscheiden wird unterschieden
4. Höchstgrenze für vorübergehendes Ausscheiden wird bestimmt
   3= drei Jahre
   5= fünf Jahre
5. es werden **beispielhafte** Tatbestände geschaffen, welche beispielhaft als vorübergehendes Ausscheiden angsehen werden (innerhalb der Maximaldauer)
   A = Arbeitslosigkeit E = Elternzeit
   M = Mutterschutz W = Wehrdienst/Zivildienst
6. es werden ***generelle*** Tatbestände geschaffen, welche per se als vorübergehend gelten (außerhalb der Maximaldauer)
7. Tarif sieht abstrakte Verweisung vor
8. Werbung mit „Verzicht auf abstrakte Verweisung“

	Tarif	1	2	3	4	5	6	7	8
1. AachenMünchener					3	AEMW			+
2. Allianz					5	AEMW			
3. Alte Leipziger			O						+
4. Arag					3	EM			+
5. Asstel					3		E		+
6. Axa	BG 1-3				3	AEM			+
	BG 4				5			+	
7. Barmenia					5				+
8. Basler					5				+
9. Bayern Versicherung					3				+
10. Concordia	Plus				3				-
	(Basis)				3			+	-

	Tarif	1	2	3	4	5	6	7	8
11. Condor	Comfort	+							+
	Classic	+						+	
12. Conti					5				+
13. Cosmos	Comfort			D		EW			+
	Basis			D		EW			+
14. **Credit Life**				**A**					
15. DBV	BG 1–3				3		E		
	BG4				5			+	
16. Debeka					3		EMW		+
17. Dt. Ärztevers.	SBU				5	AEMW			+
Dt. Ärztevers.	BG4				5				+
18. DEVK	o.a.V				3				+
	m.a.V			A	-				-
19. Dialog			O						+
20. die Bayerische	Prestige				5		AEM		+
	Smart				5		AEM		
21. Ergo					3				+
22. Ergo Direkt	Premium		O						+
	Basis		O						+
23. Europa	Premium				5				+
	(Basis)				5			+	
24. Familienfürsorge				D					
25. Generali	Klassik				5				+
	Basis				3				
26. Gothaer	Premium		K						+
	Basis				3				+
27. Hannoversche Leben	Comfort				3	AEMW			+
	Basis				3	AEMW		+	
28. Hanse Merkur	Profi care				5				+
	Basis care				5				
29. HDI-Gerling		+							
30. Heidelberger Leben					3		A		+
31. Helvetia					3				+
32. Huk Coburg	Premium		O						
	(Basis)		O						
33. Iduna	Premium			A					+
	(Basis)			A					+

	Tarif	1	2	3	4	5	6	7	8
34. Inter			O						
35. InterRisk	XXL		K						+
	S-M.A.R.T.				3				
36. Itzehoer				D					+
37. LV 1871	golden		O						
	classic			D		A		+	
38. LVM	Plus				3	AEMW			+
	BU				3	AEMW		+	
39. Mamax		+							
40. Mecklenburgische	Komfort			A					
				A				+	
41. Münchener Verein	Premium			A					+
	Classic			A				+	
42. Neue Leben					3	AEMW			
43. Nürnberger Leben	Comfort				5				+
	(Basis)				5			+	
44. Oeco Capital	Plus				3				
	(Basis)				3			+	
45. Öffentliche Berlin-Brbg.					3	E			+
46. Öffentliche Braunschweig					3	E			+
47. Provinzial Nordwest					3	E			+
					3	E			+
48. Provinzial Rheinland					3		E		+
49. R+V Leben			O						+
50. Rheinland				A		EW			
51. Saarland					3				+
52. Standard Life			K						
53. Stuttgarter					5				+
54. Süddeutsche Leben				A					+
55. Sparkassenversicherung	TOP				3		E		+
	(Basis)				3		E		+
56. Swiss Life					5	A			-
57. Targo					5		AM		+
58. Universa			O						+
59. VGH					3				+
60. VHV					3	EAMW			+
61. Volkswohl Bund		+							+
62. VPV					5	EAMW			+

	Tarif	1	2	3	4	5	6	7	8
63. WGV				D					+
64. Württembergische					3				+
65. WWK Komfort	Komfort				5	EAMW			+
	Basis				5	EAMW		+	
66. Zurich					3	EM			+

Anhang 11, Tabelle: Umorganisation

1. a) Vertrag enthält keine Regelung zur Umorganisation
   b) Umorganisation wird nur mit einem Wort erwähnt ohne Umschreibung
2. benannte Adressaten für die Umorganisation im Bereich der Selbstständigen
   a) Selbstständiger
   b) Freiberufler
   c) Betriebsinhaber
   d) Mitarbeitender Betriebsinhaber
   e) Gesellschafter
   f) Gesellschafter-Geschäftsführer
   g) beherrschender Gesellschafter-Geschäftsführer
   h) Geschäftsführer Kapitalgesellschaft
   i) Vorstand Kapitalgesellschaft
3. benannte Adressaten für die Umorganisation im Bereich der Angestellten
   a) Angestellte mit Weisungs- und Direktionsbefugnis (bzw. nur Direktionsbefugnis)
   b) Angestellte mit Unternehmensleitungsbefugnis/Geschäftsführungsbefugnis
   c) hinsichtlich ihrer Direktionsbefugnisse in einem Betrieb gleich gestellte Arbeitnehmer (z. B. Geschäftsführer, die den Betrieb faktisch wie ein Inhaber leiten)
4. benannte rechtliche Kompetenzen für die Umsetzung der Umorganisation durch den VN
   a) aufgrund des maßgeblichen Einflusses auf die Geschicke des Unternehmens
   b) aufgrund des unternehmerischen Freiraums
   c) aufgrund bestehender Direktions- oder Weisungsbefugnis
   d) nur: „realisiert" oder „durchgeführt werden kann"
5. Hinweis darauf, dass UO aufgrund der gesundheitlichen Verhältnisse des VN möglich sein muss
6. Qualifikation der Umorganisation als notwendigerweise
   a) betrieblich/wirtschaftlich sinnvoll
   b) betrieblich/wirtschaftlich zweckmäßig
   c) wirtschaftlich vertretbar
   d) (wirtschaftlich) zumutbar
   e) (wirtschaftlich) angemessen
   f) betrieblich möglich

7. Einkommenseinbuße;
   a) Umorganisation ist angemessen, wenn keine auf Dauer ins Gewicht fallende Einkommenseinbuße
   b) Einkommenseinbuße nicht erwähnt, aber Hinweis auf Lebensstellung – (siehe Tabelle 9)
8. Einkommenseinbuße wird darüber hinaus durch prozentuale Angabe definiert (R) Hinweis auf **R**echtsprechung, falls diese eine geringere prozentuale Einschränkung vorsieht
9. es wird erwähnt, dass für die UO „kein erheblicher Kapitaleinsatz“ erforderlich sein darf
10. (a) angemessener bzw. sinnvoller Tätigkeitsbereich muss verbleiben/keine Verlegenheitsbeschäftigung
    (b) die verbleibende Tätigkeit der Ausbildung und den Fähigkeiten entspricht
    (c) der (Lebens)**Stellung** (als Betriebsinhaber) angemessen
    (d) (unternehmensleitende) Stellung (als Betriebsinhaber) behält/vergleichbare Weisungs- u. Direktionsbefugnisse innehat
11. Beweislast
    a) beim Versicherungsnehmer
    b) beim Versicherer

	Tarif	**1**	**2**	**3**	**4**	**5**	**6**	**7**	**8**	**9**	**10**	**11**
1. AachenMünchener			ab	a	a	+	e	a		+	a	b
2. Allianz			a				b	a		+	ac	a
3. Alte Leipziger			a				a	a	20R	+	c	b
4. Arag			ad		d		a	a		+	c	a
5. Asstel			adf		d		a	b			c	b
6. Axa	BG 1–3		ab		a		b	a		+	c	a
	BG 4		ab		a		b	a		+	c	a
7. Barmenia			abd				a	a	20	+	c	b
8. Basler			ab		c		b	b		+	c	b
9. Bayern Versicherung			abe	b			b	b		+	d	a
10. Concordia	Plus		ab		a		b	b		+	c	b
	(Basis)		ab		a		b	b		+	c	b
11. Condor	Comfort		ag				b	a			bc	b
	Classic	a										
12. Conti			ab				a	b	20		c	b
13. Cosmos	Comfort		a					b		+	c	b
	Basis		a					b		+	c	b

	Tarif	1	2	3	4	5	6	7	8	9	10	11
14. Credit Life			a		b			-		+	ab	b
15. DBV	BG 1–3		ab		a		b	a		+	c	a
	BG 4		ab		a		b	a		+	c	a
16. Debeka			a	a			b	a		+	c	a
17. Deutsche Ärztevers.	BUV		ab		a		b	a		+	c	a
Deutsche Ärztevers.	BUZ BG 4		ab		a		b	a		+	c	a
18. DEVK	o.a.V		a					a		+	a	b
	m.a.V		a					a		+	a	b
19. Dialog			a				a	a	20R		c	b
20. die Bayerische	Prestige		a			+	d	a	30R		ac	b
	Smart		a			+	d	a	30R		ac	b
21. Ergo			ab							+	c	b
22. Ergo Direkt	Premium		ab					a	20R	+	c	b
	Basis		ab					a	20R	+	c	b
23. Europa	premium		ab				a	a	20		c	b
	(Basis)		ab				a	a	20		c	b
24. Familienfürsorge			a				a	a			d	b
25. Generali	Klassik		ae		a	+	b	b			c	b
	Basis		ae		a	+	a	b			c	b
26. Gothaer	Premium		abf		d		a	b			c	b
	Basis		abf		d		a	b			c	b
27. Hannoversche Leben	BU plus		a				a	a			d	b
	Basis		a				a	a			d	b
28. Hanse Merkur	Profi care		ab				f	a			d	b
	Basis care		ab		d		f	a		+	d	b
29. HDI-Gerling			ab		b		b	b		+	d	b
30. Heidelberger Leben			ahi			+	b	a	20R	+	c	b
31. Helvetia			ac	a	d		a	b		+	c	a
32. Huk Coburg			a				a	a			d	b
33. Iduna	Premium		a					a		+	c	b
	(Basis)	b										a
34. Inter			ac	c							c	a
35. InterRisk	XXL		a					a	20		c	b
	S-M.A.R.T.		a					a	20		c	b
36. Itzehoer			a				a	a			d	b
37. LV 1871	Golden BU		a					a	20	+	c	a
	(Basis)	a										
38. LVM	Plus		a			+	b	a			ad	b
	(Basis)		a			+	b	a			ad	b

	Tarif	1	2	3	4	5	6	7	8	9	10	11
39. Mamax			ab				a			+	d	b
40. Mecklenburgische	Komfort		abf		d		a				c	b
		a										
41. Münchener Verein	Premium		a				b	b		+	ac	a
	Classic		a				b	b		+	ac	a
42. Neue Leben			a					a		+	d	a
43. Nürnberger Leben	Comfort		ae				b	b			c	b
	(Basis)		ae				b	b			c	b
44. Oeco Capital	Plus		abc		a		b	b		+	c	b
	(Basis)		abc		a		b	b		+	c	b
45. Öffentliche Berlin-Brbg.			abe	b			b	b		+	cd	a
46. Öffentliche Brschwg.			abe	b			b	b		+	cd	a
47. Provinzial Nordwest	m.e.L.		abe	b			b	b		+	cd	a
			abe	b			b	b		+	cd	a
48. Provinzial Rheinland			abe	b			b	b		+	cd	a
49. R+V Leben			ag		b		b	b		+	ac	b
50. Rheinland			ad		bc	+				+	ab	b
51. Saarland			abe	b			b	b		+	cd	a
52. Standard Life			c	a	1		b				ac	b
53. Stuttgarter			a				e	a		+		b
54. Süddeutsche Leben			a					a		+	c	b
55. SV Sparkassenvers.	TOP		abe	b			b	b		+	cd	a
	(Basis)		abe	b			b	b		+	cd	a
56. Swiss Life			af		1		b	a	20R		d	b
57. Targo			ac	b	1	+		a		+	ac	a
58. Universa			abc	c	1			b			c	a
59. VGH			abe	b			b	b		+	cd	a
60. VHV			a				a	a			d	b
61. Volkswohl Bund			a				e	a	20R		c	b
62. VPV			ab		1		b	b		+	c	b
63. WGV			ac					b			c	a
64. Württembergische			agi			+	b	a			c	b
65. WWK Komfort	Komfort		ag	a	2		a	b			cd	b
	Basis		ag	a	2		a	b			cd	b
66. Zurich			ab		1		b	b		+	ac	b

Anhang 12, Tabelle: Mitwirkung, Begutachtung und Auskünfte

1. Wir können außerdem auf unsere Kosten weitere ärztliche Untersuchungen durch von uns beauftragte Ärzte sowie notwendige Nachweise – auch über die wirtschaftlichen Verhältnisse und ihre Veränderungen – verlangen, insbesondere zusätzliche Auskünfte und Aufklärungen. (§ 7 Abs. 2 MB-BUV)
2. Untersuchung durch von uns beauftragte Ärzte und **sonstige Sachverständige/Gutachter**
3. Untersuchung durch von uns beauftragte Ärzte, insbesondere auch zusätzliche Auskünfte und Aufklärungen durch **Angehörige von nichtärztlichen Heilberufen**
4. medizinische Auskünfte, Aufklärungen
5. **Keine Vertragsärzte (W = eingeschränktes Wahlrecht)**
6. zusätzliche Untersuchungen
7. zusätzliche Auskünfte + Aufklärungen (z. B. **B**etriebsbesichtigungen)
8. **berufskundliche** Auskünfte, Aufklärungen
9. **Vor Ort Prüfung**
10. Ermächtigung zur Auskunftserteilung **Arbeitgeber**
    a) bzgl. Beruf zum Zeitpunkt des Abschlusses des Vertrages
    b) über die finanziellen Gegebenheiten und über die Ausgestaltung der konkreten zuletzt ausgeübten Tätigkeit
    c) undifferenzierte, pauschale allgemeine SEE
11. *Werbung*: keine Verpflichtung zur **U**mschulung/**A**ufnahme anderer Tätigkeiten

	Tarif	**1**	**2**	**3**	**4**	**5**	**6**	**7**	**8**	**9**	**10**	**11**
1. AachenMünchener		+										
2. Allianz			+								**a**	
3. Alte Leipziger			+									
4. Arag		+										
5. Asstel		+										
6. Axa	BG 1–3			+							**b**	
	BG 4			+							**b**	
7. Barmenia		+										
8. Basler			+		+		+		+	+		
9. Bayern Versicherung		+										
10. Concordia	Plus	+										
	(Basis)	+										
11. Condor	Comfort	+										U
	Classic	+										U

	Tarif	1	2	3	4	5	6	7	8	9	10	11
12. Conti			+				+		+	+	c	U
13. Cosmos	Comfort	+										
	Basis	+										
14. Credit Life			+		+		+		+	+		
15. DBV	BG 1–3			+							b	
	BG 4			+							b	
16. Debeka		+						B				
17. Deutsche Ärztevers.	SBU			+							b	
	BUZ BG 4			+							b	
18. DEVK	o.a.V		+						+	+		
	m.a.V		+						+	+		
19. Dialog		+						+				
20. die Bayerische	Prestige	+										U
	Smart	+										U
21. Ergo		+						+				A
22. Ergo Direkt	Premium	+						+				
	Basis	+						+				
23. Europa	Premium		+				+	+	+	+	c	-
	(Basis)		+				+	+	+	+	c	-
24. Familienfürsorge		+						+				
25. Generali	Klassik	+										
	Basis	+										
26. Gothaer		+										
27. Hannoversche Leben	Comfort		+						+	+		
	(Basis)		+						+	+		
28. Hanse Merkur	Profi care	+				+						
	Basis care	+				+						
29. HDI-Gerling		+										
30. Heidelberger Leben		+									c	
31. Helvetia		+										
32. Huk Coburg		+										
33. Iduna		+										
34. Inter		+				W						
35. InterRisk	topline	+										
	basicline	+										
36. Itzehoer			+				+		+	+		
37. LV 1871	Golden BU	+										A
	(Basis)	+										
38. LVM	Plus	+										
	(Basis)	+										
39. Mamax		+										

	Tarif	1	2	3	4	5	6	7	8	9	10	11
40. Mecklenburgische	Komfort	+					+		+			
		+					+		+			
41. Münchener Verein	Premium	+										
	Classic	+										
42. Neue Leben		+									**a**	
43. Nürnberger Leben	Comfort	+										
	(Basis)	+										
44. Oeco Capital	Plus	+										
	(Basis)	+										
45. Öffentliche Berlin-Brbg.	optimal	+										
46. Öffentliche Braunschweig		+										
47. Provinzial Nordwest		+										
48. Provinzial Rheinland		+										
49. R+V Leben		+				+						
50. Rheinland			+				+			+		
51. Saarland		+										
52. Standard Life		+										
53. Stuttgarter		+										
54. Süddeutsche Leben		+										
55. SV Sparkassenversicherung	TOP	+										
	(Basis)	+										
56. Swiss Life	BG 1–3	+				+						
57. Targo		+										
58. Universa		+										
59. VGH		+										
60. VHV			+				+		+	+		
61. Volkswohl Bund		+										
62. VPV		+										
63. WGV		+										
64. Württembergische		+										
65. WWK	Komfort		+				+			+		
	(Basis)		+				+			+		
66. Zurich		+									**c**	

Anhang 13, Tabelle: Arztanordnung

1. Keine Regelung
2. Behauptung, dass keine Verpflichtung zur Befolgung
   a) ärztlicher Anordnungen bzw. Behandlungsmaßnahmen
   b) ärztlicher Anordnungen zu operativen Maßnahmen
3. Regel über die Pflicht zur aktiven Befolgung zumutbarer Heilbehandlungen „**Ä**rztliche Maßnahmen/**M**edizinische Maßnahmen/zumutbare Schutzmaßnahmen“ bzw. **H**eilbehandlungen/zumutbare **T**herapie HM Hilfsmittel
4. Hinweis auf eine bestehende
   a) Schadenminderungspflicht
   b) „allgemeine Schadenminderungspflicht“
   c) „allgemeine gesetzliche Schadenminderungspflicht“
5. Anordnungen „ihres Arztes“/b) des „**b**ehandelnden Arztes“ sind zu befolgen
6. Anordnungen „des Arztes“ sind zu befolgen
7. Anordnung „des Untersuchenden und/oder behandelnden Arztes“ sind zu befolgen
8. ausdrückliche Ausweitung auf
   a) Heilpraktiker
   b) Heilbehandler
   c) Psychotherapeuten
9. Werbung: Verzicht auf AO-Klausel
10. Werbung: „Freie Arztwahl“

	Tarif	**1**	**2**	**3**	**4**	**5**	**6**	**7**	**8**	**9**	**10**
1. AachenMünchener				+							
2. Allianz				+							
3. Alte Leipziger			a				+				+
4. Arag			a					+	b		
5. Asstel				+	a		+				
6. Axa	BG 1–3		b		b			+		+	
	BG 4		b		b			+		+	
7. Barmenia				+	a		+				
8. Basler				+	c			+		+	
9. BayernVersicherung			a		c		+				
10. Concordia	Plus			+		b					+
				+		b					+

	Tarif	1	2	3	4	5	6	7	8	9	10
11. Condor	Comfort			+			+				
	Classic	+									
12. Conti			a					+		+	
13. Cosmos	Comfort	+								+	
	Basis	+								+	
14. Credit Life		+								+	
15. DBV	BG 1–3		b		b			+			
	BG 4		b		b			+			
16. Debeka				+							
17. Deutsche Ärztevers.	BG 1–3		b		b			+			
	BG 4		b		b			+			
18. DEVK	o.a.V		a		c	+					
	m.a.V		a		c	+					
19. Dialog			b					+		+	
20. die Bayerische	Prestige			+							+
	Smart			+							+
21. Ergo		+									
22. Ergo Direkt	Premium		a				+			+	
	Basis		a				+			+	
23. Europa	Premium	+								+	
	(Basis)	+								+	
24. Familienfürsorge			a				+				
25. Generali	Klassik			+							
	Basis			+							
26. Gothaer	Premium		a				+				
	Basis			+	a		+				
27. Hannoversche Leben	Comfort			+	c						
	(Basis)			+	c						
28. Hanse Merkur	Profi		a			+			a	+	
	Basis		a			+			a		
29. HDI		+									
30. Heidelberger Leben			a				+				+
31. Helvetia			b					+			
32. Huk Coburg	Premium			+			+				
	(Basis)			+			+				
33. Iduna	Premium			+	c		+				
	(Basis)			+	c		+				
34. Inter				+			+				

	Tarif	1	2	3	4	5	6	7	8	9	10
35. InterRisk	XXL			+				+			
	S-M.A.R.T.			+				+			
36. Itzehoer				+						+	
37. LV 1871	Golden BU		a				+			+	
	(Basis)		a				+			+	
38. LVM	Plus			+							
	(Basis)			+							
39. Mamax				+			+				
40. Mecklenburgische	Komfort			+							
	(Basis)			+							
41. Münchener Verein	Premium		b		c			+			
	Classic			+				+			
42. Neue Leben				+							
43. Nürnberger	Comfort		b		c			+			
	(Basis)		b		c			+			
44. Oeco Capital	plus			+		+					
				+		+					
45. Öff. Berlin-Brbg.			a		c			+			
46. Öff. Braunschweig			b					+			
47. Provinzial Nordwest	m.e.L.		b					+			
	(Basis)							+	c		
48. Provinzial Rheinland			a					+			
49. R+V Leben				+			+				
50. Rheinland		+									
51. Saarland			a		c			+			
52. Standard Life				+			+				
53. Stuttgarter			b		c			+			
54. Süddeutsche Leben		+									
55. SV Versicherung	Top		b					+			
	(Basis)		b					+			
56. Swiss Life			a		c		+				+
57. Targo			a					+			
58. Universa			b					+			
59. VGH				+							
60. VHV				+	c					+	
61. Volkswohl Bund			b		c		+				
62. VPV			b		c		+		a		
63. WGV			b				+			+	

	Tarif	1	2	3	4	5	6	7	8	9	10
64. Württembergische			b					+	a		
65. WWK	Komfort		b		c			+			
	Basis		b		c			+			
66. Zurich			b		c			+			

Anhang 14, Tabelle: Nachprüfungsverfahren

1. Mitwirkungspflichten
   - V Verbesserung der gesundheitlichen Verhältnisse
   - M Minderung der BU
   - Ä Änderung der Umstände
   - W Wegfall der BU
   - W (nur) Wiederaufnahme einer Beruflichen Tätigkeit
   - WÄ Wiederaufnahme + Änderung (Wechsel) der beruflichen Tätigkeit

   a) Vertrag enthält gar keine Regelung zu Meldepflichten
   b) wird im Abschnitt über Mitwirkungspflichten bei Leistungsverlangen geregelt
   c) Nachprüfung und Mitwirkungspflichten sind in einer Regelung zusammengefasst
   d) wird im Abschnitt NPV geregelt

2. neu erworbene Kenntnisse sind zu berücksichtigen

	Tarif	**1 a**	**1 b**	**1 c**	**1 d**	**2**
1. AachenMünchener			V+WÄ			+
2. Allianz					M+WÄ	
3. Alte Leipziger		+				+
4. Arag					V+WÄ	+
5. Asstel					M+WÄ	
6. Axa	BG 1–3				M+WÄ	+
	BG 4				M+WÄ	+
7. Barmenia					W+WÄ	
8. Basler					M+WÄ	+
9. Bayern Versicherung		+				+
10. Concordia	Plus				V+WÄ	+
	(Basis)				V+WÄ	+
11. Condor	Comfort				WÄ	+
	Classic				WÄ	+
12. Conti					M+WÄ	
13. Cosmos	Comfort				W	
	Basis				W	
14. Credit Life					WÄ	+
15. DBV	BG 1–3				M+WÄ	+
	BG 4				M+WÄ	+
16. Debeka					M+WÄ	

	Tarif	1 a	1 b	1 c	1 d	2
17. Deutsche Ärztevers.	BUV				M+WÄ	+
	BUZ BG 4				M+WÄ	+
18. DEVK	o.a.V		MW+WÄ			+
	m.a.V		MW+WÄ			+
19. Dialog			M +WÄ			+
20. die Bayerische	Prestige			M+WÄ		+
	Smart			M+WÄ		+
21. Ergo					M+WÄ	+
22. Ergo Direkt	Premium			WÄ		+
	Basis			WÄ		+
23. Europa BUZ	Premium				M+WÄ	+
					M+WÄ	+
24. Familienfürsorge					M+WÄ	+
25. Generali	Klassik		WM+WÄ			
	Basis		W +WÄ			
26. Gothaer	Premium				M+WÄ	
	(Basis)				M+WÄ	
27. Hannoversche Leben	Comfort				M+WÄ	+
	Basis				M+WÄ	+
28. Hanse Merkur	Profi			M+WÄ		+
	Basis				M+WÄ	+
29. HDI		+			-	+
30. Heidelberger Leben					MÄ+WÄ	+
31. Helvetia					M+WÄ	+
32. Huk Coburg	Premium				M+WÄ	+
	(Basis)				M+WÄ	+
33. Iduna	Premium			M+WÄ		+
	(Basis)			M+WÄ		+
34. Inter					MW+WÄ	
35. InterRisk	XXL	+				
	S-M.A.R.T.	+				
36. Itzehoer					M+WÄ	+
37. LV 1871	Golden BU				W+W	+
	(Basis)				M+W	+
38. LVM	Plus				M+WÄ	+
	(Basis)				M+WÄ	+
39. Mamax			V+WÄ			
40. Mecklenburgische	Komfort				M+WÄ	
	Basis				M+WÄ	+

	Tarif	1 a	1 b	1 c	1 d	2
41. Münchener Verein	Premium				M+WÄ	
	Classic				M+WÄ	
42. Neue Leben					M+WÄ	
43. Nürnberger Leben	Comfort				M+WÄ	
	(Basis)				M+WÄ	+
44. Oeco Capital	Plus			V+WÄ		+
	(Basis)			V+WÄ		+
45. Öffentliche Berlin-Brbg.		+				+
46. Öffentliche Brschwg.				M+WÄ		
47. Provinzial Nordwest	m.e.L.				M+WÄ	
	(Basis)				M+WÄ	
48. Provinzial Rheinland					M+WÄ	
49. R+V Leben					W	+
50. Rheinland	premium				WÄ	
51. Saarland		+				+
52. Standard Life			V+WÄ		-	
53. Stuttgarter					M+WÄ	+
54. Süddeutsche Leben					M+WÄ	+
55. SV Sparkassenvers.	TOP				M+WÄ	
	(Basis)				M+WÄ	
56. Swiss Life					M+WÄ	
57. Targo					M+WÄ	+
58. Universa					M+WÄ	+
59. VGH					M+WÄ	
60. VHV					M+WÄ	+
61. Volkswohl Bund					WÄ	
62. VPV					M+WÄ	
63. WGV					M+WÄ	+
64. Württembergische					M+WÄ	+
65. WWK Komfort	Komfort				M+WÄ	+
	Basis				M+WÄ	+
66. Zurich					M+WÄ	+

Anhang 15, Tabelle: Mitwirkung Datenerhebung

1. Mitwirkung bei Datenerhebung
   a) Keine Regelung
   b) Wiederholung von § 213 Abs. 1; 1. HS, aber keine Erwähnung v. § 213 Abs. 1 2. HS VVG
   c) zur Beurteilung des Versicherungsfalls/der Leistungspflicht (analog § 213 Abs. 1 2. HS VVG)
   d) zur Beurteilung des Versicherungsfalls und zur Überprüfung der Angaben vor Vertragsannahme
   e) Einbeziehung weiterer Berufsgruppen über Katalog § 213 Abs. 1 1. HS hinaus
      B = Behandler (meist beispielhafte Aufzählung Heilpraktiker, Psycho- oder Physiotherapeuten)
      H = Heilbehandler
      S = Stellen, die über Gesundheitsdaten der versicherten Person verfügen
      E = Personen oder Einrichtungen, die an Untersuchungen und Behandlungen beteiligt waren
   f) Hinweis auf die Möglichkeit, die Unterlagen selbst beizubringen
      A = als Möglichkeit (oder Ausnahme)
      R = Regelfall, d. h. grundsätzlich vom Versicherten einzuholen
2. Beschreibung des zuletzt ausgeübten Berufs
   neue Regelung analog aktueller GdV-Empfehlung anstatt „Beibringung von Unterlagen"

	Tarif	a	b	c	d	e	f	2
1. AachenMünchener		+						+
2. Allianz			+					
3. Alte Leipziger		+						
4. Arag			+			H		
5. Asstel		+						
6. Axa	BG 1–3		+					
	BG 4		+					
7. Barmenia			(-)	+		S	+	
8. Basler			+		+			
9. Bayern Versicherung			+					+
10. Concordia	Plus	+						
	(Basis)	+						

	Tarif	a	b	c	d	e	f	2
11. Condor	Comfort		+			B		
	Classic		+			B		
12. Conti			+					
13. Cosmos	Comfort	+						
	Basis	+						
14. Credit Life			+					
15. DBV	BG 1–3		+					
	BG 4		+					
16. Debeka				+				
17. Deutsche Ärztevers.	SBU		+					
	BUZ BG 4		+					
18. DEVK	o.a.V		+					
	m.a.V		+					
19. Dialog			+					
20. die Bayerische	Prestige	+						+
	Smart	+						+
21. Ergo		+						
22. Ergo Direkt	Premiun			+			+	
	Basis			+			+	
23. Europa	Premium		+					
	(Basis)		+					
24. Familienfürsorge			+					+
25. Generali	Klassik		(-)	+				
	Basis		(-)	+				
26. Gothaer	Premium		+					
	(Basisi)	+						
27. Hannoversche Leben	BUplus		+		+			
	BU		+		+			
28. Hanse Merkur	Profi care		+					
	Start care		+					
29. HDI			(-)	+		B	R	
30. Heidelberger Leben			+					
31. Helvetia			+			H		
32. Huk Coburg	Premium		+					
	(Basis)		+					
33. Iduna	Premium	+						+
	(Basis)	+						+
34. Inter		+						

	Tarif	a	b	c	d	e	f	2
35. InterRisk	XXL		+					
	S-M.A.R.T.		+					
36. Itzehoer			+		+			
37. LV 1871	Golden BU		+					
	(Basis)		+					
38. LVM	Plus	+						
	(Basis)	+						
39. Mamax		+						+
40. Mecklenburgische	Komfort		+		+			
	(Basis)		+		+			
41. Münchener Verein	Premium	+						
	Classic	+						
42. Neue Leben			+					
43. Nürnberger Leben	Comfort	+						
	(Basis)	+						
44. Oeco Capital	Plus	+						
	(Basis)	+						
45. Öffentliche Berlin-Brbg.			+					+
46. Öffentliche Braunschweig			+					+
47. Provinzial Nordwest	m.e.L.		+					
	(Basis)		+					
48. Provinzial Rheinland			+					
49. R+V Leben			+			B	R	
50. Rheinland	plus		+		+			
51. Saarland			+					+
52. Standard Life			+		+			
53. Stuttgarter			+		+			
54. Süddeutsche Leben		+						
55. SV Sparkassenversicherung	TOP		+					
	(Basis)		+					
56. Swiss Life	BG 1–3		+					
57. Targo Lebensversicherung	-		+		+			
58. Universa	-	+						
59. VGH	-		+		+			
60. VHV exclusive			+					
61. Volkswohl Bund	-		+					
62. VPV	-	+						
63. WGV	-		+					

	Tarif	a	b	c	d	e	f	2
64. Württ.Leben	.		+					
65. WWK Komfort	Komfort		+		+			
	Basis		+		+			
66. Zurich B			+			H		

Anhang 16, Tabelle: Überblick der untersuchten Anbieter und Tarife

Gesellschaft	Produktbezeichnung	Kat	Tarif	Druckstück	Stand
1. AachenMünchener Lebensversicherung AG	Allgemeine Versicherungsbedingungen für die Berufsunfähigkeits-Versicherung	BUV		AVB BUV (12.12)	12.2012
2. Allianz Lebensversicherungs-AG	Versicherungsbedingungen Selbstständige BerufsunfähigkeitsPolice und Berufsunfähigkeits StartPolice E356	BUV	E356	E---G0356Z0 (024)	01.2013
3. Alte Leipziger Lebensversicherung a. G.	Allgemeine Bedingungen für die Berufsunfähigkeitszusatzversicherung	BUV		pm 2300 01.2013	01.2013
4. Arag Lebensversicherungs-AG	Bedingungen für die Berufsunfähigkeits-Zusatzversicherung Reine Beitragsbefreiung	BUZ	B148		01.2013
5. Asstel Lebensversicherung AG	Bedingungen für die Berufsunfähigkeits-Zusatzversicherung	BUZ		ASL-BUZQ 10.12	12.2012
6. Axa Lebensversicherung AG	Besondere Bedingungen für die selbstständige Berufsunfähigkeitsversicherung der Berufsgruppen 1+ bis 3- sowie der Heilberufe	BUV	BG 1–3	21009850 (4.13) C 2.57.276	04.2013
	Besondere Bedingungen für die selbstständige Berufsunfähigkeitsversicherung der Berufsgruppe 4	BUV	BG 4	21009851 (4.13) C 2.57.277	04.2013

Gesellschaft	Produktbezeichnung	Kat	Tarif	Druckstück	Stand
7. Barmenia Lebensversicherung a. G.	Allgemeine Bedingungen für die Barmenia SoloBU (Berufsunfähigkeitsversicherung)	BUV	SoloBU	L 3529 1212 DT/V1	12.2012
8. Basler Leben AG Direktion für Deutschland	Bedingungen für die selbstständige Berufsunfähigkeitsversicherung	BUV	BV	BAL 8110 O1NT1121	01.2013
9. Bayern-Versicherung Lebensversicherung AG	Allgemeine Bedingungen für die Berufsunfähigkeits-Versicherung	BUV		15 71 86	12.2012
10. die Bayerische Bayerische Beamten Lebensversicherung a. G. Neue Bayerische Beamten Lebensversicherung AG	Allgemeine Bedingungen für die Berufsunfähigkeitsversicherung mit Zusatzleistungen	BUV	Protect Prestige	13L07 B 550118(11.12)	12.2012
	Allgemeine Bedingungen für die Berufsunfähigkeitsversicherung	BUV	Protect Smart	13N08 B 550121(11.12)	12.2012
11. Concordia Lebensversicherungs-AG	Bedingungen für die Berufsunfähigkeitszusatzversicherung BUZ Plus	BUZ	Plus	L197	01.2013
	Bedingungen für die Berufsunfähigkeitszusatzversicherung	BUZ		L195	01.2013
12. Condor Lebensversicherung AG	Zusatz-Bedingungen für die Berufsunfähigkeits-Zusatzversicherung (BUZ) „Comfort" zu fondsgebundenen Rentenversicherungen der Condor Lebensversicherung AG	BUZ	Comfort	R65	12.2012

Gesellschaft	Produktbezeichnung	Kat	Tarif	Druckstück	Stand
	Zusatz-Bedingungen für die Berufsunfähigkeits-Zusatzversicherung (BUZ) „Classic“ zu fondsgebundenen Rentenversicherungen der Condor Lebensversicherung AG	BUZ	Classic	R66	12.2012
13. Continentale Lebensversicherung a. G.	Allgemeine Bedingungen für die Berufsunfähigkeitsversicherung BU-Vorsorge Premium	SBU		B1	12.2012
14. Cosmos Lebensversicherung AG	Bedingungen für die Berufsunfähigkeits-Zusatzversicherung	BUZ	Comfort-Schutz	LA 1013 A (12.12)	12.2012
	Bedingungen für die Berufsunfähigkeits-Zusatzversicherung	BUZ	Basis Schutz		12.2012
15. Credit Life International Lebensversicherung AG	Bedingungen für die Berufsunfähigkeits-Zusatzversicherung (Premium-Versorgung)	BUZ		OL 2305 A01192/8	12.2012
16. DBV Deutsche Beamtenversicherung Lebensversicherung AG	Besondere Bedingungen für die selbstständige Berufsunfähigkeitsversicherung der Berufsgruppen 1–3 sowie der Heilberufe unter Einschluss des allg. Dienstunfähigkeitsrisikos	BUV	BG 1–3	21009853(4.13) C 2.57.279	04.2013
	Besondere Bedingungen für die selbstständige Berufsunfähigkeitsversicherung der Berufsgruppe 4 mit Einschluss des allg. Dienstunfähigkeitsrisikos	BUV	BG 4	21009855(4.13) C 2.57.281	04.2013
17. Debeka Lebensversicherungsverein a. G.	Allgemeine Bedingungen für die Berufsunfähigkeits-Versicherung	BUV	ABBV 01/2013	B LV 19 (01.12.2012)	01.2013

Gesellschaft	Produktbezeichnung	Kat	Tarif	Druckstück	Stand
18. Deutsche Ärzteversicherung AG	Besondere Versicherungsbedingungen für die selbstständige Berufsunfähigkeitsversicherung der Heilberufe	BUV		21009914 (12.12) D 3.57.244	12.2012
	Allgemeine Bedingungen für die Berufsunfähigkeits-Zusatzversicherung der Berufsgruppe 4	BUZ	BG 4	21009998 (12.12) D 3.57.270	12.2012
19. DEVK Lebensversicherungsverein a. G.	Bedingungen für die Berufsunfähigkeits-Zusatzversicherung mit Verzicht auf die abstrakte Verweisung	BUV		03100/2013/08	08.2013
	Bedingungen für die Berufsunfähigkeits-Zusatzversicherung ohne Verzicht auf die abstrakte Verweisung	BUV		03100/2013/08	08.2013
20. Dialog Lebensversicherung AG	Allgemeine Bedingungen für die selbstständige Berufsunfähigkeitsversicherung	SBU	ABsBu	ABsBU (12.2012)	12.2012
21. ERGO Lebensversicherung AG	Bedingungen für die Berufsunfähigkeits-Zusatzversicherung	BUV	AVB SBU		01.2013
22. ERGO Direkt Lebensversicherung AG	Bedingungen für die Berufsunfähigkeitsversicherung	BUV	P25 Premium		12.2012
	Bedingungen für die Berufsunfähigkeitsversicherung	BUV	P 25 Basis		12.2012
23. Europa Lebensversicherung AG	Bedingungen für die Berufsunfähigkeits-Zusatzversicherung	BUV	BU Vorsorge premium		12.1012
	Bedingungen für die Berufsunfähigkeits-Zusatzversicherung	BUV			12.2012

Gesellschaft	Produktbezeichnung	Kat	Tarif	Druckstück	Stand
24. FAMILIENFÜRSORGE Lebensversicherung AG	Besondere Bedingungen für die Berufsunfähigkeits-Zusatzversicherung	BUZ	FL BUZ 10.02		07.2013
25. Generali Lebensversicherung AG	Allgemeine Versicherungsbedingungen für die Selbstständige Berufsunfähigkeitsversicherung der Tarifgruppe SBU 13	BUV	Klassik	GRA 0200 01.2013	01.2013
	Allgemeine Versicherungsbedingungen für die Berufsunfähigkeitszusatzversi-cherung der Tarifgruppe BUZ 13 im Rahmen der Basisrente	BUZ	Basis	GRA 1630 01.2013	01.2013
26. Gothaer Lebensversicherung AG	Bedingungen für die Berufsunfähigkeitsversicherung	BUV	Premium	215533-07.13	07.2013
	Bedingungen für die Berufsunfähigkeitsversicherung	BUZ	Basis	215531-12.12	12.2012
27. Hannoversche Lebensversicherung AG	Besondere Bedingungen für die Berufsunfähigkeits-Zusatzversicherung	BUZ	Comfort BUZ plus	700.0005.01	01.2013
	Besondere Bedingungen für die Berufsunfähigkeit-Zusatzversicherung	BUZ	Basis	700.0005.01	01.2013
28. Hanse-Merkur Lebensversicherung AG	Allgemeine Bedingungen für die Berufsunfähigkeitsversicherung	SBU		SBUD 01.13	01.2013
	Versicherungsbedingungen für die Basisrentenversicherung	BUZ		Basis 01.13	01.2013
29. HDI Lebensversicherung AG	Allgemeine Versicherungsbedingungen für die Berufsunfähigkeits-Versicherung	BUV	EGO-Classic	LV_AVB_BV.1301	01.2013
30. Heidelberger Lebensversicherung AG	Bedingungen für die Berufsunfähigkeitszusatzversicherung	BUV		HG214/1212	12.2012

Gesellschaft	Produktbezeichnung	Kat	Tarif	Druckstück	Stand
31. Helvetia schweizerische Lebensversicherungs-AG	Besondere Bedingungen für die Berufsunfähigkeits-Zusatzversicherung	BUZ		L-3-11-2013.A1	01.2013
32. HUK Coburg Lebensversicherung AG	Besondere Bedingungen für die Berufsunfähigkeits-Zusatzversicherung	BUZ	BB BUZ premium 9.1	AL7135 07.2013	07.2013
	Besondere Bedingungen für die Berufsunfähigkeits-Zusatzversicherung	BUZ	BB BUZ 91	AL7134 07.2013	07.2013
33. IDUNA Vereinigte Lebensversicherung aG für Handwerk, Handel und Gewerbe	Allgemeine Bedingungen für die SI Premium Berufsunfähigkeitsversicherung	BUV	Premium BUV	2372707.pdf Jan13	01.2013
	Allgemeine Bedingungen für die SI Berufsunfähigkeitsversicherung	BUV		2355412.pdf Jan13	01.2013
34. INTER Lebensversicherung AG	Allgemeine Bedingungen für die Berufsunfähigkeitsversicherung	BUV		Version 122	12.2012
35. InterRisk Lebensversicherungs-AG	Allgemeine Bedingungen für die Berufsunfähigkeitsversicherung xxl	BUV	XXL	B922	12.2012
	Bedingungen für die Berufsunfähigkeitsversicherung „S-M.A.R.T.“ ohne Leistung bei psychischen Erkrankungen	BUV	S-M.A.R.T.	B920	12.2012
36. Itzehoer Lebensversicherungs-AG	Besondere Bedingungen für die Berufsunfähigkeits-Zusatzversicherung	BUZ		BB BUZ 0113	01.2013
37. Lebensversicherung von 1871 a. G. München	Allgemeine Bedingungen für die Berufsunfähigkeitsversicherung	BUV	Golden BU	L-B1809/01.13/m	01.2013
	Allgemeine Bedingungen für die Berufsunfähigkeitsversicherung	BUV		L-B1807/01.13/m	01.2013

Gesellschaft	Produktbezeichnung	Kat	Tarif	Druckstück	Stand
38. LVM Lebensversicherungs-AG	Allgemeine Bedingungen für die Berufsunfähigkeitsversicherung mit erweiterten Leistungen	BUZ	LVM BU RentePlus	L352 (07/2010)	01.2013
	Allgemeine Bedingungen für die Berufsunfähigkeitsversicherung	BUZ	LVM BU Rente	L 344 (07/2010)	01.2013
39. mamax Lebensversicherung Aktiengesellschaft	Bedingungen für die Rentenversicherung für den Fall der Berufsunfähigkeit	BUZ		LV_442_0113	01.2013
40. Mecklenburgische Lebensversicherung AG	Bedingungen für die Komfort Berufsunfähigkeits-Zusatzversicherung	BUZ	B K BUZ	31-LV1-0113	01.2013
	Bedingungen für die Berufsunfähigkeits-Zusatzversicherung	BUZ	B BUZ	31-LV1-0113	01.2013
41. Münchener Verein Lebensversicherung a. G.	Besondere Bedingungen für die Premium-Berufsunfähigkeits-Zusatzversicherung	BUZ	Premium	2 00 02 41/13 (01.13)	01.2013
	Besondere Bedingungen für die Classic-Berufsunfähigkeits-Zusatzversicherung	BUZ	Classic	2 00 02 40/12 (01.12)	01.2012
42. Neue Leben Lebensversicherung AG	Allgemeine Bedingungen für die Berufsunfähigkeitsversicherung mit erweiterten Leistungen	BUV	Comfort BUV plus	VG 09–08	11.2012
43. Nürnberger Lebensversicherung AG	Allgemeine Bedingungen für die NÜRNBERGER Selbstständige Berufsunfähigkeitsversicherung	BUV	Comfort-Schutz	GN271088_201212	12.2012
	Allgemeine Bedingungen für die NÜRNBERGER Selbstständige Berufsunfähigkeitsversicherung	BUV		GN271090_201212	12.2012
44. Oeco Capital Lebensversicherung AG	Bedingungen für die Berufsunfähigkeits-Zusatzversicherung	BUZ	BUZ Plus	OE 197 01.2013	01.2013

Gesellschaft	Produktbezeichnung	Kat	Tarif	Druckstück	Stand
	Bedingungen für die Berufsunfähigkeits-Zusatzversicherung	BUZ	BUZ	OE 195 01.2013	01.2013
45. Öffentliche Lebensversicherung Berlin-Brandenburg (Feuersozietät)	Allgemeine Bedingungen für die Berufsunfähigkeits-Versicherung	BUV	Optimal	15 71 86	04.2013
46. Öffentliche Lebensversicherung Braunschweig	Besondere Bedingungen für den Berufsunfähigkeitsrente	BUV		LV 117 01.01.2013	01.2013
47. Provinzial Nordwest Lebensversicherung AG	Besondere Bedingungen für die Berufsunfähigkeits-Zusatzversicherung mit erweitertem Leistungsumfang	BUZ			12.2012
	Besondere Bedingungen für die Berufsunfähigkeits-Zusatzversicherung	BUZ			12.2012
48. Provinzial Rheinland Lebensversicherung AG	Allgemeine Bedingungen für die Berufsunfähigkeits-Versicherung mit erweitertem Leistungsumfang	BUV	TOP-SBV 01.2013		12.2012
49. R+V Lebensversicherung AG	Bedingungen für die R+V-Berufsunfähigkeits-Zusatzversicherung	BUZ	1D21	PLG1212	12.2012
50. Rheinland Lebensversicherung AG	Bedingungen für die Berufsunfähigkeits-Zusatzversicherung	BUZ	Premium-	RL 2307 01.2012	01.2012
51. Saarland Lebensversicherung AG	Allgemeine Bedingungen für die Berufsunfähigkeitsversicherung	BUV		VVL243-030030	12.2012
52. Standard Life Lebensversicherung AG	Ergänzende Bedingungen für den Berufsunfähigkeitsschutz	BUZ		FR/ D/1006/X/12/12	12.2012
53. Stuttgarter Lebensversicherung a. G.	Versicherungsbedingungen für die Berufsunfähigkeitsversicherung	BUV	BU Plus	V91-201301	01.2013
54. Süddeutsche Lebensversicherung a. G.	Allgemeine Bedingungen für die Berufsunfähigkeitsversicherung	BUV		2.366/02.12	02.2012

Gesellschaft	Produktbezeichnung	Kat	Tarif	Druckstück	Stand
55. SV SparkassenVersicherung Lebensversicherung AG	Allgemeine Bedingungen für die Berufsunfähigkeitsversicherung mit erweitertem Leistungsumfang	BUV	Top-SBV	22-780-0113	01.2013
	Allgemeine Bedingungen für die Berufsunfähigkeitsversicherung	BUV	SBV	22-779-0113	01.2013
56. Swiss Life AG, Niederlassung Deutschland	Allgemeine Bedingungen für die Berufsunfähigkeitsversicherung	BUV		AVB_EV_ SBU_2013_07 BAT 1234567 P-S-1685	07.2013
57. Targo Lebensversicherung AG	Allgemeine Bedingungen für die Berufsunfähigkeitsversicherung	BUV		AVB 08 10.1 12.12	12.2012
58. Universa Lebensversicherung a. G.	Besondere Bedingungen für die Berufsunfähigkeits-Zusatzversicherung			121-153 04.2009	04.2009
59. VGH Versicherung	Allgemeine Bedingungen für die Berufsunfähigkeits-Versicherung mit erweitertem Leistungsumfang	BUV	TOP-SBV	LA 3.40-13	01.2013
60. VHV Lebensversicherung AG	Besondere Bedingungen für die Berufsunfähigkeitsversicherung	BUV	BU-Exklusiv	SBUP13V	01.2013
61. Volkswohl Bund Lebensversicherung a. G.	Allgemeine Bedingungen für die Selbstständige Berufsunfähigkeits-Versicherung	BUV	SBU	BED.SBU.0513	05.2013
62. VPV Lebensversicherungs-AG	Allgemeine Bedingungen für die Berufsunfähigkeitsversicherung	BUV		2.MP.0405 12.2012 ZS 5316	07.2012

Gesellschaft	Produktbezeichnung	Kat	Tarif	Druckstück	Stand
63. WGV Lebensversicherung AG	Allgemeine Bedingungen für die Berufsunfähigkeits-Zusatzversicherung	BUZ		7000-2010/25	12.2012
64. Württembergische Lebensversicherung AG	Versicherungsbedingungen für die Berufsunfähigkeitsversicherung	BUV		FL125-21046	06.2013
65. WWK Lebensversicherung a. G.	Allgemeine Bedingungen für die Selbstständige Berufsunfähigkeitsversicherung	BUV	Komfort (BS05)	S3 AVB BS05 NT/ R1/R2/G1/G2 V20130101	01.2013
	Allgemeine Bedingungen für die Selbstständige Berufsunfähigkeitsversicherung	BUV	Basis (b-BS05)	S3 AVB b-BS05 NT/R1/R2/G1/G2 V20130101	01.2013
66. Zurich Deutscher Herold Lebensversicherung AG	Allgemeine Versicherungsbedingungen für die selbstständige Berufsunfähigkeitsversicherung	BUV	Private Vorsorge Schicht 3		01.2013

Abkürzungsverzeichnis

AVB	Allgemeine Versicherungsbedingungen
BAV	Bundesaufsichtsamt für das Versicherungswesen
BAFin	Bundesaufsichtsamt für die Finanzdienstleistungsaufsicht
BU	Berufsunfähigkeitsversicherung
BUV	(selbstständige) Berufsunfähigkeitsversicherung
BUZ	Berufsunfähigkeitszusatzversicherung
GDV	Gesamtverband der Deutschen Versicherungswirtschaft e. V.
MB-BUV/BUZ	Musterbedingungen für die Berufsunfähigkeitsversicherung und für die Berufsunfähigkeitszusatzversicherung
MB-BUZ 90	Bedingungen für die Berufsunfähigkeitszusatzversicherung (gemeint ist die letzte vom BAV amtlich genehmigte Fassung aus dem Jahre 1990)
MB-BUZ 06	Bedingungen für die Berufsunfähigkeitszusatzversicherung (in der Fassung der unverbindlichen Verbandsempfehlungen des GdV, Stand 04.05.2006)
MB-BUZ 07	Bedingungen für die Berufsunfähigkeitszusatzversicherung (in der Fassung der unverbindlichen Verbandsempfehlungen des GdV, Stand 28.12.2007)
MB-BUZ 08	Bedingungen für die Berufsunfähigkeitszusatzversicherung (in der Fassung der unverbindlichen Verbandsempfehlungen des GdV, Stand 31.07.2008)
MB-BUZ 09	Bedingungen für die Berufsunfähigkeitszusatzversicherung (in der Fassung der unverbindlichen Verbandsempfehlungen des GdV, Stand 05.02.2009)

MB-BUV 10	Bedingungen für die Berufsunfähigkeitsversicherung (in der Fassung der unverbindlichen Verbandsempfehlungen des GdV, Stand 23.08.2010)
MB-BUZ 10	Bedingungen für die Berufsunfähigkeitszusatzversicherung (in der Fassung der unverbindlichen Verbandsempfehlungen des GdV, Stand 23.08.2010)
MB-BUV 12	Bedingungen für die Berufsunfähigkeitsversicherung (in der Fassung der unverbindlichen Verbandsempfehlungen des GdV, Stand 25.10.2012)
MB-BUZ 12	Bedingungen für die Berufsunfähigkeitszusatzversicherung (in der Fassung der unverbindlichen Verbandsempfehlungen des GdV, Stand 25.10.2012)
MB-BUV 13	Bedingungen für die Berufsunfähigkeitsversicherung (in der Fassung der unverbindlichen Verbandsempfehlungen des GdV, Stand 13.05.2013)
MB-BUZ 13	Bedingungen für die Berufsunfähigkeitszusatzversicherung (in der Fassung der unverbindlichen Verbandsempfehlungen des GdV, Stand 13.05.2013)
VerBAV	Veröffentlichungen des Bundesaufsichtsamtes für das Versicherungswesen
VVG	Gesetz über den Versicherungsvertrag
VVG-InfoV	Verordnung über die Informationspflichten bei Versicherungsverträgen

Literaturverzeichnis

Albrecht, Florian: Anmerkung zum Beschluss BVerfG vom 17.07.2013, 1 BvR 3167/08, jurisPR-ITR 22/2013.

Armbrüster, Christian: Wirksamkeitsvoraussetzungen für Prämienanpassungsklauseln, r+s 2012, 365.

Bach, Peter/Moser, Jürgen: Private Krankenversicherung, MB/KK- und MB/KT-Kommentar, 4. Aufl., München 2009; zitiert: Bearbeiter, in: Bach/Moser.

Baroch Castellvi, Manuel: Rückwirkende Feststellung der Berufsunfähigkeit in § 15 Buchst. B MB/KT 78, VersR 1996, 673.

Baumgärtel, Gottfried/Prölss, Jürgen: Handbuch der Beweislast im Privatrecht/Versicherungsrecht, München 1993, zitiert: Prölss, in: Baumgärtel/Prölss, Handbuch der Beweislast, S.

Basedow, Jürgen: Transparenz als Prinzip des (Versicherungs-)vertragsrechts, in: Basedow, Jürgen/Meyer, Ulrich/Rückle, Dieter/Schwintowski, Hans-Peter (Hrsg.): Versicherungswissenschaftliche Studien Band 15: Transparenz und Verständlichkeit – Berufsunfähigkeitsversicherung und Unfallversicherung – Reform des Versicherungsvertragsgesetzes, Baden-Baden 2000; S. 11–36; zitiert: Basedow, VersWissStud. Bd. 15, S.

Beckmann, Roland Michael/Matusche-Beckmann, Annemarie: Versicherungsrechts-Handbuch, 2. Aufl., München 2009; zitiert: Bearbeiter, in: Beckmann/Matusche-Beckmann, Versicherungsrechts-Handbuch, § Rn.

Bellinghausen, Jörg: Die Verweisung in der Berufsunfähigkeitsversicherung, VersR 1995, 5.

Benkel, Gert Andreas/Hirschberg, Günther: Lebens- und Berufsunfähigkeitsversicherung – ALB- und BUZ-Kommentar, 2. Aufl., München 2011; zitiert: Benkel/Hirschberg, § Rn.

–: Lebens- und Berufsunfähigkeitsversicherung – ALB- und BUZ-Kommentar, 1. Aufl., München 1990; zitiert: Benkel/Hirschberg, 1. Aufl., § Rn.

Bocquel, Ellen: Die besten BU-Versicherer, Versicherungsmagazin 5/2010, 19.

Brockhaus: Enzyklopädie in 30 Bänden, 21. Aufl., Leipzig 2005.

Brömmelmeyer, Christoph: Die Reform des Lebensversicherungsrechts, VersR 2003, 939.

Bruck, Ernst/Möller, Hans: Kommentar zum Versicherungsvertragsgesetz, Band 1, Einführung §§ 1–32, 9. Aufl., Berlin 2008; zitiert: Bruck/Möller/Bearbeiter, §.

–: Kommentar zum Versicherungsvertragsgesetz, Band 2, Einführung §§ 33–73, 9. Aufl., Berlin 2010; zitiert: Bruck/Möller/Bearbeiter, §.

–: Kommentar zum Versicherungsvertragsgesetz, Band 5, 2. Halbband: Lebensversicherung, bearbeitet von Gerrit Winter, 8. Aufl., Berlin 1988; zitiert: Bruck/Möller/Winter, § Rn.

Bruetzel, Peter/Eich, Jutta: EDV-Unterstützung für die moderne BUZ-Leistungsregulierung, Versicherungswirtschaft 1994, 510.

Claus, Gottfried/Rekittke, Hans-Peter: Der Geschäftsplan für die Berufsunfähigkeitsversicherung, VerBAV 1975.

Darr, Toralf/Müller, Cornelia: Aktives Schadenmanagement in der BU, Versicherungswirtschaft 2008, 2108.

Deville, Rainer: Die Beendigung der Krankentagegeldversicherung bei Berufsunfähigkeit, VersR 1992, 423.

Dohrenbusch, Ralf/Merten, Thomas/Kutzner, Marianne: Psychologische Begutachtung in der Berufsunfähigkeitsversicherung, Frankfurt 2014; zitiert: Bearbeiter, in: Dohrenbusch/Merten/Kutzner, Psychologische Begutachtung in der Berufsunfähigkeitsversicherung, S.

Dörner, Heinrich: Allgemeine Versicherungsbedingungen, 4. Aufl., 2003.

Dreßing, H./Widder, B./Foerster, K.: Kritische Bestandsaufnahme zum Einsatz von Beschwerdevalidierungstests in der psychiatrischen Begutachtung, VersMed 2010, 163.

Dubbert, Gaby: Professionelle Fragetechniken in der BUZ-Regulierung, BUZ-aktuell 2/2007, 5.

Dylla-Krebs, Corinna: Schranken der Inhaltskontrolle Allgemeiner Geschäftsbedingungen – Eine systematische Abgrenzung kontrollfreier von kontrollunterworfenen Klauseln, Studien zum Handels-, Arbeits- und Wirtschaftsrecht; Bd. 15, Baden-Baden 1990, zugl. Diss. Köln 1990; zitiert: Dylla-Krebs, Schranken der Inhaltskontrolle Allgemeiner Geschäftsbedingungen, S.

Egger, Matthes: Auskunftspflicht und Schweigerecht in privater Berufsunfähigkeits- und Krankheitskostenversicherung, VersR 2012, 810.

–: Schweigepflichtentbindung in privater Berufsunfähigkeits- und Krankenversicherung, VersR 2007, 905.

Felsch, Joachim: Aktuelle Rechtsprechung des Bundesgerichtshofs zur Berufsunfähigkeits(-Zusatz)versicherung, GenRe BUaktuell, Sonderausgabe 2011, 1–18.

Franke, Michael: Schafft sich die BU ab? Produktentwicklungen steuern am Verbraucher vorbei, Hannover, 31.01.2013; http://www.franke-bornberg.de/uploads/media/2013-01-31_fb_BU_status_quo_03.pdf (28.01.2014).

–: BU-Qualität- was zählt wirklich? Vortrag auf der DKM 2012; 26.10.2013; http://www.franke-bornberg.de/fileadmin/downloads/fb-dokumente/2012-11-08_fb_AKS_BU-Qualit%C3%A4t.pdf (28.01.2014).

–: Zentrale Probleme der Berufsunfähigkeitsversicherung, in: Basedow, Jürgen/Meyer, Ulrich/Rückle, Dieter/Schwintowski, Hans-Peter (Hrsg.): Versicherungswissenschaftliche Studien Band 33: VVG-Reform – Lebens-, Kranken-, BU-Versicherung – Verbraucherschutz für Senioren, 2008, S. 177–192; zitiert: Franke, VersWissStud. 33. Bd., S.

–: Gemeinsam mehr erreichen – stärkere Mitwirkung des Versicherten in der BU, BUZaktuell 1/2007, 13.

Fricke, Hans-Joachim: Die Erhebung personenbezogener Gesundheitsdaten bei Dritten – Anmerkungen zu § 213 VVG, VersR 2009, 297.

Gehrke, Stefan: Umfang der Darlegungslast des Versicherers zu Verweisungstätigkeiten, Anmerkung zu einem Urteil des OLG München v. 08.05.1991, VersR 1992, 1339.

Glauber, Volker: „Subjektive Kulanz" in der Berufsunfähigkeitsversicherung, VersR 1994, 1405.

Glissmann, Marc/Schulz, Jörg: Marktstandards in der Berufsunfähigkeits-(Zusatz-) Versicherung. Ein Jahr danach und Ausblick – Vergleich Deutschland – Österreich, Versicherungswirtschaft 2005, 601.

–: Marktstandards in der Berufsunfähigkeits-Zusatzversicherung (BU), Versicherungswirtschaft 2004, 685.

Gola, Peter/Wronka, Georg: Handbuch Arbeitnehmerdatenschutz, 6. Aufl., Heidelberg 2013.

Gola, Peter/Schomerus, Rudolf: BDSG Bundesdatenschutzgesetz, 11. Aufl., München 2012; zitiert: Bearbeiter, in: Gola/Schomerus, § Rn.

Gottschalk, Eckart: Das Transparenzgebot und allgemeine Geschäftsbedingungen, AcP 206 (2006), 555.

Grosser, Volker: EFL-Test zur Einschätzung von Arbeitsfähigkeit und beruflicher Rehabilitation, Trauma und Berufskrankheit, 2007, 87.

Halm, Wolfgang/Engelbrecht, Andreas/Krahe, Frank: Handbuch des Fachanwalts Versicherungsrecht, Köln 2011; zitiert: Bearbeiter, in: Halm/Engelbrecht/Krahe, Handbuch FA VersR, Kapitel Rn.

Hausotter, Wolfgang: Begutachtung somatoformer und funktioneller Störungen, 2. Aufl., München 2004.

–: BUZ-Begutachtung der Lyme-Borreliose, BUZaktuell 1/2008.

Hausotter, Wolfgang/Eich, Jutta: Die Begutachtung für die private Berufsunfähigkeitsversicherung, Karlsruhe 2008.

Herold, Hans: Die Verweisbarkeit in der gesetzlichen Rentenversicherung und in der privaten Berufsunfähigkeitsversicherung, VersR 1991, 376.

Hirschberg, Alexander: Berufsunfähigkeit, Invalidität, Erwerbsminderung und ähnliche Begriffe, Karlsruhe 2011, zugl. Diss. Frankfurt 2011; zitiert: Hirschberg, Berufsunfähigkeit, S.

Hollenborg, Ingo: Berufsunfähigkeit Selbstständiger im Rahmen der Berufsunfähigkeitsversicherung, Frankfurt 2009, zugl. Diss. Köln 2008; zitiert: Hollenborg, Berufsunfähigkeit Selbstständiger, S.

Honsell, Heinrich: Berliner Kommentar zum Versicherungsvertragsgesetz, Berlin 1998, zitiert: Bearbeiter, in: Berliner Kommentar, § Rn.

Hormuth, Heinrich: Die Berufsunfähigkeitszusatzversicherung, ZAP 2001, 1211.

Höra, Knut: Materielle und prozessuale Klippen in der Berufsunfähigkeits- und Krankenversicherung, r+s 2008, 89.

Hörstel, Reinhard: Verweisung von Versicherten auf andere Tätigkeiten in der Berufsunfähigkeitsversicherung, VersR 1994, 1023.

Jarass, Hans/Pieroth, Bodo: Grundgesetz für die Bundesrepublik Deutschland, 12. Aufl., München 2012; zitiert: Jarras/Pieroth, Art. Rn.

Joppich, Gero: Die Kodifikation des Transparenzgebotes in § 307 BGB, Frankfurt 2009, zugl. Diss. Bonn 2008; zitiert: Joppich, die Kodifikation des Transparenzgebotes, S.

Kaiser, H./Kersting. M./Schian, H.-M./Jacobs, A./Kasprowski, D.: Der Stellenwert des EFL-Verfahrens nach Susan Isernhagen in der medizinischen und beruflichen Rehabilitation, Die Rehabilitation 2000, 297.

Kaldenbach, Katrin: Das Problem der Informationsgewinnung für die vorvertragliche Risikoprüfung aufseiten des privaten Berufsunfähigkeitsversicherers, Karlsruhe 2011, zugl. Diss. Düsseldorf 2010; zitiert: Kaldenbach, Informationsgewinnung, S.

Kasseler Kommentar Sozialversicherungsrecht: hrsg. v. Leitherer, Stefan. Band 2 (München, 79. EL 09/2013) zitiert: Bearbeiter, in: Kasseler Kommentar, § Rn.

Keller, Fritz: Die Begutachtung von Schmerzen aus sozialrichterlicher Sicht, MedSach 2009, 96.

Kirsch, Christian: Der Begriff der Zumutbarkeit in der Berufsunfähigkeitsversicherung, BUZaktuell 1/2007, 8.

–: Berufsunfähigkeit im Wandel, in: Verantwortlichkeit im Wirtschaftsrecht, Beiträge zum Versicherungs- und Wirtschaftsrecht der Schüler von Ulrich Hübner, hrsg. von Beckmann, Roland Michael/Matusche-Beckmann, Annemarie, Karlsruhe 2002; zitiert: Kirsch, Berufsunfähigkeit im Wandel, S.

Laufs, Adolf/Uhlenbruck, Wilhelm: Handbuch des Arztrechts, 4. Aufl., München 2010, zitiert: Bearbeiter, in: Laufs/Uhlenbruch, Handbuch des Arztrechts, § Rn.

Langheid, Theo: Die Reform des Versicherungsvertragsgesetzes, NJW 2007, 3745.

Leggewie, Christina: Berücksichtigung des Familieneinkommens im Rahmen der zumutbaren Einkommenseinbuße bei Verweisungstätigkeiten, NVersZ 1998, 110.

Lehmann, Martin: Berufsunfähigkeitsversicherung, Skript zur MWV-Seminarveranstaltung in Köln am 07.11.2013, Berufsunfähigkeitsversicherung, Neue Rechtsprechung und aktuelle Probleme – Erste praktische Erfahrungen mit dem VVG 2008; zitiert: Lehmann, Berufsunfähigkeitsversicherung, S.

Looschelders, Dirk: Aktuelle Probleme der vorvertraglichen Anzeigepflicht des Versicherungsnehmers, VersR 2011, 697.

Looschelders, Dirk/Pohlmann, Petra: VVG-Kommentar, 2. Aufl., Köln 2011; zitiert: Bearbeiter, in: Looschelders/Pohlmann, § Rn.

Malik, Alexander: Risikomanagement in der Berufsunfähigkeitsversicherung, Lohmar 2011, zugl. Diss. Köln 2011; zitiert: Malik, Risikomanagement in der Berufsunfähigkeitsversicherung, S.

Marlow, Sven/Spuhl, Udo: Das neue VVG kompakt, 4. Aufl., Karlsruhe 2010; zitiert: Marlow/Spuhl, Das Neue VVG kompakt, Rn.

–: Zur (Un-)Wirksamkeit von Ausschlussklauseln für „bekannte ernstliche Erkrankungen“ in Restschuldversicherungsverträgen, r+s 2009, 177.

Maunz, Theodor/Dürig, Günter: Grundgesetz, Band II (Art. 6–15), 69. EL, München 2013; zitiert: Bearbeiter, in: Maunz/Dürig Komm. z. GG.

von Maydell, Bernd Baron/Ruland, Franz/Becker, Ulrich: Sozialrechtshandbuch, 5. Aufl., Baden-Baden 2012; zitiert: Bearbeiter in: SRH, S.

Merten, Thomas/Dohrenbusch, Ralf/Stevens, Andreas/Kutzner, Marianne: Psychologische Begutachtung in der Berufsunfähigkeitsversicherung, Köln 2011; zitiert: Bearbeiter, in: Merten/Dohrenbusch/Stevens/Kutzner, Psychologische Begutachtung in der Berufsunfähigkeitsversicherung, S.

Müller, Markus: Ein Weg zu mehr Transparenz für Verbraucher und mehr Wettbewerb im Versicherungssektor – Für einen neuen gesetzlichen Ansatz für AVB, VersR 2003, 933.

Müller-Frank, Christoph: Aktuelle Rechtsprechung zur Berufsunfähigkeits-(Zusatz-)Versicherung, 7. Aufl., Karlsruhe 2007; zitiert: Müller-Frank, Aktuelle Rechtsprechung, S.

–: Zu Recht – Altes und Neues, BUZaktuell 1/2008, 17.

–: Zu Recht – Keine Berufsunfähigkeit bei zumutbarer Therapie, BUZaktuell 1/2005, 24.

–: Anmerkung zu einem Urteil OLG Frankfurt v. 19.07.1991, VersR 1992, 1118.

Münchener Kommentar zum Bürgerlichen Gesetzbuch: hrsg. v. Säcker, Franz/Rixecker, Roland/Oetker, Hartmut, Band 2 (§§ 241–432), 6. Aufl., München 2012; zitiert: MüKoBGB/Bearbeiter, §.

Meyers Lexikon: Meyers Lexikon in zwölf Bänden, 7. Auflage, Leipzig 1926.

Münchener Kommentar zum Versicherungsvertragsgesetz: hrsg. v. Langheid, Theo/Wandt, Manfred, Band 1 (§§ 1–99), München 2010, Band 2 (§§ 100–191), München 2011, Band 3 (§§ 192–215), München 2009, zitiert: Langheid/Wandt/Bearbeiter, §.

Münchener Kommentar zur Zivilprozessordnung: hrsg. v. Krüger, Wolfgang/Rauscher, Thomas, Band 1 (§§ 1–354), 4. Aufl. München 2013; zitiert: MüKoZPO/Bearbeiter §.

Neuhaus, Kai-Jochen: Berufsunfähigkeitsversicherung, 3. Aufl., München 2014, zitiert: Neuhaus, Berufsunfähigkeitsversicherung, Kap.

–: Berufsunfähigkeitsversicherung – Ausgewählte Probleme – Aktuelle Rechtsprechung, Skript zum Seminar der Forschungsstelle für das Versicherungswesen der Universität Münster, 23.04.2013, zitiert: Neuhaus, Ausgewählte Probleme der BU 2013, S.

–: Anmerkung zum Urteil BGH v. 24.02.2010 – Berufsunfähigkeit – Auszubildender, r+s 2010, 247.

–: Berufsunfähigkeitsversicherung – Spezielle Probleme und aktuelle Rechtsprechung, Skript zum Seminar der Forschungsstelle für das Versicherungswesen der Universität Münster, 17.01.2009; zitiert: Neuhaus Spezielle Probleme der BU 2009, S.

–: Aktuelle Probleme in der Personenversicherung – unter besonderer Berücksichtigung der Berufsunfähigkeitsversicherung, r+s 2009, 309.

–: Aktuelle Entwicklungen in der Rechtsprechung zur Berufsunfähigkeits-(Zusatz-)Versicherung, ZfS 2001, 24.1.

Neuhaus, Kai-Jochen/Kloth, Andreas: Gesundheitsdaten(schutz) im Versicherungsrecht – der aktuelle Stand, NJW 2009, 1707.

–: Die aktuelle Rechtsprechung zur Personenversicherung, MDR 2007, 318.

Oster, Günter: Entwicklungen und Trends in der privaten Berufsunfähigkeits-Zusatzversicherung in Deutschland, Österreich und der Schweiz, Karlsruhe 1999, zugl. Diss. Innsbruck 1998, zitiert: Oster, Entwicklungen und Trends in der BUZ, S.

–: Mitwirkungspflicht des Versicherten im Versicherungsfall, Versicherungsmedizin 1994, 1.

–: Das Wesen der Berufsunfähigkeitsversicherung, Lebensversicherungsmedizin 1985, 31.

Palandt, Otto: Kommentar zum Bürgerlichen Gesetzbuch, 73. Aufl., München 2014, zitiert: Bearbeiter, in: Palandt, § Rn.

Pasdika, Ulrich: BU-Pricing – ein Geschäftsfeld für Zauberer? Netletter der GenRe Business School, Ausgabe 2/2011, 1.

Pilz, Knut: Missverständliche AGB, Karlsruhe 2010, zugl. Diss. Freie Universität Berlin 2009; zitiert: Pilz, Missverständliche AGB, S.

Pohl, Detlef: Die Top-Versicherer, Versicherungsmagazin 5/2009, 16.

Pohl, Elke: Hilfe bei der Risikoanalyse, Versicherungsmagazin 03/2012, 52.

Präve, Peter: Die VVG-Informationspflichtenverordnung, VersR 2008, 151.

–: Die Berufsunfähigkeitsversicherung im Lichte des neuen VVG, VersR 2003, 1207.

–: Versicherungsbedingungen und Transparenzgebot, VersR 2000, 138.

–: Versicherungsbedingungen und AGB-Gesetz, München 1998, zugl. Diss. Mannheim 1997; zitiert: Präve, Versicherungsbedingungen und AGB-Gesetz, S.

Prölss, Erich R./Martin, Anton: Versicherungsvertragsgesetz, 28. Aufl. 2010; zitiert: Bearbeiter, in: Prölss/Martin, § Rn.

–. Versicherungsvertragsgesetz, 27. Aufl. 2004; zitiert: Bearbeiter, in: Prölss/Martin, 27. Aufl., § Rn.

–: Versicherungsvertragsgesetz, 26. Aufl. 1998; zitiert: Bearbeiter, in: Prölss/Martin, 26. Aufl., § Rn.

Richter, Thomas: Äußere Bezüge der privaten Berufsunfähigkeitsversicherung, in: Liber amicorum für Gerrit Winter, Karlsruhe 2007, S. 547.

–: Berufsunfähigkeit – grundlegender Umbruch im Recht der gesetzlichen Erwerbsminderungsrenten durch das RRG 1999 und Bedeutungen für den Versicherungsfall Berufsunfähigkeit in der privaten Berufsunfähigkeitsversicherung, VersR 1998, 921.

–: Berufsunfähigkeitsversicherung – Eine vergleichende Darstellung der privaten Berufsunfähigkeitszusatzversicherung und der Berufs- und Erwerbsunfähigkeitsversicherung in der gesetzlichen Rentenversicherung, 2. Aufl., 1994, zugl. Diss. Hamburg 1984; zitiert: Richter, Berufsunfähigkeitsversicherung; S.

–: Einige Bemerkungen und Hinweise zum Versicherungsfall Berufsunfähigkeit, VersR 1988, 1207.

Rixecker, Roland: Anmerkung zu Urteil OLG Karlsruhe v. 15.11.2007, ZfS 2008, 161.

–: VVG 2008 – Eine Einführung, ZfS 2007, 669.

–: Zur Annahme einer Berufsunfähigkeit bei Behandelbarkeit der Erkrankung, ZfS 2003, 251.

Rogler, Jens: Bedingungsgemäße Arbeitsunfähigkeit in der Krankentagegeldversicherung bei psychischer Erkrankung infolge sog. „Mobbing“, jurisPR-VersR 8/2010.

Römer, Wolfgang: Rechtspolitische Optionen zur Schließung der Lücken in der Berufsunfähigkeitsversicherung, in: Brömmelmeyer, Christoph/Meyer Ulrich/Schwintowski, Hans-Peter/Wallrabenstein, Astrid/Zimmermann, Jochen (Hrsg.): Versicherungswissenschaftliche Studien Band 45: Private Altersvorsorge – Berufsunfähigkeitsversicherung – Berichte aus der Praxis – Quotensystem – Aufsichtssystem, Baden-Baden 2013; zitiert: Römer, in: VersWissStud. Bd. 45, S.

–: Zu ausgewählten Problemen der VVG-Reform nach dem Referentenentwurf vom 13. März 2006 (Teil II), VersR 2006, 685.

–: Grundprobleme der Berufsunfähigkeitszusatzsversicherung, in: Basedow, Jürgen/Meyer, Ulrich/Rückle, Dieter/Schwintowski, Hans-Peter (Hrsg.): Versicherungswissenschaftliche Studien Band 15: Transparenz und Verständlichkeit – Berufsunfähigkeitsversicherung und Unfallversicherung – Reform des Versicherungsvertragsgesetzes, Baden-Baden 2000; S. 223–238; zitiert: Römer, in: VersWissStud. Bd. 15, S.

–: Reformbedarf des Versicherungsvertragsrechts aus höchstrichterlicher Sicht, VersR 2000, 661.

–: Gerichtliche Kontrolle Allgemeiner Versicherungsbedingungen nach den §§ 8, 9 AGBG, NVersZ 1999, 97.

Römer, Wolfgang/Langheid, Theo/Rixecker, Roland: Kommentar Versicherungsvertragsgesetz, 4. Aufl., München 2014; zitiert: Bearbeiter, in: Römer/Langheid, 4. Aufl., § Rn.

–: Kommentar Versicherungsvertragsgesetz, 3. Aufl., München 2012; zitiert: Bearbeiter, in: Römer/Langheid, 3. Aufl., § Rn.

Rosensträter-Krumbach, Mechthild: Die Berufsunfähigkeitsversicherung: Späte Ehre für ein Stiefkind?, VersR 2004, 170.

Rudnik, Thorsten: Erfahrungsbericht und rechtspolitische Forderungen zur Berufsunfähigkeitsversicherung in: Basedow, Jürgen/Meyer, Ulrich/Rückle, Dieter/Schwintowski, Hans-Peter (Hrsg.): Versicherungswissenschaftliche Studien Band 33: VVG-Reform – Lebens-, Kranken-, BU-Versicherung – Verbraucherschutz für Senioren, Baden-Baden 2008; S. 161–176; zitiert: Rudnik, in: VersWissStud. Bd. 33, S.

Rüffer, Winfried/Halbach, Dirk/Schimikowski, Peter: Versicherungsvertragsgesetz, Handkommentar, 2. Aufl. 2011; zitiert: Bearbeiter, in: Rüffer/Halbach/Schimikowski, HK-VVG, § Rn.

Rüther, Bernd: Zu Recht: Business as usual, BUZaktuell 2/2003, 20.

–: Berücksichtigung der Arbeitsmarktverhältnisse bei Verweisungen in der Berufsunfähigkeits-Zusatzversicherung, NVersZ 1999, 496.

Sauer, Markus: Krankentagegeldversicherung, Karlsruhe 2012.

Sauer, Oliver: Wortlautgrenze der verfassungskonformen Auslegung?, Freiburg 2006 (http://www.jura.uni-freiburg.de/institute/ioeffr3/forschung/papers/sauer/IOER_VerfassungskonformeAuslegung.pdf) 28.01.2014.

Schickedanz, Erich: Zur Mehrfachnutzung ärztlicher Gutachten, MedSach 2011, 141.

Scholze-Stubenrecht, Werner (Hrsg.): Duden, Deutsches Universalwörterbuch, 7. Aufl., Mannheim 2011.

Schubach, Arno: Die Reform des Versicherungsvertragsgesetzes, AnwBl. 2008, 27.

Schulz, Jörg: BUZ: Eingebaute Missverständnisse, Versicherungswirtschaft 1999, 228.

Schulze, Jan-Hendrik: Anmerkung zu Urteil des OLG Hamburg v. 02.03.2010, VersR 2010, 749.

Schwintowski, Hans-Peter: Erste Erfahrungen mit Kostentransparenz und Produktinformationsblatt nach der VVG-InfoV, VUR 2008, 250.

–: Ausschluss krankhafter Störungen infolge psychischer Reaktionen in den AUB, NVersZ 2002, 395.

–: Das Transparenzgebot im Privatversicherungsrecht – Kriterien und Beispiele für verständliche und transparente Verbraucherinformationen und Allgemeine Versicherungsbedingungen, in: Basedow, Jürgen/Meyer, Ulrich/Rückle, Dieter/Schwintowski, Hans-Peter (Hrsg.): Versicherungswissenschaftliche Studien Band 34: Transparenz und Verständlichkeit – Berufsunfähigkeitsversicherung und Unfallversicherung – Reform des Versicherungsvertragsgesetzes, 2000; S. 87–253, Versicherungswissenschaftliche Studien, Bd. 15; zitiert: Schwintowski, VersWissStud. Bd. 15, S.

–: Transparenz und Verständlichkeit von Allgemeinen Versicherungsbedingungen und Prämien, NVersZ 1998, 97.

Schwintowski, Hans-Peter/Brömmelmeyer, Christoph: Praxiskommentar zum Versicherungsvertragsrecht, 2. Aufl., Münster 2011; zitiert: Bearbeiter, in: Schwintowski/Brömmelmeyer, PK-VersR, § Rn.

Schwintowski, Hans-Peter/Ortmann, Mark: Kostentransparenz in der Lebensversicherung – eine empirisch-normative Analyse, VersR 2009, 728.

Seiffert, Karl-Heinz: Die Rechtsprechung des BGH zum Versicherungsrecht – Neuere Entscheidungen des IV. Zivilsenats zur Lebensversicherung und Anmerkungen zu „Nichtentscheidungen", r+s 2010, 177.

Staudinger, Ansgar/Halm, Wolfgang/Wendt, Henning: Fachanwaltskommentar Versicherungsrecht, Köln 2013; zitiert: Bearbeiter, in: FAKomm-VersR, § Rn.

Stevens, Andreas/Foerster, K.: Genügt für den Nachweis einer Erkrankung die Beschwerdeschilderung, Versicherungsmedizin, 2000, 76.

Stevens, Andreas/Fabra, M./Merten, Th.: Anleitung für die Erstellung psychiatrischer Gutachten, MedSach 2009, 100.

Surminski, Mark: Riskanter Preiswettbewerb in der BU – Neue Entwicklungen im Markt der biometrischen Risiken, Zeitschrift für Versicherungswesen 2010, 241. .

–: Berufsunfähigkeitsversicherung: Krise durch VVG-Reform?, Rezension eines Vortrages von Thomas Richter v. 18.05.2006, Zeitschrift für Versicherungswesen 2006, 346.

Tamm, Marina/Tonner, Klaus (Hrsg.): Verbraucherrecht – Rechtliches Umfeld/Vertragstypen/Rechtsdurchsetzung, Baden-Baden 2012, zitiert: Bearbeiter, in: Tamm/Tonner, Verbraucherrecht, § Rn.

Terbille, Michael: Münchener Anwaltshandbuch Versicherungsrecht, 3. Aufl. 2013; zitiert: Bearbeiter, in: MAH Versicherungsrecht, § Rn.

Terno, Wilfried: Die neuere Rechtsprechung des IV. Zivilsenats des Bundesgerichtshofs zur Berufsunfähigkeits-Zusatzversicherung, r+s 2008, 361.

–: Gerichtliche Inhaltskontrolle Allgemeiner Versicherungsbedingungen, r+s 2004, 45.

Ulmer, Peter/Brandner, Hans Erich/Hensen, Horst-Diether: AGB-Recht, Kommentar zu den §§ 305–310 BGB und UKlaG, 11. Aufl., Köln 2011; zitiert: Bearbeiter in Ulmer/Brandner/Hensen, §.

van Bühren, Hubert (Hrsg.): Handbuch Versicherungsrecht, 5. Auflage, Bonn 2012; zitiert: Bearbeiter, in: Handbuch Versicherungsrecht, § Rn.

Veith, Jürgen/Gräfe, Jürgen: Der Versicherungsprozess, 2. Aufl., München 2010; zitiert: Bearbeiter, in: Veith/Gräfe, Der Versicherungsprozess, § 8 Rz.

Voit, Wolfgang: Berufsunfähigkeitszusatzversicherung, München 1994.

–: Berufsunfähigkeitszusatzversicherung im Lichte der Rechtsprechung, VersR 1990, 22.

Voit, Wolfgang/Neuhaus, Kai-Jochen: Berufsunfähigkeitsversicherung, 2. Aufl., München 2009, zitiert: Neuhaus, in: Voit/Neuhaus, Berufsunfähigkeitsversicherung, Kap.

Wachholz, Stefan: Anwendungsbereiche und Rechtswirkungen befristeter Anerkenntnisformen in der Berufsunfähigkeitszusatzversicherung – Zugleich Besprechung des Urteils des OLG Hamm vom 22.11.2000, VersR 03, 161.

–: Berücksichtigung des Arbeitsplatzrisikos in der BUZ, NVersZ, 1999, 507.

Wahrig-Burfeind, Renate (Hrsg.): Wahrig, Deutsches Wörterbuch, 9. Aufl., Mannheim 2011.

Warsitz, Andreas: Der Praxisfall – „Ohne Moos nix los", Zur Bedeutung berufsbezogener und betriebswirtschaftlicher Informationen in der BUZ-Leistungsprüfung, BUZaktuell 2/2008, 1.

Warsitz, Andreas/Warstat, Jürgen: Die VVG-Reform, Die relevanten Änderungen und ihre Auswirkungen auf die Risiko- und Leistungsprüfung in der Berufsunfähigkeitsversicherung, Köln 2007; zitiert: Warsitz/Warstat, Die VVG-Reform, S.

Werber, Manfred: Transparenzgebot und Verbraucherinformation, VersR 2003, 148.

Wilmes, Herbert/Müller-Frank, Jan: Die Rechtsprechung zur Krankengeldversicherung seit 1984, VersR 1990, 345.

Zacher, Hans F./Peltner, Alexander: Der Verfassungssatz von der Menschenwürde und die nichtwirtschaftlichen Freiheitsrechte, in: Sozialrechtsprechung, Verantwortung für den Sozialen Rechtsstaat, Festschrift zum 25-jährigen Bestehen des Bundessozialgerichts, Band 2, Köln 1979, S. 709; zitiert: Zacher/Peltner, FS 25 Jahre BSG, S.

Zöller, Richard: Zivilprozessordnung, 30. Aufl., Köln 2014, zitiert: Bearbeiter, in: Zöller/ZPO, § Rn.

HAFTUNGS- UND VERSICHERUNGSRECHT

Rechtliche Probleme der vertraglichen und außervertraglichen Haftung sowie des Versicherungsrechts

Herausgegeben von Prof. Dr. Christoph Brömmelmeyer, Prof. Dr. Dr. h.c. mult. Erwin Deutsch, Prof. Dr. Hans-Peter Schwintowski und Prof. Dr. Jochen Taupitz

Band 1 Jochen Taupitz: Zivilrechtliche Haftung bei Kreditkartenmißbrauch. 1995.

Band 2 Sabine Scheiper: Der Versicherungsmakler. Aufgabe und Vergütungssystem im Wandel. 1996.

Band 3 Thomas Kritter: Der Ausschluß des Arztes von der Rechnungserstattung in der privaten Krankenversicherung. 2000.

Band 4 Torsten Kretschmer: Die zeitliche Abgrenzung des Versicherungsschutzes in der Allgemeinen Haftpflichtversicherung. Unter besonderer Berücksichtigung des AGB-Gesetzes und internationaler Deckungskonzepte. 2002.

Band 5 Seok-Chan Yoon: Die Gefährdungshaftung für moderne Techniken. Zugleich eine Stellungnahme zum neuen Schadensersatzrecht. 2002.

Band 6 Wolfram Irmer: Sekundärrechtsschutz und Schadensersatz im Vergaberecht. Die Notwendigkeit der Neuordnung des Primär- und Sekundärrechtsschutzes im Vergaberecht. 2004.

Band 7 Tabea Quiring: Die Dritthaftung von Sachverständigen. Nach der Schuldrechtsreform und der Neuregelung des § 839 a BGB. 2006.

Band 8 Jana Kossak: Rechtsfolgen eines Verstoßes gegen das Benachteiligungsverbot im Allgemeinen Zivilrechtsverkehr. Eine Untersuchung des § 21 AGG unter besonderer Berücksichtigung des europäischen Sanktionensystems. 2009.

Band 9 Susann Rochlitz: Arbeitszeitkonten in der (Alters-)Vorsorge. Rechtliche Perspektiven nach der Flexi II-Reform. 2011.

Band 10 Mirja Sauerland: Die Harmonisierung des kollektiven Verbraucherrechtsschutzes in der EU. Eine Analyse bezüglich der Kompetenz der Europäischen Union zur Schaffung von einheitlichen auf Leistung gerichteten Kollektivklagemechanismen. 2012.

Band 11 Jan Mittelstädt: Der Kapitalisierungsanspruch des Verletzten gemäß § 843 Abs. 3 BGB. Eine rechtsdogmatische Untersuchung zur materiellen und prozessualen Durchsetzung des Kapitalisierungsanspruches. 2014.

Band 12 Mareike Keller: Ein Konzept zur Umsetzung der Ausgleichsfunktion bei der Bemessung des Schmerzensgeldes. 2014.

Band 13 Jörg Büchner: Neue Entwicklungen und alte Probleme in der Berufsunfähigkeitsversicherung nach der VVG-Reform. Unter besonderer Berücksichtigung des aktuellen Bedingungsmarktes. 2015.

www.peterlang.com

www.ingramcontent.com/pod-product-compliance
Ingram Content Group UK Ltd.
Pitfield, Milton Keynes, MK11 3LW, UK
UKHW021831290926
8980IPUK00004B/381

9 783631 654552